What To Do When:

Practical Guidance Strategies for Challenging Behaviors in the Preschool

6th Edition

Eva Essa

CENGAGE Learning

Australia · Brazil · Japan · Korea · Mexico · Singapore · Spain · United Kingdom · United States

CENGAGE Learning™

What To Do When: Practical Guidance Strategies for Challenging Behaviors in the Preschool, 6th Edition

Eva Essa

This edition first published in 2011 jointly by
Cengage Learning Korea Limited and Chang Ji Publishing Co.

Original edition©2008 Wadsworth, a part of Cengage Learning. *What To Do When: Practical Guidance Strategies for Challenging Behaviors in the Preschool*, 6th Edition by Eva Essa. ISBN: 978-1-4180-6716-8.

Cengage Learning Korea Ltd.
Suite 1801 Seokyo Tower Building
353-1, 22 Seokyo-Dong, Mapo-Ku
Seoul 121-837, Korea
Tel: (82) 2 322 4926
Fax: (82) 2 322 4927

Cengage Learning is a leading provider of customized learning solutions with office locations around the globe, including Singapore, the United Kingdom, Australia, Mexico, Brazil, and Japan. Locate your local office at: www.cengage.com/global

Cengage Learning products are represented in Canada by Nelson Education, Ltd.

ISBN-13: 978-89-426-1095-2

For product information, visit www.cengageasia.com

Printed in Korea
1 2 3 4 14 13 12 11

유아 행동과 그 지도

나를 좀 도와주세요!

Eva Essa 지음

정갑순 김현경 김성원 옮김

창지사

이 책의 초판 『유아 문제행동 지도 실제 지침서』A Practical Guide to Solving Preschool Behavior Problems는 학교에서 예비 유아교사들을 10년간 가르친 열매였다. 유아기의 행동 지도 원칙에 초점을 둔 교과목들을 가르치다 보면 흥미롭지만 실제적이지 않은 자료들을 가지고 오는 학생들이 있다. 그들의 일반적인 반응은 '저는 이론과 원칙은 이해했어요. 그렇지만 ○○한 상황에서는 어떻게 해야 하나요?' 이었다. 이러한 이유로 나는 어떻게 하면 학생들에게 발달에 적합한 지도의 실제를 구체적이고 유용한 방법으로 전달할 수 있을까 생각하게 되었다. 그러한 고민 끝에 제6판인 이 책에는 새로운 제목을 붙여 출간하였다.

이 책의 주요한 특징 중의 하나는 교사의 첫 번째 관심이 행동을 유발하는 잠재적인 원인을 이해하도록 하는 데 있다는 것이다. 교사는 유아의 문제행동을 변화시키려고 결정하기 이전에 그 행동을 유발하는 요인들을 분석하기 위해 유아의 환경을 주의 깊게 살펴봐야 한다. 유아의 행동에 영향을 미칠 수 있는 가정환경과 의학적 요소들을 기본적으로 자세히 살펴봐야 한다. 특정 행동을 강화할 수 있는 요소들을 찾기 위해 환경에 포함된 인적 자원을 포함한 교육 환경을 조사하는 것도 중요하다. 이 책의 이러한 내용들은 각 장의 대안 찾기Explore Alternatives라는 항목에서 제시되고 있다.

특별히 오늘날과 같이 변화하는 사회에서 유아들의 행동은 종종 그들 삶에 심각한 영향을 미치나 자신들이 통제할 수 없는 변인들에 대한 반응의 결과로 나타나기도 한다. 따라서 교사는 문제행동을 유발하는 요소들을 조사하고 유아들이 삶 속에 스트레스를 주는 요인들에 대해 효과적으로 대처하도록 도와야 한다.

이 책은 다른 특징은 가족과 함께 협력하고 조언을 구함을 강조한다는 점이다. 각 장은 유아의 문제행동에 대해 가족과 협의를 위한 제안들을 제시한다. 가족과 협력하기 위한 일반적 지침은 6장에 소개되었다. 각 장에서는 문제행동의 해결책을 찾기 위해 가족이 포함되어야 하는 중요성에 대하여 강조하였다.

6판에는 새로운 내용과 새로운 구성이 있다. 주요 개정 내용 중 한 가지는 교사들이 흔히 사용하는 전략인 타임아웃time-out에 관한 것이다. 5판에서는 타임아웃 전략을 드물게 사용하였다. 그러나 이번 6판에서는 이에 대한 용어와 접근 방법을 수정하였다. 타임아웃을 통한 행동 지도의 목적을 고려하여, 이를 '자기조절 시간self-Regulation Time' 이라고 명명하였다. 이 방법을 수행하는 과정이 교사의 통제는 최소화하는 대신 좀 더 유아 중심적으로 되었다. 유아들은 좀 더 침착해지고 균형감각이나 자아 통제력을 얻기 위해 교실의 소음과 활동에서 잠시 떠나 있을 수 있다. 교사는 이러한 목적을 위해 조용한 장소를 제공함으로써 유아를 도울 수 있다. 그러나 언제 자신을 통제할 수 있는지를 느끼는 당사자 또한 유아이다. 따라서 6판에서는 유아 스스로 자기조절 시간을 얼마나 가질지 스스로 결정하도록 제안하였다. 행동 지도를 위해 이 지도 방법을 사용했던 교사들은 이것이 효과적인 방법임을 이미 경험하였다. 5장 및 다른 몇 장에서 자기조절 시간이 신뢰할 만한 지도 전략임을 알게 될 것이다.

6판의 이러한 변화들이 날마다 유아들을 지도하는 교사들에게 좀 더 효과적인 실제적 도움을 줄 수 있기를 바란다. 여러분 학급에 있는 유아에 대한 이해에 기초한 민감한 반응과 상호작용은 유아들이 당면한 사회적 문제에 효과적으로 대처하도록 도움으로써 그들이 안정적이고 유능한 시민으로 발달하는 데 기여할 것이다.

6판의 작업은 늘 그래 왔듯이 가족과 동료들의 직간접적인 지원을 받아 이루어졌다. 인간 발달과 가족학과 연구 과정the Department of Human Development and Family Studies의 동료들이 제공한 쾌적한 집필 환경은 나의 연구를 가능하게 하였다. 샐리 마틴Sally Martin, 콜린 머리Colleen Murray, 쉐리 오Sherry Waugh, 멜리사 번햄Melissa Burnham, 리 샌더스Leah Sanders, 베키 카터-스틸Becky Carter-Steele, 그리고 학과의 다른 구성원들의 지원에 대해 감사를 표한다. 늘 변함없는 지원을 보내는 나의 남편 아머드 에사Ahmed Essa의 격려가 없었다면 어느 개정판도 가능하지 않았을 것이고, 나는 그의 지원에 가장 큰 감사를 표하고 싶다.

Eva L. Essa, Ph.D.

Reno, Nevada

2006년 8월

"선생님, 쟤가 내 머리에 모래를 던졌어요."

오늘도 모래놀이 영역에서 한판 전쟁이 일어나고 있다. 유아들이 모인 곳이라면 흔히 있는 일이다. 친구 때리기, 수업 방해하기, 친구 물기, 떼쓰며 울기, 말 안하기, 안 먹기, 너무 많이 먹기 등 수없이 많은 부적절한 행동은 교사와 유아들을 당황하게 하고 그런 와중에 교사는 혼란과 좌절을 느낀다는 현장의 목소리를 자주 듣게 된다.

이 책은 유아교육 현장에서 수고하는 교사들에게 이러한 다양한 상황을 해결하는 데 도움을 주기 위해 번역되었다. 현장에 있는 교사들에게 도움이 될 안내 지침서가 될 것임을 믿어 의심치 않는다. 이 책은 유아교육기관에서 벌어지는 유아들의 부적절한 행동을 다각적인 측면에서 볼 수 있도록 구성되어 있다. 즉, 다양한 이론적 근거와 행동 지도 절차를 자세히 안내하고 있으며, 유아의 문제행동을 유발하는 가정Assumption들을 구체적으로 안내하고 있어서 교사들의 안목을 넓혀 줄 것이다. 또한 학급에서 벌어지고 있는 부적절한 행동들에 대해 효과적으로 대처하여 수정해 나가는 구체적인 기술들을 안내할 것이다. 이 책은 총 42장으로 구성되어 있으며, 33가지 종류의 부적절한 행동을 다루고 있다. 역서에서는 원서에 제시된 행동들 중 유사 행동을 묶어 9개의 장을 통폐합하였다(예: '타인에게 물건 던지는 행동'과 '때리는 행동'을 '타인을 상해하는 행동에 포함', '뾰로통하기'와 '토라지는 행동'을 '짜증 부리기, 떼쓰기 행동'에 포함, '징징거리는 행동'과 '매달리는 행동'을 '과도한 관심 끄는 행동'에 포함 등).

이 책의 특징은 유아의 바람직하지 않는 행동을 발달 과정 중에 나타나는 '도전적 행동' Challenging Behavior이라는 관점에서 해석했으며, 행동주의 방법으로 주로 사용되는 타임 아웃Time Out을 자기조절Self-Regulation로 대체했다는 것이다. 우리나라에서 주로 사용하는 생각하는 의자Time Out를 자기조절 시간Self-Regulation Time으로 바꾼 것은 행동의 주체가 교사나 부모가 아니라 유아라는 데 역점을 둔 것이다. 문제행동을 하는 것도 유아이며 또한 수정이 필요하여 스스로 시간을 조절하는 것도 유아 자신이라는 사실이 여섯 번째 개정판에서 수정하여 강조하는 점이다. 이런 관점에서 역서의 제목 선정에 있어 교사나 성인 중심의 제목을 선택하지 않고 유아 입장에 서서 『나를 좀 도와주세요!』라고 하였다.

또한 이 책의 특징은 유아의 행동을 위해 가족과 협의한다는 사실이다. 유아교육 현장 안에서 벌어지는 행동을 그 유아의 가장 밀접한 환경인 가족과 함께 논의함으로써 행동 지도의 가장 중요한 실마리를 가정과 유아교육 현장에서 동시에 풀어 가야 한다고 보기 때문이다. 또 하나의 특징은 바람직한 유아 행동 증진을 위해 교사가 준비해야 할 것들을 열거한 것이다. 유아가 문제행동을 할 때 교사는 유아교육 현장의 물리적 환경이나 교사의 전문성 여부와 관련된 준비도 등을 돌아보도록 구성되어 있다는 점이다.

아무쪼록, 이 책이 유아교육 교사나 유아기 자녀를 둔 부모가 유아를 바람직하게 지도하는 데 도움을 제공하여 유아의 어린 시절을 행복한 날들이 되도록 하는 데 기여하기를 바란다.

2010년 8월

옮긴이 일동

차례

유아 행동과 그 지도

나를 좀 도와주세요!

1 단원 개 관

제 1 장

이 책을 사용하는 법

이 책은 유아들이 사회가 기대하는 규칙을 학습하고 익히도록 돕는 유아교사의 중요한 임무를 돕기 위해 저술되었다. 유아는 무엇이 수용 가능한 행동인가를 지속적으로 배워 가고 있기에 유아의 행동에 대한 교사의 반응은 사회화 과정에 있어 매우 중요하다. 교사가 언제 어떻게 지도하는가는 현재 일어난 문제행동뿐 아니라 이후 유아의 사회화 과정에 지속적으로 영향을 준다.

이 책의 목적은 특별한 문제행동을 다루는 지침을 제공하는 것이다. 각 장에 소개된 특정 문제행동에 초점을 둔 전략들은 행동 변화를 위한 공식formulas이라기보다는 안내 지침guides으로서 계획되었다. 이러한 제안들은 교사로 하여금 문제행동의 원인에 대해 반성적으로 사고하도록 격려하고 유아의 행동을 체계적으로 다루기 위한 출발점을 제시하기 위함이다.

1. 몇 가지 이론들

문제행동을 다룰 때 교사는 다양한 교수 기술을 사용한다. 이러한 교수 기술은 그 효과에 대한 타당성을 제공하는 특정 이론에 기초한다. 많은 교사들은 다양한 이론에서 나온 행동 지도 전략을 통합하는 것이 가장 효과적임을 알고 있다. 이 책에서 소개하고 있는 많은 부분이 행동주의에 기초하기는 하나 또한 다양한 이론에 근거하기도 한다. 이하에서는 인간 행동을 설명하는 주요 이론과 행동주의, 정신분석 이론, 인본주의, 인지발달 이론으로부터 나온 지도 요령과 이 이론들이 교육 현장에서 어떻게 적용되는가를 소개한다.

1) 행동주의 이론 스키너B. Skinner 등의 주창자에 의한 행동주의에 따르면, 행동은 그것이 옳고 그름에 상관없이 환경과 그 안에 포함된 사람들의 반응을 통해 배우게 된다. 유아는 또래와 부모 혹은 교사들과 상호작용하면서 사회적 상황에 반응하고 행동하는 방법을 학습한다. 유아들은 타인의 사회적 행동에 대해 반응하는 방법과 상호작용을 배워 나가는 것이다. 따라서 유아는 사회적 기대에 맞는 행동을 수용하는 것을 배우게 된다.

수용되는 행동과 문제행동 모두는 이러한 방법으로 발달한다. 유아의 행동은 주위 사람들에 의해 강화되거나 강화되지 않는다. 수용 가능한 행동과 문제행동 모두 강화를 받을 때만 지속되고 강화 받지 않을 때는 소멸된다. 문제행동들은 (행동으로 드러날 때) 주의집중을 받으므로 지속하게 되는 것이며 적절한 행동들은 강화 받지 못하므로 사라지게 되는 것이다.

유아기에 나타나는 부적절한 행동은 과거의 행동 패턴 또는 사회적 지식이 부족하거나 기대되는 행동이 무엇인지 모르는 이해 부족으로 발생한다. 그에 비해 부모와 교사는 사회적 기술을 가지고 있어서 유아들의 부적절한 행동이 바람직한 행동으로 변화되도록 도울 수 있다.

행동주의는 마치 정교한 과학으로 기능하고자 시도하기에 드러난 행동만을 대상으로 삼는 특징을 갖는다. 즉, 관찰되지 않는 행동(예: 질투, 분노, 슬픔 등의 동기나 감정)을 제외한 관찰 가능한 행동(예: 때리기, 물기, 입 삐죽거리기, 욕하는 행동과 언어)에만 초점을 맞춘다. 관찰 가능한 것에 초점을 두는 것은 행동의 발생 빈도와 행동의 증감增減에 관한 측정 기록만이 정확한 정보를 제공한다고 판단하기 때문이다.

반두라A. Bandura에 의해 제기된 사회학습 이론은 유아가 타인을 관찰하고 그들의 행동을 모방함으로써 다양한 상황에 따른 반응 방법을 배운다는 이론으로서 행동주의에 기반을 둔다. 실제로 관찰을 통한 학습은 교실에서 종종 발생한다(예: 교사나 또래로부터 배운 감정이입, 돌봄, 예의바름, 물건 돌보기 등의 특성을 보일 때). 유아는 자신들이 존경하고 좋아하는 사람을 쉽게 모방한다. 따라서 어떤 행동이 칭찬받는 상황은 모방행동이 유발하기 쉬운 상황이 된다.

이 책에 제시된 다양한 행동 지도 전략은 행동주의 이론에 기초한다. 예를 들어, 각 장에서 관찰과 측정이 가능한 기준을 활용하여 문제행동을 규정하고 정의할 것을 제안한다. 또한 모델링, 무시 등의 다양한 기술과 함께 적절한 행동을 형성시키는 것을 목적으로 강화를 적극 활용하게 될 것이다.

2) 정신분석 이론 프로이드S. Freud의 이론에서 출발된 정신분석 이론은 유아의 문제행동 원인을 찾아내고 문제행동을 다루는 정보를 제공하는 또 다른 접근 방법을 제시한다. 이 이론은 문제행동의 뿌리에 있을지도 모르는 심리적인 요소를 살피도록 권장한다.

『어린이: 도전』*Children: The Challenge*, 1964의 공저자 드라이커스R. Dreikurs는 모든 문제행동이 네 가지 숨은 동기로부터 기인한다고 본다. 네 가지 동기는 첫째, 관심 얻기, 둘째, 어른과의 힘겨루기, 셋째, 어른에게 반항하기, 넷째, 무기력하여 합리적인 기준을 성취할 수 없다고 느끼기이다. 교사와 부모는 유아의 문제행동을 다루기 이전에 그 원인이 무엇인지 먼저 파악해야 한다. 드라이커스는 바람직하지 않은 행동을 수정하기 위해 보상과 벌 대신에 격려와 논리적 귀결의 사용을 권장하고 있다.

정신분석 이론으로부터 나온 또 다른 관점은 에릭슨E. Erikson의 심리사회성 발달 단계에 기초한다. 각 단계마다 유아의 요구에 민감하게 반응하는 것과 당면한 과제를 인식하는 것은 매우 중요하다. 예를 들어, 영아는 지속적인 애정이 가득한 환경에서 신뢰감을 형성할 필요가 있다. 안정적인 신뢰감의 형성은 긍정적 관계 형성과 학습의 기초이다. 걸음마기 영아들은 급속하게 발달하는 신체, 언어, 인지 능력을 증명하기 위해 필요한 자율성을 형성하고자 노력한다.

그러므로 영유아들은 안정적 애착이 되도록 합리적인 환경 안에서 자율성을 연습할 충분한 기회를 필요로 한다. 자율성 획득에 실패한 유아들은 수치심과 회의감을 가지고 다음 단계로 넘어갈 것이기 때문이다.

에릭슨에 따르면 다음 단계에 속하는 3~5세 유아들은 주도성을 획득하고자 한다. 이 시기는 환경을 탐색하고 호기심을 충족시키기 위해 어른의 과도한 질책과 비난 없이 새로운 모험을 시도하는 시기다. 그렇지 않으면 죄책감과 실패감을 형성하게 된다.

유아기 말기는 근면성 발달에 초점을 맞춘다. 그들은 프로젝트를 계획하고 수행하고 완성하는 것을 좋아한다. 그들은 또한 재능을 발휘하는 습관, 인내, 사회적 규율에 대한 이해를 위한 기초를 형성한다. 근면성 발달에 실패하면 열등감을 가진 어린이로 자라게 된다.

이 책에는 정신분석적 접근도 활용하였다. 각 장에는 문제행동의 원인을 찾는 데 도움이 될 만한 정보들이 소개되어 있다. 유아의 문제행동은 종종 이혼, 동생의 출생, 건강 문제 등 자신이 통제할 수 없거나 이해할 수 없는 상황에 대한 반응일 수 있다. 부모나 교사가 유아의 문제행동을 유발하는 원인을 찾으려 시도할 때 문제는 보다 효과적이고 민감하게 다뤄질 수 있다.

덧붙여 이 책은 교사로 하여금 부적절하게 행동하는 유아의 심리사회적 단계를 고려하도록 돕는다. 자율성을 획득하려고 시도하는 유아는 또래의 장난감을 빼앗거나 좌절감의 표현으로 물거나 때림으로써 또는 합리적인 요구에 빈번하게 "싫어!"라고 대답함으로써 학급의 기대와 충돌할 수 있다. 이러한 행동이 반항적인 행동이라기보다는 유아의 미성숙한 자율성의 표현이라는 것을 인식하는 교사는 긍정적인 태도로 친절하게 안내, 설명, 수정할 수 있을 것이다.

3) 인본주의 이론 『부모 효율성 훈련』*P.E.T.: Parent Effectiveness Training*, 1974의 저자 고든T. Gordon에 의해 제시된 안내 지침은 인본주의 이론에 기초한다. 인본주의는 교사와 유아의 관계는 상호 존경과 수용이 모든 상호작용의 기초가 되어야 한다고 믿는다. 유아가 문제를 소유하고 있을 때 교사는 문제를 해결할 수 있도록 유아의 능력과 권리를 존중해야 한다. 따라서 교사는 유아에게 충고하거나 설교하거나 방해하지 않는다. 대신 교사는 유아가 말하고자 하는 본질이 반영되고 있음(예: 친구가 너랑 놀아 주지 않아서 화가 났다는 거구나!)을 알리는 적극적 경청active listening을 사용한다. 이러한 반영적 반응은 교사가 유아가 전달하고 있는 것을 이해한다는 것과 동시에 유아가 문제를 스스로 해결하도록 허용함을 내포하고 있다.

부모나 교사인 성인이 문제를 소유할 때는 다른 방법이 요구된다. 유아에게 그의 행동으로 인하여 교사가 어떻게 느끼는가를 말하는 나-전달법I-message(예: 선생님은 블록이 바닥에 흐트러져 있을 때 누군가 넘어져 다칠까 봐 염려돼! 어떤 때는 화가 나기도 한단다)을 사용한다. 교사는 너-전달법you-message(예: 블록을 정리하지 않는 너는 책임감이 없는 아이야!)을 사용하지 않는다.

이 책에는 이러한 인본주의 이론의 요소들도 포함되어 있다. 경청하기, 솔직한 느낌 전달하기, 무시하지 않기 등은 부적절한 행동을 다루는 계획의 일부가 되어야 한다. 하지만 무엇보다도 부적절한 행동의 수정은 유아에 대한 관심과 존중하는 태도로 접근되어야 한다.

4) 인지 이론 도덕성 발달에 기초한 인지 이론 역시 유아 행동 지도에 안내 지침을 제시한다. 피아제J. Piaget는 유아의 도덕성 발달을 포함하는 인지 발달의 단계들을 정함으로써 인지 이론의 기초를 마련했다. 유아의 논리적 사고 능력과 자율성 발달은 귀납적 추론을 사용하는 교사에 의해 개발된다. 교사는 논리와 추론을 사용함으로써 유아의 행동이 다른 사람에게 미치는 결과를 이해하도록 돕는다. 즉, 벌을 통한 훈계와 통제가 아닌 다른 사람의 권리와 감정에 초점을 맞추는 것이다. 또한 교사들은 유아가 의사 결정을 하고 그러한 의사 결정의 결과를 경험하도록 하는 기회를 허락하는 것이다. 논리적 추론과 의사 결정의 기회는 유아가 자기조절 능력을 개발하도록 돕는다. 따라서 유아의 행동 습득은 무엇을 하라고 지시받는 것에 의해서라기보다는 내면적 안정성에 기초하여 형성되는 것이다. 어려서부터 충분한 돌봄과 존중하는 분위기에서 자란 유아는 논리적이기 때문에 합리적인 기대를 좋아하며 잘 따르게 될 것이다.

비고츠키L. VygotsKy의 이론 또한 유아의 행동 지도를 위한 지침을 제공하고 있다. 사회문화적 이론을 통해서 그는 유아가 속한 문화에 대한 기대와 제한점을 배우는 데 성인과 조금 더 유능한 또래의 역할을 강조한다. 유아의 활동에 대해 충분한 조언을 제공함으로 새로운 개념을 익히도록 하는 성인의 비계화scaffolding의 중요성을 강조하고 있다. 이것은 퍼즐을 맞추는 것과 같은 지각-운동 기술의 습득, 세발자전거 타는 것을 배우는 대근육운동 기술, 쌍방이 만족하는 놀이를 위한 나눔을 배우는 사회적 기술 습득에 있어서 더욱 그러하다.

이 책에서 인지 이론 역시 유아 행동 지도 안내 지침에 적용되고 있다. 교사가 유아의 자기 통제력 개발을 염두에 둘 때 인지 이론은 교사와 유아의 상호작용, 교사들의 내적 외적 기대들, 교사들이 사용하는 행동 지도 방법에 반영된다. 이러한 방법으로 유아는 자신의 행동이 다른 사람에게 미치는 영향을 알아 가고 사회적으로 책임감 있는 행동을 개발하도록 인지 기능을 사용한다. 유아의 발달 수준에서 행동 조절 능력이 발달하도록 돕는 성인의 비계화는 다른 발달 영역의 기술뿐 아니라 사회적 유능감의 발달도 돕는다.

2. 가정 Assumptions

이 책에 제안된 전략들은 행동 지도 기술들이 사용될 상황과 환경에 관한 기본적인 가정들에 의해 구성되어 있다. 교사는 문제행동에 대한 해결점을 찾기 이전에 기본적인 조건들이 존재하고 있음을 명심해야 한다.

1) 환경과 교사 문제행동을 다루기 위해 이 책에 소개된 제안들은 긍정적 상호작용과 활동을 촉진시키기 위해 유아 중심적이며 발달에 적합한 실제 상황에서 수행되어야 한다. 교사는 자신이 맡은 역할의 중요성을 알아 일관성 있게 사려 깊은 태도로 대처해야 한다. 교사는 문제행동을 일으키는 유아를 나쁜 아이로 보는 대신 발달하는 과정에서 잠시 부적절한 행동을 하는 있는 유아로 볼 수 있어야 한다. 2장에서 교사의 역할을 포함하는 적절한 행동을 격려하는 환경이 심도 있게 논의될 것이다.

2) 부절적한 행동의 원인 이 책이 기반으로 하는 또 하나의 가정은 유아가 부적절한 행동을 하는 원인에 관한 것이다. 교사는 유아가 부적절한 행동을 하는 원인에 관해 살펴볼 때 매우 주의해야 한다. 교사가 유아의 문제행동을 바라볼 때 문제행동을 바꾸기 위해서 무엇인가 해야 한다고 가정해서는 안 된다. 때로는 교사 자신의 행동을 포함하는 환경적 요인이 문제행동의 원인이 될 수 있기 때문에 특정 문제행동을 다루는 각 장은 문제행동의 원인을 분석하기 위해 그에 대한 토론을 포함해야 한다. 유아의 행등을 수정하려고 시도하기 전에 모든 가능한 외적인 변인들을 제거해야 한다. 3장은 유아가 부적절하게 행동하는 원인에 관해 좀 더 자세한 토론을 제공할 것이다.

3) 규율과 기대 이 책의 세 번째 가정은 유아가 자신에게 기대되는 것이 무엇인가를 스스로 이해해야 한다는 것이다. 만약 유아가 무엇이 수용 가능한지 이해하지 못한다면 기대되는 행동도 할 수 없다. 유아교육 프로그램들은 유아가 따를 수 있는 간단하면서도 상식적인 규칙들을 제시해야 한다. 유아를 위한 대부분의 규칙들은 안전과 관련된 것이어야 한다. 유아 자신과 다른 친구에게 해를 입힐 수 있는 행동들은 미리 방지되어야 한다. 규칙이 논리적일 때 따르기 쉽다. 규칙을 자주 반복하는 것과 그 이유를 설명하는 것은 여러 가

지 부적절한 행동을 방지하는 데 도움이 될 것이다.

또한 유아가 자신의 행동이 수용되지 않음을 알지 못하기 때문에 부적절하게 행동하는 때가 있다는 것을 인식하는 것은 중요하다. 유아가 부적절하게 행동할 때 대부분의 경우 잘못하고 있음을 알기는 하지만 예외도 있다. 그러므로 성인이 유아로 하여금 수용 가능한 행동과 그렇지 않은 행동을 구분하도록 돕는 것은 중요하다. 만약 유아가 행동의 부적절함을 알지 못한다면 간단한 설명만으로도 충분한 경우가 있다. 다른 환경에서는 기대되는 행동들이 모델링이 되거나 좀 더 체계적인 방법으로 가르쳐져야 한다. 만약 유아가 자신의 행동이 수용되지 않음을 알면서도 지속한다면 교사는 이 책의 다음 장에서 토론되고 있는 행동 수정 방법을 고려해야 할 것이다.

4) 일관성 이 책에서 제시하는 기술들은 일관성 있게 사용된다는 가정에 기초하고 있다. 수용될 수 없던 행동이 성공적으로 수정된다면 이는 일관성에서 비롯된 것이다. 즉, 행동 수정은 행동 지도 과정 중 일관성 있는 행동에서 기인되기 때문에 원하는 결과를 얻기 위해서 계획을 충실하게 수행하는 것은 중요하다. 유아가 일정 기간 특정 행동을 지속하는 이유는 주변에 있는 사람들이 그 행동을 강화했기 때문이다. 행동을 수정하기 위해서 강화가 사라져야 할 때도 있다.

만약 성인이 유아의 문제행동이 발생하는 대부분의 순간을 무시하지만 그 이후에 간헐적으로 그 행동에 관심을 보인다면 유아는 혼란스럽게 된다. 일관적이지 않은 반응은 방해가 될 것이고 유아는 그 행동을 증가시킴으로써 과거의 기대했던 반응을 찾게 될 것이다.

5) 행동의 빈도 이 책의 또 다른 가정은 얼마나 자주 그 행동이 발생하는가이다. 이 책에 언급한 기술은 반복적으로 일관성 있게 나타나는 행동들을 수정하기 위해 제시되었다. 유아는 고립된 상황에서 부적절한 행동을 할 수 있다. 피곤하거나 가정에서 스트레스를 받았거나 또는 유아교육기관에서 친구에 의해 화가 난 경우가 그 예들이다. 이러한 경우에는, 그러한 행동들이 수용될 수 없음을 조용히 유아에게 말해야 한다. 동시에 그 원인도 설명할 수 있다. 이런 경우 가능하다면 상황을 개선해 주므로 행동을 변화시킬 수 있다. 예를 들어, 피곤한 유아를 조용한 곳에 눕혀 상황을 개선시켜 주어야 한다. 모든 문제들이 완전히 해결될 수는 없으나 유아는 성인이 체계적으로 반응한다는 것을 인식할 수 있다.

만약 같은 부적절한 행동이 일정 기간 정기적으로 반복된다면 환경 요인이 유아의 행동을 강화하고 있을 가능성이 높다. 따라서 문제행동이 나타나는 상황을 좀 더 세밀하게 살펴보고 그것을 수정하기 위한 체계적인 지도 전략을 세워야 한다.

6) 가정-유아교육기관의 의사소통 마지막으로, 이 책은 부적절한 행동을 다루는 가장 효과적인 접근은 교사와 가족이 협력할 때 가능함을 기초로 한다. 유아의 반복되는 문제행동을 걱정하는 교사는 솔직하고 위압적이지 않은 태도로 가족과 의논할 수 있어야 한다. 가족도 이미 그 행동에 대해 동일한 걱정을 하고 있을 수 있다. 만약 문제를 위해 함께 협력한다면 가족과 교사는 가정-유아교육기관의 협력적 접근이 가장 효과적임을 알게 될 것이다. 하지만 가족이 유아의 행동에 대해 교사와 다르게 느낄 수도 있음을 알아야 한다. 이런 경우 쌍방 간에 내재된 가치를 명료화하거나 서로의 입장을 이해하는 것이 중요하다.

3. 이 책을 사용하는 방법

거듭 강조하지만 이 책은 교사가 유아교육 현장에서 발생하는 행동들을 효과적으로 대처하도록 돕기 위해서 기록되었다. 만약 교사가 부적절하다고 판단하는 헝동을 지도하기로 결정했다면 문제행동과 가장 유사한 행동을 목차에서 찾을 수 있다. 이 책은 유아교육 현장에서 발생하는 많은 문제행동을 공통적인 상황들로 다루고 있다. 각각의 특정 행동에 대한 논의는 독립적으로 다룬다. 특정 행동을 수정하기 위해서 그 행동과 가장 유사한 행동을 기술한 장을 탐구하라.

각 장의 내용은 표준화된 형식으로 제시되었다. 이하에서 언급하는 형식은 각 장의 항목들을 정의, 설명하며 정보를 어떻게 사용해야 하는지 논의하게 될 것이다.

행동 진술STATE THE BEHAVIOR

이 항목은 유아의 특정 행동을 묘사한다.

행동 관찰OBSERVE THE BEHAVIOR

부적절한 행동을 다루기 전에 그 행동에 관한 많은 정보들이 수집되어야 한다. 이 항목은 언제, 어디서, 어떻게 또는 왜 행동이 발생하는가에 대한 가능한 단서를 제공한다. 수집된 내용이 비록 전부는 아닐 수 있지만 상당 부분이 특정 상황과 잘 맞을 것이다. 이 항목이 목적한 바를 수행하기 위해서 교실의 모든 교사들은 며칠 동안 유아를 주의 깊게 관찰해야 한다. 주의 깊은 관찰은 종종 가치 있는 정보를 산출해 내고 더욱 정확한 처방을 위한 기초를 제공하게 된다. 이 항목에서 제시한 모든 제안들이 행동을 변화하기 위한 전략적 접근과 관련된 것만은 아니다. 이러한 제안은 교사가 행동의 많은 양상들을 유추하도록 돕기 위해서 제시되었다.

가족과의 협의CONSULT WITH THE FAMILY

이 책에서는 문제행동에 대한 해결책을 찾는 데 가족과 협력하게 되는 새로운 면을 보게 될 것이다. 6장에서 제시한 것처럼, 가족과 협의하기 전에 신뢰와 상호 존중에 기초한 긍정적 관계를 형성하는 것은 중요하다. 그러한 기초 위에서 문제행동에 대해 좀 더 효과적으로 토론될 수 있다. 교사의 염려를 가족과 토론함으로써 정보를 교환하고 해결책을 찾기 위해 협력할 기회를 갖게 된다. 예를 들어 가족은 교사로 하여금 유아의 행동이 유아교육기관 이외의 환경이나 상황에서 발생하는지 여부를 이해하도록 도울 수 있다. 유아 행동에 대한 해결책을 찾고 절차 수행에 있어 가족과 교사가 서로 협력하는 것은 유아에게 일관성을 제공하고 더 나아가 해결책이 유아교육기관과 가정에서 지지되고 있음을 확신시킬 것이다. 가족에게 유아의 문제행동의 변화를 지속적으로 알리는 것과 유아가 적절한 대안 행동을 성공적으로 배워 가고 있음을 전하는 일은 행동 지도 과정에서 매우 중요하다.

적용점 찾기CONSIDER THE IMPLICATION

이 항목은 문제행동이 수정되지 않을 경우 무슨 일이 일어날 수 있는지 탐색하게 한다. 교사는 종종 수용되지 않는 행동을 다룸에 있어 실패할 만한 방법으로 반응할 수 있다. 이는 행동을 변화시키고자 하는 노력들이 도리어 행동을 강화하는 악순환의 고리를 형성함으로 문제행동을 강화할 수도 있다는 것이다.

대안 찾기EXPLORE THE ALTERNATIVES

이 책의 주요한 관점은 부적절한 행동이 늘 직접적으로 유아로부터 시작되는 것은 아니라는 것이다. 이 항목에서는 문제를 제거하기 위해 유아의 행동을 수정하고자 하는 몇 가지 대안들을 연구하게 된다. 예를 들어, 비좁은 영역의 교구장을 재배치하는 것은 유아가 이 영역에서 친구들을 때리는 행동을 없애도록 도울 수 있다. 이 항목은 초기 관찰 후 세심한 주의를 통해 고려되어야 한다. 교사는 모든 가능한 대안들이 검토될 때까지 행동 변화 계획을 시행하지 말아야 한다.

목표 진술STATE THE GOAL

교사가 기대하는 유아의 행동 변화를 위한 목표가 이 영역에서 제시된다. 유아 행동 변화의 목표는 유아, 상황, 교사, 부모의 기대에 따라 제시될 수 있다. 한 유아를 위해서는 특정 행동을 완전히 제거하는 것이 바람직할 수 있다. 그러나 또 다른 유아를 위해서는 행동의 강도를 줄이는 것만으로도 목표가 달성될 수 있다. 시작하기 전에 목표를 염두에 두면 문제행동에 대한 확실한 변화를 측정할 수 있다.

절차APPROACH

이 항목은 각 장에서 언급된 특정 행동을 수정하기 위한 단계적인 방법을 제공한다.

행동 정의DEFINITION

수정되어야 할 행동의 구체적인 개념이 정의된다. 유아와 관련된 모든 성인들이 행동에 대한 동일한 관점을 갖는 것이 중요한다.

행동 지도 전략STRATEGIES

각각의 행동 지도 프로그램을 위하여 다양한 순차적인 단계들과 동시에 시행될 절차들을 소개한다. 어떤 경우에는 바람직하지 않은 행동을 무시하는 것이 제시되기도 하고, 다른 행동을 강화하는 단계에서는 더 바람직한 행동이 포함되기도 한다. 어떤 경우에는 프로그램이 각각 정해진 기간에 실행되기도 하지만 그렇지 않을 경우 장기간에 걸쳐 점진적으로 진행될 수도 있다.

출발점STARTING POINT

유아의 행동을 변화하기 위한 프로그램을 시작하기 전에 문제의 심각성을 인식하는 것은 중요하다. 예를 들어, 새라Sarah가 얼마나 자주 친구들을 때리는가? 피트Pete가 하루에 몇 번이나 친구들을 놀리는가? 쥬안Juan의 분노가 얼마나 오래 지속되는가? 앨리슨Alyson은 한 활동에서 새로운 활동으로 옮기기까지 얼마나 오랫동안 활동을 지속하는가? 유아의 행동을 수정하기 위한 체계적인 프로그램을 시작하기 전에 유아의 행동에 관한 정보를 갖는 것은 추후 변화를 비교할 수 있는 기초 자료가 된다.

변화 유지MAINTAINING THE CHANGES

일단 목표에 도달하게 되면 그것을 유지하는 것이 중요하다. 유아가 적절한 행동을 유지하고 이전의 부적절한 행동으로 돌아가지 않도록 하는 방법들이 제시된다.

4. 마무리

이 책의 지침들을 살피면서 문제행동 수정이 과중한 업무라고 생각했을 수 있다. 문제행동은 즉시 효과적으로 다루지 않으면 이후 행동을 수정하는 데 상당한 시간과 에너지를 소모하게 될 것이다. 하지만 체계적인 방법으로 행동 지도를 위해 실행된 시간과 열정은 학급 내 유아들과의 긍정적 상호작용을 배가시킬 것이다.

무엇보다 시간을 관리하는 것이 중요하다. 유아기의 부적절한 행동이 자아 개념에 미치는 효과는 매우 결정적이다. 유아의 문제행동에 대한 부모와 교사의 반응은 어떠한 형태로든 부정적이기 마련이다. 이러한 부정적인 관심을 받게 된 유아는 긍정적인 자존감을 갖기 어렵다.

따라서 바람직하지 않은 행동이 사라질 때 교사와 유아 모두 유익을 얻게 된다. 더 나아가 유아는 옳은 결정을 통해 적절한 행동이 보상됨을 배우게 된다.

제 2 장

바람직한 행동을 위한 환경 구성

바람직한 행동을 격려하는 가장 효과적인 방법의 하나는 기대하는 행동을 촉진하는 환경을 구성하는 것이다. 발달적으로 적합한 환경은 유아가 발달을 촉진하는 다양한 활동에 능동적으로 참여할 배경을 제공한다. 유아교육 환경은 넓은 의미에서 물리적 환경과 설비, 환경에 제시된 교재 교구와 활동 자료들, 시간 관리, 교사의 행동과 반응 등을 포함한다. 이 장에서는 각각의 요소들이 어떻게 유아의 행동에 효과적으로 영향을 줄 수 있는지 그 요소들에 대해 살펴보고자 한다.

1. 물리적 환경의 배열

환경은 유아의 적절한 행동을 극대화하도록 구성될 뿐만 아니라 유아의 요구와 발달 수준을 고려함으로써 유아가 존중되고 있음이 드러나야 한다.

유아를 위한 바람직한 환경은 도전하기에 적절한 설비와 교수 자료들을 통해서 발달을 조장할 수 있다. 교실 배열과 자료의 신중한 선택은 또한 분류, 관계 찾기, 측정, 비교, 대응, 나누기, 이름 짓기 등의 기회를 제공함으로써 인지 발달을 촉진한다. 유아는 자신의 능력과 크기에 맞는 자료들을 선택하여 자신 있게 사용하며, 공간과 자료들이 잘 배열되어 있어서 자신의 요구와 흥미에 맞게 자율적으로 선택하여 활동할 수 있을 때 득립심을 키우게 된다. 적절한 환경은 유아의 욕구와 발달을 고려하여 구성되어 있으므로 유아의 자존감을 높여 준다.

유아교육기관 교실 설비는 사려 깊은 돌봄과 보살핌이 고려되어야 한다. 이 과제는 대충 준비되어서는 안 된다. 학기가 진행되고 유아들이 자라 가면서 교실 설비는 그들의 변화된 능력, 흥미, 관심 범위를 반영하도록 변화를 주어야 한다.

1) 환경에 의한 메시지 교실 설비의 배치와 활동의 형태는 많은 메시지를 전달한다. 예를 들어, 선반에 잘 정리된 블록이 교통과 관련된 바닥으로 둘러싸여 있을 때, "이곳은 네가 블록을 쌓을 수 있는 곳이고, 블록을 쓰러뜨리지 않을 곳이고, 다른 사람에게 상처를 내서는 안 되는 곳이다."라는 메시지를 전한다. 교구장으로 둘러싸여 크고 개방된 공간이 제공되지 않을 때는 "교실 안에서 뛰지 않고 걷는다."라는 메시지를 전하고 있다. 유아가 자신의 개인 소유물을 넣을 개인 공간을 가질 때 메시지는 "네가 소중하듯 너의 소유물들도 소중하다."라는 뜻이 있다. 조용한 활동이 교실 한 구석에 모여 있고 소음이 심한 활동이 다른 쪽으로 배치될 때는 "시끄럽게 해도 되는 공간과 좀 더 조용히 할 공간이 있다."라는 메시지를 전한다. 네 명 혹은 다섯 명의 유아가 놀 수 있는 소꿉놀이 공간은 "이곳은 우리가 친구들과 함께 놀 수 있는 공간이다."라는 의미를 담고 있다. 환경이 이와 같은 언어로 말하지 않는 메시지를 전달할 때 적절한 행동은 촉진된다.

2) 공간 배열을 위한 지침들 유아의 긍정적 행동을 극대화하는 교실 배치에 도움이 될 유용한 지침들이 많이 개발되어 있다. 공간의 크기와 모양, 문과 창문의 위치는 교실이 어떻게 배열될 수 있는지를 어느 정도 결정한다. 이렇게 고정된 구조 외에도 유아교육 센터를 배열하는 많은 방법이 있다. 교실 배열에 있어서 전체 배열이 유아들에게 편안하고 교사가 좋아하도록 조화를 이루는 것은 중요하다. 색깔은 아름답고 조화로워야 하며, 창문 또는 전등으로부터의 빛은 활동을 최대로 활성화해야 하고, 벽 공간은 교실과 조화되어야 하며, 교구장들은 조직적이고 논리적인 방법으로 배치되어야 한다. 바닥에 카펫을 깔고 벽을 막는 것은 교실의 소음을 줄이는 방법이다.

교실 내 활동 영역들은 명확하게 구분되어야 한다. 실내 공간은 주로 각각의 학습센터와 흥미 영역으로 구성된다. 이러한 센터들은 미술, 조작, 블록, 극놀이, 음악, 과학, 수학, 언어, 목공놀이, 요리, 컴퓨터, 모래와 물놀이 같은 감각 활동 그리고 다른 여러 가지 기능적인 활동들과 같이 공통된 활동 자료와 설비들을 통합한다. 교실 내의 통로도 출입문과 마찬가지로 정확하게 표시되어 있어야 하고 막혀 있어서는 안 된다.

활동 영역들은 공간 구성의 이론에 근거하여 배치하여야 한다. 조용한 활동, 시끄러운 활동이 분리되어야 한다.

우수한 유아교육기관의 교실에는 대그룹, 소그룹, 개별 활동을 위한 공간이 준비된다. 교사는 특정 공간을 모든 유아들이 활동에 참여하는 동화책 읽기, 신체 표현, 음악 활동 영역으로 구성할 수 있다. 교실에는 자유선택 시간에 소그룹의 유아들이 함께 놀 수 있는 다양한 영역이 있어야 하며 개인적 공간 역시 필요하다.

유아교육 환경에서 가장 중요한 요소는 안전이다. 안전은 유아를 위한 환경 설정에 있어 최우선의 관심이 되어야 한다. 벽에 기대지 않은 모든 교구장은 튼튼하고 안정성이 있어서 넘어지는 일이 없어야 한다. 전기 콘센트는 안전장치로 가려야 하며 교구장과 사물함의 날카로운 모서리는 없어야 한다. 명확하게 구분된 영역과 통로를 갖춘 교실은 안전에 관한 염려를 줄여 줄 것이다.

물리적 환경의 모든 측면들이 유아의 행동에 도움이 되어야 한다. 환경이 깔끔하고, 따뜻하고, 활동하고 싶도록 준비되면 이곳은 유아들을 위해 특별히 디자인된 공간이라는 메시지를 전해 준다. 환경이 자연스럽게 한계를 형성할 때 유아가 환경 안에서 규칙을 따르는 것이 좀 더 용이하다. 환경이 유아를 존중함을 나타낼 때 유아 역시 환경에 대한 존중을 보일 것이다.

2. 자료와 활동

자료와 활동은 유아의 연령과 발달 수준에 맞아서 유아가 적절한 난이도 수준을 갖고 도전할 수 있어야 한다. 만약, 자료와 활동들이 유아 수준에 너무 쉽다고 여겨지면 유아는 쉽게 지루해할 것이다. 자료와 활동이 너무 어려우면 유아는 좌절할 것이다. 지루함과 좌절 두 가지 모두 문제행동으로 이어질 수 있다.

1) 적합한 자료 교사의 특정 교육 활동을 위한 자료 선택은 유아의 발달 수준에 맞아야

하고 다양한 활동과 선택권을 제공할 수 있어야 한다. 자료는 다양한 발달 영역을 촉진할 수 있어야 한다.

어린 유아를 위한 교실은 좀 더 기본적이고 적은 수의 자료를 가지고 있어야 하지만 같은 종류의 장난감을 여러 개 비치함으로써 양보가 어려운 어린 유아들의 제한된 사회적 능력을 보완할 수 있어야 한다. 반면, 연령이 높은 유아들은 모든 영역의 발달에 있어 향상된 기술을 사용하는 다양한 종류의 자료와 함께 좀 더 복잡하고 도전적인 환경을 즐긴다. 그들을 위한 환경은 사회적 놀이를 촉진하는 자료들을 많이 제공해야 한다.

모든 유아교육 자료는 유아가 능동적으로 참여하고 탐색하도록 준비해야 한다. 유아의 활동을 자극하지 않거나 상상력을 자극하지 않는 자료는 유아를 쉽게 싫증나게 만들 것이다. 능동적 개입을 강화하는 한 가지 방법은 다양한 종류로 자유롭게 용도를 변경할 수 있는 조작 가능한 자료를 제공하는 것이다.

2) 적합한 활동 환경 구성 면에서 교사는 학습과 발달을 촉진하도록 디자인된 다양한 활동을 포함하는 교육과정을 계획한다. 자료와 마찬가지로 교육 활동은 유아의 흥미와 요구에 맞도록 발달적으로 적합해야 한다. 활동은 또한 유아가 자발적으로 참여하도록 유도해야 한다. 교사가 주도하고 유아는 그저 수동적으로 바라보는 활동은 적절하지 않다.

자료와 활동은 유아의 행동에 중요한 영향을 미친다. 교육 자료와 활동이 유아의 발달에 적합할 때 자료와 활동은 유아를 위해 특별히 디자인되었다는 메시지를 제공한다. 자료와 활동이 적절하게 도전적이면 유아는 생산적인 활동에 참여할 것이다. 자료와 활동이 유아 자신을 존중하여 선택되었다고 여겨지면, 유아는 교실과 그 안에 있는 사람들을 향한 존중감을 나타낸다.

3. 시간 관리

유아의 행동에 상당한 영향을 미치는 또 다른 환경적 요소는 시간을 계획하는 방법이다. 유아교육 프로그램의 일과 구성은 유아의 발달적 능력과 필요를 고려하고 민감해야 한다. 일과는 융통성을 제공함과 동시에 안정적이고 예상 가능한 구조적 흐름을 제공해야 한다.

일과를 정하는 특정 방법은 없다.

1) 하루 일과의 구성 요소들 일과는 그날의 생활주제와 조화를 이루도록 하기 위해 시간 단위에 따라 균형 있게 구성되어야 한다. 대부분의 유아교육 프로그램은 자유선택 활동 시간, 이야기 나누기, 음률, 신체 표현, 토의를 위한 대그룹 시간과 바깥놀이 시간도 있다. 식사, 낮잠 또는 휴식, 화장실 가는 일상적인 활동 시간, 정리 정돈 시간을 계획하는 것도 중요하다. 이것은 교사와 유아에게 정리 정돈이 프로그램의 중요한 요소임을 경험하게 한다.

2) 프로그램 구성을 위한 지침 효과적인 방법으로 일과를 구성하는 지침이 있다. 유아의 필요를 맞추기 위해 에너지를 확장하고 긴장을 늦추는 동적, 정적 시간을 교차로 갖는 것은 중요하다.

하루 동안에 유아가 주도하는 활동과 교사가 주도하는 활동이 조화를 이루는 것 역시 중요하다. 대부분의 프로그램들은 유아들이 참여할 활동과 그 방법에 관한 결정을 내리는 시간과 교사가 활동을 주도하는 시간을 제공한다. 유아-주도적 활동은 자율성, 판단력, 독립적 의사 결정, 사회적 교환, 주도성, 탐색, 창의성 개발을 돕는다. 교사-주도적인 활동을 통해 합리적인 성인의 지시에 따르는 것과 성인의 지혜와 권위를 수용하는 것을 배운다. 다양한 유아-주도적 활동을 포함하는 사려 깊은 조화는 유아가 이러한 자질들을 개발하도록 도울 것이다.

어린 유아들에게 그룹 활동에 5~10분 이상 앉아 있도록 기대할 수 없다. 대신 어린 유아는 식사, 화장실, 낮잠, 정리 등의 기능적 활동을 위한 시간들을 필요로 한다. 유아의 전반적 활동 수준을 고려하라. 마지막으로, 날씨 또한 일과에 영향을 미칠 수 있다. 실외 기온이 극도로 올라갈 때의 일과는 실내에서 이루어지는 대안 활동으로 편성되어야 한다.

3) 전이 일과에서 종종 간과되는 경향이 있지만 매우 중요한 시간은 활동과 활동 사이의 전이 시간이다. 전이 시간을 유아들에게 다양한 학습의 기회를 제공하는 시간으로서 일과의 한 부분으로 고려하는 것이 유익하다. 함께 모이는 공간에서 화장실과 간식 책상으로의 전이 또는 정리 시간에서 밖으로 나가기 위해 외투를 입는 등 유아가 한 영역에서 다른 영역으로 움직임에 따라 일어나는 사건의 연속성을 생각해 보아야 한다. 만약 전이가 고려되

지 않는다면 이러한 시간들은 혼란을 야기할 수 있다.

유아는 앞으로 있을 전이 시간을 예견할 수 있어야 한다. 정리 시간, 그룹 모임, 바깥 놀이를 알리기 위한 노래, 챈트역자 주: 음률을 가진 반복되는 구호, 핸드벨 울리기, 불을 잠시 껐다 켜는 등의 방법을 사용할 수 있다. 한 활동의 마침을 언급하기 전이라 할지라도 유아들에게 미리 예고하라.

하루 일과 편성이 유아의 행동에 영향을 줄 수 있다. 적절한 일과 계획이 세워지고 실행될 때, 유아는 무엇이 다음에 오는지 앎으로써 안정감을 가질 수 있다.

4. 성인의 행동과 반응

유아교육 환경의 마지막 부분은 유아와 함께 일하는 교사나 부모에 관한 것이다. 유아교사의 행동과 반응은 유아의 행동에 영향을 미친다. 유아발달과 유아교육 원리를 아는 교사는 학급의 유아들을 더 잘 이해하고 그들의 필요를 더 잘 맞출 수 있다. 실제 연구에 의하면, 가장 능력 있는 교사는 이 영역에서 특별한 훈련을 받은 사람들임이 밝혀졌다. 더욱이 따뜻함, 애정 있는 양육, 인내심 등의 성품은 효과적인 유아교사의 덕목으로서 중요하다. 유아들과 함께 일한다는 것은 에너지, 열정, 창의력, 개방성을 요구하는 고된 일이다. 이 일의 중요성을 아는 사람, 특별히 유아의 인성에 그들이 미치는 영향력을 아는 사람은 돌봄과 선견지명을 가지고 이 직업에 도전하는 사람이다. 그러한 교사는 유아의 행동에 대해 사려 깊은 의사 결정을 내린다. 그는 존중과 일관성을 가지고 유아에게 반응한다. 그는 자신들의 결정과 행동이 유아에게 강력한 영향을 줌을 알기에 성급하거나 경솔한 결정을 내리지 않는다. 이러한 교사는 유아가 최상의 것을 필요로 함을 알기에 이에 부응하는 대우를 하려고 노력한다.

5. 마무리

유아에게서 바람직한 행동을 유도하는 기본적인 방법 중의 하나는 유아를 돕는 긍정적 환경을 제공하는 것이다. 이러한 환경을 제공하는 것은 이 장에서 언급한 4가지 원리, 즉

물리적 공간의 세심한 배열, 적절한 자료와 활동의 제공, 효율적인 시간의 관리, 성인의 사려 깊은 행동과 반응을 포함한다. 실제로 성인이 문제행동으로 간주하는 것은 부적절한 환경 또는 성인에 의한 부적절한 기대의 결과일 수 있다. 양질의 유아교육 프로그램은 본질적으로 일방적이다. 이러한 요소들에 관심을 가짐으로써 부적절한 행동은 부지不知 간에 해결되기도 한다.

제 3 장

부적절한 행동의 원인

교실에서는 항상 다양한 행동이 일어난다. 유아는 자신의 주변에서 일어나는 일에 대해 독특한 대응책을 찾아내기도 한다. 이러한 행동의 대부분은 적절하고 교사나 또래들의 인정이 있을 때 더욱 계발된다.

교실에는 때리는 유아, 활동을 방해하는 유아, 다른 유아들과 상호작용하는 데 어려움이 있는 유아, 용변 보는 데 문제를 가지는 유아가 있을 수 있다. 이러한 행동은 흔한 증상이지만 염려의 대상이 되기도 한다. 이 책은 유아가 부적절한 행동들을 대체할 적절한 행동을 배우도록 돕는 실제적인 제안을 제시한다.

유아의 문제행동은 종종 관심을 끌기 위한 필요나 욕구에서 시작되기도 한다. 유아는 교사의 관심을 얻는 최선의 방법이 교사가 적절하지 않다고 간주하는 행동을 하는 것임을 무의식 중에 배우고 있다. 예를 들어, 페리Perry는 자신이 다른 친구를 때렸을 때 앤Ann 선생님이 지속적인 관심을 줄 것이라는 것을 배웠다. 만약 페리가 관심을 끌기 위해 다른 사람을 때리는 행동의 패턴을 형성했다면, 이 책에서 제시한 전략들은 이 행동을 수정하기 위한 최선책이 될 것이다.

유아의 부적절한 행동은 종종 유아가 어찌할 수 없는 환경적 요인에서 기인한다. 따라서 교사가 부적절한 행동을 유발하는 외적 변인들을 고려하는 것은 중요하다. 부적절한 행동의 원인에 대한 분석은 유아를 변화시키겠다는 결정을 내리기 전에 이뤄져야 한다. 만약 유아의 행동이 교사가 통제할 수 있는 범위 너머에 있다면, 가능할 때마다 환경적 조건을 해결하려는 노력이 중요하다. 물론 행동을 유발하는 환경을 변화시키는 것이 항상 가능한 것은 아니다. 예를 들어, 교사는 심한 알레르기나 새로 태어난 여동생을 없앨 수는 없지만 유아가 스트레스를 받고 있음을 인식하고 다른 대응 전략을 찾는 것을 도울 수 있다. 몇 가지 전략은 다음의 장들에서 제시될 것이다.

다음은 유아가 해결할 수 없는 외적인 요소들에 대한 논의이다. 이러한 요소들은 교사가 문제행동을 살필 때 주의 깊게 살펴봐야 한다.

1. 교사가 영향을 줄 수 있는 환경적 요인

유아는 직접적인 유아교육 환경 내의 요소들로 인해 종종 문제행동을 한다. 우리는 교사가 수정할 수 있는 요소들을 살펴보는 것부터 시작하려 한다.

1) 물리적 환경 유아가 생활하는 물리적 환경은 중요하다. 환경 자체가 특정 행동을 고양시키거나 소멸시킬 수 있다. 예를 들어, 공간을 나누기 위해 몇 개 안 되는 교구장만을 사용한 대형 교실은 유아들이 뛰는 것을 조장하며, 높은 선반 위에 놓인 자료들은 교사에게 의존적이 되도록 만든다. 또한, 활동 영역 사이로 형성된 동선은 파괴적인 행동과 공격성을 유발하도록 돕는다.

공간이 중요하다. 이야기 나누기 시간의 대열, 화장실을 사용하기 위해 줄을 서는 것, 유아들이 몰려 있는 공간 등은 밀기 또는 다른 공격적인 행동을 유발할 수 있다. 상당히 좁은 개인 공간과 연계된 유아의 자발적인 활동 수준은 문제를 야기할 것이다.

교실 환경에 제공된 활동과 자료들은 조심스럽게 평가되어야 한다. 유아의 수에 맞는 충분한 자료가 제공되어야만 과도한 경쟁이 없고 유아들이 활동거리를 못 찾는 일이 없게 된다. 때로 변화가 필요한 것은 유아가 아닌 물리적 환경이라는 사실을 항상 염두에 두어야 한다.

2) 발달에 적합하지 않은 교사의 기대 수준 유아를 가르치는 교사는 학급에 있는 유아들의 발달 단계를 알아야 한다. 발달 단계는 각 유아의 독특한 특성, 필요, 행동을 수반한다. 교사의 너무 높은 기대나 너무 낮은 기대를 받게 되면 과도하게 행동할 수 있고, 그로 말미암아 긴장하거나 아니면 지루하게 된다.

기대나 환경이 유아의 연령에 적합하지 않으면 문제행동이 쉽게 발생한다. 유아발달에 익숙하게 됨으로써 교사는 장난감을 나누지 않고 혼자 놀기를 원하는 2세아, 보여주며 말하기 활동show-and-tell에 최대 15분간 앉아 있을 수 있는 3세아, 그리고 가끔씩은 부적절한 새로운 단어를 시도하는 4세아를 위한 계획을 세우는 일에 도움을 얻고 적절하게 반응할 수 있다.

3) 일관적이지 않은 메시지 성인은 동일한 행동임에도 불구하고 어느 때는 유아에게 수용될 수 없는 행동이라고 하고, 어느 때는 수용될 수 있다고 하여 일관성 없게 반응한다. 때마다 다른 기대들이 주어질 때 유아는 무엇이 옳은 행동인지 바르게 인식하지 못한다. 교사는 종종 이러한 불일치를 기억하지 못할 수 있기에 유아에게 전하는 메시지에 오류가 없는지 주의 깊게 살펴봐야 한다. 유사하게, 가정과 유아교육기관 사이에서도 그런 불일치가 있을 수 있다. 이러한 차이점을 토의하기 위해 가정과 유아교육기관이 의사소통하는 것은 중요하다. 만약 불일치가 지속되면, 유아는 "동생과 싸우는 것이 집에서는 허용되나 유아교육기관에서는 안 된다."라는 메시지를 받는다. 수용될 수 없는 행동의 성공적 변화는 일관된 행동에 의해 결정된다.

4) 자극에 대한 지나친 예민함 좋은 유아교육 프로그램은 분주하고, 활기차고, 풍성하다. 대부분의 유아는 적절하게 자극적인 환경에서 잘 반응하지만, 어떤 유아들에게는 색상, 소음, 활동 수준, 움직임이 지나치게 과도할 수 있다. 유아들이 종종 과잉행동을 하거나 특정 활동을 침착하게 하지 못하고, 파괴적이거나 공격적인 것은 환경이 너무나 자극적이어서 집중이나 자아통제가 어렵기 때문일 수도 있다. 이러한 경우 유아들은 종종 괴로움의 사인을 보일 것이다. 예를 들어, 유아들은 대응할 능력이 부족할 때 신체적으로 긴장하게 된다.

교사는 이러한 유아들을 여러 가지 방법으로 도울 수 있다. 한 가지 방법은 환경이 압도적일 때 교실 안에 유아가 숨을 수 있도록 조용한 비밀 장소를 마련하는 것이다. 교사는 더 나은 교실 배치와 카펫과 방석 등의 부드러운 자료를 사용함으로 소음 수준도 낮출 수 있다. 색깔 자극을 낮추거나 교실을 칠한 색상의 수를 줄임으로 시각적 영향력을 낮출 수 있다.

2. 교사가 바꿀 수 없는 환경적 요인

유아의 행동에 영향을 미치지만 교사가 수정할 수 없는 다른 외적 요소들이 있다. 그러한 요소들에 대해 살펴보면 다음과 같다.

1) 건강의 문제 유아의 건강은 행동에 결정적 영향을 미친다. 교사는 유아의 건강 상태가 좋지 않을 때, 코가 막혔을 때, 머리가 아플 때, 배가 아플 때 어떻게 반응해야 하는지 생각할 것이다. 유아가 아플 때는 성인보다 대처할 수 있는 능력이 낮다. 교사에게 자신이 어떻게 느끼는지 말로 표현할 수 없을 수도 있기에 문제행동으로 이어질 수 있다. 교사는 유아의 건강 상태와 낮은 저항력에 대해 민감해야 한다.

2) 알레르기 어떤 유아의 행동은 음식과 환경적인 알레르기에 의해 영향을 받을 수 있다. 그 결과로 유아는 과잉행동을 하거나 까다롭게 굴거나 집중 시간이 짧을 수 있다. 진단된 알레르기의 종류와 유아의 반응을 아는 것은 중요하다. 어떤 유아는 복용한 약에 의해서 영향을 받을 수도 있다.

3) 영양 결핍 유아의 행동은 섭취했거나 섭취하지 않은 음식에 의해서 영향을 받을 수 있다. 아침을 굶고 온 배가 고픈 유아는 피곤을 느끼고 방해하며 까다롭게 굴 수 있다. 영양이 고르지 못하거나 특정 영양소가 부족하면 활발하게 행동하지 못하거나 문제행동을 할 수 있다. 섭취한 음식과 음식을 먹는 시간에 대한 정보는 영양에 관한 문제행동을 진단하는 데 도움을 준다.

4) 감각의 손상 행동은 청각이나 시각적 문제에 의해서도 영향을 받을 수 있다. 시각적 문제가 있는 유아는 불안정해 보이고, 의욕이 없으며, 서투르고, 비협조적이며, 지시를 따를 수 없고, 의도적인 파괴행동을 하는 것처럼 보인다. 청각적 문제가 있는 유아 역시 시끄럽고, 쉽게 방해받으며, 집중하지 못하고, 과도하게 행동하고, 파괴적이다. 부적절한 행동이 유아의 통제하에 있음을 추정하기에 앞서 청각과 시각 손상이 있는지를 주의 깊게 관찰하는 것은 중요하다.

5) 애착의 결핍 영아기에 일차적으로 필요한 것은 의미 있는 타인과 안정적 애착을 형성하는 것이다. 대부분의 영아는 엄마와 애착을 형성한다. 불행하게도, 현대의 분주한 부모의 생활 방식과 그들을 향한 요구들은 종종 자녀를 위한 충분한 시간을 허용할 수 없게 한다. 강한 애착을 형성하지 못한 영아는 유아기에 문제행동을 나타낼 수 있다. 영아기 때

의 불안정한 애착과 훗날 문제행동과는 깊은 상관관계가 있음이 밝혀졌다.

6) 가정환경 변화에 따른 스트레스 유아는 익숙하던 생활환경이 바뀌거나 현재 일어나는 일을 이해하지 못할 때 문제행동을 할 수 있다. 이는 부모의 별거나 이혼, 잦은 싸움, 경제 문제 등의 가정불화를 의미한다. 가장 가까운 생활의 변화는 동생의 출생, 조부모의 방문, 이사, 부모의 출타 또는 다른 변화 등 일상적이지 않은 환경 등을 포함할 수 있다. 가정에서 무슨 일이 일어나고 있는지 이해하고 유아 행동 반응을 해석하거나 예견하기 위해서 가족과 자주 솔직한 대화를 유지하는 것이 중요하다.

7) 현대 삶의 스트레스 오늘날 많은 유아들은 매우 바쁜 삶을 살아가고 있다. 유아는 분주한 부모와 마찬가지로 발레, 체육, 부모와의 여행 등에 참여하기에 바쁘다. 이런 일들은 유아의 경험을 풍성하고 신나게는 하지만 많은 시간이 소비되기에 반성적 사고와 놀이를 위한 시간을 제공하지 못한다. 많은 유아들이 한 곳 이상의 다른 교육기관을 다니며 어떤 유아들은 정기적으로 4~5개 정도의 활동을 경험한다. 이러한 여러 특별활동은 종종 돌봄을 대신해 줄 부모들의 필요를 반영하는 것이다. 그러나 유아가 여러 명의 성인들에 의해 돌봄을 받을 때 일관성 없는 규칙과 기대로 인한 부작용은 다양할 것이다.

3. 마무리

유아의 문제행동은 일반적으로 나타나는 현상이다. 유아의 문제행동에는 다양한 이유가 있다. 문제행동이 유아의 통제하에 있다는 가정을 내리기 전에 유아의 행동에 영향을 미치는 변인들을 조심스럽게 고려하는 것이 중요하다. 문제행동이 유아가 통제할 영역을 넘어선 상황에 대한 반응일 때 교사는 이것을 수정하도록 노력해야 한다. 만성적 질병이나 이혼 등의 문제처럼 변화될 수 없는 경우라면 유아는 교사의 감정이입이 포함된 지지적인 도움을 통해 상황을 최선으로 대응하도록 도움을 받을 수 있다.

제 4 장

장애를 가진 유아들

오늘날 많은 유아교육 프로그램에는 특별한 필요를 가진 유아를 포함하고 있다. 장애아의 통합은 관련자들 모두에게 혜택을 준다. 관련자들은 장애 유아, 일반 유아, 양 그룹의 부모들 그리고 교사들을 일컫는다. 통합 프로그램은 장애를 가진 유아들에게 지지를 제공하기에, 그들은 유아교육 프로그램이라는 사회의 온전한 참여자가 될 수 있다. 이는 또한 비장애 유아들에게도 모델링과 지원을 제공하기에 감정이입, 차이에 대한 인내심, 애정 깊은 양육, 돕는 기술을 개발하도록 돕는다. 부모들은 교사들과 마찬가지로 유아의 능력 수준에 상관없이 모든 유아들이 또래들과 공통점이 많다는 것을 배운다.

장애 유아 통합교육은 한편으로는 유익하고 발달에 대한 보상이 되지만 또 한편으로는 도전적이며 문제가 동반된다. 문제행동은 종종 장애의 한 부분일 경우도 있다. 어떤 유아들에게 있어 행동장애는 주요 문제이지만 다른 유아에게는 부차적인 문제이다. 특별히 정서적 또는 행동적으로 장애를 가졌다고 공식적으로 진단 받지 못한 유아들 역시 장애의 진단을 받은 유아들과 유사한 특별한 요구를 가질 수 있다는 것을 이해하는 것은 중요하다. 장애 유아들을 가르침에 있어서 교사의 방법은 모든 유아들을 온전하게 통합하는 효과적인 유아교육 프로그램 운영에 있어 중요하다.

교사와 부모의 의사소통 역시 중요하다. 부모는 주로 자기 자녀의 장애에 관한 정보를 제공하는 최고의 자원 공급처이다. 그들은 자녀가 가진 장애에 대한 익숙함뿐 아니라 장애가 자녀에게 어떠한 영향을 주는지 알고 있는 전문가와도 같다. 두 명의 같은 유아가 없듯이 장애를 가진 각각의 유아는 그 증세, 반응, 해결책, 능력, 지원에 대한 필요에 있어 독특하다. 부모는 자신의 학급에 장애 유아를 두고 있는 교사에게 있어 가장 중요한 최고의 자원이 되어야 한다. 교사는 또한 장애 유아를 둔 부모 역시 특별한 필요가 있음을 인식해야 한다. 그러므로 지원적이고 개방된 대화가 매우 중요하다.

본 장의 나머지 부분은 장애의 특별한 영역들에 대해 살펴볼 것이다. 장애의 영역에 덧붙여, 각각의 장애 유형은 잠재적인 문제행동들에 연결되어 설명할 것이다.

1. 장애의 유형

1) 정서적/행동적 장애 모든 유아들이 가끔씩은 부적절하게 행동함을 기억하라. 염려가 되는 주요 대상은 종종 통제를 잃은 행동을 하는 유아들, 특별히 공격적이고 파괴적인 유아들이다. 대부분의 경우 사회적 환경적 원인과 연결되기는 하지만, 그러한 행동은 생리적 역기능으로부터 유발될 수 있다. 즉, 애착의 결핍, 일관성 없는 지도, 잦은 신체적 처벌, 학대 또는 방치, 그리고 정서적 또는 행동적 결함으로 기인된 많은 다른 요소들이 포함된다.

만약 유아의 행동이 너무 방해가 되어서 교실 내 활동 진행을 지속적으로 방해한다면 그 유아는 특별한 요구를 가졌을 것이다. 어떤 유아들은 정서적 또는 행동적 결함을 가졌다고 진단 받을 것이다.

2) 신체적 장애 신체적 장애는 약간의 대소근육 발달의 서투름부터 신체 근육을 조절할 수 없는 경우까지 그 범위가 다양하다. 어떤 유아는 휠체어에 앉아 있을 수 있고, 다양한 신체적 기능을 함에 있어서 도움이 필요할 수 있고, 특별한 정형외과적 보조기구가 필요할 수도 있고, 또는 단순히 환경을 탐색할 때 주의 깊은 관찰만 요구할 수도 있다. 운동근육의 장애는 유전, 뇌의 역기능, 임신기 동안 다양한 독성물질에의 노출 또는 사고에 의해 발생할 수 있다.

신체적 장애가 있는 유아는 비록 주요 일차적 장애에 비해 부차적이기는 하지만 문제행동을 보일 수 있다. 신체적 장애가 있는 유아의 문제행동은 또래들과 잘 지내지 못하는 것에 대해 좌절감을 느낄 때, 활동에 성공적으로 참여하지 못할 때, 자신의 필요를 의사소통하는 데 어려움을 느낄 때 발생할 수 있다.

3) 인지적 장애 인지적 기능이 또래에 비해 덜 발달된 유아들은 특별한 인지적 어려움이 있다고 분류된다. 약간의 인지적 어려움을 가진 유아들은 발달적 기준치를 도달하는 데 있어 단순히 또래들보다 뒤처지고 미성숙해 보이며, 더욱 심각한 손상을 가진 유아들은 낮은 IQ를 보이고 기대되는 방식으로 기능하는 데 어려움을 보인다. 이들은 기억력과 집중력이 현저하게 부족하다. 인지적 장애는 다양한 원인에서 기인되는데 유전적 상황, 태내기 동안

위험한 요소에 노출됨, 병, 사고, 심각한 경우에는 학대와 유기 등을 포함한다.

인지적 장애를 가진 유아는 상당히 수동적이고 감정에 있어 안정적이다. 한 예로, 다운 증후군을 가진 유아는 일반적으로 애정이 많고 온화하다. 인지적 문제를 가진 다른 유아들은 문제행동을 일으킬 수도 있다. 이러한 현상은 좌절감, 기대를 이해하지 못함, 의사소통의 부족 또는 일반적 미성숙으로부터 나온다.

4) 학습 장애 학습 장애는 최근에 의학적 문제로 인식되어 오곤 했다. 학습 장애는 유아에게서 발견되기가 쉽지 않은데 증상들이 무기력함, 무관심 또는 정상적인 활동 수준 등에서도 발생되기 때문이다. 그러나 듣기, 말하기, 생각하기 등에 관련된 기본적 학습 과정에서 문제를 갖는 유아들은 학습 장애를 가질 수 있다. 이러한 문제들은 유아가 읽기, 쓰기, 수학에 있어서 어려움을 보이는 학령 전기에 보다 쉽게 진단되는 경향이 있다. 때로는 신체적 균형과 협응의 문제들이 포함되기도 하는데 이는 유아가 공간 지각 능력에 있어 문제를 가질 수 있기 때문이다.

학습 장애의 가장 흔한 출현은 분주한 유아의 정상적 활동 수준과 혼동되어서는 안 되는 ADHD주의력 결핍 과잉행동 장애이다. ADHD를 가진 유아는 집중력이 짧고, 늘상 들떠 있고, 충동 제지 능력이 약하고, 집중하지 못하고, 매우 산만하다. 이러한 유아는 의학적 도움이 필요하고 약물치료를 받기도 한다. 교사의 주의 깊은 관심, 방해를 줄이기 위해 공간을 지정함, 엄격하고 일관된 지도, 흥미 영역을 계획함으로 집중을 유도하는 것 등 교사의 주의 깊은 관심이 학습 장애, 특별히 ADHD를 가진 유아가 교실에서 효과적으로 활동하도록 도울 수 있다.

5) 약물과 알코올의 태내 감염 유아교육 교사들은 학급에서 임신 중에 다양한 약물에 노출되어 있거나 또는 태아기 알코올 증후군Fetal Alcohol Syndrom: FAS으로 진단된 유아들을 점차 더 많이 보게 되는데, 이는 임산부들이 심각한 양의 알코올을 마셨기 때문이다. 태내기 동안 알코올의 노출에 심하게 영향을 받지 않는 유아들은 태내기 알코올 효과Fetal Alchol Effect: FAE로 진단 받기도 한다. 태내기 알코올의 노출이 유아들에게 영향을 주는 정도는 다양하다. 어떤 유아들은 경미한 영향을 받는 반면, 어떤 유아들은 공격성, 충동성, 예측 불허, 자신 행동의 결과 이해 부족 등으로 나타날 수 있다.

약물과 알코올의 태내 감염으로 인한 많은 유아들은 불안정한 가정환경과 정서적 지지의 부족 등 복합적인 요인들을 가지고 있다. 연구자들은 잘 조성된 환경에서 반응적, 지지적인 교사들이 최선의 대안이 될 수 있다는 것을 발견하였다.

6) 감각 처리(통합) 장애SPD: Sensory Processing Disorder 감각 처리란 움직임과 시각, 청각, 촉각, 미각, 후각 등의 다양한 감각을 통해 정보를 수용, 조직, 해석하는 능력을 일컫는다. 몇몇 유아는 들어오는 정보를 두뇌가 해석하고 정보에 반응하는 방법 때문에 감각을 통합 정보에 적절하게 반응할 수 없다. 이 장애를 가진 어떤 유아들은 자극 정보에 압도됨을 느껴 자극에 과잉 반응을 보인다. 어떤 유아들은 입력되는 정보가 미약하다고 느껴 더 많은 자극을 찾게 된다.

감각 처리 장애를 가진 유아들은 환경에서 오는 온전하지 못한 정보를 받으므로 부적절하게 반응한다. 이러한 유아들은 그들의 도전적 행동으로 인해 '문제를 가진' 유아들로 간주된다. 그들을 향한 친구들의 회피는 낮은 자아개념으로 이어진다. 감각 처리 장애를 진단 받은 유아는 가정과 학교의 협력 가운데 적절한 치료를 받아야 한다.

7) 말하기와 언어 장애 어떤 유아들은 표현력과 언어 문제 때문에 효과적으로 의사소통하는 데 어려움을 갖는다. 이러한 문제들은 그 기원에 있어 생리학적이거나, 인지적 결함의 부산물이거나, 유아기 동안 언어적 자극이 부족하였거나, 그 기원을 모르는 경우도 있다.

이러한 장애를 가진 유아는 자신들의 희망과 필요를 적절히 표현할 수 없고, 그 결과 또래들과의 의사소통에 어려움을 갖기에 유아교육 프로그램에 참여하는 데 문제를 가질 수 있다. 어떤 유아는 때리기 등의 신체적 의사소통이 효과적임을 발견한다. 다른 유아는 학급 활동에 소극적이거나 참여하지 않는다. 어느 경우든 유아가 잘 참여하도록 돕는 교사의 민감한 지지가 중요하다.

8) 만성적 건강 문제 어떤 유아들은 특별한 적응이 필요한 경우나 유아교육 프로그램에 참여하는 것을 어렵게 만드는 건강의 문제로 고생한다. 대부분은 또래와 유아교육기관에서 격리되지만, 당뇨, 천식, 암, 낭성 섬유증, 에이즈 그리고 다른 종류의 장기 질병과 죽

음으로 연결되는 질병을 가진 유아들도 프로그램에 참여할 수 있다. 이러한 유아의 감염으로부터 다른 유아들을 보호하기 위한 안전 규칙을 알고 있는 것은 중요하다.

허약케 하는 질병을 가진 유아들은 자신의 상황에 대해 화를 내거나 다른 사람을 향해 분노를 표현할 수 있다. 반면, 어떤 유아들은 교실 활동에 소극적이거나 참여하지 않는 것으로 나타난다. 그들은 아마도 제한된 에너지를 갖거나 좌절감을 느낄 수 있다. 유아의 반응이 무엇이든지 간에 유아가 편안함을 느끼도록 하고, 교실에서 편안함을 느끼도록 도우며, 비록 결석이 잦을지라도 지속적으로 그룹의 구성원으로 느끼도록 하는 교사의 지원은 매우 중요하다.

2. 마무리

이 책의 특별한 문제행동들을 다루는 나머지 장에서 장애를 가진 유아에 관해서 그리고 교사가 어떻게 그 문제들을 다룰 것인지에 대한 조언들이 주어질 것이다. 특별한 필요를 가진 유아와 연관된 정보를 나타내는 장들에 있는 각주를 주의 깊게 보라. 관련된 정보가 각주에도 자세히 제공될 것이다.

제 5 장

행동 지도 전략

유아 행동의 적절한 지도는 필수적이다. 유아의 자아개념은 어른들의 반응에 의해서 영향을 받는다. 행동 지도 요령은 그것이 원만히 진행되거나 또는 잦은 문제를 유발하거나 상관없이 교사의 학급 운영 방식에 직접적인 영향을 준다. 긍정적 행동을 유지하고 부적절한 행동을 제거하는 데 도움이 되는 몇 가지 특별한 기술들이 있다. 본 장에서는 앞으로 다뤄질 장들에서 의논될 기술들, 특별히 다양한 상황 가운데의 부적절한 행동에 대한 내용을 다룬다.

1. 강화 Reinforcement

유아를 다루는 최우선의 가장 중요한 기술은 긍정적 강화이다. 긍정적 강화는 자주, 그러나 적절한 시기에 사용되어야 한다. 강화는 유아의 부적절한 행동을 수정하기 위한 다른 기술들과 함께 사용되어야 한다. 적절한 행동은 유아가 하고 있는 행동이 기대된 행동이라는 말을 들을 때 계속 유지된다.

강화는 굳이 말로 행해질 필요는 없으며, 다양한 방법을 통해 수용될 수 있다. 미소, 신체 접촉, 눈 맞춤, 껴안아 주기 등은 언어적 표현과 마찬가지로 유아 행동에 대한 성인의 승인을 말하는 기능을 한다. 실제 상황에서 교사가 유아의 활동을 방해하지 않으면서도 여전히 승인을 보여주고 싶을 때가 있는데 그럴 때 비언어적 강화가 사용되어야 한다.

유아가 부정적인 행동을 고치려고 노력할 때 강화하는 것은 매우 중요하다. 교사들은 언제 부적절한 행동이 변화되었는지, 무엇이 유아로부터 행동을 소거시켰는지, 전에 유아가 그 행동을 위해 받아 왔던 관심이 언제 사라졌는지 기억해야 한다. 부정적인 행동을 수정함에 있어 유아로 하여금 단순히 무엇이 수용될 수 없는지를 알게 하는 것뿐만 아니라, 강화를 통해서 무엇이 수용될 수 있는지 알게 하는 것은 중요하다.

잦은 강화는 종종 유아가 적절한 행동을 빠르게 배우도록 도와주는 데 도움이 된다. 이러한 강화 사용의 예는, 3세아가 다른 유아를 때리는 비율이 한 시간당 40회에서 1회로 변한 경우이다. 이 유아의 때리는 행동에는 어떠한 지도 기술이 뒤따르지 않았고 다만 때리지 않은 행동에 대해 30분마다 칭찬하는 프로그램이 실시되었다. 그 후 이틀 만에 때리는 비율이 현저하게 줄어들었다. 한두 주가 지나면서 현저하게 줄어든 강화는 결국 때리는 행동을 사라지는 결과를 만들었다. 일관된 강화 프로그램을 수행하기 위해서 교사는 많은 시간을 들였으나 결과적으로는 시간을 절약하는 결과를 내었다. 맞은 유아를 달래고 때린 유아를 다루는 데 드는 시간이 많이 줄었기 때문이다.

2. 무시 Ignoring

무시는 상당히 효과적이나 사용하기에 어려운 기법 중의 하나이다. 유아가 반복적으로 교사를 괴롭히거나 교실을 방해하는 행동을 할 때 무시는 좋은 기술이다. 무시는 다른 사람을 다치게 하거나 다치게 할 위험이 있을 때 사용하면 안 된다. 무시는 문제행동을 하기 전 성인의 관심을 요구하는 것처럼 보일 때 효과적이다. 문제행동에 개입하기 전에 누가 지켜보는가를 둘러보는 유아는 분명히 관심을 원하고 있는 것이다.

문제행동이 발생할 때마다 모든 성인이 완전히 무시하기란 쉬운 일이 아니지만 때때로 무시가 필수적일 때도 있다. 유아는 자신의 문제행동이 교사에게 드러났음과 전략이 비효과적임을 말해 주는 올라간 눈썹, 한숨 그리고 다른 비언어적 행동들을 인식할 것이다. 무시가 방해하거나 파괴적인 행동을 없애는 데 도움을 주는 중요하고 강력한 기술인 반면, 관심의 제거가 긍정적 행동에 대한 강화로 대체되어야 함을 기억하라.

3. 자기조절 시간 Self-Control Time

자신의 반응과 감정에 통제력을 회복하고자 유아가 연속적인 교실의 활동과 자극으로부터 떨어져 있는 것이 도움이 되는 순간들이 있다. 자기조절 시간은 그것을 수행하는 방법에 있어서 유아에게 더 많은 결정권을 준다는 의미에서 통상적으로 사용하던 타임아웃time-out과 구분된다. 자기조절 시간은 완전히 교사 주도적이지 않다. 타임아웃은 벌로 사용되는 반면, 자기조절 시간은 종료 시 유아가 자신의 침착함을 회복하고 교실로 돌아오도록 허락한다. 강조점은 상황에 대한 통제를 교사에게 두지 않고 유아에게 둔다는 것이다.

자기조절 시간은 가끔씩 조심스럽게 사용되어야 하는 기술이다. 이 방법은 유아가 다른 사람과 자신을 해치거나 해칠 가능성이 있을 때 주로 사용되어야 한다. 공격적인 행동을 재빨리 멈춰야 할 경우 자기조절 시간은 종종 최고의 방법이다. 자기조절 시간은 교사가 수용할 수 없다고 설명한 행동을 두 번 이상 반복할 때 사용되어야 하며 교사는 유아에게 그러한 행동은 수용될 수 없다고 설명해야 한다.

자기조절 시간을 사용하기 전에, 교사들이 이 방법을 일관성 있게 사용하고 동일한 방법으로 사용할 것을 동의하는 것이 필요하다. 모든 관련된 교사들이 자기조절 시간을 사용해야 하는 행동의 정의, 자기조절 시간의 장소, 자기조절 시간의 실제 절차에 대하여 아는 것은 중요하다.

이 책이 추천하는 자기조절 시간의 절차는 다음과 같다.

1) 공격당한 유아가 다쳤는가 확인한다. 가능하다면 다른 교사가 다친 유아를 돌보아야 한다.
2) 공격을 한 유아를 손으로 잡고 자기조절 시간 장소로 데려간다. "나는 네가 다른 친구들을 다치게 하는 것을 용납할 수 없어. 네가 친구들과 다시 놀 준비가 될 때까지 여기 머무르도록 해."라고 엄중하면서도 작은 목소리로 말한다.
3) 시간을 기록하고 유아로부터 떨어져 있어라. 자기조절 시간 동안 유아와 말하거나 쳐다보지 말라.
4) 만약 다른 친구가 자기조절 시간 장소로 접근하면, 가까이 가지 못하도록 한다. "제인Jane은 몇 분 동안 혼자 있어야 해. 너는 친구가 다시 돌아왔을 때 말할 수 있어."

5) 유아가 준비되었다고 느낄 때 교실 활동으로 돌아올 수 있다. 유아는 고립당한 이유를 안다. 건설적 행동으로 인도하기 위해서 활동에 참여하라고 조언할 수 있다. 적절한 활동에 개입했다면 즉시 강화해 주라.

자기조절 시간은 벌이 아니다. 오히려, 자기조절 시간은 유아가 차분하게 앉아 통제력을 회복하는 시간이다. 종종, 공격적인 행동은 분노, 걱정, 불쾌라는 일반적 감정에 대한 반응이고 이러한 자극으로부터 분리되어 있는 시간은 유아가 차분해지게 하는 데 도움이 될 수 있다.

4. 혼자 있는 시간 Alone Time

몇몇 유아들에게 효과적으로 사용된 자기조절 시간의 변형 중 한 가지는 혼자 있는 시간이다. 몇몇 유아들은 종종 소음, 활동적 수준, 교실의 일반적 자극에 의해 압도당하는 것을 느낄 것이고 따라서 따로 떨어져 있을 기회가 필요하다. 어떤 유아들의 뇌 구조는 이러한 과도한 자극을 조절하지 못할 수 있다. 예를 들어, 조숙아 또는 태내에서 약물과 알코올에 감염된 유아들에게 이러한 전략은 도움이 될 것이다. 이와 같은 경우를 위해 조용하고 덜 자극적인 영역이 지정되어야 한다. 만약 이러한 영역이 교실 안에 있다면 그것은 일반적 활동과 교실의 소음으로부터 떨어져 있다는 느낌을 주도록 조용한 영역이 될 필요가 있다.

부적절한 행동을 다루는 다른 방법들이 실패한 것처럼 보일 때 이 방법을 고려할 수 있다. 스스로 선택한 혼자 있는 시간은 표시가 나지 않게 사용되어야 하며 오랜 기간 자극적인 유아교육기관의 교실 환경에 적응하는 데 어려움을 갖는 유아를 위해 준비되어야 한다. 이러한 경우에 부적절한 행동의 원인은 외부적인 것으로서 이를 다루는 기술은 유아에게 환경을 조절하는 기회를 제공하게 된다.

5. 사전 예방 Prevention

부적절한 행동이 발생하기 이전에 예방하는 것은 탁월한 기술이다. 사전 예방은 성인이 유아를 주의 깊게 관찰하며 무엇이 문제행동을 유발하는지 잘 알고 있음을 의미한다. 예를 들어, 만약 유아가 활동을 성공적으로 수행하지 못할 때 쉽게 좌절을 느끼고 주위 또래에게 향하는 것을 관찰했다면, 교사는 유아가 활동 중 문제를 갖는지 살펴야 한다. 이는 교사가 유아의 모든 문제를 해결해야 함을 의미하는 것이 아니라 유아 자신이 문제를 해결하는 기술과 문제 해결 기술을 배우도록 돕는 것을 의미한다. 사전 예방은 특별히 연령이 높은 유아들이 갖는 자기통제 능력이나 자신을 표현할 능력이 없는 어린 유아에게 효과적이다.

6. 방향 전환 Redirection

2세아 정도의 어린 유아에게 효과적인 방법 중의 하나는 방향 전환이다. 교사는 유아의 관심을 다른 활동으로 인도하거나 또는 유사 장난감을 제공한다. 2세아는 유아교육기관에서의 요구와 나눔을 수행할 사회적 기술이 아직 없기에 교사는 유아가 이러한 기술을 서서히 배우도록 도와야 한다. 방향 전환은 사회적 문제를 효과적인 방법으로 해결해야 하는 높은 연령의 유아들에게 반복적으로 사용되어서는 안 된다.

7. 토론 Discussion

토론은 연령이 높은 유아들에게 적합한 기술이다. 4~5세 유아들은 종종 교사와 함께 문제행동을 풀어 가기를 원한다. 문제행동을 하는 유아는 자신에 대해 긍정적인 감정을 갖지 못한다. 만약 유아가 자신의 행동을 변화하는 데 진심으로 관심을 갖고 있다면 교사는 유아와 함께 문제에 대해 토론함으로 문제 해결을 위한 파트너가 되는 것이다. 이때 유아와 함께 그러한 시도를 의논할 수 있는 조용하고 개인적인 장소를 찾는 것이 중요하다. 만약 유아가 변화하려는 노력을 보인다면 교사는 유아가 긍정적인 행동을 숙달할 때까지 도와줄 필요가 있다.

8. 창의적인 문제 해결 Creative Problem-Solving

유아는 사회적 갈등을 효과적으로 배워야 할 필요가 있고 이러한 경우 가장 효과적인 방법 중 하나가 창의적 문제 해결에 개입하는 것이다. 교사는 유아들로 하여금 문제를 찾아내고, 가능한 해결 방법들을 의논하고, 가능성에 대해 평가하고, 양쪽 모두를 만족시킬 최선의 방법을 선택하고, 해결책을 수행할 방법을 찾도록 격려함으로 갈등 해결 기술을 촉진시킨다. 이 접근의 주요 특징은 유아든 교사나 부모이든 한 사람이 자신의 입장을 다른 사람에게 강요하는 것을 피하는 것이다. 한 사람이 다른 사람을 향해 힘을 행사하는 것이 아닌 상호 존중이 주요 열쇠이다.

9. 특별 시간 Special Time

과도한 관심 얻기 행동을 보이는 유아를 다루는 매우 효과적인 기술은 특별 시간을 설정하는 것이다. 한 부모 가족이나 양부모가 직업을 가진 가정을 포함한 많은 가족들은 스트레스가 많고 바쁘며 종종 자녀들은 필요한 관심을 얻지 못한다. 그 결과는 부적절한 행동과 과잉행동으로 나타날 수 있다.

만약 유아의 문제행동이 관심을 얻기 위한 의도였다고 느낀다면 특별 시간을 고려할 수 있다. 이것은 교사가 이틀에 한 번 또는 일주일에 두 번 정도 몇 분을 특정 유아와 보내기 위해서 할애하는 것이다. 이는 유아들로 가득한 학급에서 쉬운 방법이 아니지만 창의적인 일과를 짠다면 도움이 될 수 있다. 아침 일찍 또는 귀가 전 늦은 오후가 기회가 될 수 있다. 낮잠 시간이 시작될 때나 마칠 때 또는 휴식 시간 역시 가능하다. 자원봉사자를 교실에 초청하기, 원장님 모시기 또는 도와줄 다른 교직원을 찾는 방법 등은 한 명 이상 유아와 몇 분간의 특별 시간을 위해 도움이 될 것이다.

특별 시간은 오로지 해당 유아와 교사를 위한 시간이다. 교사는 유아에게 특별 시간 동안 무엇을 하고 싶은지 물어보고 그 제안을 사용할 수 있다. 적은 시간의 투자가 문제행동을 크게 줄이는 것은 놀라운 일이다. 장기적으로 보면, 교사는 부적절한 행동을 다루는 데 적은 시간을 보낼 것이고 더욱 긍정적인 학급 분위기를 조성할 것이다.

10. 별 차트 Star Chart

별 차트는 유아가 적절한 행동의 진보를 시각적으로 보며 실제적인 기록을 갖도록 하는 장점이 있다. 이것은 어떤 유아들에게 그리고 어떤 환경에서는 더욱 효과적인 시각적 강화물이다. 별 차트는 벌을 주기 위한 목적과 유아가 적절한 행동을 하지 못하는 것을 드러내기 위한 목적으로 사용되어서는 안 된다. 이것은 실패가 아닌 성공의 기록을 위해 활용되어야 한다.

그러한 차트를 만드는 일은 간단한데, 측면에 기록된 날짜와 유아가 적절한 행동을 보일 때 필요한 별이나 다른 종류의 스티커를 붙이기 위한 공간이 필요하다. 유아가 바람직한 행동을 할 때마다 별이 추가되거나 또는 별이 시간 순서대로 된 차트 위에 붙여질 수 있다. 시간이 얼마나 걸리느냐 하는 것은 행동에 의해 결정될 수 있다.

11. 마무리

교사가 사용하는 행동 수정 기술은 유아의 행동을 형성하는 데 결정적이다. 유아의 부적절한 행동을 수정하기 위해 아홉 가지 방법이 소개되었다. 이러한 방법의 사용은 행동 유형뿐 아니라 유아에 따라 달라지기도 하는데, 이 책의 나머지 장에서는 다양한 행동 지도를 위한 특별 전략이나 다양한 기술을 사용할 것을 제안한다.

이것은 종종 방향 전환과 마찬가지로 어린 영아들에게 효과적이다. 방향 전환은 자기통제와 언어가 완전히 발달하지 못한 유아들이 좌절되는 상황에 어떻게 대처하는가 하는 방법을 찾도록 돕는다.

교사는 제안된 접근 방법이 해결책을 찾고 있는 유아와 상황에 적합한지에 관해서 판단을 내려야 한다. 일반적 원칙을 적용하는 것이 가능하기는 하지만 각각의 유아, 교사, 상황은 독특하다는 것을 항상 염두에 두어야 한다.

제 6 장

가족과 협력하기

유아의 부적절한 행동을 다루는 전략은 교사와 가정이 해결책을 찾기 위해 협력할 때 가장 효과적이다. 이 장에서는 가정과 유아교육기관의 협력을 좀 더 효과적으로 만들고 가정, 교사, 유아를 위해 보상이 될 만한 방법들을 살펴볼 것이다. 이 토론 가운데 가정과 교사 간의 긍정적 상호작용이 이루어지기 위한 기초, 그들이 가진 이슈 다루기, 가정과 교사가 동의하지 않을 때의 전략들, 가정에 정보를 제공할 때 사용될 수 있는 문서의 예 등 관련 주제들에 대해 살펴본다.

1. 긍정적인 가정-교사 상호작용을 위한 기초

교사와 가정의 상호작용은 신뢰와 존경의 토대 위에서 이루어져야 한다. 신뢰와 존경을 쌓아 가는 데는 시간이 걸린다. 문제가 발생한 시점이 교사와 부모 또는 가족 구성원과 대화하는 첫 번째 기회가 되지 말아야 함을 서두에서 언급하고자 한다. 교사와 가족은 지속적인 긍정적 상호작용을 통해 점차 서로를 알아갈 필요가 있다. 문제 발생 시, 상호 신뢰관계가 이미 형성된 상태에서 문제에 대해 토의하는 것이 훨씬 효과적일 것이다. 관계를 형성하는 다양한 방법과 상호작용이 발생하는 다양한 상황이 있다. 이 책에서는 부모가 유아를 유아교육기관에 데려다 주거나 데려갈 때, 특별한 가족 이벤트, 개인적인 가족-교사 협의회, 기록된 정보를 포함하는 다양한 기회에 대해 살펴본다.

1) 유아교육기관 등하원 시간 하루를 시작하면서 유아를 유아교육기관에 데려다 주는 시간과 늦은 오후 유아를 데려가는 시간은 가정과 유아교육기관이 신뢰를 바탕으로 한 건설적인 관계를 형성하기 위한 훌륭한 기회를 제공한다. 이 기회에 가족에게 몇 마디 말을 건네기 위해 시간을 할애하는 것은 중요하다. 부모가 유아교육기관에 왔을 때 두 명의 교사 중 어느 교사가 부모 또는 다른 가족과 이야기를 나누고 누가 유아들을 돌볼 것인지 신중하게 결정할 필요가 있다. 등하원 시간이 교사와 가족 모두 바빠서 때로는 여유가 없을 수 있지만, 유아와 가족에게 친절하고 긍정적인 말을 건네기 위해 15초만이라도 사용하는 것은 관계 형성에 있어 중요하다.

등하원 시간 동안 나누는 이야기를 통해 많은 것을 전달할 수 있다. 부모와 교사가 나누는 이야기는 자녀가 유아교육기관에서 환영받고 있음, 교사에 의해 사랑받고 있음, 집단의 한 명이 아닌 개인으로서 인정되고 있음을 전달할 수 있다. 등원이나 귀가 시 나누는 이야기는 유아가 유아교육기관에서 보인 성공과 기쁜 일을 전달할 수도 있다. 교사는 유아가 유아교육기관에서 경험한 일이 부모에나 교사 모두에게 중요하기에 공유되어야 함을 전한다. 이러한 이야기 나누기는 유아와 가정의 삶 가운데 중요한 일들, 그것이 기대되지 않았던 이벤트, 실패 또는 변화 등 그 내용이 무엇이든지 상관없이 교사가 알고 있음을 전하게 된다. 다음은 교실에 도착하거나 떠나는 가족과 유아들에게 교사가 말할 수 있는 몇 가지 예들이다.

- "앨리스Alice, 만나게 되어 반가워! 오늘 선생님이 네가 좋아하는 새로운 색깔 찰흙을 만들었는데, 너는 색깔 찰흙 놀이를 좋아하지?"
- "지미Jimmy, 너와 너의 엄마가 보고 싶었어! 선생님은 네 목이 다 나아서 친구들과 놀 수 있기를 바랐단다."
- "저희는 날씨가 더웠던 오후에 밖에서 호수를 가지고 물 뿌리기를 하는 재밌는 시간을 가졌어요. 쉐리Sherry의 옷이 젖어서 갈아입혔고 곧 편안해졌어요. 젖은 옷은 이 비닐봉지 안에 있어요."
- "리키Rickie야, 아빠 오셨다. 아빠에게 블록을 가지고 만든 로봇 사진을 보여드리겠니? 르완도우스키 씨Mr. Lewandowski, 이것 좀 보세요. 리키가 커다란 구조물을 만들었고 리키 부모님이 보실 수 있도록 사진으로 찍어 두었어요."

이러한 메시지들은 긍정적이고, 기분 좋고, 친절한 것들이다. 이 메시지는 유아와 그 가족에 대한 여러분의 관심과 염려를 전할 수도 있다. 가족들은 유아의 활동과 성취에 대한 교사의 정보에 감사할 것이다. 비록 몇몇 가족들은 서두르는 것처럼 보일지라도 당신이 그 자녀를 가치 있고 소중히 여긴다는 메시지를 지속적으로 전한다면, 그들은 유아가 하루 동안 이룬 성취나 이벤트에 참여한 것에 대해 자랑스러움을 느끼게 될 것이다. 종종, 교사는 유아의 건강에 대해 염려를 나타낼 수도 있다. 그러나 부적절한 행동에 대한 염려 등의 부정적 메시지를 전달하는 것과 이 내용을 구별하라.

2) 특별한 가족 행사 유아들이 유아교육기관에 등원하고 귀가하는 때의 중요한 비형식적인 대화에 덧붙여 교사-가족의 상호작용을 위한 좀 더 공식적인 기회들이 있고, 이하에 몇 가지를 소개한다.

- 어떤 유아교육기관들은 특별한 주제를 가진 모임이 가족에게 정보를 제공하는 인기 있고 유용한 방법이라는 것을 발견했다. 이러한 그룹별 모임은 부모나 가족의 필요, 관심, 참여 가능성을 고려해야 한다. 바쁜 가족에게는 또 하나의 이벤트가 부담이 될 수 있으므로 그러한 모임이 가족과 의사소통할 수 있는 최선의 방법인지 조심스럽게 고려해야 한다. 주말 저녁, 늦은 오후 또는 점심시간 등 모임 시간은 중요하다. 어느 유아교육기관의 초등학교로 취학하는 과정을 다루는 취학 전 학부모 교육 시간a spring meeting은 5세아의 가족들에게 매우 인기 있다. 가족들에게 흥미 있는 주제는 문제행동 다루기, 텔레비전의 효과와 시청 제한 방법, 유아 건강과 영양 그리고 문해기술 출현을 포함한다.
- 가족과 교사가 상호작용하기 위한 다른 기회는 오픈 하우스이다. 이러한 이벤트는 유아교육 현장에서 가족이 유아교육기관을 방문하고, 교사와 이야기를 나누고, 다른 가족을 만나고, 유아가 참여하는 교과과정과 활동에 대해 배울 기회를 제공한다.
- 음식은 항상 사람들이 상호작용을 즐기는 편안한 분위기를 만들어 준다. 가족과 유아가 초대되는 점심이나 저녁 식사 이벤트는 가족과 교사가 만나는 기회를 제공한다. 공휴일은 그러한 이벤트를 위한 좋은 기회가 될 것이고 교과과정과 관련된 다른 기회들 역시 좋은 기회를 제공한다.

- 특정 주제에 관심을 가진 부모와 교사의 작은 그룹은 둥근 테이블을 중심해서 서로 마주보며 토론을 할 수 있다. 이러한 이벤트는 아이디어를 교환하고 서로 알아가기 위한 친밀한 환경을 제공할 것이다.

위와 같은 그룹 이벤트는 가족과 교사가 상호작용하기 위한 좋은 방법이다. 이러한 이벤트는 조심스럽게 계획되어야 하고, 만약 이런 기회들이 형식적인 프로그램이라면 가족과 교사가 비형식적으로 대화할 기회도 포함될 수 있게 해야 한다.

3) 학부모 상담 정기적으로 계획된 부모 상담은 가족과 부모 간의 일대일 상호작용의 기회를 제공한다. 이는 유아에 대한 통찰력과 정보를 나누고 긍정적 관계를 형성할 기회를 제공한다. 가족과 교사가 방해 없이 사적으로 만날 수 있는 학부모 면담은 그들이 가진 문제를 토론할 수 있는 최상의 기회이다. 그러나 학부모 면담은 문제에 초점을 맞추어서는 안 되고 가족과 교사가 자녀에 대한 정보를 나누고 자녀의 발달과 기능에 대한 전반적 측면을 나눌 수 있는 기회가 되어야 한다.

4) 기록된 문서 자녀에 대해 기록된 자료나 게시판은 유아교육기관의 환경과 활동에 대해 가족에게 정보를 전달하는 매우 효과적인 방법이다. 정기적인 소식지나 정보 게시판은 가족들이 가진 관심에 관한 정보를 포함한다. 특정 유아의 가족과 교사 간의 조금 더 자세한 메시지가 얼굴을 대하는 상호작용의 보충 또는 필요하다면 대체로서 정보 교환의 방법으로서 이용될 수 있다. 어떤 유아교육기관에서는 유아의 유아교육기관 경험 중에서 특별한 것을 나누기 위해 일주일에 한 번씩 'Happygram' Happy Telegram의 약자: 역자 주을 각 가정에 보냈다. 유아의 활동, 최근 연구물의 초록 또는 유아의 작품 게시에 관한 정보를 포함하는 잘 꾸며지고 정돈된 게시판 역시 가족과 의사소통하는 훌륭한 기회를 제공한다. 어떤 유아교육기관은 유아와 교사의 작품을 전시한다. 이러한 자료는 학급 프로젝트의 결과물뿐 아니라 학습의 과정에 초점을 둔다.

만약 글씨를 읽거나 쓰는 것이 가능하지 않은 가족이 있다면 교사는 관계 맺을 수 있는 다른 전략을 찾을 필요가 있다. 메시지가 오디오 테이프이나 비디오 테이프를 통해 가정에 보내지는 것이 가능하다. 게시판은 문자보다는 시각적 방법을 통하여 전해지도록 꾸며질 수 있다.

5) 전자매체를 이용한 의사소통 많은 유아교육 프로그램과 가족들은 컴퓨터 기술과 컴퓨터가 제공하는 의사소통의 수단들을 사용하는 것이 가능하다. 예를 들어, 이메일은 어떤 교사와 가족에게 정보를 나누는 손쉬운 방법을 제공한다. 모든 가족들의 이메일 사용은 교사가 신속하고 환경적으로 친숙한 방법으로 정보를 제공하도록 한다. 각 학급과 연결된 유아교육기관 웹 사이트는 현재 유아교육기관에 다니고 있거나 미래에 들어올 가정에게 정보를 나누는 또 다른 방법이다. 이러한 기술을 사용함에 있어 교사는 모든 가정들이 인터넷에 연결되어 있거나 컴퓨터를 가진 것은 아니라는 사실에 민감해야 한다. 모든 가정들과 정보를 나눌 수 있는 대안적인 방법이 항상 가능해야 한다.

2. 문제 발생 시

교사가 유아의 행동에 대해 걱정하고 있을 때 가정과 유아교육기관 간의 친밀하고 긍정적 관계가 이미 형성되었다면 부모와 이야기하기에 훨씬 수월할 것이다. 이것이 이 책이 긍정적인 관계 형성을 이룰 수 있는 방법을 가장 먼저 언급한 이유이다. 문제는 신뢰와 상호 존경이 바탕이 되었을 때 가장 잘 토의될 수 있다. 가족, 교사 또는 둘 모두에 의해 제기된 염려거리는 피할 수 없다. 종종 이러한 염려는 유아의 행동에 관련되어 있다. 다음은 문제 발생 시 가족과 대화하기 위한 제언들이다.

- 문제행동을 이야기하기 위한 모임 장소를 제공하는 것은 중요하다. 방해 없이 교사와 가족이 만날 수 있는 부모 협의회를 계획하는 것이 첫 번째 단계이다.
- 만일 가족이 유아를 데려다 주거나 데려가면서 문제행동에 대한 이슈를 꺼낼 때는, 그 시각에 그 장소에서 토론하지 말고 따로 약속을 정하라. 대신, 이슈를 개인적으로 토론하고 필요한 제안을 제공할 수 있는 충분한 모임 시간을 가능한 빨리 정하기 원한다고 말하라.
- 면담을 위해 준비하라. 무엇을 토론할 것인지 생각하고 특별하고 사실적인 정보를 가지라. 예를 들어, 교사는 토론에 포함할 수 있는 유아의 행동에 관한 관찰기록을 가지

고 있을 수도 있다.

- 유아의 문제행동을 유아의 전체적인 맥락 안에서 고려하라. 가족에게 유아의 장점, 좋아하는 활동, 우정, 성취에 관련된 전체 그림을 제공하도록 준비하라. 이런 상황 가운데서 부적절한 행동이 중요하거나 유일한 문제가 아닌 많은 활동 중의 한 가지로서 부각될 수 있을 것이다.
- 교사로서 유아를 위한 최선이 무엇인지 이야기하고 결정하고자 하는 공통의 목적을 가지고 있다는 태도로 가족과의 만남을 계획하라. 교사와 가족이 바람직하지 않은 행동을 수정할 해결책을 함께 찾을 것이란 사실에 대해 긍정적이고 낙관적인 태도를 가져라.
- 가족과 의논하려는 행동이 일어나는 상황(가정에서만, 유아교육기관에서만 또는 두 곳 모두에서 발생)을 모임의 초반에 결정하라.
- 절대로 가족을 비난하지 말라. 서로 간의 문제 해결의 취지를 가지고 이야기에 접근하라.
- 유아의 행동을 분석하거나 과잉 해석하지 말라. 교사가 관찰한 것을 묘사하는 사실적 정보에 머무르라.
- 가족에게 설교, 강의, 도덕적 교훈을 하지 말라.
- 가족의 말을 경청하라. 교사인 당신은 유아에 관한 전문가가 아니다. 오히려 가족이 전문가이다. 교사의 과제는 당면한 문제에 대한 해결을 찾기 위해 협력한다는 의식을 가지고 가족과 함께 일하는 것이다.
- 교사는 이미 이 책을 통하여 문제행동을 다루는 법에 대해 아이디어를 갖고 있을 수 있다. 그럼에도 불구하고 교사가 무엇을 해야 할지 이미 결정한 것을 가족에게 알려주는 태도로 접근하지 말라. 다양한 아이디어에 대해 개방적이며 최선의 해결책을 찾기 위해 아이디어를 나누라.
- 교사가 가족을 만나기 전에 이미 교실에서 문제 해결을 위한 방법을 시도했을 수도 있다. 이러한 경우에는, 교사의 경험을 나누고 가정에서 유사하거나 다른 방법을 사용했는지 물어볼 수 있다.
- 이 외에도 긍정적 관계 형성을 위해, 함께 동역하기 위해, 모두에게 유익한 문제행동을 다룰 방법을 찾기 위해 가족과의 만남을 지속하라.

3. 가족과 교사가 동의하지 않을 때

부적절한 행동을 다루기 위해 부모와 함께 노력하는 핵심은 가족과 교사가 동의할 수 있는 해결책을 찾는 데 동의하는 긍정적이고 신뢰로운 상호 관계 속에서 예견된다. 그러나 모든 가족-교사 관계가 이런 식은 아니다. 가족과 교사가 동의하지 않거나 가족이 효과적인 의사소통을 어렵게 하는 태도를 보일 때가 있다. 다음은 어려운 관계를 가진 가족과 효과적으로 상호작용하는 몇 가지 방법이다.

- 가족이 자신에 대해 느끼는 감정은 타인들이 자신의 자녀를 어떻게 바라보는가와 밀접하게 연관되어 있음을 항상 기억하라. 자신의 자녀가 문제행동을 했음을 전해 듣는 가족은 공격적이고 폐쇄적일 수 있다는 사실에 민감하라.
- 가족은 문제가 있다는 사실을 부인하고 어려움을 유발한 원인이 유아교육기관, 교사 또는 다른 유아들이라고 말할 수 있다. 그들의 말이 옳을 수 있기에 경청하라. 이에 덧붙여, 문제행동을 다루기 위한 가족의 제안들을 기록하라.
- 화를 내거나 공격적인 가족들이 있을 수도 있는데, 이는 당신이나 그들의 자녀들과는 무관한 것일 수 있다. 교사는 의도하지 않는 분노의 대상이 되었음과 가족이 직면한 더욱 어려운 문제가 있을 수 있음을 기억하라. 차분하고 감정이입적인 이해는 가족의 적대감을 푸는 데 도움이 될 것이다.
- 만약 가족이 그들의 자녀에 대해 당신의 견해와 일치하지 않는다면 가족의 관점을 이해하려고 노력하라. 가족이 말하는 것을 조심스럽고 정직하게 들어라. 가족이 전하는 메시지를 정확하게 듣고 있음을 제공하는 효과적인 경청 기술을 사용하라.
- 효과적인 가족-교사 의사소통을 촉진하기 위해서 피해야 할 행동들이 있다. 예를 들어, 특정 결과를 기대하고 모임에 들어가지 말라. 문제를 풀기 위해서 협력하겠다는 열린 마음과 태도를 가지고 가족과의 모임에 접근하라. 덧붙여, 교사가 전문가이고 지식과 이해에 있어 가족보다 월등하다는 인상을 주지 마라. 가족이 자녀를 가장 잘 알고 있음을 기억하라. 또한 전문 용어 사용을 금하고 일상적인 용어를 사용하라. 공개적이든 비공개적이든 가족을 정죄하는 말을 하지 마라. 만약 당신이 침착성을 잃고 화를 내거나 공격적이거나 적대적이면 전혀 도움이 되지 못한다. 차분하고 반응적으

로 대하라.

- 가끔씩은 유아의 부적절한 행동에 관한 토론에 가족을 개입시키는 것이 바람직하지 않은 경우도 있다. 몇 년 전 저자가 유아교육 프로그램의 책임자였을 때, 매우 분노하고 부정적이었던 한 유아의 어머니의 경우가 그러했다. 교직원들은 트레버의 문제행동을 부정적인 태도를 보이는 어머니에게 언급하지 않고 교사들끼리 해결하는 것이 최선이라고 결정했다. 대신, 교직원들은 매일 어머니가 아이를 데려갈 때 트레버의 긍정적인 장점에 대해서 말해 주기로 결정했다. 2년이 지났을 때, 트레버의 어머니는 상당히 긍정적으로 변해 있었고 교사들에게 개방적으로 말하기 시작했다.

모든 가족-교사의 상호작용이 무난하고 상호 지원적인 것은 아니다. 어떤 가족들은 관심이 없거나 다른 염려거리에 사로잡혀 있기 때문에 상호작용이 가능하지 않을 수도 있다. 가족의 무관심을 너무나 많은 문제에 압도당했기 때문이라고 결론 내리지 마라. 눈에 보이는 무관심이 돌봄의 부재로 잘못 인식되어서는 안 된다. 가족이 당신에게 동의하지 않거나 의사소통하기 어려울 때 위에 언급된 포인트를 기억하는 것은 중요하다. 이처럼 어려운 상황에서 당신의 의사소통 능력은 매우 중요할 것이다.

4. 문서 예시

다음은 가족-교사 간의 의사소통을 촉진하는 데 사용될 수 있는 기록된 문서의 예들이다. 이러한 보기는 필요한 대로 사용될 수 있다.

앞에서, 한 유아교육기관에서 긍정적 의사소통을 형성하기 위한 방법으로서 일주일에 한 번씩 '해피그램Happygrams'을 가정에 보낸 것을 언급하였다. 이처럼 간단한 메시지는 유아가 하루 동안 이룬 긍정적인 성취에 초점을 둔다.

해피그램(HAPPY-GRAM)

날 짜: 년   월   일

자녀에 관해 나누고 싶은 여러분의 의견을 듣고자 합니다.
오늘, 부모님의 자녀는 어떠했나요?
담임선생님에게 전하고 싶은 이야기를 적어 보내주세요.

▪ 이 름: ______________________

▪ 나누고 싶은 이야기: ______________________

____

다음은 부모를 그룹으로 유치원의 다양한 역할에 참여하도록 하는 것이다. 단어들은 행사에 맞게 수정될 수 있다.

학부모 협조문

저희 유치원에서는 ○○○○년 ○○월 ○○일에, 놀이터를 보수할 계획입니다. 보수공사 기간 중 학부모님의 관심과 도움이 필요합니다. 공사 내용은 실외놀이터 놀이기구의 모든 나무 표면을 사포질하고 페인트칠하기, 금속 구조물에도 페인트칠하기, 새로운 놀이집 짓기와 청소입니다. 오전 9시부터 4시까지 일할 계획이나 부분적으로 또는 모든 시간 동안 자원봉사가 가능하신 분들은 유치원으로 오셔서 봉사해 주실 것을 부탁드립니다. 일하시는 동안 점심은 제공됩니다. 오실 수 있으신 분은 유치원 게시판에 서명해 주시기 바랍니다.

감사합니다 (교사와 유아들로부터)

때로는, 특정 주제에 관한 부모 모임과 같은 집단 프로그램에 대해 부모의 참여를 상세히 조사하는 것이 좋다. 다음은 설문지의 예이다.

설 문 지

학부모님께

학부모님들 모두 평안하신지요? 무더운 여름 댁내에 기쁨과 행복이 가득하시길 기원 드립니다.

저희 유아교육기관에서는 그 동안 자녀들의 교육에 관한 여러 관심 주제들을 가지고 부모 모임을 가져 왔습니다. 올해도 부모 모임의 필요성에 관한 설문을 하게 되었습니다. 잠깐 시간을 내어 설문지에 답하신 후 유아교육기관 각 교실 밖에 있는 파란 통에 넣어 주세요. 여러분의 성원에 감사드립니다.

✠ 부모 모임 시 나누고 싶은 주제는?

____ 자녀 행동 지도와 훈육 ____ 취학 지도

____ TV 시청 행동 지도하기 ____ 한글 읽기와 쓰기

____ 건강과 영양 ____ 유아에게 적합한 장난감 선별

* 기타: ____________________

✠ 부모 모임으로 가능한 요일은?

____ 월 ____ 화 ____ 수 ____ 목 ____ 금 ____ 토

✠ 부모 모임 시 좋은 시간대는?

____ 12~1시 ____ 5~6시 ____ 7~9시

____ 토요일 오전 ____ 토요일 오후

✠ 모임에 참여하기 위해서 자녀 돌봄 서비스가 필요한가요?

____ 예 ____ 아니오

공립학교의 경우와 같이 가족–교사 협의회 시간이 따로 정해져 있지 않다면, 매주 소수의 가족과 만나는 것을 계획함으로써 교사의 시간이 과중하지 않도록 해야 한다. 몇 주 앞서 부모에게 보내는 서신은 면담 계획을 활성화하도록 돕는다. 다음의 예를 살펴보자.

부모 면담 시간 안내문

부모님께

학부모님, 안녕하셔요! 저는 ○○반을 지도하는 교사 ○○○입니다.

해마다 저희 유아교육기관에서는 일 년에 두 번 이상씩 학부모 면담을 계획하고 있습니다. 학부모 면담은 가정과 유아교육기관 간에 자녀에 대한 정보와 관찰을 교환하는 기회를 제공합니다. 매주 3~4명의 부모님과 면담을 갖고자 합니다. 안내문에 면담이 가능하신 시간을 표시하여 보내주시면 면담 일정 조정에 참고하고자 합니다.

✠ 부모님 면담이 가능한 시간

____ 오전 7시에서 9시 30분 ____ 오후 5시에서 5시 30분

____ 오후 1시에서 1시 30분 ____ 오후 5시 30분에서 6시

○○반 교사: (사인)

✠ 저희 가정은 ______년 __월 __일 __시 __분 ~ __시 __분에 면담이 가능합니다.

유아 이름:

학 부 모: (사인)

마지막으로, 교사는 특별한 염려거리에 대해 가족과의 모임을 계획하기 원할 것이다. 만약 위의 안내문이 시간 때문에 적절하지 않다면, 아래의 형식을 사용할 수 있다.

__________ 부모님께

저희 유아교육기관에서는 연중 두 차례의 부모 모임 외에 가족들과 협의회를 갖습니다. 빠른 시일 내에 ○○의 부모님을 뵙고자 합니다. 유아교육기관에 오셔서 협의회에 참석해 주실 수 있으신지요? 언제가 가능한지 알려 주세요.

협의회는 매일 8시 이전, 1~3시 사이 또는 4시 30분~6시 30분 사이에 가능합니다.

가까운 시일에 뵙겠습니다.

✠ 저희 가정은 ______년 ___월 ___일 ___시 ___분 ~ ___시 ___분에 면담이 가능합니다.

유아 이름:

학 부 모: (사인)

가족-교사 면담을 위한 체크리스트

다음의 체크리스트는 교사가 부모와 면담을 계획할 때, 특별히 염려가 되는 문제행동을 이야기 나눌 때 고려해야 하는 몇 가지 요점을 제공한다. 유아에 대해 심각하게 염려하는 것이 아닌 긍정적이고 균형 잡힌 태도를 유지하는 것은 중요하다.

_____ 학부모 면담을 위해 상호 가능한 시간을 정하라.

_____ 학부모 면담을 위해 방해받지 않을 사적인 모임 장소를 선택하라.

_____ 문제가 되는 행동에 대해서만이 아닌 유아에 관한 전반적인 사항을 토론하기 위해 준비하라. 다시 말해 유아의 우정, 프로젝트, 기술, 성취 등을 나누기 위해 준비하라. 가족과 나누기 위해 작품의 표본을 준비할 수 있다.

_____ 교사와 가족이 유아를 위한 공통의 목적을 나눈다는 것을 알고 학부모 면담에 들어가라.

____ 염려가 되는 문제행동을 토론하기 위해 교사의 진술을 증명할 관찰기록과 같은 사실적 정보를 가져가도록 준비하라.

____ 당신이 유아를 더 잘 이해하도록 도울 질문들을 준비하라. 가족이 이야기하는 것을 들으라.

____ 학부모 면담 전이나 중간에 유아의 행동을 과잉 분석하는 것을 삼가라. 교사의 분석과 결론은 사실적 정보에 기초해야 한다.

____ 당신의 염려를 어떻게 해결해야 하는지에 관해 이미 결정한 것과 같은 태도로 가족에게 접근하지 말라. 부모의 개인적 경험으로부터 나올 수 있는 최선책에 대한 부모의 아이디어를 유도하고 경청하라.

____ 학부모 면담을 마치기 전에 문제를 해결하기 위해 어떻게 가족과 교사가 공동의 이해를 갖도록 노력하라.

5. 마무리

가족과 협력하는 것은 항상 중요하다. 가족과 교사는 유아가 대부분의 시간을 함께 보내는 사람들이기에 유아의 삶에 가장 중요한 인적자원일 것이다. 유아의 삶에 있어 중요한 사건들이 공유되고 토론되는 가족과 교사 간의 파트너십은 유아에게 유익하다. 파트너십은 유아의 행동에 문제가 있을 때 특별히 더 유익하다. 가족과 교사가 아이디어와 통찰력을 교환할 때, 성인의 염려뿐 아니라 유아의 흥미 내에서 최선의 해결책을 찾도록 도울 수 있을 것이다.

유아 행동과 그 지도

나를 좀 도와주세요!

2 단원

공격적, 반사회적 행동들

제 7 장

무는 행동

두 살배기 제니Jenny는 유아교육기관에 다닌 지 2개월이 되었다. 제니는 엄마가 대학에서 수업 듣는 3일 동안 오전에 유아교육기관에 온다. 제니는 젖살이 채 빠지지 않은 작고 통통한 금발머리 여아다. 그녀는 유아교육기관에 오는 것을 좋아하며 모든 활동에 열정을 가지고 참여한다. 제니는 종종 선생님과 친구들을 껴안는 사랑스런 아이이다.

그런데 제니는 다른 유아를 무는 행동을 한다. 누군가가 제니가 원하는 차, 퍼즐, 장난감을 가지고 있으면 그 물건을 가지고 있는 친구를 문다. 지난번에는 제니가 친구에게 다가가 자신의 팔로 친구를 감싸고 친구의 볼을 물어 버렸다. 간식 시간에 과자가 빨리 닿지 않으면 옆에 있는 친구를 물었고 화장실에서 손을 씻기 위해 기다리면서 물은 적도 있다. 며칠 전, 제니는 정글짐을 빨리 올라가지 않는 친구의 발목을 물었다.

제니의 무는 행동에 대한 교사의 반응은 항상 그녀가 친구를 얼마나 아프게 했는지 언급하는 비난이었다. 만약 친구가 자신을 물으면 자신도 기쁘지 않을 것이란 사실에 대해 교사의 충고를 받게 된다. 제니는 일반적으로 후회를 하고 물었던 친구에게 가서 기꺼이 사과하지만 그녀의 미안함은 오래가지 않는다. 그녀는 재빨리 돌아와서 논다. 종종, 그녀는 하루 종일 물지 않기도 하지만 어떤 경우에는 몇 분 안에 여러 명을 물기도 한다.

행동 진술

유아는 다른 유아를 자주 문다.

행동 관찰

절차를 취하기 전에 행동에 대한 통찰력을 갖기 위해 며칠 동안 유아를 관찰하라.

1) 언제 무는 행동이 많이 일어나는가?

- 하루 종일
- 특정 활동이나 정기적인 활동 중에
- 실내에서
- 실외에서
- 유아들이 몰려 있는 그룹 시간에
- 교사 주도적인 활동 중
- 자유선택 놀이 중
- 낮잠 시간에
- 전이 중에
- 유아가 심술궂게 될 때

2) 무엇이 문제행동을 유발하는가?

- 친구가 때린 유아로부터 무언가를 빼앗는다.
- 유아가 원하는 것을 다른 친구가 가지고 있다.
- 피곤하다.
- 점심시간이 곧 온다.
- 유아가 과제를 완수할 수 없다.
- "안 돼!"라는 말을 들었다.
- 한 유아가 다른 유아를 다치게 하는 것을 보았다.
- 다른 유아들과 가까이 있다.
- 유아가 불안해하며 특정 활동에 참여하지 않는다.
- 기다려야 한다.

3) 피해자는 누구인가?

- 아무나
- 비슷한 연령과 몸집의 유아들
- 자신보다 어리거나 작은 유아들
- 자신의 물건을 빼앗아 간 유아들
- 가까이 있는 누구나

4) 유아가 물었을 때 어떤 일이 발생하는가?

- 물기 전에 누군가 지켜보는지 살펴본다.
- 피해자의 기분을 달래기 위해서 사과한다.
- 마치 아무 일도 일어나지 않은 것처럼 멀리 가 버린다.
- 물린 유아가 울 때 화를 낸다.

5) 관찰할 다른 요소들

- 유아가 자기 자신을 무는가?
- 유아가 블록이나 플라스틱 고리와 같은 사물을 무는가?
- 유아가 옷, 장난감, 손가락 등을 자신의 입에 집어넣는가?

이러한 예비적 관찰은 교사에게 언제, 왜, 어떻게 무는 행동이 발생하는가에 관해 정보를 제공해야 한다. 대부분의 경우 무는 행위자는 두 살 정도 된 어린 유아일 것이다. 무는 행동은 많은 유아들에게 지나가는 하나의 과정이지만 위험성이 있기 때문에 용납되어서는 안 된다. 따라서 당신이 이 행동을 다루기 위한 더 많은 단서를 가질수록 예방하는 일도 더 쉬워질 것이다.

가족과의 협의

며칠간 유아의 무는 행동을 관찰할 기회가 있었다면 가족과 만나라. 무는 행동이 유아교육기관 이외의 장소, 예를 들면 가정에서도 발생하는지 확인하라. 여러 전략을 토론하라. 만약 어린 유아들인 기거나 걷기 시작하는 아기가 물었다면, 무시하거나 너그러이 받아줄 수 없는 행동이기는 하지만 이 시기에는 일반적 현상이고 사라질 것임을 언급하라. 가족들이 효과적이라고 생각하는 전략을 의논하라. 유아교육기관에서 벌을 주는 방법을 사용하지 않을 것과 유아가 원하는 것을 얻기 위해 다른 사회적 기술들을 배우는 것이 목적임을 언급하라. 프로그램이 시작되면 가족에게 진보를 지속적으로 알리라.

적용점 찾기

무는 행동은 어린 유아들에게는 자연스러운 행동이다. 많은 유아들이 타인에게 향할 때 이 행동을 조절하는 사회적 인식을 갖고 있지 못하다. 2세아는 아직 사회적으로 정교화되어 있지 못하므로 친구들의 감정과 사회적 상호작용을 좀 더 세련된 수준으로 잘 조절하지 못한다. 더욱이, 이가 나기 시작할 때 사물을 씹는 아기처럼 유아는 무는 행동인 다른 방법으로 불만을 감소시키려 한다.

교사는 대부분 2세아의 무는 행동은 금방 없어질 단계를 지나가는 것임을 인식해야 한다. 교사는 무는 것을 허용해서는 안 되지만 유아가 무는 이유에 대해서 민감하고 이러한 행동을 방지하도록 도울 수 있어야 한다.

유아가 다른 유아를 상해할 때마다 자연스럽게 나타나는 교사의 반응은 이러한 행동을 문제행동으로 간주하여 다른 유아를 문 유아를 비난하고 설교하거나 벌주는 것이다. 유아는 자신이 물 때마다 약간의 관심을 받음을 발견하게 된다. 따라서 교사의 반응은 성인의 재빠른 관심을 얻도록 하는 한 가지 방법인 물기 행동을 강화하는 것이 된다. 고의로 행동을 한 것이 아닌데 그 행동에 대한 책임을 질 때 유아는 혼란스럽게 된다. 유아의 자아개념은 자신이 아직 조절할 수 없는 행동에 대해 성인이 화를 낼 때 손상당한다.

대안 찾기

비형식적 단서는 교사에게 무는 유아를 다루는 데 도움이 될 환경적 변화를 위한 아이디어를 줄 수 있다.

- 밀집된 상황은 2세아가 무는 것을 자극할 수 있다. 교실에 적은 수의 유아가 있어야 한다. 2~3명의 교사와 8~12명의 영아 그룹은 이 행동을 줄이는 데 도움이 된다.
- 2세아는 다양한 감각 활동이 필요하다. 만지기, 느끼기, 냄새 맡기, 맛보기, 듣기, 보기, 조작하기 등을 허용하는 교실이 되어야 한다. 사물들이 유아의 입으로 들어갈 수 있기 때문에 안전하고 위생적이어야 한다. 사물을 맛보고 물어보도록 허용하는 것은 사람을 물고 싶은 충동을 전환하는 데 도움이 될 수 있다.
- 교실 환경은 유아가 접근할 수 있는 범위에서 연령에 적합한 자료와 활동을 제공해야 한다. 만약 자료들이 2세아의 필요와 능력에 맞지 않는다면 유아는 좌절을 경험할 것이다. 몇몇 유아는 자신의 좌절을 친구를 무는 행동으로 표현할 수 있다.
- 교사가 교실의 모든 영역과 모든 유아를 볼 수 있도록 환경을 배열해야 한다. 영아들을 조심스럽게 감독하는 것은 중요하며 좀 더 세밀하게 예방하도록 돕는다.
- 아장아장 걸어다니는 영유아를 위한 교실에는 많은 수의 놀잇감이 필요하다. 2세아는 나눔의 미덕을 습득하지 못했다. 따라서 자신이 좋아하는 장난감이 한 가지 이상 있다는 것은 안심되는 일이며 무는 행동이나 다른 공격적인 행동을 방지할 수 있다.

문제에 대한 해결책이 여러분의 관찰이나 위의 제언 중에 속하지 않는다면 좀 더 체계적인 접근을 위해 아래의 항목을 살펴보라.

목표 진술

교사를 위한 목표는 2세아가 무는 행동 대신 수용될 만한 대안을 찾도록 도움으로써 무는 행동을 줄이는 것이다.

절차

다음의 제안들은 2세아의 무는 행동을 다루기 위한 접근이고, 기본적으로 교사의 예방적 조치에 기초한다.

- 교실 환경이 효과적인가 확인하라.
- 문제를 유발할 수 있는 상황을 주시함으로써 물기 행동을 방지하라.
- 적절한 사회적 행동을 강화하라.
- 물기 행동이 나타나면 유아로 하여금 수용될 수 없는 행동임을 알게 하라.

이러한 절차들은 영아들을 위한 제시임을 기억하라. 연령이 많은 유아를 위해서는 5장에 언급된 전략을 사용하라.

행동 정의

무는 행동은 유아가 자신의 이를 다른 사람의 신체에 대고 누르는 행동이다.

출발점

여러분의 행동을 효과적으로 평가하기 위해서 그리고 언제 유아가 무는 단계에서 벗어나는지를 알기 위해서 무는 행동을 기록으로 남기라. 교실 내의 편리한 곳에 유아의 무는 행동을 기록할 수 있도록 관찰지를 부착하라. 3일 동안 문 총 횟수를 빈도 그래프에 기록하라.

행동 지도 전략

3일 동안의 무는 행동을 기록한 후 다음의 프로그램을 시작하라. 모든 교사가 같은 절차를 따르는 것이 중요하다.

1) 교실 환경이 효과적인가 확인하라. 2세아들의 필요에 맞는지 확인하기 위해서 교실 배열, 자료, 일정을 지속적으로 확인하라. 교실이 더 무난하게 운영될수록 잠재적인 좌절과 유아들 간의 충돌은 적어진다. 2세아들은 쉽게 피곤하며, 식사 시간 사이에 간식이 필요하고, 주의 집중이 짧으며, 즉각적인 관심을 원한다. 다른 친구들과 함께 놀기보다는 친구 근처에서 놀며 나눔에 어려움을 보인다. 이러한 특성들은 여러분의 기대치와 일상적인 교실 활동을 계획하고 조절하는 데 고려되어야 한다.

2) 문제가 유발될 수 있는 상황을 잘 살펴봄으로써 무는 행동을 방지하라. 유아가 특정 환경에서 무는 경향이 있음을 알 때 예방책을 취할 수 있다. 유아 가까이 머물면서 조심스럽게 관찰하라. 만약 물려고 한다면 유아를 들어서 옮기라. 만약 유아가 반항하면 이 행동이 멈출 때까지 제지하라. 만약 유아가 옮겨지는 것을 수용하면 관심을 다른 행동으로 곧장 옮기라. 설교하지 말라! 유아가 물어야 할 필요를 느끼면 물 수 있는 무언가를 제공하라.

3) 수용되는 사회적 행동을 강화하라. 2세아는 무는 행동이 수용 가능한 의사소통의 도구가 아니라는 사실을 포함하여 긍정적인 또래 상호작용에 대해 배울 것이 많다. 적절한 사회적 행동에 대해 칭찬하라. 유아가 하는 행동이 교사의 맘에 든다고 알려 주고 유아의 감정을 친구들에게 말로 표현하도록 도우라. 유아가 물기와 다른 공격적인 행동의 대안책에 대해 더 많이 배울수록 유아의 사회적 상호작용은 자신과 친구들에게 더욱 만족스럽게 될 것이다.

4) 무는 행동이 나타나면 유아로 하여금 수용될 수 없는 행동임을 알게 하라. 무는 행동은 방어책에 의해 줄어들어야 하는데, 유아는 여전히 가끔씩 물게 될 것이다. 그런 경우 다음과 같이 하라.

① "안 돼! 네가 물면 친구가 다치게 되잖아. ______가 아파서 우는 것을 봐라!"라고 말한다.

② 물린 유아를 데려다가 응급조치를 한다. 물은 유아를 함께 데리고 간다.

③ 물린 유아를 위로하고 가라앉히는 데 물은 유아가 참여하도록 한다. 그 과정을 언어로 표현하라. 등 토닥이기, 밴드 들고 있기 또는 다른 종류의 돕는 일을 하도록 격려하라. 이는 감정이입과 긍정적인 사회적 상호작용의 모델을 제공하게 된다.

5) 행동의 변화를 지속적으로 기록하라. 날마다 물은 횟수를 기록하도록 그래프를 이용하라. 만약 무는 행동이 여전히 빈번하다면 여러분의 예방책을 점검해 보라. 예방책이 좀 더 강화될 필요가 있을 수 있다. 교실 내의 모든 성인들의 적절한 주의와 경계가 있을

때 무는 행동은 현저하게 줄어들 것이다.

변화 유지

그래프에 더 이상 무는 행동의 기록이 나타나지 않을 때 유아는 아마도 무는 단계를 지나갔을지 모른다. 당신은 의도적인 예방책을 사용하지 않아도 된다. 사회화는 장기간의 학습 과정이므로 수용 가능한 사회적 행동 강화를 지속하라.

제 8 장

타인을 상해하는 행동

3개월 전에 유아교육기관에 들어온 테디Teddy는 교사들로부터 '가장 공격적인 아이'라는 칭호를 얻었다. 테디는 친구로부터 분을 쉽게 느끼며, 절제되지 않은 태도로 그들을 공격하며, 친구들을 상해하는 데 다양한 방법을 사용한다. 그는 친구들을 때릴 수 있는 무엇이든 사용한다. 그는 때리고, 물고, 머리카락을 잡아당기고, 치고, 내동댕이치고, 밀고, 찌르고, 넘어뜨리고, 위에 올라타는 등의 행동을 한다.

다른 유아들은 처음부터 테디를 좋아하지 않았다. 테디는 혼자 논다. 어느 누구도 테디 옆에 있으려 하지 않는다. 그럼에도 불구하고 테디는 싸울 방법을 찾는다. 어떤 경우에는 다른 유아에게 가서 가지고 노는 장난감을 뺏으며 "난 그것을 원해!"라고 말한다. 만약 다른 유아가 저항하면 테디는 싸우기 시작한다. 지난번에는 놀이 중인 그룹에 끼려고 시도하였으나 받아들여지지 않았고 곧 싸움이 시작되었다. 이러한 행동은 매일 오전 서너 차례씩 발생한다.

교사는 테디와 대화하고 화를 내 보기도 하는 등 친구들이 테디와 함께 놀도록 돕기 위해 많은 노력을 하고 있다. 테디는 여전히 분노와 공격성을 갖고 있다.

행동 진술

유아는 때리기, 발로 차기, 물기, 꼬집기, 레슬링 등의 다양한 방법으로 친구들을 다치게 한다. 공격적인 다양한 형태들이 예상할 수 없게 사용된다.

행동 관찰

비형식적인 유아 행동 관찰을 통해서 가능한 많은 정보를 모으라.

1) 언제 행동이 일어나는가?

- 항상
- 모임 시간, 토론, 음악 시간 등 특정 활동 동안에
- 유아들이 모여 있을 때
- 한 활동에서 다른 활동으로 전이할 때
- 구조화된 활동 중에
- 자유선택 활동 중에
- 실외놀이 중에
- 실내놀이 중에
- 점심시간에

2) 행동이 발생하기 전에 주로 무슨 일이 일어나는가?

- 다른 유아가 자신이 원하는 것을 가지고 있다.
- 다른 친구와 싸운다.
- 친구나 교사에 의해 "안 돼!"라는 소리를 들었다.
- 다른 유아들과 가깝게 있다.
- 떠밀림을 당한다.
- 피곤해 보인다.
- 다른 유아가 화나게 했다.
- 과제를 수행할 수 없다.
- 교실의 일상적인 활동에 참여하기를 거부한다.
- 화가 나 보이지 않는다.

3) 피해자는 누구인가?

- 동일 유아 또는 특정 유아 몇 명
- 아무나
- 이 유아와 다툰 유아 누구나
- 소심한 유아들만
- 공격적인 유아들만
- 더 나이가 많거나 큰 아동들만
- 더 어리거나 작은 유아들만
- 남아들
- 여아들

4) 친구를 다치게 했을 때 무슨 일이 일어나는가?

- 성인이 보고 있는지 두리번거린다.
- 친구를 다치게 했음을 인정한다.
- 친구를 다치게 했음을 부인한다.
- 맞은 유아가 상해한 유아를 때린다.
- 피해자를 달래기 위해서 사과한다.
- 다른 유아들을 때린다.
- 다친 유아 곁에 머무른다.
- 동일 유아를 더 상해한다.
- 도망간다.

5) 어떻게 다른 유아들을 다치게 하는가?

- 친구를 다치게 하기 이전에 일어난 일과 다치게 한 방법 사이에는 상관성이 있다.
- 상해를 준 유아와 다치게 한 방법 사이에는 상관성이 있다.
- 상해를 입힌 장소와 다치게 한 방법 사이에는 상관성이 있다.
- 상해를 입힌 방법, 상해 입히기 전에 있던 일, 다친 유아, 사고가 일어난 장소 사이에는 연관성이 없다.

비형식적 관찰은 이 행동의 소거에 적용할 단서들을 제공해야 한다.

가족과의 협의

일단 관찰이 끝나면 가능한 빨리 유아의 행동에 대해 의논하기 위해 가족과 만나라. 가족과 협력하기를 원하며 효과적이라고 여기는 전략으로부터 배우기 원함을 가족에게 명확히 하라. 유아교육기관이 아닌 다른 상황들, 가정, 교회, 가족 모임에서도 이러한 행동이 발생하는지 확인하라. 유아교육기관 밖에서 일어나는 상해하는 상황에 대해 묻고 유아교육기관에서 당신이 관찰한 바를 나누라. 공격적인 행동을 하는 가능한 이유를 의논하라. 교사의 목적이 유아로 하여금 다른 사람들과 상호작용하는 건설적인 방법을 배우게 하는 것임을 강조하라. 가족과 관계를 계속 유지하고 행동이 줄어 감을 가족에게 알리라.

적용점 찾기

다양한 방법으로 친구들을 상해하는 유아는 예측하기가 어렵다. 이러한 유아는 유아교육기관 교실에서 심각한 문제이다. 공격적인 유아가 다른 유아들을 상해하기 위해서 때린다면 교사는 공격성이 어떻게 표현되는지에 관해 아이디어를 갖는다. 유아가 공격하는 방법에 있어 일관성을 보이지 않는다면 교사는 공격성이 어떻게 발생하는지 파악하기 어렵다. 더욱이, 예측하지 못하도록 반응하는 유아는 급한 성미를 가지고 재빨리 무모하게 움직이기 때문에 심각한 상해의 위험에 노출된다. 유아는 절제하지 못하는 반응으로 이끌어 분노의 감정에 사로잡힌다. 그는 자신이 친구를 얼마나 심하게 다치게 했는지 알지 못한다. 훈계, 대화, 벌주기는 행동을 수정하기 위해 교사가 자주 사용하는 방법이다. 그러나 이러한 방법들은 변화를 가져오지 못한다. 유아는 그러한 행동이 절대 수용될 수 없음을 알아야 한다. 이 유아는 화가 나는 상황에 대한 감정과 반응을 조절하도록 도움받아야 한다.

대안 찾기

친구들을 다양하고 예상치 못한 방법으로 상해하는 유아를 다루는 일은 간단한 해결책이 없어 보인다. 다음의 제안들은 고려하라.

- 이 행동이 특정 활동이나 특정 시간에 발생한다면, 반복되는 일상 계획을 바꾸라. 유아들은 종종 밀집되거나, 기다리거나, 활동을 멈춰야 하는 때 부정적으로 반응한다. 이러한 상황이 공격성을 유발할 수 있다. 밀집 상황을 피하기 위해 그룹 시간에 커다란 원 또는 반원을 계획하라. 줄을 서는 방법의 하나로서, 화장실에 가거나 외투를 가지러 몇 명씩 가고 나머지는 노래를 부르거나 손유희에 참여한다. 유아들은 오래 기다리지 못한다. 프로그램은 기다리는 시간을 최소화하도록 구성되어야 한다. 어린 유아는 자신이 몰두하고 있던 활동을 중지하는 것 또한 어렵다. 불필요한 개입은 방지되어야 한다. 활동을 위한 시간을 큰 단위로 효과적으로 계획하라. 또한 활동이 끝나기 몇 분 전 유아가 곧 중지해야 함을 알도록 미리 신호를 주어라.
- 한 유아가 지속적으로 공격적인 유아에 의한 희생자라면 두 유아를 분리하라. 가능하다면 둘 중 하나를 다른 교실로 옮겨라. 가능하지 않다면 교실 내의 다른 영역에 배치하라. 두 유아에게 다른 활동에 참여하도록 격려하라. 그룹 시간과 식사 시간에 옆에 앉지 못하도록 하고 학급이 소그룹으로 나누어질 때 다른 그룹에 배치하라.
- 종종, 공격적인 유아는 자신이 통제할 수 없는 삶의 상황에 대하여 반응을 하고 있는 것이다. 가족과 대화함으로써 유아의 삶에 무슨 일이 일어나는지 알아보라. 교사는 유아가 상처를 입고 혼란스러워함을 알고 있다고 알림으로써 이해와 감정이입을 쉽게 전달할 수 있다. 동시에 친구를 때리는 것의 대안책을 제공할 수 있다. 예를 들어, 유아에게 다음과 같이 말하라. “네가 슬프거나 화났을 때 나는 너를 안아 주고 그것에 대해서 너와 대화하기 위해 여기 있단다.”

다양한 방법으로 다른 유아를 상해하는 유아의 경우 위의 방법들은 문제를 없애지 못할 수도 있다. 그러한 공격성은 대부분 학급의 일상생활이나 특정 유아의 출현에 의해 발생될 가능성이 높다. 여러분은 이러한 제안 중 하나와 다음의 프로그램을 함께 사용할 수 있다.

목표 진술

다른 유아를 때리는 것을 중단하고 분노를 조절하는 데 있어서 받아들여질 수 있는 대안을 찾는다.

절차

여러 가지 동시다발적 단계를 사용함으로써 다른 유아를 다치게 하는 행동을 줄일 수 있다.

- 가능한 한 언제든지 공격적인 행동을 방지하라.
- 모든 긍정적인 상호작용을 칭찬하라.
- 친구를 다치게 하는 충동을 조절하는 법을 배우도록 체계적으로 도우라.
- 누군가를 다치게 했을 때 자기조절 시간을 사용하라.

행동 정의

다양한 방법으로 타인을 상해하는 것은 때리기, 차기, 물기, 타격 가하기 등의 다양한 방법을 사용하여 다른 유아를 공격하는 모든 경우를 포함한다. 교사들은 공격적인 행동의 요소에 대해 함께 동의해야 하고 관찰되는 공격의 모든 형태들을 알아차려야 한다.

출발점

변화를 수행하기 이전에 유아가 다른 사람을 상해하는 횟수를 3일 동안 관찰하여 세어 보라. 다른 유아를 상해할 때마다 관찰지에 기록하라. 매일 빈도수 그래프에 전체 횟수를 적으라. 이 정보는 훗날의 진보를 평가하는 기준을 제공한다.

행동 지도 전략

일단 유아가 다른 유아를 상해하는 기록을 가지고 있다면 시작할 준비가 되어 있는 것이다. 모든 교사들이 이 프로그램을 일괄적으로 따르고 협력하는 것은 중요하다.

1) 가능한 한 언제든지 공격적인 행동을 방지하라. 비형식적인 관찰은 언제 어떤 환경에서 다른 유아들을 상해하는지에 관한 아이디어를 제공한다. 이러한 정보를 이용하여 유아가 다른 유아를 상해하려고 하는 단서를 감지하라.

유아의 분노가 이미 표출되었다면 유아의 반응에 따라 둘 중 하나를 실시하라.

① 유아가 대화를 할 수 있는 상황이라면 그의 분노에 대해서 이야기 나누라.

② 유아가 대화에 반응하지 않고 단지 누군가를 때리려고 한다면 신체적 제한을 사용하라. 유아를 향한 염려와 그가 친구를 공격하는 것을 막아야 하는 것을 알리기 위해 당신의 팔로 유아를 감싸라. 당신이 유아를 잡는 방법에 있어 화가 났음을 보여주지 않는 것은 중요하다. 긴장감이 가라앉았다고 느낄 때까지 이러한 방식으로 유아를 잡고 있으라. 유아를 껴안으면서 "나는 네가 친구를 다치게 하지 않아서 기쁘다."라고 말하라. 그리고 유아가 다른 활동을 찾도록 도와주라.

상황을 방지하는 것은 일단 분노가 발생한 후에 공격성을 막는 바람직한 방법이다. 초기 관찰을 통해 발견한 단서를 이용하고 잠재적인 문제들을 경계하라. 언제, 어디서, 어떤 환경 가운데서 유아가 다른 유아를 때리는지에 관해 일관성을 보인다면, 당신은 언제 가까이 있어야 하는지와 경계해야 하는지를 알게 될 것이다.

2) 긍정적인 사회적 상호작용을 칭찬하라. 유아는 친구들을 대할 때 수용될 만한 방법을 배울 필요가 있다. 그의 사회적 행동이 언제 적절했는지 유아에게 알리는 것은 중요하다. 가능한 한 자주 유아의 긍정적 상호작용을 칭찬하라.

- "룩Luke을 도와주어서 고맙다. 매우 친절했어."
- "나는 너와 친구가 퍼즐을 갖고 함께 노는 방법이 맘에 들어."
- "룩이 블록을 가지고 차고를 만들도록 도와주는 것은 잘한 일이야. 선생님은 네가 룩과 함께 노는 것을 얼마나 좋아하는지 알고 있단다."
- "룩이 그네를 타는 너를 밀어 주는구나. 재미있겠다! 차례를 바꾸어서 너도 룩을 밀어 줄 거니?" 부적절한 행동을 언급하는 것을 삼가라(예: "룩을 다치게 하지 않는구나. 잘하고 있네.").

3) 다른 사람을 상해하려는 충동을 통제하는 것을 배우도록 체계적으로 도우라. 분노를 느끼는 것은 자연스럽고 나쁜 일이 아니나, 분노에 대한 반응으로 다른 사람을 상해하는 것은 수용될 수 없음을 말하라. 감정은 정상적이라는 것과 감정을 긍정적으로 표현

할 수 있다는 것을 강화하기 위해 유아가 감정을 표현할 수 있는 모든 기회를 제공하라. 더불어, 유아와 감정을 토론할 수 있는 특별한 시간을 매일 가지고 감정을 다루는 수용 가능한 방법을 가르치라. 이러한 특별한 시간은 분산되지 않는 관심을 가지고 5~10분씩 제공되어야 한다. 유아가 관심과 반응을 보이면 더 많은 시간을 보내라. 가능하다면 방해와 주의산만을 피하기 위해 유아와 일대일로 상호작용하라.

① 다른 감정이 일어나는 상황에 대해 이야기하면서 시작하라. 예를 들어, "어제 내게 새로운 강아지가 생겼는데 춤을 추고 노래를 하고 싶을 정도로 흥분되고 기뻤단다. 나는 정말 좋았어. 너를 기쁘게 만드는 것은 무엇이니?" 유아가 대답하면 더 자세한 정보를 위해 질문하라. 반응을 보이지 않으면 당신을 행복하게 만드는 간단한 기회들을 언급하라. 다른 감정들에 대해 이야기를 지속하라. "때때로 나는 반대의 기분을 느끼기도 한단다. 정말 슬프기도 해. 내게 좋은 친구가 있었는데 멀리 떠나야 했을 때 나는 무척 슬펐단다. 너도 슬플 때가 있니?" 가능한 모든 방법으로 반응을 격려하라. 분노에 대해서도 이야기를 나눠라. "나는 종종 화가 나곤 한단다. 너도 종종 화가 나지?" 당신을 화나게 하는 예들을 나누고 유아가 자신을 화나게 하는 경우들을 말하도록 도우라. 다양한 감정을 유발하는 상황을 언급하는 것은 아마도 며칠 걸릴 것이다.
② 유아가 다양한 상황에 대해 다르게 느끼는 것을 인식했다면 그러한 감정에 관한 토론에 집중하라. "네가 (기쁠 때, 화날 때, 슬플 때, 외로울 때) 너는 어떻게 하고 싶니?" 유아가 감정에 대해 다른 내적 반응을 말로 표현하도록 도우라. 이에 대해 먼저 생각하는 기회를 가져야 하는데, 그 이유는 감정을 묘사하는 것은 쉽지 않기 때문이다. 이러한 방법으로 유아가 토론할 수 있도록 돕는 것이다. 교사의 도움을 받아 주제에 대해 말하는 주체는 유아이지 교사 당신이 아님을 명심하라. 이 과정도 며칠 걸린다.
③ 유아가 다른 감정을 경험할 때 그가 어떻게 느끼는지를 언어로 표현한 뒤, 유아가 그러한 감정을 나타내기 위해 무엇을 하는지 이야기 나눠라. 그가 말한 내용에 대해 비난하지 마라. 만약 유아가 자신을 화나게 한 사람에게 타격을 가하고 때리고 물고 상하게 한다고 말하면, 그 순간에는 받아들이라. 실망을 표현하거나 설교하지 말라. 다양한 감정을 행동으로 어떻게 표현하는지 토론하라.
④ 다음 단계는 당신이 감정을 다루는 다른 방법을 탐색하기 원한다고 말하는 것이다.

만약 유아가 행복할 때 웃는다면 행복을 표현하는 다른 방법에 대해 질문하라. 당신이나 유아 중 한 명은 '손뼉을 친다, 높이 뛴다, 노래한다, 토끼처럼 가볍게 뛴다, 누군가를 안아 준다' 라는 아이디어를 낼 수 있을 것이다. 다른 감정에 덧붙여 다음과 같이 분노를 조절하는 대안책을 토론하라.

- 자신을 화나게 한 사람에게 말하기
- 친구가 자신이 원하는 장난감을 놓을 때까지 기다리면서 다른 장난감을 찾기
- 친구를 때리는 대신 바닥이나 책상을 치기
- 화나는 감정을 조절하도록 도움을 받기 위해 어른에게 말하기

⑤ 토론은 반드시 언어로 이루어져야 하는 것은 아니다. 유아에게 도움이 될 수 있는 어떤 물건이든지 사용하라. 감정을 나타내는 데 도움이 될 수 있는 인형, 찰흙, 블록도 사용할 수 있다.

⑥ 유아와 당신이 특별한 시간을 내서 토론한 것이 일과에서 반영될 수 있는 기회를 찾으라. 일단은 어떤 사건이 특정 감정을 유발하는지에 집중하고 이것이 유아로 하여금 어떻게 느끼게 했는지 옮기라. 감정의 외적 표시의 예들을 찾아보라. 마지막으로 반응을 하는 대안책을 언어화하도록 격려하라. 공격성의 예방은 유아의 실제 감정에 대한 매일의 토론과 연결시키는 기회를 제공한다. 부정적인 경우로 제한하지 말라. 모든 종류의 감정과 기분의 예를 찾으라.

4) 만약 유아가 누군가를 상해했다면, 자기 조절 시간을 사용하라. 다음의 절차를 사용하라.

① 상해를 당한 유아가 괜찮은지 재빨리 확인하라. 가능하다면 다른 교사는 다친 유아를 돌보아야 한다.

② 상해를 입힌 유아를 자기조절 영역으로 차분하게 데려가라. 엄숙하지만 조용히 말하라. "나는 네가 친구를 다치게 하는 것을 용납할 수 없어. 네가 친구들에게 돌아갈 준비가 될 때까지 여기 있어야 해."

③ 시간을 확인하고 유아로부터 멀리 있으라. 자기조절 시간 동안 유아와 말하거나 쳐다보지 말라.

④ 다른 유아가 자기조절 영역으로 접근하면, 유아를 멀리 가게 한다. "테디는 잠시 혼자 있어야 한단다. 너는 테디가 교실에 돌아왔을 때 말할 수 있어."라고 설명하라.

⑤ 유아는 자신이 준비되었다고 느낄 때 교실 활동에 돌아갈 수 있다. 설교하지 말라. 유아는 고립의 이유를 알고 있다. 유아에게 진행되는 활동에 참여하도록 제안함으로써 바람직한 행동으로 인도하라.

⑥ 만약 유아가 준비가 안 된 상태에서 교실로 되돌아와 부적절한 행동을 하면, "선생님은 네가 교실로 돌아올 준비가 되지 않았다고 생각해."라고 말하고 자기조절 영역으로 다시 데리고 가라. 다시 한 번 자신이 언제 그룹으로 되돌아갈 것인지 결정하도록 허락하라.

5) 행동을 기록으로 남기라. 공격적인 행동 변화를 시도하는 동안 유아가 타인을 상해할 때마다 기록을 남기라. 어떤 방법으로 상해하든지 간에 다른 유아를 상해하는 전체 횟수를 매일 기록하라. 아마도 변화는 점진적일 것이다. 그래프는 아주 적은 변화일지라도 반영할 것이다. 이는 교사가 프로그램을 지속하도록 격려할 것이다.

타인을 상해하는 행동의 또 하나의 종류는 때리는 행동이다. 때리는 행동의 원인과 그 해결책은 다음과 같다. ① 특정 유아를 때린다면 두 유아를 떨어뜨려 놓는 것을 고려하라 ② 밀집 상황이 발생하는 기회를 줄이라. ③ 만약 유아가 좌절을 느낄 때 때린다면, 교사는 이 행동이 일어날 수 있는 상황을 주시하여 좌절감이 성취감으로 바뀌도록 도우라. ④ 자료와 활동이 연령에 적합하며 충분히 제공되어 있는지 점검하라. ⑤ 아주 어린 유아는 자신의 필요를 표현하는 언어적 능력이 부족하기 때문에 독립심 표현과 소유물 보호를 위해 때릴 수도 있다. ⑥ 만약 유아가 오후나 낮잠 시간 즈음에 때린다면 피곤함이 원인일 수 있다. ⑦ 불안정한 애착도 원인이 될 수 있다. ⑧ 어떤 유아들은 과도한 스트레스로 인해 때리기와 같은 공격적 행동을 유발하기도 한다.

행동 지도를 위한 기본 전략으로서 세 가지 절차를 동시에 사용한다. ① 때리는 행동을 방지한다. ② 바람직한 사회적 행동을 했을 때 칭찬한다. ③ 누군가를 때렸다면 타임아웃을 사용한다.

일단 때리는 행동이 사라지면 적절한 사회적 행동에 관심을 지속적으로 주어야 함을 기억하라. 유아가 이전의 때리는 행동을 새로운 사회적 기술로 바꾸려는 자신의 의지를 교사가 얼마나 고마워하는지 알도록 하라.

다른 사람을 상해하는 행동의 한 종류로서 타인에게 물건 던지는 행동이 포함될 수 있다. 타인에게 물건 던지기란 다른 유아를 겨냥하여 맞출 목적으로 사물을 던짐으로써 다른 유아를 상해할 의도가 있는 고의적인 행동이다.

타인에게 물건을 던지는 행동을 하는 유아를 위한 대안은 첫째, 유아가 특정 물건만 던진다면 교실에서 그 물건을 몇 주간 소거하기, 둘째, 특정 유아가 목표물이 된다면 두 유아를 분리시키기, 셋째, 던지기가 허용되는 활동(예: 오자미 넣기)을 계획하기 등이 있다. 물건 던지는 행동을 하는 유아를 위한 행동 지도 전략은 먼저 관찰을 통해 얻은 단서를 이용해 가능할 때마다 이 행동을 예방하는 것이다. 두 번째 전략은 분노와 좌절을 다루는 적절한 대안을 배우도록 돕는 것인데 구체적 과정은 다음과 같다. ① 분노에 앞서 어떤 상황이 발생했는지 이야기 나누라. ② 유아가 문제를 묘사한다면 그 문제에 대해 어떻게 할 수 있는지 물어보라. ③ 유아가 의견을 제시하지 못하면 한 가지 방법을 제안하라. ④ 제안된 상황과 대안을 기초로 역할극을 하라. 처음에는 교사와 물건을 던진 유아가 역할극을 하고, 후에는 친구가 포함된 상황에 자연스럽게 개입하는 역할극으로 인도하라. ⑤ 역할극이 끝났을 때 칭찬하고 다른 활동을 찾도록 도와주라. 세 번째 전략은 누군가에게 물건을 던졌다면 자기조절 시간을 사용하고, 마지막으로 행동을 지속적으로 기록하는 전략을 사용하라.

변화 유지

일단 유아가 다른 유아를 상해하는 것을 멈추면 긍정적인 사회적 행동과 분노와 같은 감정에 대한 수용 가능한 반응을 칭찬하는 것을 지속하라. 새로 배운 행동들을 격려하는 것을 지속하라. 한동안 이 유아가 친구를 상해함으로 분노를 표출했음을 기억하라. 이러한 공격적인 행동은 대안적인 행동들이 칭찬받지 못하는 동안 강화되었다. 이제는 상황이 바뀌어서 가치 있고 기대되는 행동이 강화되고 있다.

제 9 장

부적절한 언어 사용

4살 난 에일린Eileen은 어린이집에서 중요한 경험을 했다. 에일린의 엄마는 에일린이 한 달 되었을 때부터 일을 했는데, 처음에는 에일린을 영아 센터infant-toddler center에 맡겼고 현재는 인근의 어린이집에 보냈다. 에일린은 다섯 형제 중 막내인데, 오빠 둘은 10대이고, 언니는 4학년, 또 다른 오빠는 2학년이다. 에일린은 독단적이고 말이 많은 편이다.

최근에 그녀는 부적절한 단어를 사용하기 시작했고 점점 더 나쁜 언어들을 배워 가고 있었다. 에일린이 화났을 때 그녀는 자신의 감정을 표현하기 위해서 그러한 단어들을 사용한다. 지난번에는 그러한 단어들을 일반 대화에 섞어 사용했고, 그런 말을 하고는 씩 웃어 보였다.

교사들은 "그런 단어를 사용하지 말아라, 에일린. 좋은 말이 아니란다."라고 말함으로써 에일린의 언어에 대한 자신들의 불쾌함을 표현했다. 그러나 에일린의 행동에는 영향을 주지 못했다. 에일린은 여전히 부적절한 언어를 사용하고 유아들 중 몇 명은 그러한 언어를 따라 하였다. 교사들은 머지않아 부모들로부터 불평을 듣게 될 것이 걱정되었다.

행동 진술

유아는 바람직하지 않은 언어를 정기적으로 자주 사용한다.

행동 관찰

언제, 어디서, 왜, 누구에게 그러한 행동이 일어나는지 아이디어를 얻는 것은 중요하다.

유아를 관찰하는 시간을 가지라.

1) 언제 부적절한 언어를 사용하는가?
- 예측할 수 없음
- 그룹으로 모이는 시간에
- 자유선택 활동 시간에
- 오전
- 오후
- 바깥놀이 시에
- 실내놀이 시에

2) 부적절한 언어를 유발하는 동기는?
- 화가 났다.
- "안 돼!"라는 말을 듣는다.
- 과제를 수행할 수 없다.
- 역할놀이에서 특정 역할을 맡았다.
- 활동에 참여하지 않는다.
- 다른 친구들과 놀이하면서 리더로서의 역할을 맡는다.
- 화장실에 있다.
- 웃기고 있다.

3) 누구에게 그러한 언어를 사용하는가?
- 아무에게나
- 한 명 또는 몇 명에게만
- 모든 유아들에게
- 어른들에게
- 친한 친구들에게

4) 그런 용어를 사용할 때 무슨 일이 일어나는가?
- 본인이 웃는다.
- 다른 유아들이 웃는다.
- 다른 유아들이 그런 말 하면 안 된다고 일러준다.
- 다른 유아들이 따라 한다.
- 성인이 듣고 있는지 주위를 살핀다.
- 교사가 나쁜 말을 사용하면 안 된다고 말한다.
- 성인이 놀란 반응을 보인다.
- 성인이 웃는다.

이 예비적 관찰은 교사에게 부적절한 언어를 사용하는 상황에 대한 아이디어를 줄 수 있을 것이다. 문제에 대한 해결책을 찾는 데 이 정보를 사용하라.

가족과의 협의

유아는 주로 유아교육기관이 아닌 다른 상황에서 부적절한 언어를 사용하는 것을 배운다. 유아교육기관에서 친구들로부터 그러한 말을 배우기도 하고 가정의 언니 오빠, 이웃, 엄마 아빠의 친구 또는 텔레비전으로부터 배울 수도 있다. 이러한 행동은 다른 누구보다 가족에게 근심이 될 수 있다. 가족과 만날 때 교사의 목적은 유아교육기관에서 예의 바르고 적절한 단어를 사용하게 하는 것임을 알리라. 만약 가족이 적절하지 않은 언어의 사용에 대해 염려하지 않는다면, 유아교육기관에서는 그러한 언어의 사용이 용납되지 않으며 유아교육기관에 있는 동안 유아가 적절한 언어를 사용하도록 할 것임을 언급하라. 만약 가족이 그러한 행동을 염려한다면, 그 행동을 변화시키기 위한 통찰력과 전략에 대하여 함께 나누라. 가족은 아마도 자녀가 유아교육기관에서 친구들로부터 부적절한 언어를 배웠을 것이라고 느낄 것이다. 관찰한 것을 가족과 나누고 예의 바른 언어를 사용하는 것이 모든 유아들에게 적용되는 규칙임을 확인시키라. 유아의 행동 변화와 프로그램에 있어 발전된 상황을 가족에게 알리라.

적용점 찾기

유아는 주위의 언어를 들음으로써 언어를 배우고 부적절한 용어의 습득 역시 같은 방법으로 이뤄진다. 성인, 친구, 형제가 그러한 용어들을 사용할 때 유아는 그러한 용어에 노출되며 또한 배우게 된다. 대부분 유아들은 그러한 용어의 의미를 이해하지는 못하지만 곧 그러한 단어들이 독특하다는 것을 깨닫는다. 유아는 그러한 용어들이 분노와 같은 특별한 상황에서만 사용된다는 것과 용어들은 목소리 톤이나 억양을 통하여 특별한 강조를 받게 됨을 관찰하게 될 것이다.

유아가 적절하지 않은 말을 처음 사용했을 때 반응은 분명하다. 단어를 들은 교사는 대부분 어린 유아로부터 그러한 언어를 들음에 대한 놀람을 표현하는 쇼크나 웃음으로 반응한다. 이러한 초기 반응은 어디서 그러한 단어를 배웠느냐는 질문 또는 다시는 사용하지 말라는 경고 등으로 이어진다.

유아교육기관에서 유아가 부적절한 언어를 사용했을 때 교사 역시 이러한 방식으로 반응한다. 교사는 그러한 언어가 유아에게 적절하지 않다고 생각하기에 가능한 방법을 모두 동원해서 그러한 언어의 사용을 없애려고 한다. 그러한 과정에서 교사는 문제에 대해 더 많은 관심을 보인다. 나쁜 언어의 사용을 강화하는 반응을 유발함에 따라 문제되는 언어를 없애는 것이 어렵게 된다. 유아교육기관에서 다른 유아들이 단어를 따라 하고, 웃고, 관심을 보임으로써 강화받게 되어 상황이 더욱 복잡해진다.

대안 찾기

부적절한 언어를 사용하는 문제에 대해 상대적으로 간단한 해결책이 있을 수 있다. 비형식적 관찰로부터 얻은 정보를 확인하고 다음의 제안들이 도움이 될 수 있는지 살펴보라.

- 만약 유아가 특정 상황에서만 이러한 행동을 한다면 그 원인은 잘못된 정보 또는 이해가 부족하기 때문일 수 있다. 예를 들어, 유아는 특정 인물의 역할극을 할 때만 바람직하지 않은 언어를 사용할 수 있다. 만약 유아가 아는 주유소 직원이 항시 욕을 한다면, 유아는 이 경험으로부터 모든 주유소 직원은 욕을 한다고 일반화하고 믿을 것이다. 유아와 함께 대화하고 이 오해를 바로잡아 주라. 주유소를 방문하는 계획을 세울 수도 있고 또는 주유소 직원이 학급을 방문하도록 초청할 수도 있다.
- 유아는 지루함 때문에 수용될 수 없는 언어를 쓰는 등의 관심을 얻는 행동을 할 수 있다. 만약 부적절한 언어 사용이 구조화된 또는 자유선택 활동 시간에 자주 발생한다면, 그것은 아마도 유아가 활동에 의해서 도전받지 못하고 있다고 느끼거나 자신 스스로 기쁨을 주는 행동을 만들기로 결정했기 때문일 것이다. 교실에 무엇이 있는지 주의 깊게 확인하고 더욱 자극적인 자료들과 활동들을 제공하라. 유아를 참여시키고 흥미를 제공하는 대안적 활동을 제공함으로써 이러한 단어의 사용이 줄어듦을 목격할 것이다.
- 네 살 정도 되었을 때 많은 유아들은 말을 만들어 내거나 화장실 용어를 즐기는 시기를 거쳐 가는 경향이 있다. 성인의 욕을 흉내 내는 것인지 아니면 유아 스스로 만들어 내는 언어를 사용하는지 확인하라. 후자의 경우는 유아 언어처럼 들릴 것이다(예: 쉬, 응가, 뿡뿡). 화장실 용어를 사용하는 것은 지나가는 과정이므로 교사가 관심을 두지 않는다면 멈추게 될 것이다. 이러한 나쁜 용어의 사용이 통제 불가능하다면, 그 유아 또는 그 상황과 관련된 유아들과 대화하고 그런 용어를 사용하지 못하도록 하라. 교사는 유아들과 함께 그러한 용어는 화장실에서만 사용하고 다른 어느 곳에서는 사용할 수 없음을 약속할 수 있다.
- 부적절한 용어를 사용하는 유아가 학급의 리더라면 다른 유아들도 그의 말을 따라 할 수 있다. 학급을 이끄는 데 있어 좀 더 적절한 행동으로 도움을 받는 것이 가능할 수도 있을 것이다. 유아와 대화하고 그로 하여금 부적절한 용어를 사용할 때 선생님이 기쁘지 않다는 것과 친구들도 그런 용어를 사용하기 시작한다는 것을 알게 하라. 유아와의 토론을 통해 다른 친구들도 배우도록 도울 수 있는 대안적 행동을 찾도록 시도

하라. 여기에는 미술 자료의 사용, 새로운 노래 배우기, 새로운 게임하기 등이 포함될 수 있다. 유아의 리더십을 강화하여 적절한 사용으로 유도할 수 있다. 그 유아가 친구에게 새로운 기술을 가르치는 데 성공했을 때 칭찬하라.

만약 문제 해결이 위의 제안 가운데 포함되지 않는다면 다음의 구체화된 프로그램으로 진행하라.

목표 진술

목표는 유아가 부적절한 언어 사용하는 것을 멈추는 것이다.

절차

목적을 이루기 위한 당신의 전략은 세 가지 동시적인 단계를 포함한다.

- 가능한한 언제나 부적절한 언어 사용을 방지하라.
- 부적절한 용어를 사용할 때 무시하라.
- 부적절한 용어를 사용하지 않는 동안에 좀 더 체계적으로 강화하라.

행동 정의

부적절한 언어 사용은 유아에게 적합하지 않는 단어를 사용하는 모든 경우이다. 이는 유아에 의해 만들어진 화장실 용어이기보다는 성인의 욕을 의미한다. 모든 교사가 같은 용어를 부적절하다고 여기도록 사용을 멈추고자 하는 특별한 단어의 목록을 만들라.

출발점

변화를 수행하기 전에 얼마나 자주 부적절한 언어를 사용하는지 아는 것은 중요하다. 3일 동안 욕하는 모든 경우를 관찰지에 기록하라. 만약 한 시간 동안 5~6회 발생한다면 하루에 일어나는 총 횟수를 기록하라. 만약 더욱 자주 발생한다면, 예를 들어 한 시간에 20~30회 정도라면 하루 중 한 시간의 자료만을 모으라. 이 행동이 빈번하게 발생하는 시간을 선택하라. 당신은 초기 관찰을 통해 언제 이 일이 발생하는지에 관해 명확한 아이디어를 가지고 있어야 한다. 하루를 마감하면서 기록을 더하고 빈도 기록 그래프의 전체 횟수를 기록하라. 이 기록은 진보를 가늠하는 측정치를 제공할 것이다.

행동 지도 전략

문제를 토론하기 위해 유아의 가족과 함께 모임이 준비되어야 한다. 유아가 유아교육기관에서 다른 유아로부터 부적절한 언어 사용을 배우지 않았다면, 단어는 가정이나 이웃으로부터 배웠을 것이다. 가족은 유아의 언어를 감지했을 것이고 그 일에 대해 걱정했을 것이다. 가족과 교사들은 어떻게 행동이 습득되고 강화되었는지 그리고 어떻게 없앨 수 있는지 토론해야 한다. 유아의 행동을 바꾸기 위해 가정-유아교육기관의 협력 체제가 구축될 때 변화는 좀 더 효과적이다.

3일 동안 욕을 한 기록을 보관하고 가족과 상의한 후 다음의 프로그램을 시작하라. 모든 교사가 같은 절차를 동일하게 사용해야 한다.

1) 유아로 하여금 당신이 염려하고 있음과 앞으로 부적절한 언어를 어떻게 다룰 것인지 알게 하라. 유아가 그러한 언어를 사용하지 않을 때 그 옆에 앉아 친근하게 이야기하라. 유아의 부적절한 단어의 사용에 대해 교사가 염려하고 있음을 알게 하라. 이 행동을 바꾸도록 하기 위해 어떠한 시도를 할 것인지 말하라. 왜 교사가 그러한 단어 사용을 받아들일 수 없는지 설명하라.

2) 부적절한 언어를 사용할 때 무시하라. 유아가 이 행동에 개입될 때마다, 이것이 분노에서 나왔건 또는 교사의 관심을 원하건 무시하라. 설교나 훈계 또는 놀라서 쳐다봄 등으로 반응하지 말라. 그러한 반응들은 유아가 원하는 관심을 제공하게 된다. 유아가 그러한 언어를 사용할 때, 학급의 다른 유아들과 관련해 한두 가지 상황이 발생할 것이다.

① 다른 유아들이 반응을 보이지 않거나 주목하지 않는다면 무시하라. 아무 말도 듣지 못한 듯이 유아로부터 교사의 등을 돌림으로써 부적절한 언어를 무시하라.

② 다른 유아들이 모방, 웃음, 그 말에 대해 언급함으로써 반응한다면 가능한 한 빨리 그

들의 관심을 다른 곳으로 돌리라. "제인Jane, 앨리스Alice, 마이크Mike, 토드Todd, 선생님이 새로운 게임을 보여줄게." 수용될 수 없는 말을 사용한 유아는 무시하라. 이러한 방향 전환을 위한 다양한 아이디어를 미리 개발한다면 도움이 될 것이다. 유아가 바람직하지 않은 단어를 사용했다는 사실을 언급하지 말고, 만약 한 유아가 언급하면 단순히 "나도 알고 있어."라고 말함으로 주제를 피하라.

3) 가능한 한 부적절한 언어의 발생을 방지하라. 교사의 비형식적 관찰로부터 언제 그 행동이 발생하는지 단서를 잡을 수 있을 것이다. 예를 들어, 유아는 자신이 화가 나거나 좌절할 때 부절적한 언어를 사용할지도 모른다. 만약 그렇다면, 다른 유아와 직면하는 신호에 민감하라. 재빨리 유아에게 가서 무엇이 그녀를 지루하게 하는지 수용 가능한 방법으로 표현하도록 도우라. 수용 가능한 행동을 칭찬하라. 다른 경우에, 유아는 감정의 표현이 아닌 관심을 얻기 위한 방법으로 그러한 언어를 사용할지도 모른다. 그런 경우 예방은 쉽지 않을 것이며 유아를 무시하는 것이 더 나은 대안책이 될 것이다.

4) 부적절한 언어를 사용하지 않는 동안 체계적으로 강화하라. 다음의 절차는 유아가 이 행동을 제거하도록 도울 것이다.

① 기초 자료로부터 부적절한 언어의 평균 빈도수를 계산하라. 만약 한 시간에 6번 발생한다면, 평균 빈도는 10분이다(60분÷6). 만약 한 시간 동안 30번 발생한다면, 평균 빈도는 2분이다(60분÷30). 이 평균은 유아가 얼마나 자주 그러한 언어를 사용하는가 뿐만 아니라 얼마나 오래 부적절한 언어를 사용하지 않는지를 나타낸다. 목적은 행동이 완전히 사라질 때까지 부적절한 용어를 사용하지 않는 시간을 늘리는 것이다.

② 유아에게 알리기 위해 차트에 표시하라. 세로 칸은 날짜를 표시하고 가로 칸은 그날의 시간을 나타낸다. 공간은 별표 스티커를 붙이기 위해 충분한 크기여야 한다. 차트는 다음과 같다.

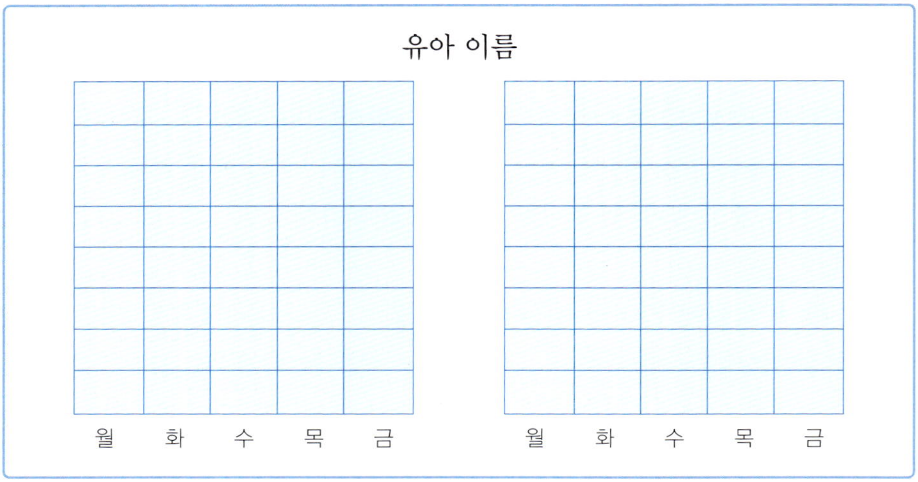

사각형 숫자는 적절한 언어 사용 간격에 의해 결정된다. 그 간격이 더 짧을수록, 더 많은 사각형이 차트에 그려질 것이다. 하루 종일 그러한 차트를 유지하는 것이 비실용적일 수 있다. 그러한 경우 차트에 채울 시간 간격을 더 짧게 선택하라. 언제 차트가 사용되는지 유아에게 알리고, 그 외 시간에는 긍정적인 행동들에 예민하게 반응해서 언어적으로 강화할 수 있다.

③ 차트가 사용되는 동안 시계와 유아를 주의 깊게 관찰하라. 유아가 부적절한 언어 사용 없이 정해진 시간을 보낼 때마다 칭찬하면서 별을 얻게 된다고 말하라. 유아에게 붙일 수 있는 별표를 주고 차트의 사각형에 스스로 붙이도록 하라.

④ 하루를 정리하면서 유아를 차트 쪽으로 데리고 가서 그녀가 얻은 별의 숫자를 칭찬해 주라(비록 한 개를 얻었을 경우에라도). 유아에게 다음 날 더 많은 별을 얻을 것임을 확언해 주라.

⑤ 그 다음 며칠 동안, 부적절한 언어 사용이 줄어들면 유아가 얻은 별의 숫자는 증가할 것이다. 유아가 이틀 동안 최소 네모 칸의 반 이상을 채울 별을 얻었다면 적절한 언어를 기대하는 시간의 간격을 증가시키라. 이 증가는 점차적이어야 하고 성공을 보장하기 위해 일정한 속도를 유지해야 한다. 만약 어느 순간 문제행동이 증가하고 얻은 별표의 숫자가 줄어든다면 시간 간격을 줄이라. 교사는 유아가 성공하고 있음을 확신시켜 주기를 원할 것이다.

⑥ 부적절한 언어 사용이 0에 가깝게 되면 교사가 유아의 변화된 행동을 얼마나 기뻐하는지 알게 하라. 그녀가 욕하지 않고도 말을 할 수 있다는 것을 교사가 알기에 더 이상 별 차트를 사용하지 않을 것임을 말하라. 그 동안 유아가 얼마나 잘해 온 것을 강화하기 위해 차트를 유아에게 주라. 아마도 이쯤 되면 차트를 사용하는 신기함은 식상해질 것이고 유아는 차트가 제공하는 직접적 보상을 더 이상 필요로 하지 않을 것이다.

5) 지속적으로 기록을 남기라. 유아 행동의 진보를 확인하기 위해 매일 부적절한 언어 사용을 계산하라. 만약 부적절한 언어 사용이 하루 단위로 계산되었다면 이를 유지하라. 만약 좀 더 작은 시간 구획이 사용되었다면, 프로그램 실시 동안 자료를 수집하기 위해 같은 시간 주기를 사용하라.

부적절한 언어 사용의 한 예는 나쁜 말하기이다. 나쁜 말하기란 유아가 다른 사람의 기분을 나쁘게 하는 특정 이름이나 별명을 사용하는 경우를 말한다. 이 행동의 지도 전략은 첫째, 친구들과의 긍정적인 상호작용을 강화하기, 둘째, 별명을 불러서 친구의 기분을 나쁘게 한다면 무시하고 들은 유아도 무시하도록 도와주기가 있다. 별명 부르기를 무시하는 구체적 방법은 다음과 같다. ① 재빨리 관련된 두 유아를 데려다가 교사 양쪽에 두라. 별명을 들은 유아를 향하고 별명을 부른 유아에게 등을 돌린다. ② 교사가 이해하고 있음을 확인시켜 주기 위해서 놀림 당한 유아에게 팔을 얹으라. ③ 놀림 당한 유아를 멀리 데리고 가서 이 사건과 관련되지 않은 것에 대해 대화하라. 토끼에게 먹이 주기 또는 물감 색 섞기와 같은 새로운 활동에 도움을 요청하거나 흥미 있는 무언가를 보여주라. ④ 만약 놀림 당한 유아가 불평한다면, "그런 나쁜 말을 하는 것은 좋은 일이 아니지? 나도 알아. 우리는 에리카Erika가 친구에게 좋은 말을 쓰도록 도와야 한단다."라고 말하라. ⑤ 만약 놀리는 행동의 소거가 성공적이지 못할 경우, 이런 경우의 목표는 놀림 당한 유아를 놀리는 유아로부터 멀리 떨어뜨려서 놀림 당한 유아의 반응으로 강화받지 못하게 하는 것이다. ⑥ 놀린 유아가 최소한의 강화를 받도록 하라. 몇 분 후, 놀린 유아에게 찾아가 적절한 행동에 대해 관심과 칭찬을 준다. 사회적으로 수용 가능한 한 행동은 당신의 관심을 받는다는 사실을 강화하라. 세 번째 행동 지도 전략은 행동 기록을 지속하는 것이다. 변화된 행동의 유지는 적절한 사회적 행동에 대한 지속적인 칭찬을 사용함으로써 가능하다. 부정적인 방법보다는 다른 사람에게 기쁨을 주는 것이 더욱 보상을 받을 수 있음을 인식하도록 도우라.

변화 유지

일단 부적절한 언어 사용이 사라졌고 별 차트 내용을 중단했다면, 새로운 행동을 유지하는 것이 중요하다. 유아가 모든 종류의 바람직한 행동에 개입할 때 칭찬하라. 만약 유아가 이따금씩 적절치 않은 언어를 사용하면 무시하라. 나중에 유아가 절절한 언어를 사용할 때 교사가 기뻐함을 말해 주라.

제 10 장

나누지 않는 행동

"내 거야! 내가 먼저 가졌어!" 씽Sing 선생님은 4세아 라토야LaToya가 자신이 만든 블록을 사납게 보호하는 것을 보았다. 라토야는 할 수 있는 한 최대한 많은 블록을 손으로 감쌌다. 칼슨Carson은 당황해서 옆에서 "나도 놀고 싶어."라고 말했다. 라토야는 "안돼! 나는 모든 블록이 필요하고, 너는 하나도 가질 수 없어!" 씽 선생님은 칼슨을 안아 주며 낮은 목소리로 "이리 와, 라토야. 블록은 많단다. 칼슨이 갖고 놀도록 하렴."이라고 말한다. "싫어요! 내 거예요!"라고 라토야가 소리쳤다.

칼슨은 자신의 힘으로 문제를 해결하기로 결정했다. 라토야가 차지한 몇 개의 블록을 집어 든 후 쌓기 시작했다. 라토야는 "너는 블록을 가질 수 없어! 내 거야!"라고 소리치며 칼슨이 막 쌓아 올린 블록을 발로 찼다. 씽 선생님은 나누는 것에 대해서 엄격하게 강의했다. 몇 분 후, 선생님은 라토야에게서 몇 개의 블록을 강제로 뺏어 떨어져 있는 칼슨에게로 옮겼다. 라토야는 화가 나서 발을 동동 구르며 "선생님 미워요! 선생님이 내 블록을 뺐었어요!"라고 울부짖는다. 씽 선생님은 이러한 결과에 기쁘지 않았지만 그 밖의 무엇을 해야 할지 몰랐다. 라토야는 항상 나누지 않는다.

행동 진술

유아는 친구들과 유아교육기관 물건 또는 개인 물건을 나누는 것을 거절한다.

행동 관찰

유아가 나누지 않으려는 상황에 대한 아이디어를 얻기 위해 며칠간 관찰하라.

1) 언제 발생하는가?

- 아무 때나
- 오전 중에, 도착하자마자
- 오후에
- 보여주며 말하기show-and-tell 시간에
- 자유선택 활동 중
- 낮잠, 또는 휴식 시간에
- 전이 시간에
- 정리 시간에

2) 어떤 물건을 나누기 싫어하는가?

- 본인이 사용하고 있는 무엇이든
- 개인 물건만
- 인형, 접시, 옷 등의 소꿉놀이 물건만
- 블록
- 종이, 물감, 찰흙 등의 미술놀이 용품
- 퍼즐, 책상 블록, 레고 등의 조작놀이 용품
- 모래놀이, 물놀이 용품
- 책
- 바깥놀이 용품

3) 누구에게 나눠 주는 것을 거절하는가?

- 친구 아무나
- 한 명 또는 몇몇 유아들하고만
- 남아들
- 여아들
- 나이 많고 큰 어린이들
- 작고 어린 유아들

4) 어떻게 나누기를 거절하는가?

- 다른 친구에게 이 물건이 내 것임을 말로 설명한다.
- 물건을 달라고 요구하거나 가져가려는 유아를 때린다.
- 교사에게 도움을 요청한다.
- 비명을 지르거나 운다.
- 양팔로 감싼다.
- 덜 방해받을 만한 고립된 영역으로 옮겨 간다.
- 다른 유아가 접근하면 다른 물건들을 잡는다.
- 친구들에게 함께 놀고 싶지 않다고 말한다.
- 순서대로 돌아가며 사용할 것을 거절한다.

5) 다른 유아가 나누는 것을 거절하면 어떻게 반응하는가?

- 화를 낸다.
- 운다.
- 교사에게 도움을 청한다.
- 자신이 원하는 것을 강제로 빼앗는다.

유아의 행동 변화를 돕기 위해 관찰에 대해 통찰력을 얻기 위해 내용을 사용하라.

가족과의 협의

교사가 기초적 관찰을 마치면 곧 가족과 나누지 않는 유아의 행동에 대한 교사의 염려를 의논하라. 이 행동이 항상 그랬던 오래된 패턴인지 아니면 최근에 형성된 형동인지에 대해 이야기하라. 예를 들어, 최근 움직이기 시작한 동생의 존재는 유아가 자신의 물건에 대해 보호적인 태도로 변하도록 만들 수 있다. 유아가 좀 더 기꺼이 나누도록 돕기 위한 교사의 생각을 말하고 가족이 찾은 효과적인 전략을 알아내라. 유아가 좀 더 나누는 일을 잘하게 되면서 그 성공에 대한 정보를 가족과 지속적으로 교환하라.

적용점 찾기

유아가 다른 이들과 나누기를 할 수 있기 전에, 누가 자신의 물건을 사용하든지 상관없이 그 물건이 자신에게 속함을 아는 소유에 대한 안정감을 느껴야 한다. 이는 유아가 타인의 소유권을 이해하기 시작하면서 자신의 관점으로부터의 소유권을 경험한 후에 가능하다. 유아는 아직 '나의 것'과 '너의 것'의 의미를 잘 모른다. 유아는 자신의 것은 악착같이 보호하면서 동시에 타인에게 속한 것도 원한다. 이는 발달에 있어 정상적인 단계이고 2세아에게는 매우 전형적이다. 이 상황은 몇 개만 '네 것'이고 대부분이 '우리 것'인 유아교육기관 상황에서 더욱 복잡해진다. 유아는 사물을 가지고 놀 권리가 있다는 것과 다른 유아들도 권리가 있다는 것을 배워야 한다. 훗날 이 간단한 규칙은 타인에 대한 배려가 기대될 때 확장된다.

4, 5세아는 타인의 권리를 인식해야 하고, 다른 유아가 자신이 가지고 있는 물건을 원할 때 자신의 권리를 포기하거나 나누도록 종종 격려되어야 한다. 나눔은 많은 연습이 필요한 그리고 성인의 도움이 필요한 개념이다. 나눔은 자신이 원하는 장난감을 항상 독점적으로 사용할 수 없음을 의미한다. 유아들은 때로 자신들이 원하는 장난감을 사용할 수 없을 수도 있고, 다른 유아가 장난감을 사용하기 위해 오랫동안 기다려 왔으므로 포기할 것을 요구받을 수도 있다. 종종, 놀이로부터 멀어지기보다는 놀이를 강화하는 방법으로 다른 친구들과 함께 장난감을 사용할 수 있다. 나눔은 어느 정도의 사회적 이해와 발달을 요구한다. 유아는 개념을 이해하고 어느 정도는 실천할 수 있어야 한다. 3세나 4세 정도의 시기에는 나눔을 연습해야 한다.

대안 찾기

교사의 기대, 이해, 교실 배열은 유아의 나눔을 촉진시킬 수 있다. 다음 제안 중 한 가지는 문제에 대한 해결책을 제공할 것이다.*

- 나누지 않는 행동은 대부분의 유아들에게 지나가는 과정임을 기억하라. 나눔을 2세아나 3세아에게 기대하지 말라. '너의 것' 개념 이전에 '내 것'에 대한 강한 소유욕 발달의 필요를 이해하라. 이러한 이해는 훗날 나눔 학습의 단계를 형성하는 데 필수이다. 매우 어린 유아기 교실에서 나누지 않는 단계를 조정할 수 있는 한 가지 방법은 교구들에 있다. 2세아의 교실에는 여러 가지 장난감보다는 몇 가지 같은 장난감을 여러 개 제공하는 것이 낫다. 따라서 40개의 각기 다른 장난감보다는 8~10개의 다른 장난감 4, 5개씩이 나을 것이다. 만일 한 유아가 끌고 다니는 오리 장난감을 갖고 놀 때 다른 유아가 같은 장난감을 원한다면 이러한 방법으로는 두 번째 유아에게 줄 똑같은 장난감이 있게 될 것이다. 똑같은 장난감을 여러 개 사용하도록 하는 것은 나눠야 할 필요를 피해 가도록 한다.
- 유아들은 자신의 개인 물건보다 유아교육기관 물건을 더 잘 나눈다. 유아가 자신의 것에 소유의식을 갖는 것은 일상적이며 자연스러운 것이다. 집에서 가져온 장난감과 같은 개인 물건에 대한 규칙을 세우는 것이 현명한 일이다. 만약 유아가 아끼는 물건을 유아교육기관으로 가져왔는데 잃어버리거나 망가졌다면 이러한 상황은 유아가 나눔을 배우도록 돕지 않는다. 집에서 가져온 장난감과 같은 개인 용품에 대한 몇 가지 규칙을 세우고 유지하는 것이 현명하다. 다음은 몇 가지 참고할 만한 규칙이다.
  ① 자신의 물건을 보관할 특별한 장소가 있어야 한다. 외투를 넣어 두는 장이나 박스가 충분해야 한다. 그렇지 않으면 집에서 가져온 특별한 물건을 위한 저장 장소를 제공해야 한다. 가정에서 가져온 것과 유아교육기관 장난감을 구분하라.
  ② 개인 물건을 나누어 쓰는 특정 날짜 또는 주간을 정한다. 이러한 나눔의 시간은 유아의 안전뿐 아니라 사물의 안전을 책임지도록 조심스럽게 감독될 수 있다. 가정의 장난감은 유아교육기관용 장난감처럼 견고하지 못함을 기억하라. 나눔의 기간

* 인지적 결함을 가진 유아는 발달적으로 2세아와 유사하며, 나누지 않음은 문제행동이라기보다는 발달적 단계의 반영일 수 있다.

에 대한 시작과 마침 시간 제한을 기록하고 시간이 지났을 때 소유권이 있는 유아가 치우도록 하라.

③ 유아들과 함께 집에서 물건을 가져오는 것에 대해 토론한다. 유아의 도움을 받아 개인 물건을 사용하는 몇 가지 규칙을 세운다. 다른 사람의 소유에 대한 존중의 필요를 강조하라. 만약 유아가 지침을 만드는 데 개입되고 자신의 소유를 나눌 적절한 방법을 안다면 유아들은 그러한 규칙을 따르기 쉬울 것이다.

④ 당신은 아마도 유아들이 집에서 물건을 가져왔을 때의 어려움을 경험했을 수 있다. 물건이 망가졌거나, 분실되었거나, 또는 유아가 나누기를 원치 않았던 적이 있었을 것이다. 이런 경우, 교사는 일정 기간 집에서 물건을 가져오는 것을 허락하지 않을 것이다. 이러한 결정이 이루어진 이유에 대해 부모와 유아가 알게 하고 그 결정을 강행하라.

- 유아교육기관 용품을 나누는 것이 어렵다면, 이러한 어려움이 자료가 부족함에서 기인하지 않았는지 살피라. 모든 유아들이 동시에 참여할 충분한 자료가 없다면 나눔에 있어 문제를 보일 것이다. 20명의 유아를 위한 교실에는 기본 흥미 영역이 준비되어 있어서, 적어도 5~6명의 유아를 소화해 낼 수 있어야 한다. 이는 블록, 극놀이, 조작놀이 장난감, 책, 미술, 감각 운동, 인지 게임 그리고 다른 영역들을 포함한다. 덧붙여, 매일 제공하는 활동을 위해서는 참여하고자 하는 모든 유아에게 충분한 자료가 제공되어야 한다. 나누지 않음은 유아들이 사용 가능한 자료를 위해 싸워야 한다고 느낄 때 발생한다. 이는 유아 개인마다 하나의 자료가 주어져야 함을 의미하지는 않는다. 주어진 기간 동안 건설적으로 개입할 모든 유아를 위한 충분한 자료가 있어야 한다. 상황은 한 명 이상의 유아가 특정 사물을 원할 때 발생한다. 자료가 풍부한 환경에서 이런 일이 발생한다면 나눔은 촉진될 것이다.
- 가끔씩, 유아들은 안정감을 주는 특별한 물건에 애착을 갖는다. 털이 많은 동물, 인형, 담요 등의 안정감을 주는 물건의 나눔을 강요해서는 안 된다. 필요한 경우 교사는 안정감을 주는 사물에 대한 유아의 권리를 보호해야 한다.

이러한 제안 중 어느 것도 나누지 않음에 대한 해결책을 제공하지 않는다면, 다음의 구체화된 프로그램으로 지속하라.

목표 진술

유아교육기관 용품을 나눔에 관한 목표는 유아가 나누어 쓰는 것을 제안받았을 때 2/3 이상을 나누는 것이다. 유아에게는 모든 것을 나누라고 기대할 수 없으나 합리적인 양만큼은 나누어야 하므로 2/3는 합리적인 기준이다.

절차

나누지 않음을 제거하는 기본 전략은 여러 단계를 포함한다.

- 나눔을 촉진하는 환경적 변화를 만들라.
- 왜, 어떻게 나누어야 하는가를 배우게 하는 체계적인 도움을 제공하라.
- 자발적인 나눔을 강화하라.
- 유아가 나누지 않으려고 하는 상황을 다루라.

행동 정의

나누지 않음이란 유아가 자신이 사용하고 있거나 단순히 가까이 있는 물건조차도 다른 유아의 사용을 허용하지 않음이다. 예를 들어, 유아는 블록 몇 개만 갖고 놀면서 친구들에게 모든 블록이 자신의 것이라고 말하는 경우이다.

출발점

프로그램을 시작하기 전에, 유아가 얼마나 자주 나누지 않는가에 대한 정보를 모은다. 연필과 관찰지를 가까이 둔다. 관찰지를 위 아래 두 칸으로 나눈 후, 나눔과 나누지 않음이라고 제목을 붙인다. 유아를 하루 종일 주의 깊게 관찰한다. 누군가가 나누기를 요구했을 때 유아의 반응을 적절한 칸에 기록한다. 만약 유아가 자발적으로 나누려고 한다면 이 일을 나눔 항목에 기록하라. 하루를 정리하면서 유아가 실제적으로 나눈 나눔의 빈도수를 계산한다. 다음의 공식을 사용하라.

$$\frac{\text{나눔}}{\text{나눔} + \text{나누지 않음}} \times 100 = \text{나눔의 빈도율}(\%)$$

만약 유아가 20번의 나눌 기회를 가졌었는데, 5번 나누고 15번을 나누지 않았다면 계산은 다음과 같이 될 것이다.

$$\frac{5}{5 + 15} = \frac{5}{20} = 0.25 \times 100 = 25\%$$

이 빈도율을 빈도 기록 그래프에 기록하라. 교사가 매일 기록한 숫자는 유아가 실제 나눈 기회의 빈도율을 말해 준다. 빈도율이 높을수록 진보도 큰 것이다.

행동 지도 전략

3일 동안 나누지 않는 사건들을 기록했다면 프로그램을 시작할 준비가 되었다. 이 프로그램은 아주 어린 유아들을 위해 준비된 것이 아닌 4세와 5세아를 위한 것이다.

1) 환경을 통해 나눔을 촉진하라. 유아가 친구와 나누는 것에 대해 좀 더 긍정적으로 느낄 때 교실 환경, 일상적인 일, 활동을 통해 가능한 한 많은 도움을 제공하라.

① 교실 배열은 나눔을 촉진할 수 있다. 사전에 언급되었듯이, 학급은 충분한 자료를 갖고 있어서 사용할 자료를 위해 경쟁하지 않아야 한다. 특별히 어린 유아들의 학급에서는 다양한 인기 있는 장난감이 있어야 한다. 다른 친구를 방해함 없이 함께 또는 독립적으로 기분 좋게 놀이할 여러 명의 유아를 위한 충분한 공간이 있어야 한다. 교구장, 저장 공간, 칸막이로 설정된 경계와 함께 다양한 흥미 영역이 설정되었음을 확인하라. 유아들이 서로를 방해함 없이 자신의 공간과 물건을 방어해야 한다고 느낄 때 나눔이 좀 더 용이하다.

② 교사의 감독은 나눔을 촉진하는 조절 가능한 요소이다. 나눔의 문제는 유아가 퍼즐과 같이 분리된 물건을 소유하는 활동에서 덜 발생한다. 여러 유아들이 블록으로 만들거

나 자료를 한 곳에서 공급 받아 콜라주를 만들 때 나눔과 관련된 문제는 더욱 쉽게 발생한다. 이러한 활동들은 주의 깊은 교사의 개입을 필요로 한다.

③ 특별 프로젝트가 나눔을 위해 계획될 수 있다. 미술 활동을 위해 모든 유아를 위한 충분한 자료들이 있어야 한다. 물감, 풀, 반짝이는 장식품은 한 개의 커다란 보관함보다는 여러 개의 작은 보관함에 제공됨으로써 유아가 자신이 원하는 것을 쉽게 얻을 수 있다. 요리 활동은 참여하는 모든 유아들이 과정에 능동적인 참여를 하도록 선택되어야 한다. 나눔에 있어 문제를 피하는 다른 방법은 활동이 특정 수의 유아를 제한할 수 있는지 여부를 고려하는 것이다. 예를 들면, 여섯 가지 재료를 넣고 젓는 요리 활동에 한 번에 여섯 명 이상의 유아를 참여시키지 않는 것이다. 활동은 요리를 원하는 모든 유아들의 차례가 돌아올 때까지 여섯 명의 그룹으로 반복할 수 있다.

④ 유아교육기관에는 제공할 수 있는 수보다 더 많이 필요한 몇 가지 항목들이 있다. 그네가 그 예이다. 종종 이용 가능한 그네보다 그네를 이용하기 원하는 더 많은 유아들이 있다. 그러한 경우 나눔을 실천해야 하고 그것이 기쁘지 않은 유아가 있을 것이다. 유아가 다른 유아가 이용하도록 기꺼이 양보하지 않는다면 교사가 나눔을 격려하도록 이용할 수 있는 몇 가지 전략이 있다. 유아들에 의해 동의된 일정한 시간 제한이 이용될 수 있다. 교사는 타이머를 손에 들거나 시계를 사용할 수 있다. 정해진 시간이 끝나면 다음 유아의 순서이다. 그네 사용을 조절하는 다른 방법은 유아가 앞뒤로 왔다 갔다 할 수 있는 숫자를 정하는 것이다. 유아가 그 숫자에 도달한 후에는 다음 유아의 순서이다. 그네를 탄 유아, 기다리는 유아, 교사가 함께 셀 수 있다.

2) 유아가 나눔을 배우도록 체계적으로 도우라. 유아가 거의 또는 전혀 나누지 않는다면 이 단계를 사용하라. 다른 단계들은 가끔씩은 나누는 유아를 위한 것이어야 한다(적어도 20%의 나눔을 하는 유아).

다른 단계의 순서를 시행하라. 이 절차의 특성상, 한 명의 교사가 지도한다면 효과적일 것이다.

① 나눔을 경험하는 상황을 구조화함으로 시작하라. 적어도 하루에 한 번 나눔에 적절한 활동에 참여하고 있는 협조적이고 감정의 기복이 없는 유아를 찾으라. 유아가 활동에

깊게 개입하지 않았을 때(예: 자유선택 활동이 시작되면서) 나눔에 문제가 있는 유아에게 가라. 유아의 손을 잡고 다른 유아에게 가서 "너와 함께 놀 수 있니? 우리는 네가 사용하는 장난감을 나눠 쓰기 원해."라고 요구하라. 두 유아와 함께 머무르라. 나누는 일과 다른 사람을 기분 좋도록 하는 일이 얼마나 친절한 일인지에 대해 몇 마디 조언을 하라. 나눔의 긍정적 가치를 강조하라. 나눔에 어려움이 있는 유아가 교사의 메시지를 이해할 때까지 한두 주 동안 이 단계를 매일 지속하라.

② 다음 단계는 나누지 않았던 유아가 나누는 유아가 되도록 요구하는 것이다. 최소한 하루에 한 번 나눔을 유도하는 활동에 유아가 개입한 상황을 찾으라. 유아에게 가서 "내가 너와 함께 놀 수 있니? 나는 네가 사용하는 장난감을 원해."라고 말하라. 유아가 "네."라고 답하도록 조심스럽게 격려하는 접근을 선택하라. 활동에 개입해서 교사가 유아의 나눔을 얼마나 고마워하는지 알게 하라. 만약 유아가 "싫어요."라고 답하면, 간단히 "알았어. 다음에 함께 놀자."라고 말하라. 유아를 혼자 남겨 두고 떠나라. 강의하거나 비난하지 말라. 나눔은 긍정적인 경험이며 강요받아야 할 것이 아님을 전하라.

이 단계는 며칠 또는 몇 주 걸릴 것이다. 이러한 상황을 만듦으로써 교사가 전하려는 것을 유아가 이해하도록 충분한 시간을 허락하라. 일단 유아가 교사와 나누기 시작하고 이 경험을 정기적으로 즐기면 다음 단계로 넘어가라.

③ 유아가 성인이 아닌 유아들과도 나눌 준비가 되었다고 생각하면 나눔의 대상을 성인에서 유아로 바꾸라. 적어도 하루에 한 번, 유아가 나눔을 유도하는 활동에 개입되어 있음을 볼 때 활동에 개입되지 않은 다른 유아를 찾아 교사와 나눌 것을 초청하라. 나눔에 어려움을 보이는 유아에게 가서 "칼슨과 선생님은 너와 나누기를 원해. 우리에게 나누어 줄 수 있겠니?"라고 말하라. 만약 유아가 "네."라고 대답하면 놀이에 참여하라. 필요한 시간만큼만 개입하라. 두 유아가 놀이에서 주요 역할을 하도록 하라. 유아가 자신의 활동을 친구와 나누는 것이 얼마나 친절한 일인지 말로 표현하라.

만약 유아가 "싫어요."라고 말하면 중요한 이슈로 만들지 말라. 아마도 다음 기회에 유아가 나누고 싶을지 모르겠다고 말하라.

유아가 다른 유아와 정기적으로 나눌 때, 2주 후에는 다음 단계로 옮기라.

④ 이 단계는 교사의 역할이 줄어든 것을 제외하고는 3단계와 유사하다. 다른 유아와 함

께 그 유아에게 접근해서 "칼슨이 블록을 너와 나누고 싶어 해."라고 말하라. 유아들이 놀이를 구체적으로 만들어 가도록 허용하라. 일단 두 유아가 함께 놀기로 동의했다면 교사는 개입하지 말라. 교사의 관심과 칭찬으로 유아들을 정기적으로 강화하라.

⑤ 교사가 다른 유아와 함께 접근하는 경우의 2/3 정도를 일관되게 나누게 되었을 때 교사의 개입을 없애라. 4단계를 이틀에 한 번씩, 다음은 3일에 한 번씩 그리고 제거될 때까지는 지속하라. 동시에 유아는 자발적이고 점점 더 자주 나누어야 한다. 이것은 그래프에 반영될 것이다.

3) 자발적인 나눔이 일어날 때 강화하라. 제시된 절차는 유아가 좀 더 자유롭게 나누도록 돕는다. 유아의 나누는 상황을 일과를 통해 관찰하라. 교사가 이 행동을 가치 있게 생각함을 유아로 하여금 알게 하라. 교사가 이 프로그램을 시작할 때 유아가 나눌 때마다 칭찬하라. 후에 나눔이 좀 더 자주 일어날 때는 강화의 비율을 점차 줄여 가라. 결국 교사는 다른 유아들에게 하듯 같은 비율로 간헐적으로 강화를 주기만 하면 된다.

4) 본인이 나누기 원치 않는 상황을 스스로 조절하도록 도우라. 아마도 처음에는 종종 유아가 다른 친구들과 나누기를 원치 않는 때가 있을 것이다. 교사가 이러한 상황을 다루는 것은 유아의 나눔에 대한 미래 태도에 상당한 영향을 끼칠 것이다. 나눔은 나누고자 하는 사람의 내면에서 나와야지 강요로 이루어질 수 없는 것이다. 따라서 나눔을 긍정적 경험으로 제시하는 것이 중요하다. 유아가 나누기를 거절하는 상황이 발생할 때마다 다음과 같이 하라.

① 교사가 문제 또는 문제의 가능성을 발견하자마자 나눔과 관련된 두 유아에게 가라. 교사의 태도가 일관되게 차분하고 조용한지 확인하라.

② 무슨 일이 일어났는지 질문한다. 그들이 문제를 말로 표현하는 것을 재언급한다. 예를 들면, "칼슨, 너는 찰흙과 함께 사용할 쿠키 만드는 도형 찍개를 좋아하는구나. 라토야, 네가 쿠키 찍개를 먼저 가졌고 계속 사용하기 원한다는 말이지? 우리는 무엇을 할 수 있을까?" 이다.

③ 만약 유아가 상황에 의해 화나지 않았다면 대안책을 찾도록 격려한다. 특별히 나누지

않으려고 하는 유아가 제안을 내도록 격려하라. 만약 두 유아 모두 만족할 좋은 아이디어가 나왔다면 그것을 실행하고 잘 나누었음을 칭찬하라. 함께 놀이를 하는 것과 서로를 돕는 것의 장점을 언급하라.

④ 만약 한 명 또는 두 명 모두 화가 났고 타협하려 하지 않는다면 문제를 크게 만들지 말라. "칼슨, 라토야가 지금은 나눌 준비가 되지 않았어. 선생님과 함께 가서 찰흙과 함께 사용할 다른 무언가를 찾을 수 있는지 알아보자!"라고 간단히 언급하라. 다른 유아가 수용할 만한 대용품을 찾으라. 또한 이 유아에게 자신이 원하는 사물을 사용할 순서가 곧 온다는 것을 확신시켜라.

⑤ 유아가 나누는 것을 거절했다면 그 유아로부터 멀리 떨어져라. 당신은 유아의 태도에 대해 과도한 소란을 만들기 원하지 않을 것이다. 필요한 것보다 더 많은 관심을 주기를 원치 않을 것이다. 무엇보다도 강의하거나 비난하지 말라. 이는 이 유아가 만성적으로 나누지 않을 것이라는 선입견을 바꾸지 않을 것이고 그 행동을 강화만 할 것이다.

⑥ 이처럼 나누기를 원하지 않는 상황은 나누는 경험을 창출하는 좋은 기회를 제공한다. 가능하다면, 5~10분 이내에 나눔을 연습하는 구조화된 상황을 만들라. 교사가 제공한 이런 종류의 경험은 현재 사용 가능한 단계가 몇 단계인지에 달려 있다. 이렇게 함으로써 교사는 방금 발생한 나누지 않음에 반대되는 나눔의 긍정적인 경험을 제공한다.

5) 기록을 유지하라. 이 프로그램을 실천하면서 그래프에 나눔과 나누지 않음의 기록을 지속하라. 이는 향상에 관한 정보를 제공하고 언제 목표에 도달했는지 말해 준다.

변화 유지

유아가 적어도 2/3 이상 지속적으로 나눌 때 교사는 절차와 기록 유지를 멈추어도 된다. 그럼에도 나눔에 대해 정기적인 칭찬을 제공하라. 일단 유아가 나눔이 그 자체의 보상이 있는 긍정적인 경험임을 인식하면 유아는 나누는 일을 지속할 것이다. 유아들은 사회적 행동에 대해 배울 것이 여전히 많음을 기억하라. 교사의 나누는 상황에 대한 도움과 지도는 지속될 필요가 있다.

제 11 장

뇌물을 제공하는 행동

"헤이, 테리Terry, 만약 내가 너의 톤카Tonka-메이커명: 역자 주 차를 갖게 해 준다면 내가 할로윈 캔디를 줄게."라고 4살 된 프란시스코Francisco가 속삭였다. 보여주며 말하기show-and-tell 시간을 위해 자신의 자동차를 가져온 테리는 "안 돼!"라고 했고 "그렇지만 너는 빨간 차가 세 개나 있잖아! 그렇게 많이 필요하지 않아."라고 프란시스코가 반격했다. 결국, 교사가 보여주고 말하기 시간을 위해 가져온 물건은 교환되거나 남에게 줄 수 없음을 언급하면서 이 물물교환의 중재에 나섰고 안전한 보관을 위해 원장님의 사무실에 테리의 장난감 모음 두었다.

그날 점심시간, 프란시스코는 쉐리Sherrie가 점심으로 땅콩버터 샌드위치를 싸 왔음을 눈치챘다. "너의 땅콩버터 샌드위치 대신 내 참치 샌드위치를 줄게."라고 프란시스코가 말했다. 쉐리는 머리를 흔들며 교환하지 않을 결심을 보여주듯 한 입을 베어 먹은 후 프란시스코의 저편에 앉아 마주했다.

후에 프란시스코는 브렌트Brent와 캔디Candy에게 "나는 주머니에 돈이 있어. 너희들이 나와 놀아 주면 돈을 줄게."라고 말했다. 두 명의 친구들이 "너랑 놀고 싶지 않아."라고 말했고 자신들의 게임을 지속하기 위해 다른 곳으로 갔다.

교사들은 프란시스코가 무언가를 원할 때 그것을 얻기 위해 항상 뇌물을 제안하는 것을 발견했다. 그러나 그는 성공하지 못했다. 유아들은 그의 접근에 부정적으로 반응한다. 그러나 그의 제안을 수용하는 친구들이 있을 때 그는 우정, 음식, 다른 물건들을 이런 방법으로 구입하고 있다.

행동 진술

유아는 친구들로부터 우정 또는 호의/이익을 얻기 위해 종종 뇌물을 사용한다.

행동 관찰

어떻게 이 행동이 일어나는가에 관해 더 많은 통찰력을 얻기 위해 며칠 동안 행동을 관찰하라.

1) 언제 뇌물을 사용하는가?

- 자유선택 활동 중
- 집에서 가져온 개인적 장난감을 나누는 시간 중에
- 바깥놀이 중에
- 점심 식사 중에
- 오전에
- 어느 때나

2) 뇌물을 통해 무엇을 얻으려고 하는가?

- 우정
- 다른 친구나 여러 친구들의 놀이에 참여하는 권리
- 다른 유아가 집에서 가져온 장난감을 사용할 순서
- 개인적 장난감을 집에 가져가는 기회
- 다른 친구의 개인적 장난감을 선물로 받기
- 유아교육기관 장난감을 사용할 순서
- 다른 유아의 음식의 일부나 전부
- 다른 친구의 껌, 사탕

3) 원하는 호의를 얻기 위해 무엇을 제공하는가?

- 다른 유아와의 놀이
- 음식
- 돈
- 장난감
- 끼어들기
- 우정
- 말이 안 되는 제안("내가 백만 원 줄게.")

4) 누구에게 뇌물을 제공하는가?

- 어느 유아나
- 특정 유아에게만
- 여아들
- 남아들
- 어리거나 작은 유아
- 나이가 많거나 큰 어린이
- 사교적인 유아
- 조용한 유아

5) 다른 유아에게 뇌물을 줄 때 무슨 일이 일어나는가?

- 다른 유아가 준 물건을 받아들인다.
- 다른 유아가 받아들이지 않는다.
- 다른 유아가 원하는 것을 의논한다.
- 다른 유아가 뇌물을 무시하고 다른 곳으로 가버린다.
- 다른 유아가 화를 낸다.
- 다른 유아가 교사를 부른다.

6) 호의를 얻기 위해 뇌물을 사용한 것이 성취되었는가?

가족과의 협의

언제, 왜, 누구에게 뇌물을 사용하는지에 관해 관찰을 통해 정보를 모은 후, 이 행동에 관한 토론을 위해 부모를 만나라. 가족의 지도에 대한 일반적 형태는 가족이 장난감 치우기, 밤에 잠자리에 들기 등 유아로부터 기대되는 과제를 수행할 약속을 얻어내는 대가로 좋아하는 것, 장난감, 특별한 활동 등을 자주 제공하는지에 관해 통찰력을 줄 것이다. 그런 경우, 가족은 유아가 다른 기술을 찾도록 조심스럽게 협조를 제안할 수 있다. 이러한 행동이 가족에게 걱정이 된다면, 유아교육기관 아닌 다른 상황에서도 발생하는지 알아보라. 행동 수정을 위한 방법들에 대해 의견을 모으라. 이 행동을 줄이기 위한 전략을 시작한 후에는 가족에게 발전된 상태를 알리라.

적용점 찾기

성인과 마찬가지로 유아는 타인으로부터 원하는 것을 얻고자 다양한 기술을 개발한다. 대부분의 기술은 주고-받기라는 사회적으로 수용 가능한 방법에서 시작한다. 유아들이 자신이 원하는 것을 요구하는 대가로 무언가를 제안하는 것은 일반적이다. 그러나 이 방법이 유아가 사용하는 유일한 방법일 때 걱정거리가 된다. 뇌물을 지속적으로 사용하는 유아들은 제한된 사회적 기술 목록을 가지고 있다. 이러한 행동에 관한 염려들이 있다. 첫째, 유아는 온전한 사회적 기능을 개발하지 못한다. 적절한 사회성 개발은 그가 원하는 것을 얻기 위한 많은 기술을 획득해야 함을 의미한다. 둘째, 자주 뇌물을 쓰는 유아에 대해 다른 유아들이나 성인들은 부정적인 반응을 보인다. 궁극적으로, 타인들이 부정적으로 반응하기 때문에 자아개념이 손상당한다. 이러한 유아는 타인으로부터 원하는 것과 필요한 것을 얻는 방법을 학습하는 데 있어 도움이 필요하다. 그렇지 않다면 유아는 무언가를 얻기 위해 뇌물을 지속적으로 사용할 것이다. 결론적으로 자기 이미지를 대가로 한 불만족스러운 사회적 관계를 맺는다.

대안 찾기

다음의 제안 중 하나가 상황에 대한 답을 제안할 수 있는지 고려하라.

- 당신이 문제라고 생각하는 것이 실제로도 문제인가 확인하라. 모든 유아들은 가끔씩 자신들이 원하는 것을 얻기 위해서 거래 방법을 사용한다. 유아교육기관 교실에서 "만약 네가 ________하면, 그 다음엔 내가 ________할게."라는 소리를 종종 들을 수 있다. 만약 유아가 가끔씩 이런 말을 사용한다면 이것은 수용될 수 있다. 유아가 항상 이러한 방법을 사용할 때는 걱정해야 한다. 주의 깊게 보고 들으라. 만약 유아가 무언가를 얻으려고 다른 방법을 사용한다면 너무 걱정하지 말라. 뇌물 사용을 줄이기 위해 유아가 원하는 것을 요구하는 다른 방법을 강화하라.
- 유아가 교실에서 사용 가능한 물건을 위해 심한 경쟁을 할 때 뇌물을 사용할 필요를 느낄 수 있다. 모든 유아들이 항상 건설적으로 참여하기 위한 다양한 자료와 종류가 있어야 한다. 만약 제한된 수량의 인기 있는 놀잇감이 있다면, 나누는 방법을 시도함으로써 모두가 차례를 가질 수 있어야 한다.
- 일반적으로 교실에 없던 사물이 존재할 때 문제가 발생할 수 있다. 이는 유아가 매우 인기가 있거나 독특한 장난감을 집에서 가져올 때 또는 사탕, 껌 및 다른 인기 품목 등 일상적인 유아교육기관의 메뉴가 아닌 것을 가질 때 발생한다. 이러한 물건들은 물건 소유주의 호감을 얻기 위한 뇌물 사용을 유발하기도 한다. 만약 이런 상황이 문제의 원인이라면 그것을 통제할 원칙을 세우라.
- 만약 유아의 뇌물이 실제적이지 않다면 유아가 제안한 것이 얼마나 황당한가를 알도록 도울 수 있다. 유아가 제시한 '100만 원' 또는 약속한 것이 무엇이든지 소유하고 있지 않음을 지적하라. 대안을 제안하라. 교사가 그런 상황으로 인해 갈등될 때, 유아는 유머스러운 대화나 터무니없는 이야기 꾸미기 대회에 참여하는 것이 아닌 진지하게 뇌물을 제안했음을 기억하라.

만약 이러한 제안 중 어느 것도 문제를 다루는 데 도움이 되지 않는다면, 다음의 상세한 프로그램으로 옮겨 보라.

목표 진술

목표는 유아가 뇌물을 사용하는 대신 타인으로부터 본인이 원하고 필요한 것을 얻기 위한 다양한 방법을 사용하는 것이다.

절차

과대한 뇌물 사용을 제거하기 위한 기초 방법은 세 가지 단계를 포함한다.

- 무언가를 얻기 위한 다른 기술을 갖도록 돕는 체계적 프로그램을 개발하라.
- 다른 기술 사용을 강화하라.
- 뇌물을 사용할 때 무시하라.

행동 정의

뇌물은 유아가 다른 이들로부터 무엇을 교환하기로 하고 우정, 호의, 물건을 얻으려고 노력하는 상황이다. 문제로 정의되기 위해서는 유아가 타인들로부터 무엇을 얻고자 할 때 최소한 50% 이상 발생해야 한다.

출발점

얼마나 자주 유아가 뇌물을 사용하는지에 관한 정보를 모으기 위해서 3일 동안 살펴보라. 이 정보는 나중의 진보를 측정하는 기초 자료로 사용될 것이다. 사전의 비형식적 관찰을 기반으로 뇌물 사용 발생을 기대할 때 하루에 한 시간 또는 두 시간 반을 선택하라. 관찰지에 세로로 두 칸을 만들어 '뇌물', '기타' 라고 적으라. 유아가 뇌물을 사용한 횟수를 '뇌물' 칸에 적고, 무언가를 얻기 위해 다른 기술을 사용한 횟수를 '기타' 칸에 적으라. 관찰하는 동안 유아가 명백하게 뇌물을 사용한 각각의 횟수를 뇌물 칸에 표시하라. 무언가를 얻기 위해 다른 기술을 사용할 때 다른 칸에 표시하라. 다음은 유아가 다른 유아로부터 무언가를 얻기 위해 뇌물 대신 사용할 수 있는 다룬 기술들의 목록이다.

- **원하는 항목을 요구**: 친구에게 가서 그가 가지고 있는 무엇을 원한다고 말하는 것을 의미한다. 유아는 "나도 해보게 해줘!", "나도 껌을 가질 수 있니?", "내가 그것을 가지고 놀 수 있니?" 라고 말할 수 있다.
- **다른 유아와 원하는 것을 나눔**: 유아는 무언가를 갖고 싶거나 사용하기 원하는 자신

의 요구를 표현하고 자신과 친구가 나눌 수 있는가 제안한다. 유아는 "나도 지금 사용할 수 있어?", "함께 하자, 응?", "내가 너를 도와줄까?"라고 말할 수 있다.

- **다른 유아가 원하는 것을 나누어 사용하거나 제공할 것을 바라며 무언가를 제안:** 이 경우 유아는 자신의 바람을 표현하지 않지만 다른 유아가 자신이 원하는 물건을 나누거나 포기하도록 유인하는 무언가를 제안함으로써 미묘하게 원하는 것을 얻는다. 유아는 "이것 가지고 놀고 싶니?", "내가 사탕 줄게.", "나는 인형 유모차를 가지고 있는데 너의 아기를 위해서 이것을 사용하고 싶니?"라고 말할 수 있다.
- **원하는 것을 사용하거나 나눔에 초청받도록 기다림:** 이것은 유아가 무엇을 교환하기 위해서 요구하거나 제안하지 않고 차례가 주어질 것 또는 원하는 물건을 나누어 쓸 것을 요청받기를 기대하면서 수동적으로 기다리는 것을 의미한다. 행동유발이 가까이 머물고 있는 다른 유아나 교사에 의해 이루어질 것이다.
- **원하는 것을 다른 것과 대체:** 이 경우 유아는 원하는 물건을 위해 대체물을 찾기로 결정한다. 유아는 아마도 유사한 장난감을 갖고 놀기, 친구와 놀기 또는 만족시킬 다른 방법을 찾을 것이다.
- **원하는 것을 포기:** 적극적이든 수동적이든, 원하는 물건을 얻는 대신 그것 없이 지내기로 결정한다.

이 중 모든 것이 관찰자에게 나타나지는 않는다. 예를 들면, 포기와 대체는 교사가 알 수 없는 유아의 마음속에서 일어날 것이다. 그러므로 명백하게 드러나는 것만 세어라.

뇌물을 사용할 때 유아들은 몇 가지 기법을 혼합할 수 있다. 예를 들면, 유아는 "네가 인형을 갖고 놀게 해주면 내가 도시락 속에 있는 쿠키를 줄게.", "너하고 놀 수 있니? 너는 블록 위에서 내 트럭을 운전할 수 있어.", "너의 막대 사탕을 주면 내가 내일 백만 달러를 가져다 줄게."라고 말할 수 있다.

하루를 정리하면서 매일 두 줄의 기록을 남겨라. 그리고 다음의 공식을 사용하여 뇌물의 빈도수를 계산하라.

$$\frac{\text{뇌물}}{\text{뇌물} + \text{다른 기술들}} \times 100 = \text{뇌물 \%}$$

이 빈도율을 빈도 그래프 위에 기록하라.

행동 지도 전략

3일 동안 원하는 사물을 얻기 위한 다른 방법과 비교하여 뇌물을 사용하는 빈도를 기록했으면 프로그램을 시작할 준비가 된 것이다. 모든 교사들이 그것에 대해 알아야 하고 적절하게 수행해야 한다.

이 프로그램은 자신이 원하는 것을 얻기 위해 다른 방법을 사용하지 않고 뇌물만 사용하는 유아를 위한 것이다. 만약 유아가 종종 뇌물을 사용하면서 다른 방법도 함께 사용한다면 염려하지 말라.

1) 원하는 것을 얻기 위해 다른 기술을 사용하도록 돕는 체계적 프로그램을 시행하라. 언제 뇌물을 가장 많이 제공하는지 결정하기 위해 비형식적 관찰로부터 얻은 정보를 사용하라. 프로그램을 실행하기 위해 그러한 상황들을 관찰하라.

① 하루에 5번 이상 뇌물을 제공하기 전에 유아를 멈추도록 하라. 무언가를 원함, 놀이친구 또는 호의의 전조를 살피라. 그러한 전조들은 자신이 하던 일을 멈춤, 교실을 둘러봄 또는 특정 물건과 사람을 바라보는 것을 포함할 수 있다.

② 유아에게 가서 "무엇을 좋아하니?" 라고 질문하라. 대답을 격려하라. 만약 교사가 유아가 원하는 것이 무엇인지 확신하지만 유아가 말로 표현하지 않는다면, 구체적으로 물으라. "블록을 좋아하니?"

③ 당신과 유아가 그가 원하는 것을 얻으려 한다는 것을 제안하라. 이전에 언급되었던 기술들을 사용하여 매우 구체적인 접근을 추천하라. 다음은 교사가 사용할 수 있는 예들이다.

- 요청: "너는 새로운 블록을 가지고 놀고 싶구나? 네가 지금 사용할 수 있는지 낸시Nancy에게 물어보자."
- 나눔: "네가 그네 타기를 원하니까 네가 크리스틴Christine을 밀어 준 후에 크리스틴이 너를 밀어 줄 수 있는지 알아보자." "클라우드Claude와 티파니Tiffany하고 놀고 싶구나? 네가 그들의 다과 파티에 참여할 수 있는지 물어보자."

- **제안:** "친구들과 함께 소방관이 되는 것은 재미있을 것 같아. 호스를 찾고 친구들이 네가 함께 노는 것을 좋아하는지 알아보자." "너는 이 체를 모래상자에 가져갈 수 있어. 아마도 레이첼Rachel이 깔대기를 본다면 네가 사용하도록 할 것 같아."
- **기다림:** "책상 옆에 서서 지켜보자. 아마도 친구들이 빙고 게임을 마치면 네가 놀도록 해줄 거야."

만약 이러한 기법들이 적절하지 않거나 원하는 반응을 얻지 못했다면 유사한 대안물을 찾거나 원하는 것을 포기하도록 제안하라. 만약 다른 방법들이 가능하지 않다면 다음의 기법들을 사용하라.

④ 만약 첫 번째 시도가 성공했다면 이 성공을 언어적으로 말해 주라. 예를 들어, "봐라, 네가 요청함으로 블록을 사용하게 되었잖아!" 또는 "네가 그네를 나누고 서로 밀어주기를 제안한 대로 이루어졌네! 그네를 타게 되었잖아."

⑤ 이러한 방법을 매일 하루에 5회 이상 자주 사용하라. 그래프에 사용된 뇌물의 빈도율이 낮아지는 것을 볼 때, 교사는 프로그램의 효과를 알게 된다. 점차적으로 이 과정을 통해 유아를 인도하는 횟수를 줄여 가라. 만약 향상의 비율이 낮아진다거나 뒤바뀌는 것이 관찰된다면 교사의 지원을 재빨리 철회할 수 있다. 목표에 도달했을 즈음 교사는 유아가 다른 기술들을 정기적으로 사용하도록 도와야 한다.

2) 유아 스스로에 의한 다른 기술의 사용을 강화하라. 일과 중 유아가 대안책을 사용하여 자발적으로 사물을 받는 때를 관찰하라. 이런 행동을 발견할 때마다 유아에게 다가가서 강화를 제공하라. 강화는 유아를 칭찬함으로, 함께 있어 줌으로, 유아의 성공을 언급함으로 가능하다. 유아가 교사의 인정을 알도록 하는 것은 중요하다. 일단 유아가 다른 기술들을 자주 사용하면 점차적으로 강화를 줄여 가라. 결과적으로 교사는 다른 유아들에게 하는 것보다 더 자주 강화하지는 말아야 한다.

3) 뇌물을 사용하면 무시하라. 원하는 물건 교환에 무언가를 제안하는 것은 그 물건을 얻는 합법적인 방법이다. 유아의 행동 목록에는 잘 개발된 뇌물 기술이 포함되어 있기에 굳이 그것을 강화할 필요는 없다. 자신이 원하는 것을 얻기 위해 이 기술을 사용할 때는 단순히 무시하라. 교사가 다른 기술의 확장을 기대할 때 이 방법은 자연스럽게 줄어들 것이

다. 교사는 무시함으로써 이 과정을 도울 것이다.

4) 기록을 지속하라. 뇌물과 다른 기술들을 지속적으로 기록하라. 빈도율을 계산하고 매일 그래프에 기록하라. 이 프로그램을 수행함에 있어 다른 기술을 자발적으로 사용한 것만 계산하라. 대안책을 사용하여 자신이 원하는 것을 얻도록 교사가 도운 상황은 계산하지 말라. 교사가 행동을 세고 있는 동안은 체계적인 절차를 사용하지 않기로 결정했을 것이다. 그래프는 진보를 말해 주고, 대안책을 체계적으로 가르치는 것을 언제 줄이며, 이러한 대안책의 사용에 대한 강화를 언제 줄여 갈지 반영해 준다.

변화 유지

유아가 자신이 원하는 것을 얻는 다양한 방법을 배웠고 자유롭게 사용한다면, 그 대안책에 대한 정기적인 강화를 제공하라. 유아는 다른 유아들이 긍정적으로 반응함에 따라 다양한 방법을 사용하는 것에 대한 내재적 만족을 얻어야 한다. 결과적으로, 유아는 지속적으로 뇌물을 사용하지 않으면서 좀 더 자주 자신이 원하는 것을 얻게 된다.

제 12 장

훔치는 행동

"마리사Marrissa가 내 공을 가져갔어요."라고 파니Fanny가 소리친다. 마리사는 손을 주머니에 더 깊이 넣고 "안 그랬어!"라고 말한다. "네 스웨터 주머니에 무엇이 있는지 볼까?"라고 라일리 선생님Mrs. Lyle이 의문을 제기했을 때 마리사는 완강히 부인했다. 마리사는 선생님이 손을 주머니에서 강제로 뺐을 때 거절하며 울기 시작했다. 마리사는 작은 빨간 공을 꺼냈다. "내 거예요."라고 파니가 말했다. "아니야, 내 거야."라며 마리사가 울었다. 선생님은 마리사가 자신의 공이라고 울며 고집을 피울 때 공을 파니에게 건네 주었다.

선생님은 한숨을 쉬며 마리사에게 자신의 것이 아닌 것을 갖는 일에 대해 다시 이야기를 한다. 거의 매일 마리사가 다른 유아의 장난감을 가져가서 자신의 것이라고 우기는 사건이 발생한다. 게다가 최근에는 작은 교실 용품들이 비밀리에 없어지는 일이 발생하곤 했다. 마리사가 가져가는 것을 본 사람은 아무도 없었지만 교사들은 그녀가 했을 것이라고 추정한다. 마리사는 때론 증거가 있을 때조차도 가져간 사실에 대해 부정하므로 교사들은 무엇을 해야 할지 막막하다.

행동 진술

타인이나 유아교육기관에 속한 물건들을 가져간다.

행동 관찰

더 많은 통찰력을 얻기 위해 며칠 동안 행동을 관찰하라. 훔치는 행동은 은밀하게 이루어지기 때문에 이는 매우 조심스런 관찰을 요한다.

1) 언제 훔치는가?
- 예측 불가능, 언제든지
- 계획된 활동 중
- 자유선택 활동 중
- 그룹 시간에
- 코트나 다른 물건들을 사물함에 넣을 때
- 정리 정돈 시간
- 전이 시간
- 점심, 간식 시간
- 낮잠 시간

2) 훔치기 전에 무슨 일이 있는가?
- 좋아하는 장난감에 대해 언급한다.
- 특정 장난감을 갖고 놀이한다.
- 원하는 물건이 있는 곳을 배회한다.
- 그 물건을 가져도 되냐고 물어본다.
- 주인으로부터 그 물건을 가지고 놀면 안 된다는 말을 들었다.
- 물건의 주인 가까이에 머문다.

3) 유아가 물건을 훔칠 때 무슨 일이 발생하는가?
- 주변에 누군가 쳐다보는지 둘러본다.
- 물건을 자신의 주머니에 넣는다.
- 물건을 손에 쥐고 있다.
- 교실 어딘가에 숨긴다.
- 자신의 사물함으로 가져간다.
- 자신이 훔친 것을 부인한다.
- 물건이 자신의 것이라고 주장한다.
- 자신이 물건을 갖고 있는 것이 발견되었을 때 화를 낸다.
- 실수로 갖게 되었다고 항변한다.
- 원래 주인에게 되돌려준다.
- 물건 돌려주기를 거절한다.

4) 유아가 무엇을 훔치나?
- 주머니에 들어가는 작은 물건
- 커다란 물건
- 다른 유아가 집에서 가져온 장난감
- 유아교육기관 장난감이나 물건
- 커다란 물건의 조각(퍼즐 조각)
- 아무것이나
- 한 가지 특정 물건
- 음식

가족과의 협의

유아의 훔치는 행동에 대한 염려를 가족과 의논하고 관찰한 것을 서로 나누라. 유아가 가게나 유아교육기관 외의 다른 상황에서도 훔치는지 알아본다. 유아교육기관 외의 상황에서도 훔친다면 무슨 전략을 사용해 왔는지 알아본다. 가족과 함께 이 행동을 하게 된 원인을 찾고 행동을 방지하거나 멈추게 하는 방안을 찾으라. 훔치는 행동이 줄어드는 진보에 대해 가족에게 알리라.

적용점 찾기

유아가 자신의 것이 아닌 것을 가져갈 때 그 원인은 단순히 그 물건 자체를 원하기 때문일 수 있다. 유아는 결과적으로 윤리와 도덕의식이라는 더 넓은 개념의 일부분이 될 소유의식을 개발하고 있다. 소유권에 대한 이해는 여전히 분명하지 않다. 종종 유아의 자연적 충동감과 결합된 매력적인 무언가에 대한 갈망이 더 중요하게 작용된다. 따라서 유아는 물건을 가져가게 된다.

유아는 자신의 것이 아닌 물건을 가져가는 것이 올바르지 않음을 배울 필요가 있다. 유아는 다른 행동들이 사회적으로 수용 가능한지 또는 수용 가능하지 않은지와 더불어 사회화의 장기적 과정을 통해 이를 배워야 한다. 유아가 소유권이 무엇을 의미하는지 그리고 왜 이것이 존중되어야 하는지 친절한 지도를 통해 배우게 될 때, 다른 사람의 소유에 대한 배려를 포함하는 가치들을 수용한다. 만약 유아가 자신의 것이 아닌 것을 가졌을 때 수치심과 죄의식을 느낄 수 있다면 후회하게 될 것이다.

모든 사람은 이룰 수 없는 욕망을 가진다. 유아들은 그러한 욕망과 이를 다루는 대안책을 이해하도록 도움을 받아야 한다. 도벽은 유아교육기관에서 허용될 스 없지만 유아가 자신에 대해 나쁘게 느끼지 않도록 하는 방법으로 조절되어야 한다.

대안 찾기

몇 가지 간단한 단계들이 훔치는 행동을 줄이는 데 도움이 될 수 있다. 다음의 제안들 중 효과가 있는 것이 있는가 생각해 보라.

- 유아가 장난감이나 다른 소유물들을 유아교육기관에서 공유하기 위해 집에서 가져올 때 문제가 일어날 수 있다. 호감이 가는 물건의 주인은 누가 장난감을 가지고 놀 수 있고 없는지를 말할 수 있기에 상당한 힘을 갖는다. 만약 어떤 유아가 물건의 주인으로부터 사용하지 못하도록 제지당한다면, 거절당한 유아는 상당히 화가 날 것이다. 동시에 가질 수 없기 때문에 이 물건은 더욱 탐나게 된다. 이러한 상황이 도벽을 유도한다. 유아들이 가정에서 유아교육기관으로 장난감을 가져오는 것을 허용하기 위해 다음의 대안들을 고려하라.

  ① 집에서 장난감을 가져오는 것이 철저하게 금지될 수 있다. 간약 교사가 이렇게 결

정하면, 부모에게 가정에서 가져온 장난감이 많은 문제를 유발함을 가정통신문을 통해 설명하라. 이 새로운 규칙을 시행함에 있어 부모의 도움을 구하라. 만약 유아가 여전히 집에서 무언가를 가져온다면 아침에 그 물건을 교실에 들여오는 것을 금지시켜라. 물건에 대해 칭찬한 후에 유아에게 새로운 규칙을 상기시키고 부모가 그것을 차에 도로 가져가도록 요구하라. 이 방법을 실행할 수 없다면, 유아에게 이 물건은 사무실에 보관될 것이고 집에 돌아갈 때 돌려줄 것이라고 말하라.

② 집에서 가져온 물건을 사용하는 시간을 제한하라. 일주일에 하루를 '함께 나누는 날' 이라고 지정할 수 있다. 유아들이 집의 물건을 나눌 수 있을 때는 하루에 지정된 시간을 정할 수 있다. 물건을 사용하지 않는 동안 가정에서 가져온 물건을 안전하게 보관할 장소를 마련하라.

③ 어떻게 개인의 장난감을 나누어 사용할 수 있는지 규칙을 정하라. 유아들이 적절한 규칙을 정하는 데 도울 수 있다. 한 예로, 모든 유아들이 장난감을 한 번씩 사용하도록 결정할 수 있을 것이다.

- 유아가 물건을 가져가지 못하게 하는 또 다른 방법은 교실을 깔끔하고 잘 구조화되도록 유지하는 것이다. 학급 물건을 아무렇게나 쌓아 놓으면 교실에 무엇이 있는지 어디로 가야 하는지 아무도 모른다. 교실의 모든 것이 제자리에 있고 잘 보일 때 전달하는 메시지는 교실의 모든 물건들은 중요하고 학급에 기여한다는 것이다. 특정 장소에 분명하게 소속된 장난감을 가져가는 일은 아무렇게나 놓인 장난감을 가져가는 것만큼 쉽지 않다.
- 만약 유아가 학급에서 특정 종류나 특정 물건만 가져간다면 교사는 다음의 두 가지 중 한 가지를 할 수 있다. 만약 그 물건을 제거하는 것이 교실 운영에 너무 큰 영향을 미치지 않는다면 2~3주 동안 그 물건을 없앨 수 있다. 또는 유아가 가져가는 것을 방지하기 위해 이 물건을 주의 깊게 지켜볼 수 있다.

위의 제안 중 어떤 것도 문제에 대한 해결책이 되지 않는다면, 다음의 프로그램을 지속하라.

목표 진술

목표는 유아가 자신의 것이 아닌 물건을 가져가는 것을 멈추는 것이다.

절차

도벽을 없애기 위한 기본적 전략은 다음의 절차를 포함한다.

- 교실 용품이나 친구 물건의 적절한 사용을 강화하라.
- 환경적인 변화를 만들라.
- 도벽을 예방하라.

행동 정의

훔치기란 훔친 물건이 유아교육기관의 것이든 다른 유아의 것이든 자신의 것이 아닌 물건을 의도적으로 가져가서 보유하고 있는 어떠한 경우도 포함한다. 이러한 행동은 정기적으로 발생한다. 모든 교사들은 무엇을 훔치기로 간주할 것인지 토론하고 거기에 동의해야 한다(자신의 주머니에 넣기 또는 물건을 사물함에 넣기).

출발점

훗날의 진보와 비교하기 위해서 프로그램을 시작하기 전에 유아가 얼마나 자주 훔치는지를 아는 것은 중요하다. 훔치는 행동의 발생 횟수를 3일 동안 관찰하며 세어라. 유아가 공개적으로 훔치지 않을 것이기 때문에 이 정보를 모으는 데는 상당한 주의가 필요하다. 이 정보는 정확하지 않을 수도 있지만 가능한 한 정확하도록 노력하라. 교사가 경계를 더 하기에 이 행동은 줄어들 수 있다. 유아가 무언가를 훔친 각각의 발생을 관찰지에 기록하고 일과를 정리하면서 빈도 그래프에 총계를 옮기라.

행동 지도 전략

3일 동안 훔치는 행동을 기록하고 이 행동을 변화시키기 위해 프로그램을 시작하라. 프로그램을 일괄적으로 따르라.

1) 학급 물건이나 친구에게 속한 물건의 적절한 취급을 강화하라. 만약 유아가 자신의 것이 아닌 물건에 대한 존중을 배우는 중이라면 유아가 잘하는 것에 대해 언급할 필요가 있다. 따라서 유아가 학급 용품이나 친구 물건을 적절하게 다룰 때마다 언어적으로 강화 받아야 한다.

"선생님은 네가 폴라Paula의 인형을 조심스럽게 들고 있는 것이 맘에 들어. 친구가 인형을 잘 돌보도록 도와주어서 고마워."

"네가 모든 조각을 박스에 넣어 주니 고맙다. 만약 다른 친구들도 너처럼 조각들을 잘 다룬다면 잃어버리는 일이 없을거야."

"세발자전거를 창고에 넣는 것을 기억하는구나! 이곳에서는 녹이 슬지 않기에 친구들이 원할 때 자전거 타기를 즐길 수 있을 거야."

2) 환경이나 일상생활의 적절한 변화를 통해 훔치기를 제재하라. 훔치기와 관련해 학급의 구조를 조사하라. 물건들이 깨끗하게 진열된 잘 정리된 선반에서 물건을 훔치는 일은 쉽지 않다. 아무렇게나 뒤죽박죽된 것의 일부를 훔치는 것이 훨씬 쉽다. 주의 깊은 배열과 보관을 통해 무엇이 교실에 있었는지에 대한 인식뿐 아니라 교실 물건에 대한 선생님의 존중을 알도록 설명하라.

유아가 집에서 물건을 가져올 수 있도록 허락할 것인지를 고려하라. 언제, 어떻게, 어떤 환경에서 개인 용품을 나눌 수 있는지에 관한 특별한 규칙과 제한을 세우라. 그러한 안내는 도벽을 막는다.

3) 유아를 수치스럽게 하는 일 없이 훔치는 행동을 방지하라.* 다음은 자신의 물건이 아닌 집에서 가져온 물건을 가져가는 행동을 막기 위한 절차이다. 이것은 주머니 검사를 통해 이루어질 수 있다. 다음 단계를 따르라.

---

* 심한 인지적 결함을 가진 유아는 소유권을 이해하기 어려울 수 있다. 태내에서부터 약물중독된 유아는 자신의 행동에 대한 결과를 이해하지 못할 수 있다. 두 경우 모두, 예방은 타인에게 속한 물건이 없어지는 것을 방지하도록 유아를 주의 깊게 관찰하는 것을 의미할 것이다.

① 그룹 시간에 교실 물건 또는 친구의 물건이 없어졌음을 설명하라. 장난감을 실수로 주머니에 넣는 일은 쉽게 있어날 수 있음을 언급하라. 이러한 도난을 방지하기 위한 모두의 도움을 얻으라.

② 유아들이 유아교육기관을 떠나기 전에 유아교육기관이나 개인 유아에게 속한 물건을 찾기 위한 주머니 검사를 하라. 한 명도 빠짐없이 모든 사람이 참여해야 하는 것이 중요하다. 교사를 포함해 모든 사람이 참여해야 한다. 물건을 담을 박스를 제공하라. 자신의 물건이 아닌 것을 박스에 넣게 하라. 교사는 주머니에 물건을 가진 유아들이 불명예를 갖는 것을 방지하기 위해서 크레용이나 작은 물건을 박스에 넣을 수 있다. 박스에 있는 모든 것은 제자리에 돌려놓고 주인에게 돌려주어야 한다. 이 조사를 추적이 아닌 게임으로 사용하라. 반응을 최소화하고 감정이 섞이지 않은 객관적인 태도로 활동을 실시하라. 유아를 수치스럽게 하거나 도벽을 비난하지 말라. 단지 그 물건이 있어야 할 자리에 놓여져야 함이나 주인에게 돌려져야 함을 언급하라.

③ 주머니 검사의 시간은 중요한다. 모두가 한꺼번에 귀가해야 한다면 귀가 바로 전에 실시할 수 있다. 유아들이 다른 시간에 귀가한다면, 다른 종류의 시도가 실시되어야 한다. 훔친 유아가 귀가하기 몇 분 전에 실시하도록 계획하라. 이러한 방법으로 그룹의 유아들을 과정에 포함시키면서도 주머니 검사를 한 시간과 귀가 시간 사이에 훔치는 행동이 재발되는 것을 최소화할 수 있다.

④ 훔친 물건이 다른 유아의 개인 소지품이었다면 소유권을 확실히 하라. 매일 아침마다 유아들을 반기면서 유아교육기관에 특별한 무언가를 가져왔는지 물어라. 만약 유아가 무언가를 갖고 있다면 그 물건과 주인을 기록하라. 이러한 방법으로 귀가 전 주머니 검사 후에 모든 유아들이 자신의 소유물을 가졌는지 확인할 수 있다.

4) 기록을 유지하라. 처음 3일 동안의 훔치는 기록과 절차의 진행 중의 상황은 약간 다를 것이다. 유아가 자신의 것이 아닌데 가진 물건이 있다면 세어라. 이것은 주머니 검사 중 쉽게 이루어질 수 있다. 유아의 것이 아닌데 주머니에서 나온 물건의 수를 기록하라. 주머니 검사 자체가 도벽을 줄일 것이고 일단 시작한 이후에 빠르게 비율이 떨어지는 것을 기대하라.

변화 유지

자신의 것이 아닌 물건을 더 이상 가져가지 않더라도 주머니 검사를 지속하라. 2주 후에 주머니 검사를 이틀에 한 번으로 줄이고, 그 후에는 3일에 한 번 그리고 일주일에 한 번으로 줄이라. 훔치는 행동이 재발되지 않은 것을 발견할 때 검사를 멈추라. 그러나 유아가 물건을 조심스럽게 다룸을 정기적으로 칭찬하라. 유사하게 환경 평가를 지속함으로써 환경의 배열 방법에 의해서도 훔치는 행동이 줄어들도록 하라.

제 13 장

말 안 듣는 행동

제시카Jessica 선생님은 바깥놀이를 종료하는 종을 울린다. 유아들은 세발자전거와 모래놀이 기구를 정리하고, 대형 블록을 쌓고, 실내로 향하는 문으로 걸어온다. 몇 분 후 바깥놀이 장소는 정리되었고 대부분의 아이들이 교실로 들어왔다.

"스펀키Spunky, 그네에서 내려오렴. 안으로 들어가야 하는 시간이란다."라고 선생님이 말씀하셨다. 다섯 살인 스펀키는 선생님을 무시하고 그네를 더 높게 탄다. "다른 친구들은 모두 교실에 들어갔단다, 스펀키. 놀이터에 있는 사람은 너 혼자네!" 반응이 없다. "스펀키! 지금 당장!" 스펀키는 계속해서 그네를 탄다. 결국 선생님은 그네로 가서 강제로 그네를 멈추고 스펀키의 팔을 잡았다. 스펀키는 팔을 빼면서 "난 들어가기 싫어요."라고 소리친 후 놀이터의 다른 방향으로 뛰어 간다. 교사가 스펀키를 잡아서 강제로 교실로 데리고 들어올 때까지는 몇 분이 더 걸렸다.

그날 아침 이후, 스펀키는 놀이 시간 이후 블록을 정리하는 것을 거절하고, 이야기 시간을 위해 친구들과 모이는 것을 거절하고, 간식 전에 손 닦기를 거절하고, 간식을 먹기 위해 책상에 앉기를 거절하고, 뒤늦은 간식 이후 테이블에서 일어나기를 거절했다. 교사들은 한결같이 스펀키의 말 안 듣는 행동에 좌절을 느꼈다. 선생님들이 무슨 말을 하든 상관없이, 스펀키는 언어적 또는 비언어적으로 "싫어."라고 대답했다.

행동 진술

유아가 자주, 일관되게 합리적인 요구에 따르기를 거부한다.

행동 관찰

며칠 동안 비형식적으로 유아를 관찰함으로 언제 말 안 듣는 행동이 가장 쉽게 발생하는지 통찰력을 얻을 수 있다.

1) 언제 가장 말 안 듣는 행동이 발생하는가?

- 하루 종일
- 아침 일찍, 도착하자마자
- 오후, 집에 가기 바로 전에
- 전이 시간, 유아가 한 활동을 마치고 다른 활동으로 옮길 때
- 정리 시간
- 자신이 선택한 활동을 하는 중
- 교사가 주도하는 활동 중
- 그룹 활동 중
- 실내 활동 중
- 실외 활동 중
- 화장실 시간
- 점심 시간
- 낮잠 시간

3) 유아가 말을 안 들을 때 무슨 일이 발생하는가?

- 주로 교사가 말하거나 달랜다.
- 교사는 종종 유아가 하는 것을 지속하도록 놔둔다.
- 교사가 달래고 듣지 않을 때 본인이 하던 것을 하도록 허락한다.
- 교사가 요구한 대로 하도록 강요한다.
- 유아는 자신이 할 수 있는 한 오랫동안 먼저 하던 활동에 남아 있는다.
- 유아는 교사가 요구한 활동 아닌 다른 활동으로 바꾼다.
- 다른 유아들이 이 유아의 말 안 듣는 행동에 관심을 보인다.

2) 말 안 들을 때 유아는 무엇을 하는가?

- 혼자서 활동한다.
- 다른 유아들과 활동한다.
- 활동에 참여하지 않는다.
- 성인으로부터 현재 자신이 하고 있는 것과 다른 것을 하도록 요청받는다.
- 화를 낸다.
- 블록 놀이(또는 극놀이, 조작놀이, 책 읽기, 대근육 놀이 등)에 개입한다.

유아의 말 안 듣는 행동을 없애기 위해서 관찰로부터 얻은 통찰력을 사용하라.

가족과의 협의

말 안 듣는 행동은 유아에게 흔히 있는 일이 아니고 교사의 합리적인 요구를 거절하는 유아는 가족의 요구도 거절할 가능성이 높다. 이러한 경우라면, 행동이 발견되자마자 가족을 만나 무슨 전략이 사용되었고 그것이 성공적이었는지 알아보아야 한다. 이러한 행동을 바꿀 수 있는 방법에 대해 가족과 함께 아이디어를 모으고 가정과 유아교육기관에서 강화될 수 있는 기술을 찾으라. 일단 유아의 행동이 줄어들기 시작하면 가족에게 성공을 알림으로써 가족과 교사가 서로를 격려할 수 있다.

적용점 찾기

말 안 듣는 행동은 종종 부모와 성인들의 요구가 일관적이지 않을 때 발생한다. 유아들은 종종 반갑지 않은 요구들을 따르도록 요구받는다(잠 잘 시간이다, 장난감 정리하고 저녁 먹자, 유아교육기관에 가기 위해 옷을 입을 시간이다). 이러한 지시에 대한 저항은 흔한 일이 아니다. 만약 성인이 진심으로 순종을 요구하지 않았다면, 유아들은 자신들이 충분히 저항하면 순종하지 않아도 된다는 메시지를 받게 된다.

자주 불순종하는 유아는 성인과의 힘겨루기에 개입하는 것이다. 성인이 유아에게 무엇인가를 하라고 요구했을 때 유아는 요구가 비합리적이기 때문이 아니라 순종하기를 원하지 않기 때문에 거절하는 것이다. 이러한 힘겨루기 전쟁은 성인과 유아 모두에게 분노가 일어나도록 하며 종종 더 강하게 자신의 주장을 굽히지 않는 결과를 낳는다. 어른의 입장은 '나는 어른이고 이곳을 책임지기 때문에, 유아는 내가 요구하는 것을 해야 한다' 이다. 반대로 유아의 태도는 '나는 누가 시키는 것이 아닌 내가 원하는 것을 할 것이다' 이다.

반복적인 일관된 불순종은 훗날 유아의 삶에 심각한 결과를 자아내는 습관이 될 수 있다. 만약 유아가 고집스럽게 권위에 반항한다면 그는 점차 확대되는 영역 속에서 성인과 지속적으로 문제를 가질 것이다. 따라서 유아가 그에게 중요한 성인들의 합리적인 요구에 보다 반응적이 되도록 돕는 것은 중요하다.

대안 찾기

말 안 듣는 행동을 다루는 데 도움이 될 다음의 제안들을 고려하라.

- 유아들은 독립심을 키워 감에 따라 선택을 할 많은 기회들을 필요로 한다. 만약 유아가 일상생활 가운데 선택할 많은 기회들을 갖지 못한다면, 다른 사람이 자신을 위해 내린 선택에 도전함으로 반응할 수 있다. 유아가 스스로에 의한 적절한 의사 결정의 기회를 갖는지 확인하기 위해 환경과 결정을 조사하라.
- 유아교육 프로그램에서 유아는 일반적으로 교사의 기대로부터 나온 교실의 규칙들을 따른다. 규칙들은 간단하게 언급되어야 하고 논리적이어야 하며 그 수에 있어 몇 가지만 주어져야 한다. 당신의 기대를 살펴보라. 모든 유아들이 규칙과 그 원인을 이해하고 있는지 확인하라. 실제로 유아들은 규칙들을 정하는 데 개입될 수 있다. 유아가 규칙을 정하는 과정에 참여하게 될 때 규칙에 더욱 관심을 가지며 순응하기 쉽게 된다.
- 성인이 유아로부터의 일반적인 순응을 기대할 때, 그들의 요구는 항상 논리적이어야 한다. 당신이 유아에게 요구한 것을 주의 깊에 살펴보라. 당신의 요구는 논리적인가? 유아의 관점에서 보았을 때 상식적인가? 유아가 왜 당신의 요구에 순응해야 하는지 이해하는가? 당신이 이유를 설명해 준다면 유아는 그 기대들에 더 잘 순응할 것이다. 이유가 무엇이든지 간에 그것들은 독단적이거나 변덕스러우면 안 된다.
- 순응에 대한 과도한 요구로 유아에게 무거운 짐을 지워서는 안 되는 것이 중요하다. 유아들은 일반적으로 상식적인 규칙들에 순응하려고 하지만 만약 너무 많은 요구가 제시된다면 반항적이거나 수동적으로 될 것이다. 가능한 한 환경이 당신의 기대를 강화하고 있는지 확인하는 환경 점검을 하라. 만일 교실에서 뛰는 것이 안전을 위협할 수 있다면 "실내에서 뛰어서는 안 된다."라고 말하는 대신에 뛰는 것을 예방하도록 교실을 배열하라.
- 순응이 반드시 긍정적인 속성이 아니라는 것을 기억하는 것 또한 중요하다. 우리가 유아들에게 논리적이고 합리적인 규칙들에 순종할 것을 기대하기는 하지만 모든 지시 사항들이 성인으로부터 주어졌기 때문에 따라야 한다고 기대해서는 안 된다. 실제에 있어서, 건전한 주도성은 종종 타인의 요구를 거스르는 독립적인 의사 결정을 포함한다. 따라서, 말 안 듣는 행동을 다루는 어떤 방법이든지 그 목적은 모든 요구에 맹목적으로 순종하기를 권장하는 것이 아니며 또한 불합리한 불순종은 줄이는 것이 되어야 한다.

만약 위의 제안들 중 어느 것도 말 안 듣는 행동에 대한 염려를 덜어 주지 못한다면, 다음의 프로그램들을 지속해 보라.

목표 진술

유아를 위한 목표는 합리적인 요구에 순응하는 것이다.

절차

말 안 듣는 행동을 줄이는 기본 절차는 다음의 과정을 포함한다.

- 환경이 합리적인 규칙에 대한 순종을 지지하는지 확인하라.
- 가능한 한 말 안 듣는 행동을 유발하는 상황을 피하라.
- 의사 결정을 할 수 있는 많은 기회를 제공하라.
- 순종을 강화하라.
- 유아가 말 안 듣는 행동을 할 때 자기조절 시간을 사용하라.

행동 정의

말 안 듣는 행동은 유아가 합리적인 요구를 따르는 것에 실패함을 의미한다.

출발점

행동 지도 전략을 시작하기 전, 유아가 얼마나 자주 합리적인 요구들을 따르지 않는지에 관한 좀 더 정확한 아이디어를 얻기 위해 3일 동안 관찰하라. 유아가 말을 안 들을 때마다 이것을 관찰지에 기록하라. 매일 빈도수 그래프에 전체 숫자를 기록하라. 이러한 초기의 숫자가 나중의 진보와 비교할 기초 자료를 제공할 것이다.

행동 지도 전략

초기 3일간의 말 안 듣는 행동의 횟수를 세어 본 후 다음의 프로그램을 시작하라. 행동의 변화를 위해 필요한 일관성을 제공하기 위해 모든 교사들이 이러한 절차를 따라야 한다.

1) 환경이 합리적인 규칙의 순응을 지지하고 있는지 확인하라.* 비언어적 규칙들이 암암리에 강화되고 있는지 평가하기 위해 환경의 모든 영역들을 관찰하라. 다음은 몇 가지 제안이다.

① 교실 배열을 점검하라. 교실은 다양한 영역의 목적을 제시할 수 있어야 한다. 교실 배열은 많은 유아들이 어떻게 다양한 활동에 편안하게 참여할 수 있는지 알도록 해야 한다.

② 만약 교실 자료들이 명확한 이름표와 함께 정리되어 있다면 유아들은 자료들을 사용한 후에 제자리에 정리하기가 쉬울 것이다. 또한 발달적으로 적합한 자료, 장비, 활동들은 그 사용에 있어 합리적인 안내를 제공하게 된다.

③ 일상의 일과를 확인하라. 유아는 자신이 좋아하는 활동에 참여할 충분한 시간을 가지고 있지 못하다고 느낄 수도 있다. 실내와 실외의 자유선택 활동을 위한 시간표가 유아로 하여금 하나 또는 그 이상의 시도를 선택, 참여, 정리하는 데 충분한지 확인하라.

④ 자유선택 활동과 교사 주도적 활동 사이의 균형이 잘 이루어졌는지 고려하라. 많은 시간이 유아가 선택한 활동을 위해 허용되어야 한다. 유아가 자신이 스스로 내린 많은 결정의 기회를 가질 때 성인의 요구에 순응함을 거절하는 경향이 줄어들 것이다.

⑤ 활동적이고 조용한 시간의 균형을 살피라. 유아는 너무 오랜 시간을 수동적으로 앉아 있게 됨으로 인한 연장된 활동 또는 휴식 부족으로 피곤해서는 안 된다.

2) 가능하다면 말 안 듣는 행동이 야기될 상황을 피하라.** 유아와 상호작용하는

---

* ADHD로 판정된 유아들은 안절부절못함과 집중할 수 있는 능력의 부족으로 인해 말 안 듣는 행동을 보이기도 한다. 환경이 어떻게 설정되었는지와 환경이 기대들을 강화하는지 확인하는 주의 깊은 사려는 ADHD 유아들에게 도움이 될 수 있다. 환경의 배열이 집중을 촉진하기 위한 주의 산만을 줄이도록 도울 수 있다. 일상 일과의 변화—예를 들면, 전이 시간—는 ADHD 유아들에게 특별히 어려울 수 있다. 추가의 지원, 구조, 환경이 도움이 될 것이다.

** 감정적/행동적 문제를 가진 유아들은 종종 화가 나 있다. 이러한 유아들은 성인과 잦은 힘겨루기에 부딪히게 된다. 기대와 그것이 어떻게 표현되었는지에 대한 주의 깊은 고려는 모두를 위한 더욱 유쾌하고 긍정적인 환경을 자아내면서 많은 경우 힘겨루기를 가라앉히도록 도울 수 있다.

모든 교사들은 자신이 유아에게 무엇을 하라고 요구했는지 함께 토론하고 주의 깊게 생각하라. 순종을 요구할 기회가 적을수록 불순종의 가능성은 적어진다.

① 가능한 한 언제든지 교사의 지시를 따르도록 요구하는 것을 최소화하다. 반드시 수행되어야 할 것만을 요구하라. 나중에 유아의 말 안 듣는 행동이 줄어들 때 다른 합리적인 요구들을 추가함으로써 점차적으로 순종에 대한 요구가 다른 유아들과 같아질 것이다.

② 언어적 요구보다는 비언어적 방법을 사용하라. 예를 들어, 바깥놀이가 몇 분 후 마칠 것이라는 경고를 준 후 유아가 놀고 있는 곳으로 가서 과도한 논쟁 없이 유아의 손을 잡고 교실로 데리고 들어오라. 만약 유아가 저항하면 아래에 소개하는 자기조절 시간 절차를 사용하라.

③ 가능한 한 선택을 제공하도록 하라. "레고를 박스 안에 넣어라."라고 말하는 대신 "빨간색과 파란색 레고 중 어느 것을 먼저 치워 주겠니?"라고 요구하라.

④ 유아에게 직접적인 명령을 하는 것을 피하라. 당신이 요구하는 방법은 유아를 향한 존경을 나타낸다. "너는 _____를 해야만 한다."보다 "만약 네가 _____한다면 좋겠다."라는 표현이 훨씬 상냥하다.

⑤ 유아에게 선택할 기회를 줄 수 없다면 사용하는 용어를 조심하라. 그러한 상황을 게임으로 만들 수 있다. "간식을 위해 테이블에 가서 앉거라."라고 말하는 대신 "간식을 먹기 위해 테이블로 나비처럼 날아 보자."라고 해 보라.

3) 유아가 선택할 수 있는 많은 기회를 제공하라. 가능하다면 자주 유아가 참여하고자 하는 활동과 어떻게 참여하기 원하는지에 관한 독립적인 의사 결정을 내리도록 기회를 제공하라. 유아가 제안에 대해 "네." 또는 "아니오."라고 솔직하게 말할 수 있는 상황에서 선택하도록 하라. 유아가 제안된 선택 사항에 참여하기를 원하지 않을 때 부정적 결과가 뒤따라서는 안 된다. 교사가 "아니오."라는 대답을 수용할 수 없다면 유아에게 선택권을 제시해서는 안 됨을 기억하라.

4) 순종을 강화하라. 유아가 교사의 요구에 순응할 때마다 칭찬하라. 유아로 하여금 선

생님이 그러한 행동을 기뻐한다는 것과 가치 있게 여기고 있음을 알게 하라. "고마워! 내가 너에게 요구했을 때 정리를 도와주어서 정말 고맙구나!" 또는 "사랑스러운 미소구나! 이것이 내가 너에게 기대한 것이야!" 유아는 그러한 반응 때문에 기분이 좋아질 것이고 교사 또한 기분 좋음을 느낄 수 있을 것이다. 유아는 말 안 듣는 행동으로부터 얻어지는 것이 아무것도 없다는 것과 긍정적인 행동에 대해 보상이 있음을 깨달을 것이다.

5) 유아가 말 안 듣는 행동을 할 때 자기조절 시간을 사용하라. 의사 결정을 위해 증가된 기회인 환경적 변화와 위에 언급된 보상들은 말 안 듣는 행동이 일어나는 것을 줄여야 한다. 불순종을 줄이기 위한 당신의 결정을 유아에게 요구하는 것이 합리적이고 필요불가결한 것이라고 확신해야 한다. 따라서 말 안 듣는 행동이 일어날 때 의지의 충돌로 이끌 다툼에 개입하지 말라. 대신, 다음의 자기조절 절차를 사용하라.

① 유아가 명령을 거절할 때, 유아의 손을 잡고 자기조절 장소로 데려가라. 엄하면서 조용하게 말하라. "나는 네가 _____하도록(예: 밖에 혼자 머물도록) 허락할 수 없다. 네가 친구들에게 돌아갈 준비가 될 때까지 여기에 머물러 있도록 해."

② 시간을 확인하고 유아에게서 멀리 가라. 자기조절 시간 동안에 유아와 이야기하거나 쳐다보지 말라.

③ 다른 유아가 자기조절 장소로 접근할 때 이 유아를 멀리 하라. "스펀키는 몇 분 동안 혼자 있어야 한단다. 너는 스펀키가 교실에 돌아왔을 때 말할 수 있어."라고 설명하라.

④ 자신이 준비가 되었다고 생각할 때 교실 활동으로 되돌아갈 수 있다. 설교하지 말라. 유아는 고립의 이유를 알고 있다. 유아를 건설적인 행동으로 인도하기 위해 진행중인 활동을 소개하라. 적절한 활동에 개입함을 가능한 한 빨리 강화하는 것은 중요하다.

⑤ 만약 유아가 준비가 안 된 상태에서 교실로 되돌아와 또 불순종한다면, "선생님은 네가 아직 교실로 돌아올 준비가 되지 않았다고 생각해."라고 말하고 자기조절 영역으로 다시 데리고 가라. 다시 한 번 자신이 언제 그룹으로 되돌아갈 것인지 결정하도록 허락하라.

6) 기록을 지속하라. 매일 발생하는 불순종의 숫자를 그래프에 기록하는 것을 지속하

라. 이 그래프는 당신이 말 안 듣는 행동을 긍정적인 행동으로 바꾸는 진보를 나타낼 것이다.

변화 유지

일단 합리적인 요구에 대한 불순종이 제거된 후에는 제공하던 강화의 양을 줄임으로써 교실 내의 다른 유아들에게 제공하는 것과 같은 비율로 그 유아를 칭찬하라. 환경과 요구의 합리성을 지속적으로 평가하고 모든 유아를 위한 다양한 선택과 의사 결정의 기회를 제공하라.

유아 행동과 그 지도

나를 좀 도와주세요!

3 단원 방해하는 행동들

제14장 그룹 시간을 방해하는 행동

제15장 교실에서 이탈하는 행동

제16장 교실에서 이유 없이 뛰어다니는 행동

제17장 교실에서 소리 지르는 행동

제18장 소음을 내기 위해 물건을 떨어뜨리는 행동

제 14 장

그룹 시간을 방해하는 행동

슬레이터Slater 선생님은 그룹 활동 시간을 위한 책 읽기를 시작하면서 "오늘은 매우 특별한 작은 기차에 대한 이야기를 읽어 줄게."라고 말했다. 유아들은 조용했고 기대에 가득한 16명의 얼굴들이 원 모양으로 앉아서 선생님을 향했다. 이야기의 두 번째 문단을 반 정도 읽었을 때, 선생님은 큰 소리에 의해 방해받았다. 선생님은 몇 초 동안 멈춘 후 다시 읽기를 시작했지만 몇몇의 유아들은 소리가 나는 쪽으로 향했다. 선생님이 두 번째 페이지를 읽을 때 원의 한쪽에서 소곤거리는 소리에 이어 웃는 소리가 들렸다. 선생님은 책 읽기를 멈추었다. "브라이언Brian, 조용히 앉아서 들어야겠다."

만 3세반인 브라이언은 몸을 흔들며 자신의 자리로 돌아가서 선생님을 향해 미소를 짓고, 손을 무릎 위에 모은 채 조용히 앉았다. 이야기는 이어졌다. 30초 후 브라이언의 옆에 앉았던 친구가 "오! 브라이언이 찼어요!"라고 외쳤다. "브라이언, 똑바로 행동하자!" 브라이언은 다시 웃었다.

이야기가 다시 이어졌다. 동시에 브라이언은 몸을 흔들더니 일어나 블록 장 앞에 있는 원의 다른 쪽으로 갔다. 그는 자신이 앉을 공간을 찾기 위해 두 명의 친구 사이를 비집고 들어갔다. 선생님은 브라이언을 향해 불쾌한 시선을 보내면서 책 읽기를 지속했다.

브라이언은 손을 뒤로 뻗어 유니트 블록을 잡았다. 그것을 자세히 살펴본 후에 옆에 앉은 신디Cindy에게 건내며 "내가 가진 것을 봐라!"라고 큰 소리로 외쳤다. 옆에 있던 선생님은 "쉬!"라고 주의를 주었고 브라이언은 또 하나의 블록을 꺼내 두 개를 치기 시작했다. 여러 유아들이 웃었고 대부분은 브라이언을 쳐다보았다. 슬레이터 선생님은 브라이언에게 즉시 블록을 치우라고 말했으나 브라이언은 블록들을 부딪쳐 소음을 만들었다.

두 선생님 중 한 명이 일어나 브라이언에게 가서 블록을 빼앗으려고 했다. 브라이언은 울면서 저항했다. "내 것이야! 내 것이란 말이야!" 갈등이 지속되었다. 모든 유아들이 처음에는 이 상황을 바라보다가 몇몇은 떠들기 시작하고 몇 명은 일어나 다른 곳으로 가버렸다. 선생님은 책을 덮고 그룹 시간이 끝났음을 알렸다. 선생님들은 브라이언이 이러한 방식으로 점점 더 심하게 그룹 시간을 방해하므로 좌절하였다.

행동 진술

유아는 이야기, 음악, 춤, 신체 표현 등의 그룹 활동을 자주 방해한다.

행동 관찰

유아의 방해를 며칠 동안 관찰한 후 이 행동에 대한 정교한 통찰력을 가지라.

1) 어떻게 그룹 활동을 방해하는가?

- 다른 유아들에게 말을 걸거나 속삭인다.
- 웃는다.
- 특정 대상 없이 말을 하거나 속삭인다.
- 다른 유아들을 밀거나 찌른다.
- 장난감을 그룹으로 가져와서 시끄럽게 논다.
- 둥근 원 안에서 여기저기 돌아다닌다.
- 화를 내며 그룹을 떠난다.
- 교실의 다른 영역에서 물건을 가지고 시끄럽게 논다.

2) 누구와 함께 그룹을 방해하는가?

- 혼자서 행동한다.
- 특정 유아 또는 몇몇 유아 옆에 앉을 때만 방해한다.
- 다른 친구들도 함께 참여하도록 유도한다.

3) 유아가 방해할 때 어떤 활동을 하고 있었나?

- 음악
- 신체 표현
- 토론
- 이야기 시간

4) 그룹 활동을 방해하기 전에 무슨 일이 일어나는가?

- 활동에 대해 관심을 보인다.
- 활동에 집중하지 못하고 산만하다.
- 유아가 머뭇거리며 웃는다.
- 다른 아이를 방해한다.
- 성인 옆에 앉아 있는다.
- 성인으로부터 멀리 앉아 있는다.
- 친구 옆에 앉아 있는다.

5) 유아가 방해한 후에 무슨 일이 일어나는가?

- 다른 유아들이 쳐다본다.
- 다른 유아들이 웃는다.
- 다른 유아들이 동참한다.
- 그만 하라고 해도 계속한다.
- 그만 하라고 하면 조용해진다.
- 조용히 하라고 하면 화를 낸다.
- 그룹 시간이 진행되어 가면서 더 심하게 방해한다.
- 방해한 것을 부인한다.

상황에 대처하는 데 도움을 받기 위해 이러한 비형식적인 관찰로부터 얻은 정보들을 사용하라.

가족과의 협의

그룹 시간을 방해하는 일은 주로 유아교육기관에서 일어나는 일이기에 가족을 과도하게 염려시키지 않고 이 행동을 없애야 할 것이다. 가족을 만날 일이 있으면 교사가 염려하고 있음과 여러 교사들과 함께 이 행동을 고치도록 노력하고 있음을 언급하라. 이러한 경우에 교사가 사용한 전략으로 인해 일단 행동이 줄어들기 시작했기에 성공적이었음과 결과적으로는 소거될 것임을 가족에게 알리라.

적용점 찾기

그룹 활동은 여러 가지 원인 때문에 교육과정에 계획되어 있다. 교육과정에는 가르쳐져야 하는 개념과 기술들이 있다. 그룹 시간은 교육과정의 다른 부분에서 제시되었던 개념을 보강하거나 강화할 수 있다. 그룹 활동은 또한 음악, 문학, 춤에 대한 기쁨을 높여 준다. 마지막으로, 그룹 시간은 조용히 앉기, 경청, 순서 기다리기, 그룹에서 다른 사람을 위한 배려 등의 그룹의 사회적 행동의 연습을 제공한다. 이러한 행동들은 점차적으로 배워지는 것으로서 유아들이 유아교육기관을 떠날 즈음에는 유아교육기관이나 초등학교에서 요구되는 기술들을 익히게 된다.

아주 어린 유아들과의 그룹 시간은 몇 분 정도로 짧게 지속되어야 한다. 유아들의 연령이 높아지면서 이러한 시간은 늘어나야 한다. 그 시간이 얼마가 되었든 그룹 시간은 그룹 안의 모든 유아들의 흥미를 사로잡을 만큼 매력적이고 흥미로워야 한다. 교사는 다양한 목적을 달성하기 위해 그 시간을 주의 깊게 계획하기 때문에 한 명의 유아가 활동을 방해하는 것은 실망스러운 것이다. 이 행동은 방해하는 유아뿐 아니라 계획된 수업을 못 받게 되는 다른 친구들에게도 영향을 주기 때문이다. 성인들도 또한 좌절하고 화가 나게 된다. 유아는 방해하는 것이 상당한 관심을 얻게 됨을 배우게 된다. 성인들은 그가 말하고, 밀고 또는 방해될 만한 소리를 만들 때마다 그에게 말하고, 그의 옆에 앉고, 그에게만 관심을 쏟는다. 유아는 성인으로부터 받는 개인적인 반응들이 비록 부정적이기는 하지만 그룹 시간에 일어나는 일보다 훨씬 유쾌한 일임을 깨닫는다. 불행하게도, 그 행동을 멈추게 하려는 교사들의 모든 시도들은 행동을 강화하는 것으로 작용하는 것을 기억하라. 더 심하게 방해할수록, 교사가 더 많이 반응하며 방해가 관심을 얻는 행동임을 더욱 많이 느끼게 될 것이다.

대안 찾기

문제에 대한 간단한 해결책이 있는지 알아보기 위해 비형식적인 관찰에서 얻어진 정보를 살펴보라.

- 그룹 활동은 한 번에 많은 숫자의 유아들을 대상으로 하기에 계획하는 것이 쉽지 않다. 그룹 속의 유아들은 다양한 흥미, 능력, 집중 시간을 갖는다. 그룹 활동이 모든 유아들을 자극할 수 있는지 아니면 계획된 활동이 그들을 지루하게 하기 때문에 유아들을 방해하는지 생각해 보라. 속도를 조절해 보라. 새로운 활동을 소개하고, 새로운 형태의 활동을 제공하고 또는 그룹 시간을 가능한 한 짧게 가져라. 만약 그룹 시간을 위한 일상의 패턴이 두 손의 손가락 놀이였다면 그 다음에 이야기를 읽고 패턴을 바꾸라. 이야기를 읽기보다는 말하는 것을 시도하고, 책보다는 플라넬판을 이용한 소품을 사용하거나 유아들이 잘 아는 이야기를 연극하도록 하라. 음악을 듣고, 춤을 추고, 한 사람씩 돌아가며 이야기를 만들어 보고, 유아들이 이야기를 꾸미고 교사는 그것을 기록해 보라. 자료집에는 그룹 시간을 위한 많은 아이디어들이 있다 연령에 적합한 활동, 균형 있는 반복과 활동의 신기함, 활동 시간을 위한 적절한 시간을 갖게 되면 교사는 그룹 활동의 흥미를 유지할 수 있을 것이다.
- 만약 유아들이 다양한 흥미와 집중 시간을 갖고 있다면 그룹 시간을 계획하는 것은 어려울 것이다. 그룹에 한 명의 교사를 배치하여 둘이나 셋의 유사한 소그룹으로 나누라. 이러한 방법으로 그룹 시간은 각 그룹의 유아들에게 좀 더 직접적으로 맞추어질 것이다.
- 만약 한 유아가 특정 유아 옆에 앉았을 때에만 그룹 시간을 방해한다면 그들을 떼어 놓으라. 교사가 그룹의 모든 유아들을 위한 자리를 정해 줄 수 있을 것이다. 예를 들어, 커다란 카드에 모든 유아의 이름을 적고 카드를 원 안에 배치한 후 유아들은 자신의 위치를 찾을 수 있도록 하라. 만약 떼어 놓고 싶은 두 유아가 있다면, "선생님은 오

늘 너희들과 함께 앉으려고 해. 내가 앉을 수 있도록 조금씩 옆으로 비켜 주겠니?" 라고 말하라.

- 그룹 시간이 이루어지는 공간을 관찰하라. 손에 닿을 만한 방해하는 물건들이 있는가? 만약 그렇다면 그 물건이나 그룹 활동 장소를 옮기는 것을 고려하라.
- 그룹 시간을 살펴보라. 조용한 또는 구조화된 활동 또는 조용히 앉아 있어야 하는 활동이 앞서 있었다면 유아가 또 다른 활동을 위해 조용히 앉아 있는 것이 어려울 것이다. 일과표를 재조정해서 조용하고 활동적인 시간들이 균형 있게 섞이도록 하라.
- 어떤 유아들은 조용히 앉아서 집중하는 데 어려움을 가질 수 있는데, 이는 몇 분 이상의 집중을 요구하는 조용한 활동에 필요한 집중 시간을 갖고 있지 않기 때문이다. 따라서 방해하는 행동이 조용히 앉아서 집중하는 능력의 부재라기보다는 성인이나 다른 유아들로부터 얻는 강화에 의해 유발됨을 확인하는 것이 중요하다. 만약 유아가 그룹 활동을 방해하는 원인이 짧은 집중 시간 때문이라고 생각한다면 35장을 살펴보라.*

목표 진술

목표는 유아가 그룹 활동을 방해하는 것을 멈추는 것이다.

절차

그룹 시간 방해를 줄이는 기본적 전략은 세 단계를 포함한다.

- 유아의 흥미를 최대한 만들 수 있는 그룹 시간인가 평가하고 재구성하라.
- 적절한 그룹 행동을 강화하라.
- 만약 유아가 다시 방해한다면 경고한 후에 그룹으로부터 떼어 놓으라.

* 특별한 도움이 필요한 유아들은 그룹 활동에 어려움을 가질 수 있다. 예를 들어, 인지 능력이 부족하거나 ADHD를 가진 유아는 다른 유아들처럼 집중하는 능력이 부족할 수 있다. 이러한 유아들을 위한 대안 제시, 그들의 필요를 채우기 위한 활동으로의 수정, 두세 개의 작은 그룹으로 나누기 등이 도움이 될 수 있다. 시력이나 청력의 장애를 가진 유아들은 다른 유아들이 수용하는 시각적 언어적 단서를 받아들일 수 없기 때문에 활동에서의 흥미를 상실할 것이다. 교사들은 이러한 유아들의 능력, 한계를 알고 필요한 적용을 제시해야 한다.

행동 정의

그룹을 방해하는 행동은 그룹 활동을 어렵게 하는 소리를 내거나, 활동을 방해하는 등의 고의적인 행동을 의미한다. 교사는 다른 교사들과 함께 그룹으로서 이 행동의 정의에 동의하여 방해하는 행동으로 여겨지는 특정 행동을 정해야 한다.

출발점

행동을 제거하기 위한 프로그램을 시작하기 전에, 얼마나 자주 그리고 얼마나 빨리 행동이 발생하는지 결정하는 것은 중요하다. 당신의 목적은 그룹 활동 시간 동안의 방해를 제거하는 것이다. 방해 행동이 일어나는 사이의 시간 간격을 증가시킴으로써, 궁극적으로는 방해를 제거한다는 목적을 이루기 위해 노력하라. 프로그램 동안뿐 아니라 초기 측정할 때도 동일한 측정 도구를 제공하기 위해, 2까지만 방해 행동의 숫자를 더하라. 그렇게 함으로써 당신이 센 숫자는 0, 1, 2가 될 것이다(이렇게 숫자를 제한하는 원인은 후에 명확해질 것이다).

덧붙여, 그룹 시간이 시작된 후 첫 번째 방해가 일어나기 전에 경과한 시간을 측정하라. 교사는 첫 번째 그룹 활동을 시작할 때의 그룹 시간의 시작을 알라. 가능하다면, 첫 번째 방해 후 교사가 그룹 활동을 다시 시작한 시간부터 두 번째 방해까지의 경과 시간을 측정하라.

각각의 그룹 시간을 개별적 이벤트로 간주하고 각각 그룹 시간에 대한 정보를 0, 1, 2만 기록할 수 있는 빈도수 그래프에 기록하라. 덧붙여, 첫 번째 그리고 두 번째 방해가 일어나기 전에 시간의 간격을 둘 사이의 지속 시간 기록 그래프에 기록하는데 각각의 경우를 위한 별도의 그래프를 이용하라. 이러한 정보는 최소 이틀 이상 모아져야 한다. 유아가 정기적으로 방해하는 그룹 시간만 포함하라.

행동 지도 전략

최소 이틀 이상 방해된 그룹 시간의 발생 기록을 가졌으면, 프로그램을 투여할 준비가 된 것이다. 모든 교사들이 절차를 동일하게 따르는 것은 중요하다.

1) 유아의 흥미를 최대화하는 그룹 시간을 평가하고 재구조화하라. 그룹 활동을 조심스럽게 관찰하라. 유아들이 기쁨, 흥미, 지루함 또는 주의 산만을 보이는가 결정하기 위해 모든 유아들의 반응을 관찰하라. 많은 유아들이 당신이 제공한 활동에 흥미를 보이지 않는다면 변화가 필요한 시간이다. 활동, 활동의 형태, 그룹 활동의 지속시간에 있어 필요한 변화를 시도하라.

2) 적절한 그룹 활동을 강화하라. 이 접근의 수행 시 교사가 모든 그룹 활동 동안 방해하는 유아 옆에 앉는 것은 중요하다. 이것은 전략의 성공에 있어 가장 중요하다. 동시에, 다른 교사가 그룹 활동을 진행함으로써 당신이 필요한 만큼 유아에게 집중하는 일에 자유롭게 될 수 있다. 유아가 조용하고 집중적으로 앉아 있으면서 방해하지 않으면 유아를 긍정적으로 강화하라. 유아를 향해서 미소를 지으라. 귀에 대고 "네가 조용히 앉아 있으면 모든 이야기를 들을 수 있어. 멋진 이야기구나!"라고 속삭이라. 유아가 손을 잘 두고 있으면 꼭 안아 주라. 유아의 행동에 대해 당신이 기뻐함을 알게 하라.

이 프로그램을 시작할 때 강화를 자주 사용하라. 교사는 비형식적 관찰과 기초 자료로부터 유아가 얼마나 자주 그룹을 방해하는지 아이디어를 가지고 있을 것이다. 만약 행동이 평균 2분에 한 번씩 발생한다면 바람직한 행동을 매분 강화하라. 만약 10분에 한 번씩 발생한다면 5분에 한 번씩 강화하라. 유아가 문제행동을 할 기회를 가지기 전에 칭찬하라.

방해하는 행동이 줄어든다면 강화도 점차 줄여 가라. 이러한 개인적 강화는 일단 방해하는 행동이 멈추었을 때 전혀 사용될 수 없다. 전체 그룹 앞에서 적절한 행동의 칭찬을 지속하라. "_____가 오늘 매우 잘 듣고 있구나!"라고 말할 수 있다.

유아가 방해하면 한 번의 경고를 준 후 그룹에서 유아를 제외시키라.* 방해 행동은 그룹 시간 동안 종종 발생한다. 프로그램의 첫 날 첫 번째 그룹 시간 전에 유아와 친밀한 대화를 가져라. 교사가 그룹 시간 동안 그의 행동에 대해 걱정하고 있음과 왜 그것이 교사에게 힘든지를 언급하라. 만약 유아가 방해하면 앞으로 무슨 일이 일어날지 언급하라. 첫 번째 방해 시 경고를 받을 것이고, 두 번째 방해한다면 그룹을 떠나게 될 것을 유아에게 알려라.

---

* 그룹 시간 동안 유아가 집중하고 참여하는 것에 대한 당신의 기준이 적절한지 확인하라. 인지적 결함 또는 ADHD를 가진 유아는 집중하기 어려울 수 있고, 따라서 대안적 활동이나 배열이 제시되어야 한다. 기대들은 각 유아에 맞게 발달적으로 적합해야 한다.

교사는 본인과 유아가 동의할 특정 신호, 예를 들어 손을 들고 유아를 쳐다보기 등을 사용하기 원할 수도 있다. 당신의 긍정적인 기대와 당신이 유아가 그룹 시간에 방해하는 행동을 멈추도록 도울 것이라는 것을 강조하라. 그룹 시간 동안 간헐적인 강화를 주기 위해 유아 옆에 앉으라. 만약 유아가 방해한다면 다음을 실시하라.

① 그룹 시간을 방해하는 것이 처음 발생했을 때, 유아에게 조용하게 말하라. "너는 _____ (특정 행동) 해서는 안 된다. 또다시 방해하면 교실을 나가야 한다."
② 유아가 행동을 멈춘다면 활동에 집중한 것에 대해 30초 이내에 칭찬하라.
③ 만약 두 번째 방해 행동이 발생한다면, 유아를 일으켜서 가능한 조용히 유아를 데리고 교실 밖으로 나가라. 교실 밖 조용한 영역에서 교사가 지정한 의자에 유아를 앉히고 다음과 같이 말하라. "그룹 시간이 끝날 때까지 여기 있어야 해." 유아 가까이 머물되 관심을 주지는 말라.
④ 그룹 활동 시간이 끝나면 곧바로 유아를 교실로 돌려보내라. 설교하거나 나무라지 말라. "이제 돌아가도 괜찮아."라고 간단히 말하라.

3) 기록을 유지하라. 프로그램을 진행하면서, 처음 이틀 동안 했던 것처럼 방해 행동을 세고 그 지속 시간을 측정하라. 유아가 두 번째 방해 행동 후 교실에서 쫓겨났기에 2번까지만 셀 수 있다. 그래프에 지속적으로 한 번의 방해 행동만 기록된다면 경고하는 절차가 효과적이었음을 알게 될 것이다. 숫자가 0에 머물러 있다면 전체 프로그램은 효과적이었다는 것을 알 수 있다. 측정 횟수가 2와 1 사이에 그리고 1과 0 사이에 기록된다면 큰 효과가 반영된 것이다. 따라서, 방해하는 사건 사이의 시간의 경과를 기록하라. 이러한 시간의 증가는 당신이 옳게 하고 있음을 설명해 주는 것이다.

초기 정보 형성 시기 동안에 포함했던 같은 그룹 시간 동안의 행동만 측정하라. 빈도 그래프와 둘 사이의 지속 기간 그래프는 프로그램의 성공을 평가하는 데 충분한 정보를 제공할 것이다. 첫 번째 진보는 시간 측정에서 반영되어야 한다. 후에 보이는 변화와 최종의 성공은 두 개 그래프 모두에서 명백해질 것이다.

변화 유지

유아에게 그가 그룹 활동에서 잘하고 있음에 대해 교사가 고마워한다는 것을 정기적으로 말하라. 그룹 활동 시간이 교실의 모든 유아들에게 적절하고 흥미 있는지 확인하기 위해서 평가하는 것을 지속하라. 유아는 그룹 시간을 종종 방해할 수도 있다. 이러한 경우에 그가 학급을 방해하고 있다는 것과 한 번 더 방해할 경우 교실을 떠나야 함을 부드럽게 상기시키라.

제 15 장

교실에서 이탈하는 행동

"코스그로브Cosgrove가 어디 있지? 코스그로브 보신 분 계세요?" 교사들은 재빨리 숫자를 세었고, 터너Mr. Turner 선생님은 교실을 나가 복도를 지나갔다. 거기에서 외투를 넣는 장 속에 앉아 무표정하게 쳐다보는 네 살 난 코스그로브를 찾았다. 터너 선생님은 코스그로브의 눈높이에 맞추어 "우리는 너를 걱정했다. 어디에 있었니?"라고 말했다. 대답이 없다.

"코스그로브, 우리는 어제 도착한 새로운 퍼즐들을 꺼내려고 해. 너도 해 보겠니?" 대답이 없다. "소방차 모양, 북극곰, 쎄써미 스트릿의 주인공들로 된 퍼즐들이 있어. 뭘 해 보고 싶니?" 여전히 대답이 없다.

"이리 와 보렴, 교실에 들어가자. 내 손을 잡아 봐." 코스그로브는 자신의 손을 선생님 손 위에 얹는다. 몇 분 동안의 설득 끝에 선생님과 유아는 교실로 돌아왔다. 30분 후 코스그로브는 또 사라졌다.

교실을 갑작스럽게 떠나는 이런 패턴이 몇 달 동안 지속되었다. 선생님들은 인내심을 갖고 설득하고 그들의 좌절을 표현하기도 하고 유아와 이야기도 나누었으나 소용없었다. 코스그로브가 처음으로 교실을 떠났을 때 그는 선생님들이 그를 잡으려고 하는 것을 웃고 놀리고 도망가는 재미있는 게임으로 여겼다. 얼마 후 교사들은 이러한 반복된 행동으로 인해 화가 나게 되었고 코스그로브의 반응은 교사들을 향해 토라지는 것으로 바뀌었다. 교사들은 코스그로브를 어찌할 줄 몰라 난감해했다.

행동 진술

유아는 타당한 이유 없이 자주 교실을 떠난다.

행동 관찰

부적절한 시기에 언제 왜 유아가 교실을 떠나는지 더 정확한 아이디어를 얻기 위해 이 행동을 비형식적으로 관찰하는 데 시간을 보내라.

1) 언제 교실을 떠나는가?

- 아무 때나
- 교실에 들어왔을 때
- 오후에
- 특정 활동이나 일상적 일과 전에
- 활동 시간에
- 자유선택 활동 중에
- 전이 시간에

2) 유아가 교실을 떠나기 전에 무슨 일이 생기는가?

- 활동에 참여하지 않는다.
- 고립된 놀이에 참여한다.
- 다른 유아나 친구 그룹과 논다.
- 활동이 싫은 것을 말로 표현현다.
- 교사나 다른 유아에 의해 "안 돼!"라는 말을 들었다.
- 목적 없이 교실을 배회한다.
- 다른 유아와 싸운다.
- 과제를 수행할 수 없다.
- 부모를 찾으며 운다.

3) 교실을 떠날 때 무슨 행동을 하는가?

- 성인이 관찰하는가 둘러본다.
- 자신이 나갈 것이라고 선포한다.
- 다른 유아들도 함께 나가자고 동요한다.
- 교실로 돌아오라고 했을 때 화를 낸다.
- 교실로 돌아오라고 하면 웃는다.
- 성인이 교실로 데리고 들어오려고 하면 도망다닌다.
- 자기 스스로 교실로 돌아온다.

4) 교실을 나가면 어디로 가는가?

- 문 앞에 머문다.
- 교실 가까운 곳 어딘가에 있다.
- 부엌으로 간다.
- 놀이터로 간다.
- 유아교육기관 건물을 떠난다.
- 길로 나간다.
- 집을 향해서 걸어간다.
- 특정 방향으로 향한다(가까운 공원이나 가게).

이 행동을 소거하는 일에 도움을 얻기 위해 위의 정보들을 이용하라.

가족과의 협의

교실을 떠나는 유아는 가족에게 걱정이 될 수밖에 없는데, 그것은 유아가 유아교육기관을 떠나 배회할 수 있는 여러 가지 가능성이 있기 때문이다. 따라서 교사가 관찰을 통해 정보를 모은 후에는 염려에 대해 가족과 즉각적으로 이야기해야 한다. 다른 상황에서도 돌아다니는 습관이 있는가, 있다면 가족이 이러한 행동을 어떻게 다루는지 알아내라. 유아교육기관에서만 발생하는 일이라면 그 원인과 이 행동을 방지하기 위한 전략에 아이디어를 모으라. 일단 이 행동을 줄이는 과정을 시작했다면, 유아가 배회하지 않고 교실에 머물도록 하는 교사의 목표를 향한 진보를 가족에게 자주 알리라.

적용점 찾기

교실 밖을 배회하는 유아는 두 가지 이유 중 하나로 그럴 가능성이 높다. 유아가 진심으로 어딘가에 가기 원하는 것이든지 아니면 자주 교실을 떠남으로써 관심을 얻기 위해서일 것이다. 만약 유아가 다른 곳에 있기를 원한다면 상황에 대한 유아의 불쾌감을 치료하는 것이 중요하다. 이 장의 초점은 후자인 '관심 집중' 이다. 관심 끄는 행동을 통해 유아는 자신이 교실을 떠날 때 어른들이 관심을 보인다는 것을 배웠다.

유아교사들은 부모의 부재 시 유아들을 돌볼 책임이 있다. 유아가 눈에서 사라진 어느 상황에서건 예상하지 않은 일이 벌어질 수 있는 위험이 있다. 따라서 유아가 교실을 떠났을 때 성인들은 신속하게 대처한다. 유아는 가능한 한 빨리 교실로 인도되어 돌아온다. 이것 자체가 행동을 강화하는 것이다. 유아가 교실을 떠남으로써 관심을 끌려고 하는 때마다 따라가기, 추격하기, 대화하기, 설득하기, 유아를 데리고 오기 등을 통한 관심을 보임으로써 호의를 보인다. 행동을 제거하지 못하고 강화만 하는 나쁜 악습관이 형성된다.

대안 찾기

유아의 행동을 바꾸기 위한 결정을 내리기 전에 몇 가지 간단한 변화가 문제를 해결할 수는 있는가 생각하라. 다음의 제안들을 주의 깊게 고려하라.

- 유아는 단지 문이 열려 있기 때문에 교실을 나가는 것일 수 있다. 문을 닫아 두는 것이 이 상황을 해결할 것이다.
- 유아는 교실에 있기를 원하지 않기 때문에 교실을 떠나려고 할 수 있다. 만약 그렇다면, 유아가 다른 경우에 어려움에 대한 사인을 보일 것이다. 예를 들면, 유아교육기관에 다니는 것이 처음인 유아는 유아교육기관에 오는 것을 원하지 않을 것이다. 부모가 교실을 떠난 것을 알고 자신도 같은 방법으로 나가려고 시도할 것이다.

- 유아교육기관이 자신에게 도전이 될 만한 활동과 자료를 제공하지 않는다면 유아는 자신을 바쁘게 만들어 주는 더 나은 방법을 찾으려고 할 것이다. 교실 이탈은 모험 또는 더 신나는 일을 상징할 것이다. 유아의 능력과 흥미에 적절한지 확인하기 위해 교실의 배열과 내용을 주의 깊게 살피라. 새로운 더욱 자극적인 활동을 교과과정에 넣어 소개하라. 만약 유아가 교실에서 충분한 흥미를 찾는다면 다른 곳으로 관심을 돌리지 않을 것이다.
- 외투나 개인 사물이 교실 밖 복도나 출입구에 보관된다면 유아는 교실을 떠날 수 있다. 사물함에 있는 외투, 스웨터, 담요 또는 다른 물품들이 유아가 자주 떠나게 되는 원인이 될 수 있는데, 유아가 그 물건이 없으면 불안함을 느낄 때 특별히 그러하다. 이러한 경우 유아에게 안정감을 주는 물품을 교실 안에 보관하도록 허용하라. 유아가 안정감을 더 이상 필요로 하지 않게 되면 물건들은 다시 사물함에 보관한다.
- 유아는 호기심 때문에 교실을 떠날 수 있다. 유아의 호기심은 질문을 통해서 나타날 수 있다. 유아교육기관 건물과 주변을 돌아보는 것을 계획하라. 이러한 경험은 관련 활동을 풍성하게 하는 가능성과 유아의 호기심 충족을 제공해야 한다.

만약 위의 제안들 중 어느 것도 문제에 대한 해결을 제안하지 못한다면 다음의 구체적인 프로그램을 지속하라.

목표 진술

적절한 시간 외에 교실을 떠나는 것을 멈춘다.

절차

이 행동을 바꾸기 위한 기본적 전략은 다음의 동시적인 절차를 포함한다.

- 교실 환경을 재배열하고 교실에 머물도록 도와주는 활동들을 계획하라.
- 가능한 언제든지 교실을 떠나는 것을 예방하라.
- 교실 내에서 활동에 참여하는 것을 칭찬하라.
- 합법적으로 교실을 떠날 기회를 제공하라.

- 가능하다면 적절한 시간 외에 교실을 떠나는 것을 무시하라.

행동 정의

교실 떠나기는 합법적인 이유 없이 교실을 나가는 경우들을 포함한다. 그러한 행동이 반복되고 자주 일어난다.

출발점

유아가 이 행동을 줄이기 시작했을 때의 진보를 파악하기 위해서 얼마나 자주 교실을 떠나는지를 파악하는 것은 중요하다. 3일 동안 이유 없이 교실을 떠난 횟수를 세라. 유아가 교실을 떠날 때마다 관찰지에 기록하라. 하루를 정리하면서 빈도표에 총 횟수를 기록하라.

행동 지도 전략

프로그램의 수행을 시작하라. 모든 교사들이 수행 프로그램을 일관성 있게 따르는 것은 중요하다.

1) 유아가 교실에 머무는 것을 격려하는 교실 환경과 프로그램을 계획한다. 유아에게 교실에 머무르도록 하는 좋은 환경을 제공하라. 교실이 흥미, 도전, 자극을 제공한다면 교실에 머무르는 것이 한결 쉬울 것이다. 다음의 아이디어를 고려하라.

① 교실에서 새로운 흥미를 제공하기 위해 교실 교구장을 재배열하라. 가능하다면, 새로운 영역을 제공하거나 오래된 영역을 새로운 목적으로 바꾸라. 교사는 과학 테이블, 요리 영역, 음악 영역, 감각 영역을 추가할 수 있다. 소꿉놀이 영역을 가상의 공항, 가게, 음식점으로 바꿀 수 있다.

교실을 재배열할 때 예방적인 면도 고려하라. 교사가 문 가까이에 머물 수 있도록 교실을 재배열하라. 문 가장 가까이에 위치한 활동 영역은 흥미를 자아낼 만한 영역이 되어야 한다. 대안적인 아이디어는 문 가까이 테이블을 두고 그곳에 활동을 제시하는 것이다.

② 교실에 배치된 자료들이 유아들에게 흥미로운지 확인하라. 만약 유아교육기관이 자료들을 교체하도록 준비되어 있다면 새로운 자료들을 소개하라. 교실의 자료들은 유아의 능력에 적합해야 하고 모든 유아들을 위해 충분해야 한다. 또한 보관 공간을 확보할 것을 잊지 말라. 교실 자료들은 매력적으로 진열되어야 하고, 깔끔해야 하며, 유아들이 쉽게 접근할 수 있어야 한다.

③ 다른 활동을 계획할 시간이기도 하다. 교과과정 계획에 상상력이 빠지는 것은 쉽다. 새로운 아이디어를 위해 많은 유아교육기관 활동집을 모으라. 그러면 교사와 유아는 새로운 아이디어와 함께 유아교육기관에서의 새로운 흥미를 느낄 것이다.

④ 일과 또한 변화되어야 한다. 활동의 순서를 재배열하라. 시간 단위를 길게 하거나 줄이라. 활동을 추가하거나 빼라. 유아교육기관에 들어온 이후 유아들이 변했음을 고려하라. 유아들은 자랐고 많은 것을 배우고 경험했다.

이러한 제안들은 모든 교직원에 의해 토론되어야 한다. 교직원은 단지 몇 주간 존재하는 교실을 위해 존재하는 사람들이 아니다. 그들은 2~3개월 또는 그 이상 동일했던 교실 배열, 자료, 교과과정, 일과에 가능한 변화를 제공하고자 할 것이다. 정기적인 변화는 자극적일 수 있지만 너무 잦은 그리고 너무 빠른 변화는 혼란을 줄 수 있다.

2) 가능한 언제든지 유아가 교실을 떠나는 것을 방지하라. 예방책이 효과 있도록 하기 위해 몇 가지가 실행될 수 있다. 주의 깊은 경계가 잘 수행되면 유아가 아무 때나 교실을 떠나는 것을 막는 것이 가능하다.

① 교실 문을 닫아 놓으라. 이러한 방법으로 교사는 교실과 교실 밖 사이에 장애물을 두게 되는데, 이는 유아가 교실 밖으로 나가려는 것을 방지하게 될 것이다.

② 유아가 교실을 나가는 것을 알려주는 신호를 만들라. 문의 꼭대기에 종이나 다른 신호물을 달라. 누군가 문을 열면 벨이 울릴 것이다. 문이 닫혀 있어야 할 때 벨소리가 울린다면 재빠르게 확인하는 것이 쉽다.*

---

* 인지적 결함을 가진 유아는 학급의 안전 규칙을 이해하지 못할 수도 있다. 종소리와 같은 청각적 단서가 이러한 유아를 위해 도움이 될 것이다.

③ 구조화된 그리고 비구조화된 활동 동안 성인이 문 옆에 있어야 한다. 교사는 두 가지 역할을 하게 될 것이다. 교실에서 일어나는 활동에 개입하는 것과 종종 교실을 떠나는 유아를 위한 감시를 하게 될 것이다.

④ 교사는 비형식적 관찰을 통해 언제 나가는지 또한 나가기 전에 어떤 일이 있는지 알고 있어야 한다. 그러한 단서를 주의 깊게 살피라. 만약 유아가 교실을 나가기 전에 목적 없이 교실을 배회한다면 활동에 개입하도록 도와주라. 만약 유아가 화나거나 좌절한 다음에 나간다면 그러한 감정들을 좀 더 효과적으로 다루도록 도와주라.

⑤ 만약 유아가 이미 문 앞에서 나가려고 한다면 중지시켜라. 당신의 손으로 유아를 감싸고 문을 닫고 교실로 향하여 들어가도록 하라. 당신은 유아가 활동을 선택하기를 원한다고 말하라. 한 가지 활동에 참여하도록 도와주라. 만약 유아가 갈등한다면 차분해질 때까지 부드럽게 그러나 꼭 잡고 있으라. 이 상황을 길게 이야기하지는 말라. "너는 나갈 수 없어." 라고 간단하게 말하라.

⑥ 만약 유아가 그룹 시간에 나간다면 다른 시도가 필요할 것이다. 또 한 명의 교사가 그룹 시간 동안 유아와 함께 앉아야 한다. 유아는 교사의 무릎에 앉거나 옆에 앉을 수 있다. 만약 유아가 나가려고 하면, 교사는 이 갈등이 멈출 때까지 유아를 부드럽지만 꼭 잡아서 나가는 것을 제지시켜야 한다.

3) 교실 활동에 참여하면 칭찬해 주라. 이 프로그램의 목적은 유아로 하여금 교실에 머무르고 건설적으로 활동에 참여하는 것이다. 유아가 그렇게 할 때 선생님이 기쁘다는 것을 알게 하라. 언어적 칭찬, 미소, 두드려 주기, 안아 주기를 통해 유아를 자주 강화하라. 유아가 교실을 떠나는 일이 줄어들면 학급에 있는 다른 유아들과 같은 비율로 칭찬하는 수준까지 강화의 양을 점차적으로 줄여 가라.

4) 정당하게 교실을 떠날 기회를 주라. 유아로 하여금 교실을 떠나는 합리적인 원인이 있을 때도 교사의 승인을 받아야 함을 알게 하라. 유아가 사무실이나 다른 반으로 심부름을 갈 수 있다. 메시지를 전달하는 책임은 유아가 중요하고 신뢰받고 있다고 느끼도록 돕는다. 일단 유아가 교실을 떠나려고 시도한 후 최소한 한 시간 이상은 심부름으로 보내면 안 된다. 단, 이러한 책임은 유아가 교실에 잘 머물고 건설적으로 참여할 때 주어져야

한다.

유아를 심부름 보낼 수 있는지는 시설에 달려 있다. 유아교육기관 건물이나 주변 환경이 그런 활동을 하기에 적절하고 안전한지 확인하라. 학급 유아의 연령을 고려하라. 2세아와 어린 3세아는 교실 밖에 혼자 보내져서는 안 된다. 연령이 높은 유아들은 이러한 책임을 좋아하고 신뢰받을 수 있다.

정당하게 교실을 떠나는 다른 방법은 계획된 학급 활동을 통해서이다. 다른 교실 방문, 유아교육기관 건물 주변 걷기 또는 정기적으로 주방을 방문할 수 있다.

5) 가능하다면, 아무 때나 떠나는 것을 무시하라. 교사의 예방책은 행동을 제거하거나 낮추어야 한다. 종종, 유아는 여전히 교실을 떠날 수 있다. 시설에 따라 두 가지 선택사항이 있다.

① 가능하다면 유아의 행동을 무시하라. 유아는 교실을 떠난 후 제공되는 관심을 원한다. 관심이 적을수록 더 좋다. 이런 행동을 무시하기 위해서 미리 안전 예방책을 준비하라. 유아는 유아교육기관 건물을 떠날 수 없어야 한다. 건물 내의 다른 성인들은 유아가 교실에서 나오면 눈여겨 지켜보아야 한다. 다른 학급의 교사들, 사무원, 주방 아주머니에게 이 상황을 경계하고 유아에게 관심을 주지 않고 주의 깊게 지켜볼 것을 부탁해야 한다. 결국 유아는 교실로 돌아올 것이다. 이 시점에서 유아가 나갔던 사실에 대해 언급하지 않는다. 유아에게 어떤 활동에 참여할 수 있는지 말하고 몇 분 후 참여하는 것에 대해 칭찬하라.

② 안전의 이유 때문에 유아가 교실을 떠날 수 없다면 예방책을 두 배로 강화하라. 종종 유아가 교실을 떠나면 따라가라. 최소의 소란과 관심을 유아에게 주라. 교실로 데리고 오면서 눈맞춤조차 하지 마라. 교실에 가면 "네가 밖에 혼자 있는 것은 안전하지 않기 때문에 교실을 나가서는 안 된다."라고 말하라. 유아가 버둥거리면 온화하지만 세게 잡으라. 유아가 참여할 활동을 찾도록 돕고 개입한 후에 칭찬하라.

6) 기록을 유지하라. 매일 유아가 교실을 떠나려고 시도한 횟수뿐 아니라 실제 떠난 횟수를 기록하라. 떠나려는 시도가 어떻게 나타나는지 파악해서 모든 교사가 그 의미에 동의

하도록 하라. 한 예는, 유아가 문을 열려고 시도하는 것이 될 수 있다. 예방책이 실제 떠남을 없애거나 거의 없애도록 해야 하기에 숫자 세기에 떠나려는 시도를 포함하는 것은 필수다. 유아가 자발적으로 교실에 남아 있을 때까지는 목적을 달성한 것이 아니다. 유아가 실제로 교실을 떠난 사건만 기록하는 것은 행동의 정확한 그림을 제공하지는 않는다. 초기의 셈 후에 수직선을 그리고 매일의 셈을 다음과 같이 기록하라.

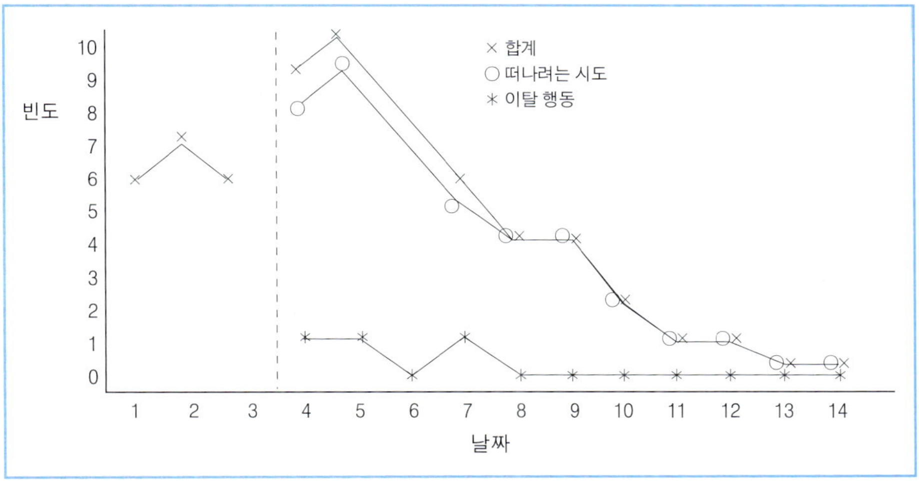

실제로 교실을 떠나는 일이 몇 차례 있을 것이다. 만약 많이 발생한다면 예방책을 간구하라. 여러 날 동안 총합계가 0에 가까우면 이러한 접근은 성공적으로 간주되고 중단될 수 있다.

변화 유지

교실 활동 참여를 지속적으로 칭찬하라. 또한 유아를 자극하는 교실 환경임을 확인하도록 환경의 모든 측면을 지속적으로 평가하라. 일단 유아가 유아교육기관에 관심을 갖게 되면 더 이상 교실을 떠날 필요를 느끼지 않는다.

제 16 장

교실에서 이유 없이 뛰어다니는 행동

활동 시간이다. 교사는 몇 가지 활동을 준비해서 소개한다. 유아들은 참여하기 원하는 영역을 선택한다. 3세아 실비아Sylvia는 그림을 그리는 이젤로 간다. 물감에 적신 붓을 들고 종이의 중앙에 세로 선을 그었다. 다른 종이에 유사한 선을 그어 물감이 종이와 바닥에 떨어지게 하였다. 붓을 물감통에 집어 넣고 물감놀이용 앞치마를 흔들며 "다 했어요, 선생님!"이라고 소리쳤다.

실비아는 블록 영역으로 가서 몇 초 동안 지켜보다 몇 명의 유아들이 놀고 있는 조작놀이로 갔다. 퍼즐을 꺼내 쏟은 후 걷는다. 교실을 한 바퀴 둘러본 후 화장실로 뛴다. 급히 뛰어나와 미술 영역으로 재빨리 돌아간다. 몇 초 후에 실비아는 교실을 뛰어다니며 친구들을 분산시키고, 놀이를 방해하고, 지미Jimmy가 열심히 만든 블록 탑을 넘어뜨린다.

앤더슨Mrs. Anderson 선생님은 한숨을 짓는다. 이는 실비아가 교실을 목적 없이 뛰어다니는 일상적인 날이다. 교사는 실비아를 잡아 "뛰어다니는 것을 멈춰, 실비아. 네 할 일을 찾아야지."라고 말했다. 실비아는 미소를 짓고 블록 영역으로 걸어갔다. 30초 만에 또다시 뛰어다니기 시작한다. 교사가 멈추라고 말했음에도 불구하고 몇 초 후 다시 뛰기 시작한다.

세 번째는 고메즈Mr. Gomez 선생님이 실비아의 팔을 잡고 저지시키며 "이리 와 실비아, 네가 할 일을 찾아보자."라고 말했다. 교사는 실비아를 손으로 잡고 모래놀이 탁자로 데려갔다. 고메즈 선생님은 여러 가지 도구를 모아 실비아 옆에 몇 분 동안 서서 그녀가 노는 것을 지켜보며 대화를 했다. 그리고는 모래 영역에서 떠났다. 몇 분 후 실비아는 또다시 뛴다. 교사들은 화가 났다. 교사들의 노력에도 불구하고 실비아의 행동은 지속되었다.

행동 진술

유아가 계획된 활동에 개입하기보다 교실을 무의미하게 돌아다니며 뛴다.

행동 관찰

행동에 대한 통찰력을 얻기 위해 며칠 동안 유아를 관찰하라.

1) 언제 행동이 발생하는가?

- 계획된 활동 중에
- 자유선택 활동 중에
- 그룹 시간 중에
- 정리 시간에
- 전이 시간에

2) 무엇이 행동을 유발하는가?

- 유아가 활동을 마친다.
- 유아가 특정 친구와 논다.
- 다른 유아들이 이 유아를 놀이에 끼워 주지 않는다.
- 과제를 완성할 수 없다.
- 교사가 무언가를 하라고 지시한다.
- 유아가 계획된 활동을 싫어한다고 표현한다.
- 유아가 도움이나 관심을 요청할 때 교사가 유아에게 주의를 기울이지 않는다.

3) 유아가 행동할 때 무슨 일이 일어나는가?

- 성인이 쳐다보는가 둘러본다.
- 교실을 돌아다닐 때 성인이 보기에 옳은 방법으로 뛴다.
- 다른 유아들도 함께 뛰도록 동요한다.
- 교실 안의 여러 영역에서 가끔 뛴다.
- 교실에서 뛰면서 소음을 만든다.
- 활동에 흥미를 보이도록 유도하는 교사에게 반응한다.

이러한 사전 관찰은 유아가 언제 어떤 환경에서 교실을 무의미하게 뛰어다니는지에 관한 아이디어를 줄 수 있다. 계획을 수행하기 위해 이 정보를 사용하라.

가족과의 협의

교실에서 뛰는 행동은 주로 유아교육기관 상황에서 일어나기에 가족보다는 교사에게 더 큰 어려움이다. 교사는 아마도 가족을 과도하게 염려하도록 하지 않으면서 행동을 다루려고 할 것이다. 정기적 협의회에서 가족을 만난다면 교실에서 뛰는 행동을 없애려고 한다는 사실과 그렇게 되면 유아교육기관 활동에 더욱 더 열심히 참여할 수 있음을 언급할 수 있다. 그러한 경우 가족에게 목표를 향한 진보를 지속적으로 알리라.

적용점 찾기

방해하는 행동은 일반적으로 관심을 얻기 위해 유발된다. 교실을 이유 없이 뛰어다니는 등의 방해에 개입된 유아는 "야! 나를 봐!"라고 말한다. 유아는 자신이 필요한 만큼 성인의 관심을 얻지 못함을 발견한다. 유아는 아마도 적절한 행동에 대해 충분한 보상을 얻지 못한다. 유아는 또한 자신이 방해할 때 관심을 얻고 있음을 발견한다. 유아가 교실에서 뛰자마자 교사는 유아에게 말을 걸고, 멈추도록 시도하고, 비난하고, 활동에 흥미를 주려고 시도한다. 교실에서 뛰는 것이 성인의 관심을 얻는다. 만일 관심이 재빨리 충분하게 주어지지 않으면, 유아는 성인으로부터의 반응을 얻기 위해 행동을 증가시킨다. 교사는 기대된 강화를 제공할 것이고 자기 파괴적인 패턴을 유도한다. 교사가 교실을 이유 없이 뛰어다니는 행동을 멈추게 하려고 시도할수록 유아는 이 행동을 함으로써 더 많은 강화를 받는다. 교사의 비형식적 관찰은 또 다른 결론을 내릴 수 있다. 유아가 짧은 집중 시간을 가졌다면 일정 시간 활동에 머무를 수 없다. 만약 그렇다면 35장을 보라. 본 장은 관심을 얻기 위해 교실을 뛰어다니는 행동을 다룬다.

대안 찾기

방해하는 행동은 종종 교실 환경에 대한 반응임을 알아야 한다. 유아 행동의 변화를 수행하기 전에 가능한 문제들을 위해 유아교육기관을 주의 깊게 조사하라.

- 교실 배열에 대해 예리한 관찰을 하라. 배열은 교실의 모양과 크기와 교구장 등 장비에 의해 달라진다. 배열은 유아의 연령, 총 인원, 흥미, 특별한 필요를 반영해야 한다. 서투르게 구분된 흥미 영역은 구분된 활동의 개입에 도움이 되지 못하며 자주 방해받게 한다. 모든 교직원은 교실의 배열 토론에 참여해야 한다.
- 교실을 뛰어다니는 것과 같은 파괴적인 행동의 또 다른 원인은 이용 가능한 활동과 자료의 부족일 수 있다. 유아는 활동이 너무 어려우면 좌절될 수 있다. 활동이 너무 간단하면 지루하게 되고 충분한 자료가 없으면 좌절하게 될 것이다. 유아는 방해를 통

해 자신 스스로의 즐거움을 창조하는 것이다. 유아의 발달 수준, 필요, 흥미와 관련해 교실에 무엇이 있는지 주의 깊게 조사하라. 만약 환경 내에서 한 명의 유아가 방해한다면 다른 학습이 그 유아에게 더 적절한지를 고려하라.*

교실 환경의 측면들이 문제를 유발하는 것 같지 않다면, 다음의 프로그램을 지속하라.

목표 진술

유아를 위한 목표는 교실을 이유 없이 뛰어다니는 것을 막고 대신에 계획된 활동에 참여하는 것이다.

절차

교실에서 이유 없이 뛰어다니는 행동을 없애는 기초 전략은 세 가지를 동시에 단계적으로 실시하라.

- 가능한 그러한 행동을 제재하는 교실 환경으로 배열하라.
- 유아가 건설적으로 활동에 참여하는 모든 경우를 강화하라.
- 뛰어다는 것을 무시하라.

행동 정의

교실을 이유 없이 뛰어다님은 게임이나 활동에 참여하는 대신 특정한 목적 없이 무의미하게 교실을 뛰어다니는 모든 경우를 포함한다.

출발점

교실을 이유 없이 뛰어다니는 행동이 평균 얼마나 자주 발생하는지 알기 위해 3일 이상

* 다른 유아들과 발달 수준이 다른 유아가 교실에 통합되었을 때, 그 유아의 흥미 수준에 맞는 활동과 자료들이 있는지 확인하라.

관찰하여 계수하라. 만약 행동이 하루 종일이 아닌 특정 시간에만 발생한다면 그 시간에 세도록 하라. 다른 날에도 일관성 있게 그 시간만 계산하라. 이유 없이 뛰는 행동이 발생하면 관찰지에 표시한다. 하루를 정리하면서 빈도표에 숫자를 기록하라. 변화 수행에 앞선 3일간의 기록은 프로그램을 시작한 후의 진보를 비교할 기초 자료를 제시할 것이다.

행동 지도 전략

사전 3일의 관찰 후에 다음의 프로그램 사용을 시작하라. 변화를 위한 일관성을 제공하기 위해 모든 교사들이 항상 다음의 절차를 따라야 한다.

1) 뛰는 행동을 제재하도록 교실을 재배열하라. 모든 교사는 더욱 효과적으로 교실을 배열하기 위한 아이디어를 모으는 모임에 참여해야 한다. 목적은 교실의 곧고 방해물이 없는 직선을 제거함으로써 뛰는 행동을 제재하는 것이다. 출입구를 막거나 통로에 작은 사물들을 두지 말고 교구장이나 효과적인 공간 분리대를 사용하라.

아래의 두 가지 예는 같은 교실에서 다르게 배열된 비품들을 보여준다. 교실 A는 뛰어다니는 것이 가능하도록 개방형으로 배열되어 있다. 비록 교구장들이 흥미 영역으로 그룹 지어지기는 했지만 교구장들을 둘러싼 공간들의 경계가 명확하지 않다. 다른 영역에서 노는 유아들은 친구들의 영역에 쉽게 들어가곤 한다. 이러한 문제점들이 교실 B에서는 해결되었다. 교구장 배열을 위해 교실의 변두리만이 아닌 모든 공간들을 이용했기 때문에 뛰어다닐 수 있는 많은 영역들이 제거되었다. 흥미 영역들이 구분되었다. 각각의 교구장 배열이 내포된 공간을 구분한다. 유아들은 외부의 방해 없이 놀 수 있다.

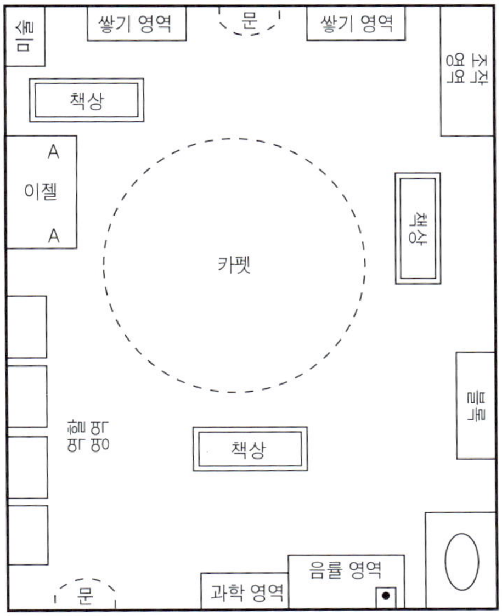

교실 A

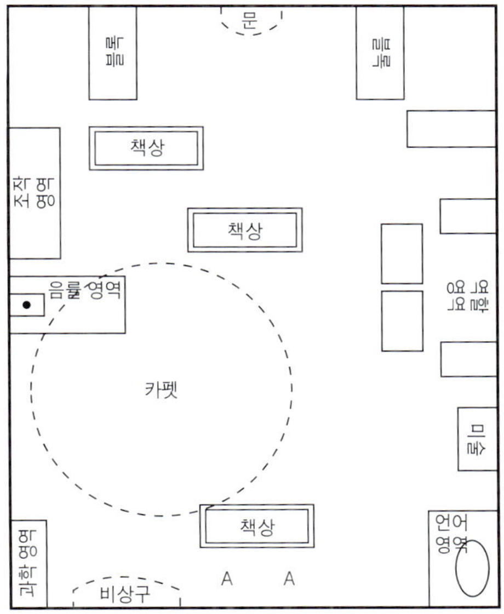

교실 B

만약 학급의 유아가 건설적인 활동에 개입하기보다 이유 없이 뛰어다니는 데 많은 시간을 소모한다면 먼저 교실을 주의 깊게 관찰하라. 교사가 원하는 행동을 가장 잘 촉진시키도록 재배열하라. 일단 공간 변화를 시도한 후에, 교실을 평가하는 것과 적절한 변화를 이루는 것을 지속하라. 교실을 배열하는 한 가지 옳은 방법이 있는 것은 아니지만 어떤 배열은 다른 방법보다 더 낫다.

2) 활동에 건설적으로 참여하는 것을 강화하라. 교사는 유아가 이유 없이 뛰어다니는 행동을 계획된 또는 자유선택 활동으로의 건설적인 참여로 바꾸기를 원한다. 그런 행동이 발생할 때 강화하라. 유아가 건설적으로 참여할 때마다 교사가 기뻐한다는 것을 말하라. 유아의 사회화, 놀이, 기술, 결과물 그리고 적절한 무엇이든 칭찬하라. 그 효과를 최대화하기 위해 그러한 강화의 시기를 맞추라.

① 먼저, 유아가 건설적인 활동에 개입하는 것을 볼 때마다 칭찬하라. 만약 유아가 활동에 지속적으로 머문다면 2분마다 한 번 정도 강화하라.

② 유아가 이유 없이 뛰어다님을 줄이고 활동 참여를 늘여 감에 따라 칭찬의 빈도를 차

츰 줄이라.

③ 결과적으로 유아의 행동이 목적에 이를 때 강화를 없애라. 학급의 다른 유아들을 칭찬하는 것과 같은 빈도로 이 유아를 칭찬하라.

3) 유아가 교실을 뛰어다닌다면 무시하라. 유아가 교실을 뛰어다닐 때 그 행동이 교실의 기능을 방해하므로 무시하기란 쉽지 않다. 그러나 모든 교사들이 이 행동을 무시하는 것은 중요하다. 처음 며칠 동안 이 행동은 평상시보다도 더 격렬할 수 있다. 유아는 평소와 같이 성인의 반응을 기다릴 것이다. 유아가 이유 없이 뛰어다니는 행동이 강화되지 않음을 발견한 후, 그러한 행동은 재빨리 사라질 것이다.

4) 행동의 기록을 지속하라. 매일 발생하는 뛰기 행동의 횟수를 지속적으로 그래프에 기록하라. 사전 관찰 3일 동안과 동일한 기간 동안 정보를 수집하라. 이 그래프는 긍정적 행동의 강화를 언제 줄일 필요가 있는가에 관한 정보를 제시한다.

변화 유지

뛰어다니는 문제가 해결된 이후라도 모든 유아의 행동에 근거하여 교실 배열을 지속적으로 재평가하라. 교사가 적절한 행동에 고마워하고 있음을 정기적으로 알게 하라. 이러한 측정은 앞으로 무의미하게 뛰어다니는 행동을 예방해야 한다. 유아는 그러한 행동에 대해 더 이상의 관심 집중이 없음을 깨닫게 될 것이다.

제 17 장

교실에서 소리 지르는 행동

찌르는 듯한 외침 소리는 4세아 교실의 일반 소음 수준을 뛰어넘고 있다. 다른 두 명의 교사가 소음과 찡그린 얼굴의 원인을 바라보는 동안, 한 명의 교사가 "소리 지르지 말거라, 찰스Charles!"라고 말했다. 찰스는 선생님들에게 미소를 지은 후 놀이를 지속했다. 몇 분 후 찰스는 타잔 소리를 내었고 잠시 후 귀가 찢어지는 듯한 비명을 질렀다.

"그만 해, 찰스!" "찰스, 너는 모든 사람을 방해하는구나!"와 같은 말들은 성인들의 한숨, 귀를 막는 행동, 비난하는 얼굴과 함께 나타난다. 다른 또래 유아들에 비해 작지만 똑똑하고 말을 잘하는 찰스는 두 달 전 유아교육기관이 개원한 이래로 소음으로 방해를 해 왔다. 이러한 행동은 주로 실내에서, 활동 시간, 이야기 시간, 노래 시간, 토론 시간에 발생했다. 교사들은 교실의 조용한 활동을 방해하는 찰스의 훼방에 지장을 받고 있다.

행동 진술

유아는 아무 때나 유아교육기관에서 필요 이상의 큰 소리를 낸다.

행동 관찰

행동에 대한 통찰력을 얻기 위해 유아를 비형식적으로 관찰할 시간을 가지라.

1) 언제 이런 행동이 일어나는가?

- 아무 때나
- 조용히 있기를 요구받을 때 언제든지
- 바깥놀이 중에
- 실내놀이 때
- 자유선택 활동 중에
- 활동 시간에
- 그룹 활동 중에
- 낮잠 시간 또는 쉬는 시간
- 전이 시간

2) 무엇이 행동과 관계 있는가?

- 교실이 조용하다.
- 교실의 소음도가 높다.
- 고립된 놀이나 활동에 개입된다.
- 사회적 놀이에 참여한다.
- 자발적 역할 놀이에 참여한다.
- 그룹 활동 중 다른 유아들이 말을 한다.
- 특정 유아나 그룹과 논다.
- 특정 과제를 하라고 요구받는다.

3) 유아가 소리 지를 때 무슨 일이 발생하는가?

- 어른이 반응하는가 보기 위해 두리번거린다.
- 유아가 소음을 한 번 이상 반복한다.
- 유아가 화난 것 같다.
- 웃는다.
- 다른 친구들도 같이 하라고 동요한다.
- 어른이 꾸짖을 때 화를 낸다.
- 성인의 반응에 신경 쓰지 않는 듯 보인다.

교사는 이제 유아가 교실 내에서 불필요하게 만드는 소음 환경에 대해 아이디어를 가져야 한다. 문제에 대한 결론을 찾기 위해 이러한 정보를 이용하라.

가족과의 협의

커다란 고함과 소음은 유아교육기관에서 교사들에게와 마찬가지로 가정의 가족들에게 큰 걱정일 것이다. 일단 유아의 행동을 더 주의 깊게 관찰할 기회를 가진 후 이 문제를 상의하기 위해서 가족을 만나라. 당신의 목적이 유아가 유아교육기관 활동에 더 잘 참여하도록 하는 것임을 강조하라. 만약 유아가 집에서도 예상치 않은 필요 없는 소음을 만든다면 어떠한 상황에서 그러한 행동이 발생하는지 찾으라. 가족이 어떻게 대처하는지 이야기하고 그것을 제거하기 위한 교사의 아이디어를 나누라. 행동을 변화하기 위한 프로그램 수행을 시작했다면 진보를 알리기 위해 가족과 대화를 지속하라.

적용점 찾기

과거 어느 시점에 유아는 성인들이 큰 소음에 매우 빨리 반응하는 것을 알아냈을 것이다. 유아에 의한 소음이 더 크고 날카로울수록 반응은 더 컸을 것이다. 성인으로부터의 그러한 반응은 행동을 강화할 뿐이다. 유아가 소리 지르면 교사는 반응한다. 다음 기회에 성인의 반응을 원하는 유아는 소리 지르고 교사는 반응하고, 따라서 이 악순환이 지속된다. 교실에서 정상적 음량 이상의 소음은 방해가 되기에 교사는 그 일이 발생할 때 재빨리 반응할 수 밖에 없다. 교사가 소리 지름을 강화하고 성인이 반응을 보이는 한 이 행동은 지속된다.

대안 찾기

필요 이상으로 소리치는 유아를 다루는 간단한 해결책이 있을 것이다. 다음의 제안들을 주의 깊게 고려하라.

- 교사의 기대들이 유아의 연령과 발달 수준에 적합한지 점검하라. 유아들에게 매우 조용하게 있을 것을 기대해서는 안 된다. 그들은 활력이 넘치고 놀이에 적합한 소음 만드는 것을 즐긴다. 능동적이고 생산적인 유아교육 교실은 항상 조용하지는 않다는 것을 기억하라.
- 다른 유아들보다 목소리가 커서 "목소리를 낮춰라."라고 반복적으로 요구받는 유아가 있을 수 있다. 이 유아는 소음을 만드는 것이 주목 받는 좋은 방법이라고 결론 내린 것이다. 그러한 경우 잘못된 성인의 기대가 부적절한 행동으로 이끈다. 소리침을 제거하도록 노력하지만 유아가 원래 목소리가 큼을 기억하라.
- 자주 큰 소리를 내는 유아는 청각 문제가 있을 수 있다. 유아는 듣는 데 어려움을 유발하고 청각 실조를 만들어 내는 청각장애 감염에 걸리기 쉽다. 이러한 가능성을 조심성 있게 고려하라. 유아는 단순히 자신이 들을 수 있음을 재확인하기 위해서 소음을 만드는 것일 수 있다. 청각 이상이 의심된다면 청각 검사를 해 보라. 유아 뒤에서 다양한 소리를 내고 그 반응을 지켜보라. 만약 검사 결과가 교사가 의심하는 증상을 확신시켜 준다면 부모에게 청각 검사할 것을 요청하라.*

---

* 종종 반복되는 청각 감염 때문에 많은 유아들은 청각 손실을 가질 수 있다. 이러한 가능성에 민감하라.

- 일과가 유아들을 너무 구속하지 않는지 점검하라. 유아들은 소리 지르기 등의 방해하는 방법을 통해 과도하게 구조화된 상황에 반응할 수 있다. 교사는 유아가 선택한 활동이 아니라 교사 주도의 활동에 너무 오랜 시간을 조용히 앉아 있는 것을 요구했는지도 모른다. 만약 그런 경우라면 일과 시간을 재조정하라. 조용하고 활동적인 시간을 균형 있게 번갈아 하라. 교사–주도적 활동과 유아–선택한 활동을 번갈아 하라. 그룹 시간의 길이를 적절하게 줄이라.
- 성인의 행동을 평가하라. 교사들이 커다란 목소리로 가르치거나 선언하는가? 유아와 대화하기 위해서 그에게 다가가는 대신 교실 저편에 있을 때 부르는가? 교사에 의해 보여진 모범은 유아의 행동에 중요한 요소가 될 것이다. 교사가 적절한 목소리 크기를 사용하고 있는지 확인하라. 활동 시간이 끝날 무렵 전체 교실에 확성기를 댄 듯 큰 소리로 공지를 하는 것보다는 교사가 그룹마다 다니면서 "정리 시간이다."라고 말하는 것이 더욱 효과적이다.
- 소리 지르는 유아가 교사의 기대를 이해하는지 확인하라. 유아가 밖에서는 원하는 만큼 소리칠 수 있음과 교실에서는 목소리를 줄여야 함을 알도록 설명하라. 만약 유아가 이러한 규칙을 지킬 수 없다면 아래의 전략으로 옮기라.

목표 진술

유아가 교실에서 자신의 목소리를 적절한 수준으로 유지하는 것이다.

절차

방해가 되는 소리 지르기를 제거하는 전략은 다음의 단계를 포함한다.

- 적절한 교실 행동으로 주의를 환기시키라.
- '시끄러운 시간' 을 제공하라.
- 소리 지르는 행동을 무시하라.

행동 정의

소리 지르기는 교실에서 수용될 수 있는 수준 이상으로 유아가 자신의 소리를 높이는 것과 관련된 모든 경우를 포함한다. 소리 지르기에 덧붙여 고함치기, 비명 지르기, 외치기, 다른 방해되는 큰 소리 등이 포함된다.

출발점

행동 변화를 시작하기 전에 3일 동안 일상적인 소리 지르기의 횟수를 세라. 이것이 개선을 비교할 기초 자료를 제공할 것이다. 만약 유아가 특정 시간 대부분 동안 불필요한 소음을 만든다면, 이 시간 동안 소리 지르기 발생 빈도를 세도록 하라. 유아가 소리 지르는 경우들을 매번 기록하기 위해서 체크리스트를 항상 휴대하라. 일과를 정리하면서 빈도 그래프에 합계를 기록하라.

행동 지도 전략

3일 동안 소리 지르는 사건을 기록하면 프로그램을 시작할 준비가 된 것이다. 모든 교사들이 이 프로그램을 동일하게 따르는 것은 중요하다.

1) 적절한 실내 활동을 강화하라. 행동을 제거하려고 시도할 때마다 어떤 행동이 기대되고 가치 있는지 알리는 것은 중요하다. 그러므로, 적절한 행동을 위해 유아를 종종 칭찬하라. 이것은 활동과 사회적 놀이에 참여하는 것과 토론에 기여하는 것뿐 아니라 목소리를 낮추는 것을 포함해야 한다. 우선, 가능한 한 자주 이러한 행동을 강화하라. 나중에 소리 지르는 빈도가 낮아지면 이러한 칭찬도 점차적으로 줄이라. 교실의 다른 유아들에게 제공하는 것과 동일한 비율로 이런 행동을 칭찬하라.

2) 매일 '소음 시간' Noisy Time**을 제공하라.** 소음을 낼 수 있는 적절한 그리고 부적절한 공간을 구분하라. 밖으로 나갈 때 소음 시간이 있음을 교실에서 말하라. 그 시간을 위해 소리 지르는 것을 아끼도록 격려하라. 교사에게 편리한 소음 시간을 디자인하라. 예를 들어, 몇 초 동안 모든 유아들이 가장 큰 소음을 내도록 할 수 있다(교사는 아마도 주변에서 일하

거나 거주하는 사람들에게 미리 예고해야 할지도 모르겠다). 다른 한 가지는 각기 다른 소음을 유아들이 만들도록 순번을 정해 돌아가는 것이다.

소음 시간을 갖는 이유는 소음을 내는 적법한 분출구를 제공하는 것과 소음을 내는 적절한 시간과 공간을 지정하는 것이다. 신선한 느낌으로 유아들은 잠시 이 활동을 즐길 것이다. 유아들이 흥미를 잃으면 교사는 이 활동을 그만둘 수 있다. 이 시점쯤 교실에서 부적절한 소음을 만드는 유아는 그 행동을 상당히 줄이거나 완전히 멈추어야 한다.

3) 소리 지를 때 무시하라. 유아가 소리 지를 때마다 아무렇게나 반응하지 말라. 교실의 모든 성인들이 동일하게 반응하는 것은 중요하다. 유아는 자신이 소리 지를 때마다 성인의 반응을 통해서 상당한 강화를 받는다. 따라서 모든 관심이 줄어들 때 행동이 증가되는 것을 기대하라. 교사는 무시하기 시작한 첫째 날과 둘째 날의 소음을 참아야 한다. 일단 유아가 아무도 관심을 주지 않음을 깨달을 때 그 행동을 재빨리 줄이고 결국 멈출 것이다. 다른 유아들이 소음이 나는 곳으로 교사의 관심을 유도할 것이다. "알고 있어."라고 말하고 다른 것에 관한 대화를 지속하라. 적절한 행동을 한 것에 대해 유아를 칭찬하라. 교사의 메시지를 가능한 한 명료하게 하라. 유아는 수용 가능한 행동에 관심을 얻고 소리 지르는 것은 무시하게 되는 것이다.

4) 행동의 기록을 지속하라. 이러한 전략을 수행하는 가운데 빈도 그래프에 행동을 기록하는 것을 지속하라. 매일 전체 횟수를 기록하라. 아마도 첫째 날이나 두 번째 날은 그 숫자가 늘 것이다. 만약 프로그램이 지속적으로 수행된다면 그 수는 빨리 0까지 떨어질 것이다.

변화 유지

소리 지르기의 비율이 0으로 떨어진 다음에는 프로그램이 성공적이었다고 간주하라. 다른 모든 유아들에게 하듯 간헐적으로 바람직한 행동을 칭찬하라. 만약 다시 소리 지르는 행동이 발생하면 무시하라.

제 18 장

소음을 내기 위해 물건을 떨어뜨리는 행동

꽝! 선생님들과 유아들은 소리가 나는 곳을 쳐다보았다. 5세아 조지George는 소꿉놀이 영역에서 넘어진 나무 냉장고 옆에 서 있다. 그가 단순히 소음을 내기 위해 냉장고를 넘어뜨린 것이 명백하다. 그날 오전 조지는 블록을 모아 선반에 올렸고 선반에 올라가 마룻바닥으로 하나씩 떨어뜨렸다. 두 교사가 조지에게 뛰어갔다. 한 교사는 그를 선반에서 데리고 내려와 바닥에 내려놓았다. 다른 교사는 블록을 정리했다. 교사들은 이 일에 대한 불쾌감을 드러냈다. 이 일이 발생하는 동안 조지는 이 일에 대한 기쁨을 드러냈다. 다시는 이런 일을 하지 말라고 요구받았을 때 고개를 끄덕였다. 교사들은 과거 경험에 비춰 볼 때 조지가 또다시 소음을 만들기 위해 사물을 떨어뜨릴 것을 알기에 좌절하였다.

행동 진술

유아는 소리를 내기 위해 바닥이나 다른 표면에 사물을 고의로 떨어뜨리거나 던진다.

행동 관찰

고의적인 사물 떨어뜨리기가 발생하는 상황에 대한 이해를 갖기 위해 며칠 동안 관찰하라.

1) 언제 이 행동이 주로 발생하는가?
- 아무 때나
- 자유선택 활동 중
- 활동 시간 중
- 구조화된 활동 중
- 이야기나 음악 시간과 같이 듣는 것이 요구되는 활동 중
- 쉬는 시간이나 낮잠 시간처럼 조용한 시간에
- 정리 시간에
- 전이 중에

2) 유아가 사물을 떨어뜨리기 전에 무슨 일이 발생하는가?
- 다른 유아와 놀이에 참여한다.
- 고립되어 혼자 놀이한다.
- 성인이 지켜보는가 두리번거린다.
- 사물을 모은다.
- 다른 유아나 교사가 "안 돼!"라고 말한다.
- 과제를 수행할 수 없다.
- 유아는 조용히 할 것을 요구받는다.

3) 유아가 사물을 떨어뜨릴 때 어떤 일이 일어나는가?
- 사고인 것처럼 가장한다.
- 행동임을 보이려고 한다.
- 자발적으로 물건을 주워 제자리에 놓는다.
- 교사가 요구할 때 물건을 줍는다.
- 물건 줍는 것을 거절한다.
- 교사의 반응에 화를 낸다.
- 무관심을 보인다.

4) 어떤 사물을 떨어뜨리는가?
- 아무것이나
- 같은 사물이나 같은 종류의 사물
- 커다란 물건
- 작은 물건
- 나무, 금속, 플라스틱, 하드보드지로 된 물건
- 부서질 만한 물건
- 부서지지 않을 만한 물건
- 충돌하는 순간 소음을 내는 물건

5) 어디에 물건을 떨어뜨리는가?
- 아무 곳이나
- 시멘트 위에
- 나무 위에
- 타일 위에
- 바닥재인 리놀륨 위에
- 카펫 위에
- 책상이나 선반 위에

이 사전 관찰은 행동에 관한 단서를 제공해야 한다. 사물을 떨어뜨리는 행동을 제거하기 위해 프로그램을 투입할 때 이러한 단서를 사용하라.

가족과의 협의

유아의 행동을 관찰할 기회를 가지면 가족을 만나 교실에서 유아들의 안전 위험을 강조

하면서 염려를 전하라. 가정에서도 물건을 떨어뜨리거나 넘어뜨리는지 가족에게 알아보라. 만약 가정에서도 소음을 만들기 위해 사물을 떨어뜨린다면, 어떠한 전략을 사용했는지 그리고 어떤 방법이 도움이 되는지 가족에게 물어보고 교사의 생각을 나누라. 한 가지 방법을 결정하고 행동이 줄어들면 유아의 진보를 가족에게 알리라.

적용점 찾기

파괴적인 행동을 하는 유아들은 그런 행동이 가져오는 관심 끌기를 즐기기 때문에 일부러 그런 행동을 한다. 소음을 만들어 내기 위해서 고의적으로 사물을 떨어뜨리는 유아도 다름이 없다. 이러한 행동은 여러 가지 이유로 인해 그 발생 지점으로 재빨리 성인을 유인한다. 첫째, 떨어진 사물로부터의 소음은 화나게 한다. 둘째, 비록 유아교육 물품이 견고하게 만들어지기는 하지만 고의적인 떨어뜨림은 손상을 일으킬 수 있다. 마지막으로, 누군가 실수로 상해를 당할 수 있기에 이 행동은 상당히 위험하다. 이러한 이유로 성인들은 재빨리 반응하고 고의로 물건을 떨어뜨린 유아에게 상당한 관심을 갖게 된다. 교사들은 유아에게 강의를 하거나 비난하는 것뿐 아니라 떨어뜨린 것을 집으라고 강요한다. 이 시점에서 유아는 논제를 바꾸어 관심을 지속하려 할 것이다. 유아는 정리하는 것을 거절할 것이다. "맞아, 이 사물들은 네가 치워야 해."라고 말하는 교사와 "아니야, 내가 하지 않을 거야."라고 반응하는 유아 사이의 힘겨루기는 몇 분 더 관심을 연장시킨다. 따라서 유아는 소음을 만들기 위해 사물을 떨어뜨림으로써 만족을 얻을 것이다. 반면 교사는 좌절한다. 이러한 반응은 행동을 제거하기보다는 강화하게 된다.

대안 찾기

다음의 아이디어를 주의 깊게 고려하라. 행동에 대한 해결책을 제공할 수 있을 것이다.

- 유아는 청각 문제를 가지고 있을 것이다. 청각 문제를 가진 유아는 의도적인 소음을 만듦으로써 들을 수 있음을 자신에게 재확인시키려고 할 것이다. 유아 뒤에서 다양한 소리를 만들고 그 반응을 확인함으로써 청각 테스트를 실시하라. 만약 이 과정에서 교사가 염려하는 청각 문제가 확인된다면, 가족에게 이야기해서 유아가 청각 검사를

받도록 권면하라.*

- 유아는 신체적 장애 때문에 물건을 떨어뜨릴 수 있다. 시력의 문제는 유아가 자주 부딪히고 물건을 넘어뜨리는 것을 유발한다. 유사하게, 잘 발달되지 않은 눈과 손의 협응은 일반적인 사고보다 좀 더 자주 사물을 떨어뜨림을 유발한다. 만약 교사가 그런 문제를 의심한다면 가족에게 의학적 검사를 권하라.**
- 교실 환경은 그러한 행동을 유발할 수 있다. 예를 들어, 시끄러운 홍미 영역은 카펫을 깔아야 한다. 블록 영역은 부드러운 바닥재를 깔아야 한다. 극놀이 영역 또한 카펫을 깔아 도움을 받을 것이다.
- 유아의 행동이 극놀이 영역의 교구장 등 커다란 물건을 뒤엎는 것에 집중되어 있다면 이러한 교구장을 재배열하라. 유아가 뒤에 가서 밀지 못하도록 이러한 물건을 벽에 기대어 놓으라. 품목이 다른 교구장, 선반이나 사물함 세트의 뒷면이 서로 마주 보게 할 수 있다.
- 만약 유아가 한 가지 특정 사물을 떨어뜨린다면 교실에서 그 물건을 일시적으로 제거하는 것을 고려하라. 만약 교실의 극놀이 영역에 있는 그릇을 반복적으로 떨어뜨린다면 그릇을 일정 기간 제거하라. 그릇을 빈 깡통 용기, 계산대, 종이 가방 등으로 바꿈으로써 이 영역을 가게로 바꿀 수 있다. 2~3주 후에 제거된 물건을 제자리에 돌려놓는다.
- 유아가 교실 내 다양한 사물과 교구의 목적을 이해하는지 확인하라. 이것들을 어떻게 사용하는지 학습하는 일을 체계적으로 도와주는 것은 물건을 떨어뜨리는 파괴적인 행동을 멈출 수 있다. 만약 유아가 그 사용법을 이해한다면 교구를 더욱 존중할 것이다.

만약 위의 제안 중 어느 것도 문제에 대한 해결책을 제공하지 못한다면 다음의 프로그램을 지속하라.

---

* 많은 유아들은 반복된 귀의 감염으로 청각 손실을 가질 수 있다. 이 가능성에 대해 예민하라.

** 뇌성마비를 가진 유아들은 빈약한 근육 통제를 가지기에 손에서 물건을 자주 떨어뜨린다. 유사하게, 자주 사물에 부딪히는 유아는 약화된 시각적 예민함을 갖거나 또는 약시일 수 있다. 학습장애를 가진 유아는 협응의 문제—예를 들어, 눈과 손의 협응력—를 가지며 부주의하게 부딪치고 떨어뜨릴 것이다. 이러한 행동을 위한 잠재적인 신경생리학적 원인을 제거하도록 하라.

목표 진술

유아를 위한 목표는 소음을 만들기 위해 사물을 떨어뜨리는 것을 멈추는 것이다.

절차

이 목적에 도달하기 위한 교사의 기본적 전략은 세 가지 절차를 동시적으로 사용할 수 있다.

- 가능하다면 언제든지 사물을 떨어뜨리는 것을 예방하라.
- 사물이나 교구의 적절한 사용법을 강화하라.
- 행동이 발생할 때 무시하라.

행동 정의

소음을 만들기 위해 사물을 떨어뜨리는 것은 고의적으로 사물을 바닥이나 다른 표면에 떨어뜨리는 경우들을 말한다. 사물은 바닥이나 다른 표면을 향해 어느 높이에서도 떨어뜨려지거나 밀쳐질 수 있다.

출발점

변화를 수행하기 전에 행동에 관한 초기 정보를 모으기 위해 3일을 보내라. 유아가 무언가를 고의적으로 떨어뜨릴 때마다 관찰지에 표시하라. 오후에 전체 횟수를 빈도 그래프로 옮기라. 3일의 정보는 나중의 변화를 비교할 숫자를 제공한다.

행동 지도 전략

다음의 프로그램을 시작하라. 이것은 교실의 모든 교사에 의해 일관적으로 시행되어야 한다.

1) 가능하다면 물건을 떨어뜨리는 것을 예방하라. 비형식적 관찰로부터 교사는 행

동에 앞서 일어나는 전조를 알고 있어야 한다. 유아의 의도가 실행되는 것을 막기 위해서 단서를 이용하라. 예를 들어, 만약 유아가 떨어뜨리기 전에 사물들을 모은다면 그러한 행동을 주의 깊게 관찰하라. 유아가 사물을 수집하는 것을 볼 때 유아에게 가서 이것들이 적절하게 사용되는 상황에 유아를 개입시키라. "선생님은 네가 퍼즐 조각들을 모으는 것을 보았단다. 조각들이 들어갈 퍼즐 판에 넣어 보자." 또는 유아가 떨어뜨릴 사물을 찾기 위해 몇 초간 주변을 두리번거리는 것을 발견할 수도 있다. 만약 당신이 이것을 목격했다면 유아에게 가서 그의 흥미를 다른 곳으로 돌려라.

유아가 특정 유아들과 특정 장난감을 가지고 특정 흥미 영역에서 놀이할 때만 사물을 떨어뜨리는 것도 가능하다. 사물을 떨어뜨리는 것에 앞선 전조 증세를 보일 때 가까이 머무름으로 그러한 행동을 예방하라.

2) 사물의 적절한 사용을 강화하라.* 사물을 떨어뜨리는 것은 교실 물건과 장비를 사용하는 부적절한 방법이므로, 교사가 자신이 사물을 적절하게 사용할 때 기뻐한다는 것을 알게 하라. 강화를 통해 사물을 존중해야 할 필요를 알려주라. 예를 들어 다음과 같이 말하라.

"물감을 조심스럽게 사용하고 있구나."

"선생님은 네가 책장이 찢어지지 않도록 넘기는 방법을 좋아한단다."

"고마워! 화분과 그릇을 깔끔하게 쌓았네."

"블록들을 사용하는 아주 멋진 방법이구나! 길을 먼저 만들었고 작은 블록들을 자동차로 이용하고 있구나."

우선, 사물을 적절하게 이용하는 것을 자주 강화하라. 유아가 사물을 떨어뜨리는 비율이 줄어들 때, 칭찬의 양도 차츰 줄여 가라. 결과적으로, 다른 유아들을 칭찬하는 것과 같은 빈도로 유아의 조심스러운 사물 사용을 강화하라.

---

* 교실 안의 어떤 사물들은 인지적 결함이 있는 유아들에게 발달적으로 부적절할 수 있다. 유아가 사용할 수 있는 수많은 자료들이 있음을 확인하고 모든 자료들을 어떻게 소중하게 사용할 수 있는지 배우도록 도우라.

3) 사물을 떨어뜨릴 때 무시하라. 유아가 사물을 떨어뜨릴 때 교사의 관심에 의해 강화된다. 행동을 멈추기 위해서 관심을 줄이라. 아마도 행동이 줄어들기 전에 증가될 것이므로 사물을 떨어뜨리는 것을 무시하기란 처음에는 어렵다. 마치 아무 일도 일어나지 않은 듯 행동하라. 만약 다른 유아가 교사의 관심을 그 소리로 부른다면 "나도 알아."라고 말하고 주제를 바꾸라. 유아가 떨어진 사물을 줍게 함으로써 화제를 만들지 말라. 만약 안전 위험이 제기되지 않는다면 있는 그대로 떠나라. 만약 누군가 그 위에 넘어지면 잠시 기다렸다가 조용히 치우라. 만약 사물이 부서지거나 위험을 드러낸다면 그 사건에 대해 유아에게 아무것도 언급하지 말고 조각들을 쓸어 담으라. 정리 시간이 되면 떨어진 사물들을 정리될 다른 사물들처럼 간주하라.

유아가 떨어진 사물을 집어서 치워야 한다고 주장하는 것이 자연스럽게 보일 수도 있다. 유아에게 주우라고 한 번만 요구하라. 만약 유아가 그렇게 한다면 칭찬하라. 만약 그렇게 하지 않는다면 돌아서라. 이러한 상황은 교사로부터의 관심을 제공하는 문제 상황이 되기 쉽다. 정리할 필요가 있음을 가르치기 위해 다른 기회들을 사용하라.

4) 행동의 기록을 지속하라. 매일 고의적인 사물 던지기의 빈도를 계수하라. 그래프 위에 자료를 기록하라. 유아가 사물을 떨어뜨림에서 오는 관심이 없음을 안다면 그 행동은 급속히 줄어들고 결국 사라질 것이다.

변화 유지

사물 떨어뜨리는 행동이 더 이상 발생하지 않게 하기 위해 사물과 장비의 적절한 사용을 정기적으로 강화하는 것을 지속하라. 만약 행동이 다시 발생한다면 프로그램에서 했던 것처럼 같은 방법으로 무시하라.

유아 행동과 그 지도

나를 좀 도와주세요!

4 단원 파괴하는 행동들

제 19 장

장난감을 망가뜨리는 행동

어린이집 4세반은 오늘도 바쁘다. 유아들은 다양한 활동에 참여한다. 갑작스럽게 깨지는 커다란 소음이 교실의 일상적 소리 너머로 들렸다. 세 명의 교사가 동시에 루이Louie가 발로 플라스틱 기차를 밟고 있음을 목격했다. 두 명의 교사는 망가진 장난감을 발로 차며 "나는 저것을 싫어해!"라고 말하는 루이에게 달려간다. 한 교사가 루이를 데리고 나간다. 다른 교사는 망가진 기차를 살펴본 뒤 속상해하며 "이 장난감을 버려야겠다."라고 말했다. 잠시 후, 루이는 자신의 손에 쥐고 있던 기차에 들어갈 작은 플라스틱 사람 인형을 던지고 도망갔다.

"기다려, 루이. 넌 또 다른 장난감을 망가뜨렸어. 왜 그렇게 했니?" 루이는 "저 바보 같은 조각이 들어가질 않았어요. 맞지 않아요. 저는 그것이 망가져서 좋아요!"라고 소리쳤다. 교사들은 어떻게 해야 할지 몰랐다. 이것은 루이가 이번 주에 망가뜨린 세 번째 장난감이다. 루이는 이전에도 다른 물건들을 손상시키고 망가뜨렸다.

행동 진술

유아는 교실 내의 장난감과 다른 물건들을 자주 고의적으로 정기적으로 파괴한다.

행동 관찰

행동에 관한 깊은 통찰력을 얻기 위해 유아를 며칠 동안 비형식적으로 관찰하라.

1) 언제 장난감을 파괴하는가?

- 예상치 않은 시간에
- 오전에
- 오후에
- 계획된 활동 시간에
- 자유선택 활동 시간에
- 바깥놀이 시간에
- 실내 놀이 시
- 정리 시간에
- 전이 시간에
- 낮잠 시간에

2) 장난감을 망가뜨리기 전에 무슨 일이 일어나는가?

- 유아가 화가 났다.
- 유아가 과제에 대해 좌절한다.
- 교사나 다른 유아가 "안 돼!" 라고 말한다.
- 친구들로부터 따돌림당한다.
- 활동에 참여하는 것을 금지당한다.
- 활동에 생산적으로 참여하지 않는다.
- 활동이 끝났다.

3) 장난감을 망가뜨릴 때 유아는 무엇을 하는가?

- 성인이 관찰하는가 보기 위해서 주변을 두리번거린다.
- 부서진 장난감으로 교사의 관심을 끈다.
- 부서진 부분을 숨기려고 한다.
- 장난감이 부서진 것에 대해 화를 낸다.
- 관심이 없는 듯 보인다.
- 부서진 곳으로부터 멀리 간다.
- 가까이 머무른다.
- 부서진 장난감을 갖고 논다.
- 누군가 물어보면 장난감을 망가뜨린 것을 부인한다.
- 장난감 망가뜨린 것을 인정한다.
- 장난감이 부서진 이유를 설명한다.

4) 어떤 종류의 장난감을 망가뜨리는가?

- 아무 종류나
- 큰 것
- 작은 것
- 나무
- 플라스틱
- 판지(마분지)
- 금속
- 천
- 움직이는 부분으로 된 것
- 특정 영역(미술, 소꿉놀이)의 장난감

5) 어떻게 망가뜨리는가?

- 장난감을 바닥에 힘차게 던진다.
- 자신이 부순다.
- 장난감 위에 올라간다.
- 부분으로 나눈다.
- 강제로 조각을 부수거나 잡아 뜯는다.
- 장난감을 다른 물건에 탕탕 친다.
- 나사나 다른 연결 부분을 뺀다.

이러한 사전 관찰은 언제 그리고 어떤 상황에서 유아가 장난감을 망가뜨리는지에 관한 아이디어를 얻을 수 있도록 도움을 줄 수 있다.

가족과의 협의

장난감과 다른 사물을 고의로 부수는 유아는 자신과 다른 이들에게 상해를 입힐 수 있다. 자세한 관찰을 한 뒤 가족과 만나 그들의 도움을 구하라. 가정에서도 물건을 망가뜨리는지 또는 유아교육기관에서만 일어나는 행동인지 알아내라. 사물을 망가뜨리는 이유와 어떠한 전략이 행동을 소거하는 데 도움이 되는지 가족과 함께 의견을 모으라. 이러한 파괴적인 행동을 없애는 일을 시작한 후에는 유아의 진보에 대해 가족에게 알리라.

적용점 찾기

고의적으로 장난감을 부수는 유아는 교실 안에서의 안전에 위험을 유발하게 된다. 깨지거나 끝이 뾰족한 장난감의 끝이 즉각적으로 제거되거나 보완되지 않는다면 다른 유아나 그 장난감을 망가뜨린 유아를 심각하게 다치게 할 수 있다. 더 나아가, 장난감이 망가졌을 때 교체와 수리를 위한 재정적인 부담과 시간을 필요로 한다. 이러한 이유 때문에 행동은 빨리 소거되어야 한다.

이런 종류의 유아 행동을 수정하는 것은 항상 쉬운 일이 아니다. 습관적으로 장난감을 망가뜨리는 유아는 성인들에게 즉각적인 관심을 얻는 방법을 찾은 것이다. 장난감을 망가뜨릴 때마다 교사는 재빠르고 눈에 띄게 반응한다. 그러한 반응은 언어적(대화, 혼내기), 정서적(화, 실망, 좌절을 보임), 또는 신체적(망가진 조작을 집어 듦, 그것들을 버리거나 수리함)일 것이다. 처음에 반응한 교사가 다른 교사들이나 원장님과 의논한다면 한 명 이상의 성인이 개입된다. 유아는 장난감을 망가뜨렸을 때 큰 관심을 얻게 되는 것이다.

장난감을 망가뜨리는 행동은 유아의 분노를 표현하는 방법이기도 하다. 성인들의 전형적인 반응은 유아가 분노와 같은 감정을 대응하도록 돕지 않는다. 성인의 반응은 관심을 제공하지만 분노를 다루지는 않는다. 이러한 관심은 행동을 제거하도록 돕지 못하고 오히려 강화하게 되는 것이다.

대안 찾기

습관적으로 장난감을 망가뜨리는 문제에 대한 간단한 해결책들이 있다. 다음의 제안들을 고려하라.

- 유아의 장난감 망가뜨리기 행동은 고의적이지 않을 수 있다. 교실의 모든 물품들이 유아교육 자료가 될 만큼 견고한가 확인하라. 유아들은 부서지기 쉬운 물건을 가지고 거칠게 노는 것도 가능하다. 이 경우 장난감이 깨지는 것은 고의가 아니다.
- 교실의 물품들이 연령에 적합한지 조사 및 확인하라. 유아가 교구들에 의해 좌절을 느끼거나 도전받지 못한다면 아마도 수용될 수 없는 방법으로 이용할 수도 있다. 그 결과로 장난감이 부서질 수 있다. 만약 교실의 장난감들이 유아에게 적절하지 않다면 재빨리 교체하라. 이 과정은 다른 교실의 자료들과 교환하기, 창고에서 찾아오기, 새로운 장난감 구입이나 제작 등이 포함될 수 있다.
- 유아는 호기심 때문에 장난감을 망가뜨릴 수 있다. 만약 유아가 장난감을 분해함으로 망가뜨린다면 그는 단순히 장난감이 어떻게 작동하는지 알아내려그 시도하는 것이다. 이러한 경우에 행동의 부적절함에 대해 말하라. 그가 합법적으로 분해할 수 있는 물건을 제공하라. 여기에는 더 이상 작동하지 않는 오래된 시계, 알람 시계, 다른 기계들이 포함될 수 있다. 수선을 위해 나사 돌리개, 무딘 핀셋, 다른 연장 도구를 제공하고 안전하게 활동을 하는지 감독하라.
- 유아에게 시각적 또는 인식적인 문제가 있을 때 장난감은 고의성 없이 망가질 수 있다. 잘 볼 수 없거나 시·지각이 손상된 유아는 장난감의 위치와 자리를 제대로 파악하지 못하기 때문에 고의성 없이 장난감을 망가뜨리게 된다. 그러나 이러한 문제는 다른 방법으로도 드러날 것이다. 만약 교사가 시각적·인식적 문제를 의심한다면 부모와 의논하고 의사를 만나도록 격려하라.*

만약 이러한 제안 중 어느 것도 빈번한 장난감 망가뜨리기 문제를 해결하지 못한다면 다음의 프로그램을 지속하라.

---

* 치료되지 않은 시각적 문제는 부적절한 행동을 유발하기도 한다. 의학적 도움을 받도록 부모를 격려하는 것은 유아로 하여금 잘 볼 수 있고 자신이 수행하는 활동에 대해 성공적으로 느끼도록 돕기에 중요하다.

목표 진술

목표는 유아가 고의로 장난감을 부수는 행동을 멈추는 것이다.

절차

장난감을 망가뜨리는 것을 제거하기 위한 기본 전략은 다음의 네 가지 방법을 동시에 실시할 수 있다.

- 가능한 한 언제든지 장난감 망가뜨리는 사건을 예방하라.
- 교실의 사물을 조심스럽게 다루는 행동을 칭찬하라.
- 유아가 장난감을 부수고자 하는 충동의 조절을 배우도록 체계적으로 도우라.
- 유아가 장난감을 망가뜨리면 자기조절 시간을 사용하라.

행동 정의

장난감 망가뜨리기는 유아가 학급의 물건과 교구를 의도적으로 망가뜨리는 모든 경우를 포함한다. 손상을 입히기 위한 비성공적인 시도는 포함하지 말라.

출발점

유아가 얼마나 자주 장난감을 망가뜨리는지 알기 위해 3일 동안 관찰하라. 그러한 정보는 나중의 개선과 비교하기 위한 기초를 제공한다. 유아가 장난감을 망가뜨릴 때마다 관찰지에 기록하라. 하루를 정리하면서 전체 숫자를 빈도표에 기록하라. 만약 행동이 매일 발생하지 않는다면, 지난 3주간 일주일에 몇 번씩 장난감이 망가졌는지 상기해서 한 주간을 단위로 계산하라.

행동 지도 전략

기초 자료를 수집한 후에 다음의 프로그램을 실시하라. 모든 교사들이 절차를 일관성 있게 실시하는 것은 중요하다.

1) 가능하다면 언제든지 장난감을 망가뜨리는 행동을 미리 방지하라. 교사의 비형식적 정보 수집은 언제 어떤 환경에서 유아가 장난감을 부서뜨리는지에 관한 단서를 제공해야 한다. 이 정보를 가능한 한 자주 행동을 방지하는 데 도움이 되도록 사용하라. 또한 장난감을 망가뜨리는 전조 행동을 관찰하라. 만약 유아가 혼자 있을 때 물건을 망가뜨린다면 유아 주위에 머물러 사고가 일어나는 것을 예방하도록 하라. 만약 그러한 행동이 유아가 과제를 완수할 수 없어 화가 났을 때 발생한다면 좌절감의 신호를 경계하라. 유아가 과제를 조절하도록 도우라. 언제 어떻게 장난감을 부수는 행동이 발생하는지 더 많은 단서를 가질수록 그 행동을 더 잘 예방할 수 있을 것이다.

2) 학급 물건을 조심스럽게 다룸을 칭찬하라. 부정적인 행동의 소거를 위해 노력함과 동시에 유아로 하여금 부절적한 행동 대신 수용할 만한 행동을 알게 하라. 유아가 학급 물건을 조심스럽게 다룰 때를 지켜보고 강화하라. 유아가 물품을 바르게 사용했을 때, 물건 사용을 마치고 제자리에 갖다 놨을 때, 교실 자료를 소중하게 다루는 태도를 보일 때 칭찬하라. 그런 행동이 발생할 때마다 칭찬하라. 장난감을 망가뜨리는 일이 점차 줄어들면 칭찬의 양도 줄여 가라. 부정적 행동이 멈추었을 때는 교실의 다른 유아들에게 제공하는 것과 같은 비율의 강화를 제공하라.

4) 장난감을 망가뜨리려는 충동의 조절을 배우도록 체계적으로 도우라. 정서적, 행동적 장애를 가진 유아는 교실 물건을 공격함으로써 분노를 표현할 수 있다. 분노를 나타내고 감정을 표현할 수 있는 대안책을 찾도록 하는 체계적인 도움은 유아를 위한 강력한 도구가 될 것이다.

분노와 좌절은 유아가 장난감을 망가뜨리기 전에 느끼는 감정이 될 것이다. 그러한 폭력적인 반응은 일반적으로 유아가 무엇을 하고 있는지 생각하기 전에 충동적으로 표현된다. 유아는 그러한 감정을 조절할 대안책을 배울 필요가 있다. 유아와 감정에 대해 이야기 나눌 특별한 시간을 매일 정하라. 만약 유아가 반응을 보인다면 더 많은 시간이 필요할 수 있겠지만, 5~10분 정도의 집중된 관심을 제공할 것을 계획하라. 이 시간을 실천함에 있어서 다른 교사들의 협조가 중요하다. 다음의 절차가 제안된다.

① 다양한 감정을 유발하는 상황에 대해서 토론함으로 시작하라. 예를 들면, "어제 선생님은 새 강아지를 얻어서 춤추고 노래하고 싶을 정도로 흥분되고 기뻤단다. 나는 정말 기분이 좋았어. 너는 언제 기쁘니?" 만약 유아가 반응한다면 더 구체적인 사항을 물으라. 만약 유아가 반응하지 않는다면 당신을 기쁘게 하는 더 많은 일들을 나열하라. 다른 감정들에 대해서도 토론하라. "어떤 경우에는 반대의 감정을 느낀단다. 정말 슬프지. 선생님은 아주 친한 친구가 있는데 그 친구가 멀리 이사를 가야 했어. 그 일이 나를 무척 슬프게 했지. 너도 슬픈 마음을 가진 적이 있니?" 또한 분노에 대해 토론하라. "선생님은 말이야 가끔 화가 나기도 한단다. 너도 그럴 거라고 생각해. 무엇이 너를 화나게 만드니?" 무엇이 당신을 화나게 하는지 예를 들고 유아가 자신을 화나게 하는 상황을 언어로 표현하도록 도우라. 여러 가지 감정을 유발하는 상황을 파악하는 데는 며칠이 걸릴 수 있다.

② 유아가 여러 가지 상황에 대해 다른 감정을 느낀다는 것을 알게 되면 그러한 감정에 대해 토론을 집중하라. "네가 (기쁠 때, 화날 때, 슬플 때, 외로울 때) 너는 어떻게 느끼지?" 유아가 감정에 대한 각기 다른 내면의 반응들을 언어로 표현할 수 있도록 도우라. 그 이전에 어떻게 감정을 언어로 표현할지 생각해 보아야 하는데, 왜냐하면 감정들은 말로 표현하기에 쉽지 않기 때문이다.

③ 유아가 다른 감정을 경험하면서 내면에서 느낀 바를 표현할 때, 유아가 그러한 감정들을 표현하기 위해서 무엇을 하는지 이야기하라. 그가 말하는 것에 대해 비평하지 말라. 만약 유아가 화가 날 때 물건을 부수고 싶다고 느낀다고 말한다면 지금은 그 감정을 수용하라.

④ 다음 단계는 당신이 유아에게 감정에 반응하는 다른 방법을 시도해 보기 원한다고 말하는 것이다. 만약 유아가 기쁠 때 웃는다고 말하면 기쁜 감정을 표현하는 다른 방법은 무엇이 있을 수 있는지 물어보라. 손뼉치기, 높이 뛰기, 노래하기, 토끼처럼 깡총뛰며 돌기, 누군가를 안아 주기 등이 교사나 유아로부터 제기될 수 있다. 분노와 좌절을 조절하는 방법을 토론하라. 교사는 분노의 감정을 조절하는 데 도움을 얻기 위해서 성인에게 말할 수 있고, 불가능해 보이는 과제를 마치도록 도움을 요청할 수 있고, 장난감 대신 바닥이나 책상을 칠 수 있다고 제안할 수 있다.

⑤ 토론은 꼭 언어로 이루어질 필요는 없다. 당신에게 도움이 될 어떠한 소품이든지 사

용하라. 인형, 찰흙, 블록도 느낌과 감정을 표현할 좋은 도구들이 될 수 있다.

⑥ 교사와 유아가 대화한 것을 나타낼 매일의 기회를 찾으라. 우선 특별한 감정을 일으키는 이벤트에 집중하라. 그것이 내면적으로 어떻게 느끼도록 하는지 찾아보라. 그 다음에 감정들이 어떻게 표현되는지 예들을 찾으라. 마지막으로, 유아로 하여금 반응의 대안적 방법들을 말로 표현하도록 격려하라. 모든 종류의 감정과 느낌의 예들을 사용하도록 하라.

5) 장난감을 망가뜨리면 자기조절 시간을 시도하라. 장난감을 부수는 일은 잠재적인 안전과 건강의 위험을 초래하기 때문에, 가능한 한 빨리 멈추어져야 한다. 이러한 행동이 일어날 때마다 자기조절 시간을 사용하라. 만약 유아가 장난감을 망가뜨리면 다음과 같이 하라.

① 망가진 장난감으로 인해 즉각적인 위험은 없는지 재빨리 확인하라. 만약 청소가 필요하다면 다른 교사가 참여해야 한다.

② 장난감을 망가뜨린 유아를 자기조절 장소로 침착하게 데려가라. "나는 네가 장난감을 망가뜨리는 것을 허용할 수 없단다. 네가 친구들에게 돌아올 준비가 될 때까지 여기 앉아 있거라."라고 단호하지만 조용하게 말하라.

③ 시간을 확인하고 유아로부터 멀리 가라. 자기조절 시간 동안 유아와 말을 하거나 쳐다보지 말라.

④ 만약 다른 유아가 자기조절 영역으로 접근하면 이 유아를 그곳에서 멀리 보내라. "루이는 몇 분 동안 혼자 있어야 한단다. 루이가 교실에 돌아왔을 때 말할 수 있어."

⑤ 자신이 준비가 되었을 때, 교실로 돌아올 수 있다. 설교하지 말라. 유아는 고립의 이유를 안다. 유아를 건설적인 행동으로 인도하기 위해서 진행 중인 활동에 참여하라라고 제안할 수 있다. 적절한 활동에 개입하는 것에 대해 가능한 한 빨리 강화하는 것은 중요하다.

⑥ 만약 유아가 준비가 안 된 상태에서 교실로 되돌아와 부적절한 행동을 하면, "선생님은 네가 교실로 돌아올 준비가 되지 않았다고 생각해."라고 말하고 자기조절 영역으로 다시 데리고 가라. 자신이 언제 그룹으로 되돌아갈 것인지 결정하도록 허락하라.

6) 지속적으로 행동을 기록하라. 장난감을 망가뜨리는 횟수를 지속적으로 세고 전체 숫자를 그래프에 기록하라. 그래프는 목적을 향한 진보를 나타내고 언제 목적에 달성했는지 알려줄 것이다. 적절한 행동을 위한 강화의 변화 시기는 정확한 기록에 달려 있다.

장난감을 파괴하는 행동과 유사 행동으로서 고의적으로 책을 찢는 행동이 있다. 책을 찢는 행동을 지도하기 위한 출발점은 3일간 책을 찢은 빈도를 세는 것인데 일관성을 유지하기 위해서 찢긴 각각의 페이지를 각각의 사건으로 간주한다. 이는 만약 유아가 차근차근 네 쪽을 찢었다면 4를 기록하고, 한 번에 두세 페이지가 찢겨졌다면 한 번으로 셈을 의미한다. 책을 찢는 행동을 방지하기 위한 첫 번째 대안은 책이 정리된 방법을 살피는 것이다. 책을 조용한 영역의 막힌 공간에 매력적으로 배열하라. 두 번째 대안은 제시된 책의 연령 적합성을 살피는 것인데, 예를 들면 2세아를 위한 책의 재질(하드보드지나 천 추천)과 디자인을 살피라. 세 번째 대안은 유아가 찢기 경험을 즐기기 때문에 책을 찢을 수 있으므로 미술 영역에 찢기 재료를 추가하는 것이다. 행동 지도 전략으로는 첫째, 책 찢기 행동의 전조를 통한 예방, 둘째, 환경의 변화를 통한 행동의 예방, 셋째, 적절한 활동의 강화, 넷째, 책 찢는 행동 발생 시 무시, 다섯째, 지속적인 행동의 기록이 있다. 책 찢기를 예방하기 위해 가능한 환경의 변화는 독서 영역을 좀 더 매력적이고 안락한 곳으로 만들기, 독서 영역을 교실의 모든 영역에서 보이도록 만들기, 독서 영역을 다른 영역과 활동으로 통합하기(예: 독서와 극놀이 영역을 통합하여 사서와 고객으로서 극놀이 하기) 등을 통해 가능하다.

유아가 의도적으로 책을 찢는 행동을 그만둘 때, 교실의 물건들을 조심스럽게 다루는 것에 대해서 지속적으로 칭찬함으로써 강화하고 교실의 배열이 교사 자신의 책에 대한 소중함을 전달하고 있는지 다시 한 번 점검하도록 하라. 만약 유아가 다시 책을 찢는다면 그 행동을 무시하고 그러한 행동에 실망했음을 유아에게 알려주라.

변화 유지

유아가 장난감을 망가뜨리는 것을 그만둘 때 교사는 어떠한 행동을 가치 있게 여기는지 유아에게 지속적으로 알려주라. 유아가 교실 물건을 조심스럽게 다룸에 따라 교사가 기뻐함을 정기적으로 알려주라. 자신의 감정을 언어로 표현하도록 지속적으로 도와주라.

제 20 장

변기에 물건 넣고 물 내리는 행동

"선생님 화장실 가고 싶어요."라고 3세 된 베키Becky가 그네 옆에 지켜 선 고사를 지나가면서 말했다. "그래, 베키."라고 교사는 대답했다. 베키는 안으로 들어갔고 볼 수 없게 되었다. 코너Mrs. Connor 선생님은 그네를 타는 유아들을 몇 분 동안 밀어 주었다. 베키가 돌아오지 않자 교사는 그녀를 확인하고자 했다.

베키는 흘러넘치는 변기의 물을 내리고 있었다. 노아의 방주 게임에서 나온 작은 플라스틱 조각들이 물에 휩쓸려 돌고 돌았다. 베키는 교사에게 와서 "막혔어요."라고 말했다. 물이 변기 가장자리에 찼고 소량의 물이 흘러 넘쳤다. "베키! 변기 속에 무엇을 집어넣었니?" 베키의 눈은 순진하게 커졌고 "아무것도 안 넣었어요."라며 머리를 흔들었다. "변기 속에 무언가가 보이는데."라는 말과 함께 교사는 물 위에 떠다니는 장난감을 건져내었다. 교사는 베키에게 장난감을 건네며 "아무도 화장실에 없었으니까 네가 한 것이 분명해. 세면대로 가서 장난감을 닦아."라고 말했다.

베키는 플라스틱을 조심스럽게 헹구었고 장난감과 자신의 손을 말렸다. 베키는 화장실로 가서 팔을 물에 넣어 막힌 곳을 찾으려는 교사를 바라보았다. "바닥에 물이 계속 넘쳐요, 선생님."이라고 도움을 주려는 듯 베키가 말했다. 잠시 후 코너 선생님은 화가 난 듯 세 개의 플라스틱 동물을 잡아냈다. 베키는 흥미롭게 쳐다보며 회수된 장난감을 닦는 것과 바닥을 닦는 일을 기꺼이 도우려 했다. 안타깝게도 이것이 베키가 장난감을 변기에 넣고 물을 내린 첫 번째가 아니었다. 교사들은 베키의 행동에 대해 화가 났고 좌절되었다.

행동 진술

유아는 빈번하게 정기적으로 작은 사물들을 변기에 넣은 후 물을 내린다.

행동 관찰

이 행동에 관해 더 많은 정보를 얻기 위해 며칠 동안 유아를 관찰하라.

1) 언제 일어나는가?

- 아무 때나
- 화장실을 이용하는 시간
- 자유선택 활동 중
- 계획된 활동 중
- 정리 시간 중
- 전이 시간 중
- 바깥놀이 중

2) 이 행동이 일어나기 전에 유아가 무엇을 하는가?

- 화장실에 간다.
- 손을 닦기 위해 화장실에 간다.
- 작은 소품을 가진 게임을 한다.
- 역할놀이에서 활동한다.
- 혼자 논다.
- 다른 유아들과 논다.
- 활동에 참여하지 않는다.
- 교사의 관심을 받지 못한다.

3) 물건을 화장실에 버렸을 때 어떻게 행동하는가?

- 성인이 보고 있는가 살핀다.
- 물건들을 화장실로 비밀스럽게 가져간다.
- 물건들을 화장실로 공개적으로 가져간다.
- 물을 내리기 전에 물건을 가지고 화장실에서 논다.
- 화장실에서 물건으로 교사의 관심을 유도한다.
- 물을 내린 후에 교사의 관심을 유도한다.
- 물을 한 번 더 내린다.
- 행동을 부인한다.
- 사실을 물으면 화를 낸다.
- 마치 아무 일도 안 일어난 듯 가버린다.
- 자신이 한 일에 대해 언급한다.

4) 어떤 물건을 넣는가?

- 작은 물건 아무것이나
- 퍼즐 조각
- 조작 영역의 부품
- 종이나 두꺼운 종이 용품
- 붓
- 칫솔
- 비누
- 인형 옷
- 작은 블록

이러한 관찰은 언제, 무엇을, 어떻게 유아가 물건을 변기에 넣고 물을 내리는지에 관한 아이디어를 제공하게 될 것이다.

가족과의 협의

자연스러운 대화 가운데 유아가 물을 좋아하는지 물어본다. 그렇다면 집에서 화장실에 물건을 버리고 물을 내리는지 확인한다. 이 행동이 가정과 유아교육기관에서 공통적으로 일어나는 일이라면 가족과 만나 원인과 대안을 의논하라. 교사와 가족이 사용하는 공통된 전략은 행동을 줄이거나 없애기 위해 사용되는 프로그램을 강화할 것이다. 성공을 가족과 지속적으로 나누라. 만약 가족이 집에서는 사물을 변기에 넣고 물을 내리지 않는다고 한다면, 당신이 유아교육기관에서 이 문제를 없애기 위해 노력할 것을 언급하고 어떤 일이 일어나는지 지속적으로 알리라.

적용점 찾기

사물을 변기에 넣고 물을 내리는 유아는 아마도 물과 변기 작동에 매력을 느낄 것이다. 이러한 홍미는 아주 어린 유아들에게 공통적이다. 그들은 소리, 움직임, 흐르는 물을 좋아하며 기뻐하기도 한다. 모험적인 유아들은 이러한 매력적인 경험을 실험으로 발전시키고자 할 것이다. 무엇이 물에 뜨고 가라앉게 하는가, 무엇이 화장실을 막히게 하는가 그리고 무엇이 사라졌다 다시 나타나는가를 알아내는 것에 관한 과학적 호기심을 갖게 된다.

유아가 변기에 사물을 넣고 물을 내릴 때 성인들은 강하게 대응한다. 그들은 설명하고, 꾸짖고, 잃어버린 사물을 찾거나 변기를 뚫으려고 시도한다. 심지어 배관공의 도움을 받기도 한다. 이러한 모든 활동들은 행동을 멈추게 하기보다는 강화하게 된다. 유아는 사물을 변기에 넣고 물을 내리는 것에서 기쁨을 얻고 상당한 관심을 받게 된 것이다.

대안 찾기

화장실 변기에 물건을 넣고 물을 내리는 유아를 다루는 간단한 해결책이 있다. 다음의 제안들을 고려하라.

- 아주 어린 유아들은 다양한 촉각적 경험을 제공하는 많은 활동을 즐기며 그것을 필요로 한다. 그러한 감각적 자극이 학급 프로그램에 제공되지 않는다면 유아는 자신이 스스로 만들 것이다. 물놀이는 유아를 위해 학급에서 자주 제공되어야 하는 중요한

감각적 활동이다. 만약 교사가 물놀이를 자주 제공하지 않고 자신 스스로 활동을 만드는(화장실 물 내리기와 같은) 유아들을 포함한다면, 물놀이 활동을 증가시켜라. 물놀이 책상, 깨끗한 물을 담은 플라스틱 보관함, 비눗물 또는 색깔 물을 제공하라. 깔때기, 플라스틱 병, 여러 가지 호스, 체, 빨대 등의 다양한 도구를 추가하라. 교과과정이 유아들의 감각적 필요를 충족시켜 줌에 따라 물건을 변기에 넣고 물을 내리는 것과 같은 행동이 사라지는 것을 발견할 것이다.

- 유아를 위해 제공된 프로그램을 관찰하라. 유아가 충분한 활동이나 흥미를 끄는 사물을 찾지 못하는 것도 가능하다. 따라서 유아는 장난감이나 다른 물건을 변기에 넣고 물을 내리는 것과 같은 활동을 통해 자신의 놀이를 창조한다. 교사가 제공한 것이 연령에 적합한지 확인하라. 활동과 자료들은 도전적이지만 좌절시키지 않아야 한다. 충분한 자극과 흥미를 주는 활동들이 교실에 있을 때 사물을 변기에 넣고 물을 내리는 등의 행동은 사라질 것이다.
- 2세아의 교사는 변기에 장난감을 넣고 물을 내리는 등의 행동에 의해 놀라서는 안 된다. 이러한 행동은 지극히 정상적이다. 만약 이 행동이 아주 어린 유아의 학급에서 일어난다면 예방적인 접근을 하는 것이 최선이다. 유아가 화장실에 갈 때 교사가 따라가야 한다. 객관적인 태도로 유아가 변기에 사물을 던지는 것을 막으라. 변기에 물건을 넣는 행동에 대해 소란을 피우지 말라. 물놀이를 포함한 다양한 대안적 감각 활동을 제공했는지 확인하라. 유아는 성장하면서 이 행동에서 벗어날 것이다. 그때까지는 단순히 경계하고 인내심을 가지라.

위의 제안 중 어느 것도 문제에 대한 해결을 제공하지 않는다면, 다음의 과정을 지속하라.

목표 진술

목표는 유아가 장난감과 다른 물건을 변기에 버리고 물을 내리는 행동을 멈추는 것이다.

절차

변기에 물건을 넣고 물을 내리는 행동을 멈추기 위한 기본적 전략은 세 가지 방법을 동시에 실시할 수 있다.

- 행동을 미리 방지하라.
- 대안적 활동을 제시하라.
- 그 행동이 발생했을 때 행동에 대한 관심을 줄여라.

행동 정의

물건을 변기에 넣고 물을 내리는 행동은 유아가 필요한 만큼의 화장지 외의 물건을 변기에 버리고 물을 내리는 것이다.

출발점

이 행동이 얼마나 자주 발생하는지 아는 것은 중요하다. 3일 동안 변기에 물건을 넣고 물을 내리는 모든 경우를 세어라. 유아가 이 행동을 할 때마다 관찰지에 기록하라. 하루를 정리하면서 총 횟수를 빈도표에 기록하라. 3일 연속 같은 방법으로 측정하라. 유아가 물건을 변기에 넣고 물을 내리는 경우는 항상 증거가 있는 것은 아니기에 정확한 판단을 얻기 위해 특별히 주의하라.

행동 지도 전략

3일 동안 장난감을 물에 버리는 행동을 기록한 후 다음의 프로그램을 시작하라.

1) 가능하다면, 변기에 물건을 넣고 물을 내리는 행동을 미리 방지하라. 주의 깊게 관찰되어야 하는 영역이 제한되어 있기에 교사는 이 행동을 예방하기에 유리하다. 화장실에 출입하는 것은 다른 일과 연관하여 관찰될 수 있다. 교사는 문이나 화장실 입구 가까이 머물러야 한다. 가능하다면 교실을 재구조하여 화장실 가까이에 활동 영역이 위치하도록 한다. 만약 변기에 물건을 넣고 물을 내리는 유아가 화장실 문으로 향한다면, 활동 영역을 감독하는 교사는 다음과 같이 한다.

① 유아가 화장실에 들어가기 전에 따라가서 개입하라.

② 화장실에 버려질 만한 드러난 혹은 숨겨진 물건을 가지고 있는지 빠르게 확인하라.

③ 아무것도 발견되지 않는다면 웃으면서 화장실로 가도록 허락하라.

④ 변기에 버릴 만한 무언가를 소지한 것이 확실치 않으면 웃으면서 유아와 함께 화장실에 머무르라. 유아가 볼 일을 마칠 때까지 거기 머무르라. 유아가 무언가를 변기 속으로 던지려고 할 때 그 물건을 빼앗으라. "안 돼. 변기 속에 물건을 집어넣으면 안 되지."라고 말하고 화장실에서 나오라.

⑤ 유아가 장난감을 가졌다면 빼앗으면서 "내가 화장실에서 나올 때까지 가지고 있을게."라고 말하라. 유아는 화장실에 들어가려던 계획을 바꿀 수도 있다. 이러한 경우 교사는 유아에게 장난감을 건네주기 전에 유아가 다른 장소로 옮긴 것을 확인할 필요가 있다.

⑥ 어떤 행동을 취하든 간에 커다란 소란을 유발하지는 말라. 목적은 가능한 한 이 행동을 향해 관심을 줄이는 것이다.

2) 물놀이의 기쁨을 만족시킬 대안 활동을 제공하라. 장난감을 변기에 넣고 물을 내리는 유아는 단순히 물놀이를 즐기는 것이라고 가정하자. 그러므로 선택 활동으로서 물놀이를 좀 더 자주 제공할 것을 계획하라. 만약 날씨가 좋다면 물놀이 탁자나 물탱크를 실외에 설치할 수 있다. 물놀이를 실내에서 할 경우 근처의 표면을 보호하기 위해 플라스틱이나 오래된 신문지를 공급할 수 있다. 만약 유아가 변기에 떨어뜨릴 사물을 가지고 화장실로 들어가는 것을 발견한다면 물놀이 활동으로 인도하라. 유아가 들고 있는 사물을 물놀이 테이블에서 사용하도록 제안하라. 만약 사물이 물놀이에 부적절하다면 대안적인 사물을 제공하라.

4) 유아가 사물을 변기에 넣고 물을 내릴 때 관심을 줄이라. 예방책은 대부분 행동을 없앨 수 있다. 만약 행동이 발생한다면 과잉 반응을 하지 않도록 하라. 가능한 적은 말과 적은 반응을 보이는 것이 중요하다. 다음의 주의 사항을 기억하라.

① 변기에 떨어진 물건을 발견했다면 아무 말도 하지 말고 제거하라. 장난감을 씻고 유아로부터 멀리 떨어져라. 그 행동에 대한 관심을 보이지 말라.

② 유아가 와서 사실을 말하면, "그랬니?" 라고 말하고 하던 일을 계속하라. 나중에 유아가 곁에 없을 때 막힌 것이 없는가 변기를 확인하라. 만약 막혔다면, 나중 사용을 위해 닫고 수리될 때까지 대안책을 세워라. 또 다른 사건이 일어나는 것을 예방하도록 특별히 경계하라.

③ 만약 다른 유아가 와서 변기에서 장난감이 내려갔다고 말하면, "고마워." 라고 말하고 눈에 띄지 않게 상황을 확인하라. 장난감을 물에 내린 유아에 대한 반응을 최소화하라.

5) 기록을 지속하라. 제안된 절차들은 행동을 없애기 위해서 모두 지켜져야 한다. 예방책은 이러한 사건이 최소화되도록 유지해야 한다. 대안 활동들은 물놀이의 즐거움을 대신할 필요를 만족시켜야 한다. 변기에 물건 넣고 물 내리는 행동에 대한 무시는 일반적으로 행동 후에 주어지는 강화를 제거해야 한다. 이 시점에서, 화장실로 가져간 것과 변기에 막힌 물건들뿐 아니라 변기에 던져진 물건을 셈함으로써 행동을 그래프로 그려라. 각각의 물건들을 개별적으로 세어라. 그래프에 전체 수를 기록하라.

변화 유지

유아가 물건을 화장실로 더 이상 가져가지 않을 때, 유아를 자세히 관찰하는 것을 중지하라. 물놀이를 위한 기회를 지속적으로 제공하라. 장난감을 변기에 넣고 물을 내리는 유아는 아마도 매우 어린 유아일 것이다. 이 프로그램을 완성한 시점에 유아는 이 행동에 개입하고자 하는 충동에서 벗어날 것이다.

제 21 장

종이를 낭비하는 행동

3세 토니Tony는 손을 닦고 말리기 위해서 종이 수건을 잡아당긴다. 한 손으로 수건을 닦고 휴지통에 버린다. 또 한 장의 수건을 잡아당겨서 손을 두드리고 버린다. 토니는 이 행동을 일곱 번 반복한다. "토니!"라고 선생님이 소리친다. "너에게는 그렇게 많은 수건이 필요하지 않아!" 토니는 "내 손이 아직 마르지 않았어요."라고 말하고 두 장의 수건을 재빨리 잡아당긴다. "이제 충분해."라고 교사가 말하자 토니는 다른 종이 수건을 잡아당긴다. 교사는 토니를 수건 용기에서 떨어뜨려 놓고 왜 종이 수건을 낭비해서는 안 되는지 장황하게 설명한다. 토니는 안절부절못한다. 그는 전에도 이 설명을 여러 번 들은 바 있다.

잠시 후, 토니가 그림 그리는 이젤 앞에 있다. 그는 물감이 묻은 붓을 들어 이젤에 묶인 커다란 종이에 살살 칠한다. "다 했어요."라고 소리친다. "종이를 좀 더 얻을 수 있나요?" 교사는 토니의 작품을 떼어 내고 다른 종이를 붙인다. 토니는 종이 위에 빠른 획을 긋고는 다 했다고 소리친다. 이런 방법으로 몇 분 동안 다섯 장의 종이를 써 버린다. "토니, 이제 충분해."라고 교사가 말한다.

토니는 교사가 눈치 채기 전에 잘린 종이 뭉치가 있는 곳으로 가서 한 꾸러미를 들고는 여러 장 위에 페인트를 떨어뜨렸다. "토니, 네가 모든 종이를 다 써 버린다면 아무도 색칠을 할 수 없게 될 거야. 그건 공평하지 않지?" 토니는 더 그림을 그리고 싶다고 고집을 피운다. 교사는 대화하고 설득함으로써 블록 영역에서 놀 것을 권유한다. 교사들은 토니가 잠시 후 또 종이를 낭비할 것을 안다. 그는 오랫동안 이렇게 해 왔다.

행동 진술

유아는 정기적으로, 자주, 의도적으로 종이를 낭비한다.

행동 관찰

언제, 어디서, 어떻게, 왜 종이를 낭비하는지에 관해 통찰력을 얻기 위해 며칠 동안 유아를 비형식적으로 관찰하라.

1) 언제 유아가 종이를 낭비하는가?

- 미술 활동 중에
- 자유선택 활동 중에
- 화장실 가는 중에
- 식사 시간에
- 전이 중에
- 종이 사용이 가능한 때 언제든지

2) 유아가 어떻게 종이를 낭비하는가?

- 변기 속에 넣고 물을 내린다.
- 휴지통에 버린다.
- 찢는다.
- 색칠하거나 그림을 그릴 때 종이에 한 개의 선을 그리거나 낙서를 한 후 다 했다고 선언한다.
- 일부러 액체를 엎지르고 청소하기 위해 많은 냅킨과 종이 타월을 사용한다.

3) 유아가 종이를 낭비하기 전에 무슨 일이 일어나는가?

- 미술 활동에 개입한다.
- 미술 영역 근처에 머무르나 참여하지는 않는다.
- 화장실에 간다.
- 손을 닦는다.
- 물놀이를 한다.
- 점심이나 간식을 먹는다.

4) 종이를 낭비하면서 무엇을 하는가?

- 자신이 많은 종이를 사용하는 것을 알린다.
- 자신을 지켜볼지도 모르는 교사로부터 멀리 떨어진다.
- 교사가 지켜보는가 살핀다.
- 종이를 아끼라는 말을 들을 때 화를 낸다.
- 종이를 아끼라는 요구에 반응하지 않는다.
- 교사가 지켜보고 있을 때는 종이를 적게 사용한다.

행동을 좀 더 잘 이해함으로써 효율적으로 대응하기 위해서 위의 정보를 사용하라.

가족과의 협의

종이를 낭비하는 행동은 가족에게는 큰 걱정이 아닐 수도 있기 때문에 유아교육기관에서 교사가 다루어야 하는 행동이 될 수 있다. 정기적으로 계획된 모임에서 유아가 고의적으로 필요 이상의 종이를 사용하는 것과 바람직한 종이의 사용을 잘 알려주기 위해서 노력하고 있음을 가족에게 알리라.

적용점 찾기

유아교육기관의 자료들은 유아가 탐색하고 창의성을 표현할 수 있도록 하기 위해 일반적으로 풍부하게 제공된다. 색칠하기, 그리기, 자르기, 붙이기, 접기를 위한 종이가 준비되어 있다. 그러나 생태학적 환경에 관한 염려와 종이 가격 때문에 교사는 종종 유아에게 종이를 아껴 쓸 것을 상기시킨다. 유아는 자신이 한두 장이 아닌 세 장의 종이 수건을 잡아당길 때 또는 두 장이나 세 장의 완성된 그림을 그리는 대신 열 장의 미완성 그림을 그릴 때 교사가 더 많은 관심을 보인다는 것을 안다. 교사는 종이를 낭비하지 말라고 말하고 설명하고, 상기시키고, 책망한다. 행동이 자주 발생하면 유아는 교사로부터 상당한 관심을 받을 것이다. 종이를 낭비하는 것에 대해 유아와 대화하는 노력은 그 행동을 강화하는 것밖에 안 된다.

대안 찾기

다음 제안들이 문제에 대해 상당히 간단한 해결책을 제공하는 데 도움이 될지 고려하라.

- 만약 유아가 미술 영역에서 많은 양의 종이를 사용한다면 유아가 고의적으로 종이를 낭비하는 것이라는 추측을 조심스럽게 하라. 많은 어린 유아들은 자신들이 만든 미술 작품이 많을수록 감동이 클 것이라고 여기기 때문에 가능한 한 많은 그림을 만들려고 노력하는 단계를 통과하고 있다. 많은 작품에 대한 또 다른 설명은 유아의 미술 작품의 발달 단계에 있다. 유아의 예술은 정체성 형성기에 있다. 낙서는 다양한 모양으로 나타나고 결국 인식될 수 있는 사물로 발전한다. 이러한 시기에 유아는 종이의 적은 부분만 사용했더라도 그림이 완성되었다고 생각한다. 그림과 배경과의 관계는 유아에게 중요하다. 그림이 종이의 중앙, 옆면 또는 구석에 위치할 것이다. 교사는 유아가 종이의 다른 부분을 사용할 것을 권할 수 있다. 만약 유아가 그림이 완성되었다고 생각한다면 강요하지는 마라.
- 유아는 종이가 제공하는 감각적 경험 때문에 많은 양의 종이를 사용한다. 만약 그렇다고 생각한다면 유아를 위한 다양한 감각 활동을 제공하라. 손가락을 넣어 만질 수 있는 조각난 신문을 담은 통을 제공하라. 유아들이 모양을 만들기 위해서 종이를 다

루고, 찢고, 담그고, 조작하는 종이 프로젝트를 계획하라.

만약 이러한 제안들이 문제에 대한 해답을 제공하지 않는다면 다음의 프로그램을 지속하라.

목표 진술

유아를 위한 목표는 고의적으로 종이를 낭비하는 것을 중지하는 것이다.

절차

종이 낭비를 없애기 위한 기초 전략으로 네 가지 방법을 동시에 실시할 수 있다.

- 종이로 조작하고 종이가 사용되는 활동들을 제공하라.
- 낭비의 행동을 예방하기 위한 예방책을 취하라.
- 종이의 적절한 사용을 칭찬하라.
- 종이를 낭비하는 것을 무시하라.

행동 정의

종이를 낭비하는 행동은 유아가 종이를 버리기 위해서 또는 누군가 종이 사용하는 것을 막기 위해서 어느 종류의 종이든 의도적으로 많이 사용하는 것을 포함한다. 모든 교사들은 얼마나 많은 종이가 낭비라고 여겨야 하는지를 토론하고 그것에 대해 동의해야 한다. 예를 들어, 손을 말리기 위해서 종이 수건을 두 장 이상 사용하는 것이 낭비라고 간주할 수 있을 것이다.

출발점

정확하게 얼마나 자주 유아가 종이를 낭비하는지 결정하라. 3일 동안 당신이 내린 정의에 기초해서 몇 장의 종이가 낭비되었는지 세어라.

행동 지도 전략

3일 동안 종이를 낭비한 사건을 기록한 후에 다음 프로그램을 시작하라. 모든 교사들이 일관성 있게 따르는 것이 중요하다.

1) 종이로 조작하는 활동을 제공하라. 유아의 행동은 종이의 촉감을 즐기는 것에서 유발되었을 수 있다. 일반적 미술 활동에 덧붙여 다른 방법으로 종이를 사용할 활동들을 제공하라. 자르고 찢기 위해 종이와 가위를 배치하라. 느끼고, 맞추고, 비교하기 위해서 다양한 질감의 종이를 제공하라. 유아들이 손을 사용하도록 다른 무게, 부드러움, 질감을 가진 잘린 종이를 넣은 박스를 준비하라. 다양한 종류의 종이를 사용하는 콜라주 활동을 제안하라. 종이를 낭비하는 유아가 이러한 활동에 참여하도록 격려하고 그의 참여에 대한 교사의 인정을 보이라.*

2) 가능한 한 언제나 종이의 낭비를 예방하라. 모든 교사들의 경계는 종이의 낭비를 막을 것이다. 교실 내의 영역들은 종이가 제한된 곳이다. 그러므로 영역들을 관찰하는 것은 쉽다. 예방책은 어디에서 어떤 종류의 종이를 낭비하는지에 기초한다.

① 화장실의 종이 수건: 유아가 손을 씻은 후 유아의 손을 종이 수건 용기로 안내하라. 유아가 한 장의 수건을 뺀 후에 용기 앞에 서면 "잘했어! 그 수건을 가지고 네가 얼마나 손을 잘 닦았는지 보이지?" 라고 말하라. 유아를 따라서 화장실을 나온다.

② 화장실의 휴지: 유아가 화장실에 가려고 할 때 적절한 양의 휴지를 잡아당기는 것을 허용하라(얼마만큼이 너무 많은 것이 아닌지를 정확히 말해야 한다). 더 많은 종이를 잡아당기는 것을 금하도록 교사의 손을 휴지말이에 올려놓으라. "그 만큼이 사용하기에 적당한 양이란다. 잘했어!" 라고 말하라. 만약 유아가 많은 양의 화장실 휴지를 변기에 넣고 물을 내리거나 이유 없이 종이 수건을 잡아당긴다면 금하도록 하라. "종이를 낭비해서는 안 돼." 라고 말하라. 되도록 종이를 사용하고 있는 진행 중인 활동으로 유아를 인도하라.

---

* 인지적 또는 감각적 장애를 가진 유아들은 감각 활동이 필요하고 그것을 즐길 것이다. 다른 유아들뿐 아니라 이러한 유아들을 위해 감각 활동을 위한 많은 기회를 제공하는 것은 중요하다.

③ **미술 활동**: 만약 유아가 미술 활동 중이라면 그가 고의적으로 종이를 낭비한다고 확신이 들 때에만 개입하라. 만약 그런 경우라면, 유아가 만들 수 있는 그림의 숫자를 제한하라. 유아가 미술 영역으로 들어갈 때 그의 참여를 교사가 기뻐함을 알게 하라. 그러나 그가 사용할 수 있는 종이의 숫자가 제한되어 있음을 알게 하라. 이것은 긍정적으로 표현될 수 있다. "너는 5장의 그림을 색칠할 수 있어! 이것이 첫 번째 종이야. 다른 종이가 필요할 때 선생님이 세는 것을 도와줄게." 만약 유아가 5장을 쓰고도 더 종이를 요구하면 유아가 자신의 할당량을 사용했음을 말하라. 유아가 다시 종이를 세도록 돕고 이미 그린 5장의 그림 위에 더 색칠을 하기 원하는지 제안해 보라. 종이 위에 덧칠할 수 있는 빈 공간이 있음을 인식시키라.

④ **쏟기**: 유아가 쏟은 액체를 닦기 위해 종이를 사용한다고 의심되면 다른 청소 도구를 제공하라. 스펀지나 자루걸레를 제공할 수 있다.

3) 적절한 종이의 사용을 칭찬하라. 유아가 교사의 기대하는 방법으로 종이를 쓸 때마다 칭찬하라. 예를 들어, "선생님은 네가 종이의 모든 곳에 페인트를 칠하는 것을 좋아한단다." (유아가 전체 종이를 색칠하지 않았다고 해서 비난하지 말라. 당신의 목표는 유아의 미술 선호도를 만드는 것이 아니라 종이 낭비하는 것을 예방하는 것이다.) "네 손을 닦기 위해 한 장의 종이 수건만 사용한 것 고마워. 우리는 모든 친구들을 위해 충분한 종이가 있는지 확인해야 한단다." "너는 적당한 양의 화장실 휴지 사용하는 일을 점점 잘하고 있구나!" 유아가 종이와 관련된 활동에 참여함에 관심을 갖고 칭찬하라. 우선 종이를 적절하게 사용함을 강화하라. 후에 종이 낭비가 줄어들면서 강화도 줄이라. 유아가 더 이상 종이를 낭비하지 않는다면 칭찬을 하지 않아도 된다. 유아가 다른 바람직한 활동에 개입할 때 교실의 다른 유아들에게 하듯이 관심을 지속적으로 제공하라.

4) 종이의 낭비를 무시하라. 교사는 예방 단계를 통해 종이를 낭비하는 일을 줄여야 한다. 만약 유아가 종이를 낭비한다면 가능한 한 이 행동을 무시하고, 다음과 같이 하라.

① 유아에게 가라. 유아가 들고 있는 붓이나 다른 물건을 빼앗으라.

② "안 돼! 종이를 낭비해서는 안 돼."라고 말하라. 설명하거나 긴 토론을 하지 말라.

③ 유아를 그 영역에서 나오게 하라.

④ 유아로부터 돌아서서 관심을 주지 말라. 교사 자신이 다른 유아나 활동에 개입하라.

⑤ 약 2분 후에 유아에게 가서 건설적인 활동이나 상호작용에 대해 강화하라. 만약 유아가 활동에 참여하지 않는다면 다른 활동을 찾도록 도우라.

5) 행동을 지속적으로 기록하라. 낭비한 종이의 양과 종이를 낭비한 횟수를 세어서 그래프에 표시하라. 교사의 예방책으로 인해 종이 낭비의 양은 즉각적으로 줄어들어야 한다. 만약 유아가 종이를 낭비하는 신호를 보인다면(더 많은 종이 수건이나 미술 용지에 손을 댐) 이것을 하나의 사건으로 계산하라. 만약 교사의 예방책이 효과적이라면 낭비된 종이의 숫자가 나타내 줄 것이다. 기록된 종이 낭비 횟수가 이 행동을 멈추게 하는 전체 접근이 효과적이었는지를 말해 줄 것이다.

변화 유지

적절한 활동을 간헐적으로 칭찬하는 것을 지속하라. 또한 교과과정에 종이를 사용하는 감각적 활동을 제공하라. 만일 유아가 때때로 고의적으로 종이를 낭비한다면, 이 행동을 제거하기 위해 했던 것처럼 적은 양의 강화를 제공하라.

제22장

다른 유아들의 작품을 망가뜨리는 행동

알렌Arlene은 게임 카드를 테이블 위에 조심스럽게 배열했다. 5세아 팸Pam이 걸어가서 카드를 손으로 쓸어서 바닥 위에 흩뿌렸다. 알렌은 비명을 질렀고 교사가 도와주기 위해 오면서, "안 돼, 팸! 왜 그랬니? 알렌은 정성을 들여 게임을 했는데 네가 망쳤구나. 당장 카드를 주으렴!"이라고 말한다. 팸은 움직이지 않고 서 있다. "팸, 선생님이 네가 뿌린 카드를 주으라고 했다." 팸은 움직이지는 않았지만 카드를 줍기 위해 굽혔다. "좀 낫구나."라고 말하고 알렌을 달래기 위해 그녀에게 향한다. 팸은 이 광경을 지켜보더니 사라진다.

잠시 후, 팸은 채드Chad가 그림을 마무리하는 미술 영역으로 간다. 교사가 채드의 작품을 바라보며 "아름다운 작품을 만들었구나, 채드. 선생님은 네가 그린 꽃과 나무를 좋아한단다."라고 말했다. 팸은 선반으로 가서 종이와 크레용을 가지고 채드 옆에 앉았다. 팸은 그림을 그리더니 갑자기 채드의 종이 위에 자신의 크레용으로 가운데에 선을 몇 개 그렸다. 채드는 소리를 지르고 팸을 때렸다. 교사가 그곳으로 달려와 채드에게 때려서는 안 된다고 말하고 울고 있는 팸을 달랜다.

그날 오후, 팸은 몇 개의 블록을 넘어뜨리고, 두 장의 그림을 찢고, 수지Susie가 배열해 놓은 옷장 선반에서 구두를 잡아당겼다. 교사들은 실망감을 느끼는데, 그 이유는 팸이 친구들의 작품을 점점 더 망가뜨리고 어떠한 대안책도 이 행동을 제거하는 데 도움이 되지 않기 때문이다.

행동 진술

유아는 다른 유아들의 작품을 고의적으로 손상시킨다.

행동 관찰

언제 그리고 어떤 환경에서 행동이 발생하는지에 관한 더 나은 통찰력을 얻기 위해 행동을 관찰하라.

1) 언제 다른 유아의 작품을 망가뜨리는가?

- 아무 때나
- 자유선택 활동 중
- 계획된 활동 시간에
- 정리 시간에
- 전이 시간에
- 집에 갈 준비를 할 때

2) 망가뜨리기 전에 무슨 일을 하는가?

- 자신의 작품이 망가지게 될 유아와 논다.
- 교실의 다른 곳에서 논다.
- 활동에 참여하지 않는다.
- 특정 유아들과 논다.
- 과제를 완성하는 데 어려움이 있다.
- 진행 중인 활동의 싫어함을 표현한다.
- 장난감이 망가진 유아에 의해 저지당한다.

3) 다른 이의 작품을 망가뜨릴 때 무엇을 하는가?

- 교사가 관찰하는가 보기 위해 두리번거린다.
- 다른 유아의 작품을 망가뜨리기 전에 그 유아가 다른 곳을 볼 때까지 기다린다.
- 아무 일도 안 일어난다면 멀리 도망간다.
- 화를 낸다.
- 교사와 직면했을 때 자신이 망가뜨린 것을 인정한다.
- 부인한다.
- 스스로 사과한다.
- 교사가 요구할 때 사과한다.
- 고쳐 줄 것을 제안한다.

4) 누가 희생자인가?

- 누구나
- 친구
- 남아
- 여아
- 어리거나 작은 유아들
- 나이가 많거나 큰 아동들
- 전에 다퉜던 유아들
- 자신이 싫어한다고 표현한 유아들

5) 어떻게 파괴하는가?

- 블록 영역에서 무너뜨림
- 여러 재료를 사용해 만든 구조를 망가뜨림
- 미술 작품을 찢거나 버림
- 미술 작품을 구기거나 물을 부음
- 물감, 크레용, 기타 도구를 사용하여 미술 작품에 낙서함
- 책상이나 다른 역할놀이의 소품을 떨어뜨림
- 인형의 옷을 벗김
- 다른 유아가 정렬한 것을 흐트러뜨림
- 퍼즐 조각 맞춘 것을 망가뜨림
- 찰흙 작품을 뭉갬

문제행동을 없애기 위해 이러한 비형식적인 관찰로부터 얻은 단서를 이용하라.

가족과의 협의

다른 친구들이 노력한 작품을 망가뜨리는 파괴적인 행동은 가능한 한 빨리 멈추어져야 한다. 일단 교사가 언제, 누구를 향해, 어떻게 다른 친구들의 작품을 망가뜨리는지 조심스럽게 관찰할 기회가 있었다면 이 행동을 변화시키는 데 있어 도움을 얻기 위해 가족과 만나라. 행동의 원인이 무엇인지 토론하고 행동을 방지하기 위한 가족의 조언을 구하라. 이러한 파괴적인 행동을 변화하기 위한 노력을 시작했다면 가족에게 그 성공을 수시로 알리라.

적용점 찾기

유아교육 프로그램은 창조성을 키우기 위해 디자인되었다. 유아교육기관 학급의 대부분의 영역에서 유아들은 독특한 방법으로 자신을 표현할 기회를 갖는다. 대부분 유아교육기관 물품들은 각각의 유아가 좋아하는 방법으로 사용되도록 디자인되었다. 물품을 사용하는 옳고 그른 방법은 없다. 창조성을 격려하는 것에 덧붙여 유아교육 용품은 독립성을 제공하고 긍정적 자아개념을 향상시킨다. 유아들은 자신들의 작품을 자랑한다. 그러므로 다른 유아가 자신들이 만든 무언가를 망가뜨리는 일은 유감스러운 일이다. 다른 친구의 작품을 고의적으로 망가뜨린 유아는 분노, 혐오, 좌절, 장난기의 이유 때문에 그렇게 하는 것이다. 이유가 어찌 되었든 이러한 파괴성은 수용될 수 없다.

교사는 이러한 행동이 멈추기를 원하며 추론하기, 강의, 화내기, 실망 나타내기, 사과 강요하기 등을 시도할 것이다. 교사의 걱정은 특별히 절박하다. 왜냐하면 자신의 작품이 망가진 유아들 또한 다양한 반응을 보이기 때문이다. 유아가 다른 유아의 작품을 파괴할 때 그는 두 배의 강화를 받는다. 한편으로는 그는 다른 친구를 상해한 것이고 그 친구는 큰 소리로 눈에 띄게 반응한다. 다른 한편으로 선생님도 강하게 반응하고 유아가 무엇을 잘못했는지 알려주는 데 시간을 소모한다. 따라서 다른 사람의 작품을 반복적으로 망가뜨리는 유아는 그러한 행동으로 인해 상당한 관심을 받게 된다. 비록 이러한 관심이 행동을 멈추기 위한 것일지라도 그것은 행동을 강화할 뿐이라는 것을 기억하라.

대안 찾기

다음의 제안들이 문제에 대한 비교적 간단한 해결책이 될는지 고려해 보라.

- 교실의 물품을 사용하기 원하는 모든 유아들을 위한 충분한 자료가 있는지 교실을 조사하라. 자료 부족으로 인해 활동에 참여하지 못할 수 있는데 이러한 이유로 다른 친구들을 향해 공격적으로 반응하는 것일 수도 있다. 그러한 경우 더 많은 자료를 제공해서 기회를 갖기 원하는 모든 유아들이 주어진 활동에 참여할 수 있게 하라.
- 파괴적인 행동이 지나치게 많이 발생하는 것은 교실 배열 때문일 수도 있다. 만약 블록이 자주 넘어진다면 블록 영역이 충분히 고립되었는지 확인하라. 블록 구조물이 넘어지는 이유는 블록 영역이 교실의 주요 길목에 위치하기 때문일 수 있다. 그림이 망가지는 이유는 이젤이 너무 가까이 위치해 있어 유아가 무심코 친구의 그림을 넘어뜨릴 수 있기 때문이다. 문제가 발생하는 영역을 살피고 다른 교실의 배열이 문제를 경감시킬 수 있을지 고려하라.
- 미술 작품과 같은 유아들이 완성한 작품을 보관 및 저장하는 체계를 점검하라. 젖은 물감이나 풀을 사용한 작품들이 마를 수 있는 지정된 영역이 필요하다. 모든 유아를 위해 낮에 만든 작품을 집에 가져갈 때까지 보관할 특별한 장소가 필요하다. 이러한 보관소는 지저분하거나 혼란스러워서는 안 되는데 이는 이러한 상태가 유아의 작품에 대한 소중함을 보이지 않고 작품들이 손상되기 쉽도록 할 수 있기 때문이다. 교사가 창의적인 작품을 어떻게 다루고 보관하는지 여부는 유아로 하여금 교사가 그것을 얼마나 가치 있게 생각하는지를 보여주는 것이다.
- 만약 유아가 다른 유아의 작품을 망가뜨린다면 두 유아를 분리시키는 것을 고려하라. 희생자는 다른 유아의 공격성을 유도했을 수 있다. 가능하다면 한 명의 유아를 다른 교실에 배치하라. 이렇게 할 수 없다면 공격적인 행동이 발생하는 기간 동안 두 유아를 분리시켜라.

만약 위의 어느 제한도 다른 사람의 작품을 파괴하는 유아의 문제를 돕지 못한다면 다음의 접근을 시도하라.

목표 진술

이 유아를 위한 목표는 다른 친구들의 작품을 망가뜨리는 행동을 중지하는 것이다.

절차

이 행동을 제거하기 위한 기본 절차는 네 가지 방법을 동시에 실시할 수 있다.

- 유아가 창의적 활동에 참여하도록 격려하고 그러한 노력을 강화하라.
- 적절한 사회적 행동을 강화하라.
- 가능한 한 언제든지 공격적인 행동을 방지하라.
- 만약 유아가 다른 친구의 작품을 망가뜨린다면 자기조절 시간을 사용하라.

행동 정의

다른 유아의 작품을 망가뜨리는 것은 다른 유아의 작품을 망가뜨리기 위해 고의적으로 행동하는 모든 경우를 포함한다. 다른 유아가 만든 작품을 망치기 위해 찢기, 자르기, 물붓기, 낙서하기, 무너뜨리기, 배열 흐트러뜨리기 또는 기타 행동을 의미한다.

출발점

3일 동안 훗날의 진보를 비교할 수 있는 기초를 제공하기 위해서 다른 사람의 작품을 망가뜨리는 모든 사건의 횟수를 세라. 행동이 발생할 때마다 관찰지에 기록하라. 하루를 정리하면서 빈도 그래프에 총 횟수를 기록하라.

행동 지도 전략

3일 동안 다른 사람의 작품을 망가뜨리는 사건을 기록했면 이제는 다음의 프로그램을 수행하라. 모든 교사가 프로그램을 일관성 있게 따르는 것은 중요하다.

1) 유아의 창의적인 활동을 격려하고 강화하라. 유아가 다른 친구의 창의적인 노력

의 가치를 인식하고 존중하기 위해서는 먼저 자신의 작품과 관련해서 이러한 가치를 알아야 한다. 다양한 창의적인 활동을 제공하고 이러한 활동에 참여하도록 격려하라. 이러한 활동에 참여할 때 주의 깊게 살피라. 유아의 창의적인 노력에 대한 교사의 관심이나 감사를 표현하는 방법으로써 유아의 작품에 대해 언급해 보라. 색깔, 모양, 디자인의 사용, 과정, 작품에 들인 노력의 양에 대해 언급할 수 있다. 평가하지 않으면서 유아의 노력을 인식하는 (비평가적인) 인정은 잘 준비된 칭찬보다 더욱 효과적이다. 예를 들어, "좋은 그림이다"라는 표현은 창의성을 없앨 수 있는데 왜냐하면 그 표현이 가치 판단을 부여하고 또는 모든 유아에게 반복되었을 때 의미 없게 되기 때문이다.

무엇보다도 가능한 한 자주 유아에게 관심을 보여라. 후에 다른 유아의 작품을 망가뜨리는 일이 줄어들고 결국 멈추게 될 때 관심을 교실에 있는 모든 유아들에게 주는 만큼만 제공하도록 줄이라.

창의적 작품은 미술 활동뿐 아니라 개입한 더 넓은 범위를 포함함을 또한 기억하라. 창의성은 블록, 다른 구조 자료물, 소꿉놀이 영역, 모래놀이와 물놀이, 음악, 춤, 언어 활동에도 적용된다.

2) 적절한 사회적 행동을 강화하라. 교사가 파괴적인 행동에 대해 불쾌함을 표현하면서 어떤 행동을 가치 있게 생각하는지 유아가 알게 하라. 유아가 적절한 사회적 행동을 할 때 강화하라. 유아가 협동하며 놀고, 나누고, 즐거워하고, 긍정적인 사회적 상호작용을 즐길 때 교사와 다른 친구들이 고맙게 생각함을 알게 하라. 이러한 방법으로 교사가 원하지 않는 것뿐 아니라 원하는 것이 무엇인지 유아로 하여금 알게 하라.*

3) 가능할 때마다 파괴적인 행동을 예방하라. 비형식적인 관찰로부터, 교사는 유아가 파괴적으로 행동할 때 무슨 일이 일어났는지 아이디어를 가지고 있어야 한다. 가능한 한 언제든지 공격성을 막도록 도울 단서를 이용하라. 예를 들면, 만약 유아가 이젤에서 다른 친구들의 그림에 색깔을 칠하는 것을 발견했다면 이젤의 방향을 돌려서 이 일을 방해하

---

* 분노로 인해서 다른 친구들의 작품을 망가뜨리는 감정적/행동적 장애를 가진 유아는 적절한 행동의 보상으로부터 유익을 얻는다.

지 못하도록 조심스럽게 관찰하라. 만약 다른 유아가 마무리한 그림을 찢는 것을 발견했다면 접근이 가능하지 않은 보관 영역을 찾으라.*

단서가 무엇이든 행동을 예견하고 방지하기 위해서 그것을 사용하라. 유아가 이전에 공격성을 보인 활동 동안 특별히 경계하라. 만약 교사가 다른 유아의 작품에 잠재적 공격을 보이는 단서를 발견한다면 교사가 그 유아와 작품 사이에 위치함으로써 유아를 막으라. 유아가 다른 활동으로 방향을 바꾸도록 시도하라.

4) 다른 유아의 작품을 망가뜨렸다면 자기조절 시간을 사용하라. 만약 유아가 다른 유아의 작품을 망가뜨리면 다음과 같이 하라.

① 자신의 작품이 망가진 유아를 돌볼 다른 교사를 미리 정하라. 이 교사는 가능한 한 작품을 보수하거나 유아가 망가진 것을 고치도록 도와야 한다.

② 다른 친구의 작품을 망가뜨린 유아를 차분히 자기조절 시간 영역으로 데려간다. 단호하면서도 조용하게 "나는 네가 다른 친구의 작품을 망가뜨리도록 허용할 수 없어. 친구들에게 돌아올 준비가 될 때까지 여기 앉아 있어."라고 말하라.

③ 시간을 확인하고 유아로부터 멀리 떨어지라. 자기조절 시간 동안에 유아를 쳐다보거나 말하지 말라.

④ 만약 다른 유아가 자기조절 영역으로 다가가면, 조용히 이 유아를 멀리 보내라. "팸은 몇 분 동안 혼자 있어야 한단다. 너는 팸이 교실에 돌아왔을 때 말할 수 있어."

⑤ 유아는 자신이 준비되었다고 느낄 때 교실 활동에 돌아올 수 있다. 설교하지 말라. 유아는 고립의 이유를 알고 있다. 유아에게 진행되는 활동에 참여하도록 제안함으로써 바람직한 행동으로 인도하라. 적절할 활동에 개입함을 가능한 빨리 강화하는 것은 중요하다.

⑥ 만약 유아가 준비가 안 된 상태에서 교실로 되돌아와 부적절한 행동을 하면, "선생님은 네가 아직 교실로 돌아올 준비가 되지 않았다고 생각해."라고 말하고 자기조절 영역으로 다시 데리고 가라. 다시 한 번 자신이 언제 그룹으로 되돌아갈 것인지 결정하

---

* 태아기 때부터 약물이나 알콜에 노출된 유아가 다른 친구의 작품을 망치는 것은 충동적인 반응일 것이다. 사전 예방이 최선의 전략이다.

도록 허락하라.

5) 지속적으로 행동을 기록하라. 유아가 다른 친구의 작품을 손상한 횟수를 지속적으로 계수하고 이 정보를 빈도 그래프에 표시하라. 그래프는 창조적 활동에 참여함과 긍정적인 사회적 상호작용 때문에 교사가 유아에게 제공한 칭찬의 양이 어느 속도로 줄었는지 알게 해 준다.

변화 유지

유아가 다른 사람의 작품을 망가뜨리는 것을 그만둘 때 교사는 목적에 도달했다. 창조적 노력에 대한 정기적 강화를 지속하고 다른 유아들과의 긍정적인 사회적 상호작용을 격려하라. 만약 유아가 가끔 다른 사람의 작품을 망친다면 자기조절 시간을 사용하라.

5 단원 감정적이며 의존적인 행동들

제 23 장

우는 행동

"선생님!" 하고 네 살 난 스티븐Steven이 부른다. 교사는 스티븐을 향해 등을 돌리지만 이내 유아 등 뒤에서 두 유아가 가지고 놀던 블록 탑이 쓰러지려 하자 거기에 시선을 빼앗기고 만다. 곧이어 스티븐은 울음을 터뜨리고 만다. 무너지려는 탑을 바로 세운 후에 교사는 스티븐에게 간다. 그리고 스티븐을 안아 주며 우는 이유를 묻는다. 스티븐은 이에 아랑곳하지 않고 계속 울더니 한참 달랜 후에야 비로소 울음을 그치고 "종이가 더 필요해요."라고 대답한다. "별 문제가 아니구나." 하고 교사는 스티븐을 위해 종이 한 장을 이젤 위에 올려 준다. 하지만 스티븐은 교사가 계속 달래 주고 말을 붙여도 울면서 다시 그림을 그리려 하지 않는다. 그날 아침 이후로 스티븐은 시도 때도 없이 울어댔다. 이야기 나누기 시간에 자기가 좋아하는 친구 옆에 앉지 못해서, 다른 친구가 자기를 울보라고 놀렸다고, 아니면 다른 친구들이 그네를 다 차지하여 자리가 없을 때, 블록을 쌓다가 블록이 모자랄 때, 심지어 간식이 왼쪽에서부터 나눠지지 않고 오른쪽에서부터 나눠진다고 울어댔다. 스티븐이 유아교육기관에 들어온 4개월여 동안 교사들은 스티븐의 울음을 달래느라 정신이 없다.

행동 진술

유아는 약간의 자극이 있거나 아니면 전혀 자극이 없는데도 불구하고 자주 울어댄다.

행동 관찰

유아가 우는 행동을 보일 때 보다 근원적인 원인을 파악하기 위해 시간을 갖고 유아들을 관찰하라. 관찰할 주요 내용은 다음과 같다.

1) 유아는 언제 우는가?

- 하루 중 언제 울지 예측할 수 없을 정도로
- 이른 아침 유아교육기관에 도착하자마자
- 오후 귀가할 때 무렵
- 낮잠 잘 시간 무렵
- 식사 시간 무렵
- 교사와 함께 대집단 활동이 이루어질 때
- 자유선택 활동 시간에
- 바깥놀이 시간에
- 정리 정돈 시간에
- 작업이나 활동이 끝날 무렵에
- 전이 시간에
- 화장실에 가고 싶을 때

2) 유아가 울기 시작하기 전에 무슨 일이 있었는가?

- 자신이 갖고 싶은 것을 다른 유아가 갖고 있다.
- 자신이 갖고 있는 것을 다른 유아가 빼앗아 갔다.
- 친구들이 자신을 놀이에 끼워 주지 않았다.
- 다른 유아와 말싸움이나 주먹다짐을 하였다.
- 교사가 유아의 질문에 대답하지 않았다.
- 교사에게 "안 돼!"라는 말을 들었다.
- 유아의 엄마나 아빠가 막 떠났다.
- 작업 활동을 완성하지 못했다.
- 어떤 활동을 하도록 허락받지 못했다.
- 어떤 활동에도 참여하고 싶어 하지 않았다.
- 다쳤거나 아프다고 투정을 한다.
- 혼자 넘어지거나 굴러서 다쳤다.
- 겉으로 분명히 드러나는 자극은 없다.

3) 유아는 울 때 어떻게 하나?

- 문제가 해결되면 울음을 그친다(예: 원하는 장난감을 가지게 될 경우).
- 자기가 원하는 것이 주어졌는데도 계속해서 운다.
- 교사가 말로 위로해 줄 때 울음을 멈춘다.
- 교사가 잠시라도 안아 주어야만 울음을 멈춘다.
- 교사가 안아 주거나 달래 주려 해도 듣지 않는다.
- 자기가 우는 이유를 말한다(예: "엄마가 보고 싶어요."라고).
- 아무 말도 하지 않고 흐느끼기만 한다.
- 교사가 자기에게 적절한 방법으로 말을 걸 때 반응한다.
- 교사가 하는 여타의 타당한 말에 귀 기울이지 않는다.
- 누군가 자기에게 말을 걸어 올 때 더 크게 운다.

우는 행동을 하는 유아들을 이러한 내용을 중심으로 관찰함으로써 유아를 지도하는 최선의 방법을 찾아 불필요한 울음을 줄이도록 도움을 줄 수 있다.

가족과의 협의

유아의 우는 행동을 주의 깊게 관찰한 후 가족과 면담 시간을 가질 수 있다. 부모나 가족과의 만남을 통해 유아가 자주 우는 문제에 대해 협의하는 시간을 갖는다. 최근 가정에서 유아에게 두려움이나 염려할 만한 생활의 변화가 있었는지 의논하여 본다. 또한, 유아가 가정에서는 어떤 문제 상황에 처했을 때 우는지 물어보라. 우는 행동에 대한 원인이 어디에 있는지 알아보라. 또한 유아의 우는 행동을 없애려고 가정에서는 어떤 방법들을 동원했는지 그리고 그런 방법들이 효과가 있었는지 가족과 이야기를 나눌 수 있다. 만일 유아가 주로 유아교육기관에서만 울고 집에서는 울지 않는다면 무엇 때문에 이런 행동이 나타나는지 가족과 함께 상의해 보라. 그럴 경우 교사가 그러한 행동의 원인을 지속적으로 찾아보겠다고 가족에게 말하라. 일단 교사가 유아의 이런 지나친 울음을 줄이기 위한 행동 지도 전략을 시작하면 유아의 행동이 어떻게 바뀌는지 가족과의 지속적인 연계를 통해 부모에게 알리는 것도 중요하다.

적용점 찾기

울음은 어린 시절에 나타나는 의사 전달의 한 수단이다. 하지만 유아가 성장해 감에 따라 점점 더 자제력을 갖게 되고 울음이 아닌 다른 방법으로 자신의 필요를 표현하게 된다. 언어는 유아가 학습하는 여러 가지 중 가장 중요한 울음의 대체 수단이다. 어떤 사람들의 경우에는 울음이 지속적인 의사 전달 수단의 하나로 사용된다. 어린 시절 울음은 아픔, 분노, 두려움, 좌절, 슬픔, 다른 감정들을 표현하는 데 빈번히 사용되고 있다.

때때로 유아가 울음을 지나치게 사용하는 경우 문제가 되기도 한다. 유아의 우는 행동은 타인의 주의를 좀 더 효율적인 방법으로 끌지 못할 때 나타난다. 그런 유아가 울음을 보였을 때 부모나 다른 사람들의 관심을 받게 됨을 발견한다. 그런 상황에서 유아들의 우는 행동이 습관이 되어 쉽게 나타나게 된다. 또한 유아가 주의를 끌기 위해서 말을 하지만 무시될 때가 있다. 그 경우 유아는 울게 되어 주목을 받게 되고 이로 인해 울음은 강화되는 것이다. 이런 일이 자주 발생하게 되면 울음은 유아의 일차적인 의사소통의 수단이 된다.

유아교육기관에서 유아들은 종종 운다. 몇몇 유아들은 우는 데 타당한 이유가 있지만, 다른 유아들은 울음이 주의를 끄는 효과적인 장치라는 것을 알기 때문에 이유 없이 운다. 따라서 교사는 유아들의 우는 행동에 대한 두 가지 이유를 구분하는 것이 중요하다. 유아들이 무서워하거나 외롭거나 다치거나 해서 울거나 아니면 화가 나서 운다면 그 문제를 교정해 주거나 유아들이 그 문제를 잘 다루도록 도와줘야 한다. 반면에 유아가 관심을 끌기 위해 운다면 다른 방법으로 접근할 필요가 있다. 이런 상황에서 교사가 유아의 울음에 관심을 보이게 되면 그들의 우는 행동은 강화되고 유아는 계속해서 울게 될 것이다.

대안 찾기

울음이 항상 주의를 끌기 위해 사용되는 것은 아니기 때문에 유아의 우는 행동의 이유를 파악하고 내재된 문제를 잘 다루는 것이 중요하다. 평상시 자주 우는 유아가 아니라면 유아가 울어야 할 합당한 이유가 있을 것이다. 하지만 자주 우는 유아라 할지라도 우는 행위가 단지 관심을 끌기 위해서 나타난다고 단정할 수는 없다. 다음 상황들을 고려해 보라.

- 유아가 유아교육기관에 가는 것은 정신적으로 충격적인 경험이 될 수 있다. 어떤 유아들은 처음 유아교육기관 생활을 시작한 후 상당 기간 울기도 한다. 유아가 유아교육기관에서 편안하게 느끼고 활동 가능한 많은 것을 경험하도록 하기 위해서는 부모를 떠나 유아교육기관에 등원함으로 겪게 되는 어려움을 유아 스스로 잘 극복하도록 도와줘야 한다. 이를 위해 부모 중 한 명이 유아가 유아교육기관에 처음 들어가서 새로운 환경이나 교사들을 좀 더 잘 알게 될 때까지 유아와 함께 있을 수 있다. 유아교육기관에 처음 온 유아들에게 그들이 버려진 것이 아니고 일과를 마친 후에 집으로 다시 돌아간다고 안심시켜 줄 필요가 있다. 이렇게 유아를 안심시켜 주는 말은 여러 차례 반복해서 할 필요가 있다.*
- 유아가 유아교육기관 생활을 시작한 직후 하루 중 어느 한 때에 운다면 이는 유아가 실제로 힘들기 때문이다. 이런 경우 유아의 울음을 그냥 대수롭지 않게 생각해서는 안 된다. 이런 경우에는 유아에게 말을 붙이거나 관심을 보이거나 안아 줌으로써 유

* 정서적 행동적 장애가 있는 유아는 지나치게 수줍어하거나 새로운 환경에 적응하기 어렵다. 이런 경우에는 교사가 상냥하게 대해 주거나 유아의 이야기를 충분히 들어 주는 것이 특히 중요하다.

아를 위로해 주고 달래 줘야 한다. 또한 유아가 버림받지 않았다는 것을 알도록 도와주어야 한다. 유아가 자신의 불안감이나 염려를 극복하는 과정에서 자신이 보고 싶어 하는 부모 대신 교사에게 애착을 가질 수도 있다. 일시적으로는 이러한 애착이 필요하지만 일단 유아교육기관 생활에 편안함을 느끼기 시작하면 이러한 애착은 떨쳐 내야 한다. 대부분의 경우 유아가 유아교육기관 활동에서 오는 즐거움이나 또래들과 상호작용이 증가되면 교사에게만 집착하는 행동이 감소하게 된다.

- 유아가 최근 들어서 자주 울기 시작했다면 유아의 생활에 어떤 변화가 있는지 살펴보라. 동생의 출생, 가족 구성원의 사망, 부모의 이혼 또는 다른 스트레스 요인으로 인해 유아가 불안해진 경우일 수 있다. 이러한 요인들은 유아의 취약한 정서에 불안감으로 영향을 끼쳐 유아를 자주 울게 만들 수 있다. 가족과 대화를 통해 유아가 처해 있는 문제를 스스로 잘 처리하도록 어떻게 하면 도울 수 있는지 알아보라. 이런 경우 유아는 교사의 지지와 관심을 필요로 한다.
- 어떤 유아들은 지나칠 정도의 잦은 실수로 인해 울기도 한다. 어떤 유아는 관심을 끌기 위해 의도적으로 실수를 하는 경우도 있다. 주의 깊게 관찰해서 진짜 실수와 일부러 꾸며 낸 실수를 구분하도록 하라. 운동 능력이나 지각 능력에 문제가 있는지 주의 깊게 살피라. 이 때문에 의도하지 않은 과도한 사고가 발생할 수도 있다.*
- 유아가 사회적 상황에서 상처를 받아 운다면 울음을 줄이려 하기보다는 오히려 유아의 사회적 수용력을 향상시키도록 노력해야 한다. 만약 유아가 거부당하는 것이 공격적인 행동의 결과라면 31장을 참고하거나 공격성과 관련된 장들 중 하나를 찾아보라. 일단 울음의 원인을 제거하고 나면 그 행위는 감소할 것이다.**
- 언어적 의사소통에 어려움이 있는 유아는 다른 사람들에게 자신이 무엇을 필요로 하는지 알리기 위하여 울음을 대체 수단으로 사용할 수 있다.***

---

* 자주 실수를 하는 유아들에게는 내재된 운동적 혹은 감각적 장애가 있는지 주의하라.

** 정서적, 행동적 장애가 있는 유아의 부적절 행동은 장애를 더욱 복잡하게 할 수도 있다. 이러한 유아가 사회적으로 수용 가능한 대안적 행동을 배워 나가도록 도와주는 것이 중요하다.

*** 언어장애가 있는 유아는 의사소통을 애써 시도하는 것보다 차라리 울어버리는 것이 관심을 끄는 데 더 효과적이라고 생각할 수 있다. 이럴 때 유아가 무엇을 전달하려고 하는지 이해하도록 교사는 각별히 주의를 기울여야 한다.

유아가 자주 우는 이유가 위에 제시된 상황과 관련이 없고 관심 끌기 위한 전략이라고 판단된다면 다음 행동 지도 전략을 계속 진행하라.

목표 진술

우는 행동을 하는 유아들의 행동 지도의 목표는 울음을 줄이는 것이다. 그렇게 함으로써 울음이 관심을 얻는 수단이 아니라 정말로 울어야 할 상황에서만 울도록 하는 것이다.

절차

주의를 끌기 위한 울음을 없애기 위해 다음 방법들을 사용하라.

- 유아가 울 때 이를 무시하라.
- 유아가 울지 않을 때 관심을 보이고 이를 강화하라.

행동 정의

울기는 유아가 엉엉 울거나 흐느껴 우는 등의 행위이다. 이러한 행위가 어려움, 분노, 좌절, 슬픔, 다른 감정들에 대한 반응일 경우는 문제가 되지 않지만 어른들로부터 관심을 끌기 위한 수단으로 지나치게 사용될 때는 지도가 필요한 행동이다.

출발점

3일 동안 유아를 관찰하여 사전 정보를 수집하라. 유아가 울 때마다 관찰지에 기록하라. 하루 일과를 마칠 때 빈도 그래프에 총계를 기록하라. 이렇게 하면 행동 발달 상황을 평가하는 데 도움이 되는 정보를 얻게 될 것이다.

행동 지도 전략

3일 동안 유아가 몇 번이나 울었는지 이에 대한 정보를 일단 수집하면 교사는 행동 지도 전략을 수립할 준비가 된 것이다. 지도 절차가 효과적이기 위해서 모든 교사들이 절차를 일관성 있게 따라야 한다.

1) 울음을 무시하라. 울음이 유아의 관심 끌기를 위한 하나의 수단 중 하나라고 판단되면 교사는 관심을 보이지 않음으로써 이러한 행동을 바꿀 수 있다. 울음은 교사가 유아에게 관심을 보여줌으로써 강화되기 때문에 유아의 울음은 지속된다. 관심이 완전히 제거되면 이런 패턴의 역전이 가능하다. 유아가 울 때 다음을 시도해 보라.

① 유아가 다치지 않았는지 확인하기 위해 재빨리 유아를 쳐다보라. 우는 이유를 확실히 모르면 유아에게 좀 더 가까이 다가가 무슨 일인지 물어보라.

② 실제로 문제가 있어서 운다고 판단이 되면 그 문제를 처리해 주고 유아를 위로해 준다. 하지만 유아가 습관적으로 관심을 끌기 위해 운다면 이런 경우가 자주 있는 것이 아니라는 것을 발견하게 될 것이다.

③ 유아가 관심을 끌기 위해 우는 것으로 판단되면 유아에게 다가가서 다음과 같이 말하라. "난 네가 왜 우는지 알 수가 없어!" 그래도 유아가 울면 돌아서서 외면하라. 교사는 유아를 바라보지 말아야 하고 얼굴 표정이나 태도에서 유아에게 주의를 빼앗겼다는 인상을 주어서는 안 된다. 유아가 울고 있는 동안에는 유아를 무시하라.

④ 교실에서 누군가 울면 수업에 방해가 될 수 있다. 유아가 자유선택 활동 시간에 울면 그 자리에 그냥 내버려 두라. 다른 유아들이 염려가 된 나머지 교사에게 이 사실을 말하려 하면 교사도 알고 있음을 말하고 그 유아가 어디 다쳐서 우는 게 아니라고 말해 주어라. 만약 유아가 이야기 나누기 시간, 음률 시간, 다른 그룹 활동 시간에 운다면 유아를 교실 밖으로 데리고 가야 할지도 모른다. 다른 유아들이 활동에 집중할 수 없을 정도로 방해가 된다면 유아를 분리시킬 장소를 미리 마련해 놓으라. 그 유아에게 아무도 관심이 없다는 것을 분명히 보여주도록 하라. 유아를 퇴실시킬 때 다음과 같이 말하라. "네가 지금처럼 울면 우리는 이야기를 들을 수 없단다. 그래서 너는 교실 밖으로 나가야 해. 네가 울음을 그치면 그때 다시 들어와도 좋아."라고 말한다.

⑤ 유아가 자기의 행동이 무시될 때 처음 몇 번은 보통 때보다 더 오래, 더욱 크게 울게 될 것을 예상하라. 유아는 계속해서 교사의 주의를 끌려고 하기 때문에 이는 충분히 예상되는 바이다. 행동 지도를 위해 교사는 인내심을 가지고 끈기 있게 행동해야 한

다. 우는 데도 불구하고 처음 몇 번 완전히 무시당하고 나면 유아는 이런 행위를 줄이게 된다. 하지만 유아가 우는 시간 동안 내내 철저히 무시되어야 한다는 것은 매우 중요하다. 만약 조금의 관심이라도 보이면 울음을 통해 관심을 끌 수 있다는 유아의 믿음이 강화되게 될 것이다.

⑥ 유아가 언제 울음을 그치는지 알 수 있도록 교사는 유아에게 귀를 기울이되 쳐다보지는 말라. 울음을 멈추면 즉시 유아에게 달려가라. 이때 유아에게 최대한의 관심을 표현하는 것이 중요하다. 그리고 다음과 같이 말해도 좋다. "그래! 이제 네가 어떤 활동을 할 수 있는지 찾아보자. 네 옆에 와서 잠시 앉아 있을게." 유아가 할 수 있는 활동을 안내해 주고 함께 작업하며 시간을 갖는다.

⑦ 울음을 그쳤다가도 교사가 유아에게 다가서면 유아가 다시 울기 시작할지도 모른다. 그럴 때는 "네가 울면 너랑 이야기할 수 없단다."라고 말하라. 울음을 다시 멈추면 활동에 참여시켜라. 만일 계속해서 울면 자리를 떠나고 울음을 그칠 때까지 무시해 버려라. 그리고 하루 중에 이러한 행동을 계수하라.

2) 유아가 울지 않을 때 이를 강화시켜라. 울 때는 교사가 유아에게 관심을 보이지 않는다는 것을 유아에게 전하라. 교사가 유아로부터 어떤 행동을 기대하고 중요시하는지 유아가 알도록 하라. 유아가 예상대로 유아교육기관 일과에 잘 참여하면 기꺼이 유아에게 자주 관심을 보이도록 하라. 유아가 활동을 하거나 협동놀이에 참여하거나, 지시에 잘 따르거나, 정리 정돈을 돕거나, 또래 상호작용에 잘 참여할 때 교사가 얼마나 기쁜지 말해 주어라. 칭찬, 관심, 안아 주기 등 어떤 형태로든지 유아를 적절히 격려해 주어라. 기대에 부응하는 행동을 강화시키고 울음은 무시하는 적절히 연합된 활동을 통해 신속하게 유아의 전반적인 행동에 변화를 가져오게 될 것이다.

3) 유아의 행동을 계속 관찰 기록하라. 유아가 우는 경우의 수를 세어 보라. 날마다 그래프에 합계를 기록하라. 유아가 울음을 통해서 관심을 끌려고 더욱 애쓰기 때문에 처음 며칠 동안은 합계가 증가할 수 있다는 것을 기억하라. 일단 유아가 울음 이외의 방법들로 관심을 끌 수 있다는 것을 깨닫고 난 후에는 합계가 빨리 감소할 것이다.

변화 유지

불필요한 울음이 그치고 나면 간헐적으로 바람직한 행동을 강화시켜 주어라. 교사의 목표는 유아가 교실에서 계속 용납될 수 있는 행동을 해야 함을 깨닫게 하고 이것을 강화시켜 주는 것이다. 만약 관심 끌기 위한 울음이 다시 시작되면 이전에 그러했듯이 무시하라. 행동을 무시하게 되면 그 행동이 다시 제거될 것이다.

제 24 장

짜증 부리기, 떼쓰기 행동

"캐롤라인Caroline! 어서 일어나. 바보처럼 굴지 말고. 자, 이제 일어나 보자." 세 살짜리 캐롤라인은 바닥에 드러누워 발을 걷어차고 팔을 휘두르며 계속 울고 있다. 교사는 바닥에서 캐롤라인을 일으켜 세우려다가 캐롤라인에게 정강이를 한번 걷어차이고서야 겨우 그를 일으켜 세운다. 캐롤라인은 교사의 몸을 경직되게 만들고 잡히기를 거절하며, 계속 비명을 지르며, 팔다리를 휘두른다. 교사는 잡았던 손을 놓는다. 캐롤라인은 일어서서 몇 발자국 달아나더니 다시 바닥에 주저앉아 떼를 쓰기 시작한다.

몇 명의 다른 유아들이 이 장면을 지켜보고 또 다른 어른 한 사람이 이 상황에 개입한다. 다른 교사가 단호하게 말한다. "캐롤라인 떼쓰기 그만 하고 당장 일어서!" 캐롤라인은 계속 울부짖으며 발길질을 한다. 결국 교사 두 명이 몇 분 동안 씨름한 후에야 유아는 울음을 그친다. 그리고 결국 마음이 풀렸는지 일어선다. 교사들은 이 고요함이 잠시뿐이라는 것을 알지만 그래도 안도의 한숨을 내쉰다. 캐롤라인은 얼마 지나지 않아 곧 다시 떼를 쓸 것이다.

행동 진술

유아는 원하는 것을 갖지 못할 때 자주 떼를 쓴다.

행동 관찰

무엇이 유아로 하여금 떼쓰게 만들며 떼를 쓴 후에는 어떤 일이 벌어지는지 시간을 갖고 유아를 관찰하라. 떼쓰는 행동에 대해 관찰할 주요 내용은 다음과 같다.

1) 언제 주로 떼쓰는 일이 발생하는가?
- 하루 중 아무 때나 예측할 수 없을 정도로
- 특정 규칙을 따라야만 하는 교사 주도적인 활동 시간에
- 자유선택 활동 시간에
- 바깥놀이 시간에
- 정리 정돈 시간에
- 다른 활동으로 바뀌는 전이 시간에
- 오후 귀가할 무렵
- 아침 일찍 등원한 직후
- 낮잠 시간에
- 식사 시간에

2) 누구와 함께 있을 때 떼를 쓰는가?
- 특정 교사
- 교사 아무나
- 유아 부모 중 한 명 혹은 둘 다
- 특정한 또래들

3) 떼를 쓰기 직전에 유아에게 어떤 일이 벌어지는가?
- 요구했던 뭔가를 받지 못한다.
- 다른 유아에게 얻어맞는다.
- 무엇인가를 빼앗긴다.
- 다른 유아가 가지고 놀고 있는 장난감을 갖고 싶어 한다.
- 다른 유아들에 의해 놀이를 방해받는다.
- 다른 유아나 교사에게 "안 돼!"라는 말을 듣는다.
- 활동에 참여하려고 하지 않는다.
- 활동을 마칠 시간이 되었는데도 정리하려 하지 않는다.

4) 유아가 떼쓸 때 무엇을 하는가?
- 교사가 자신을 쳐다보는지 알아보려고 주위를 살핀다.
- 교사가 근처에 있으면 소리와 동작을 더 크게 한다.
- 교사가 말을 걸려고 하면 더 강하게 떼쓴다.
- 교사가 말을 걸려고 하면 떼를 약하게 쓴다.
- 다른 유아들이 있다거나 그들이 말을 걸면 이에 반응한다.
- 성인의 관심을 받으면 떼쓰기를 멈춘다.
- 성인의 관심을 받으면 떼쓰기를 더 한다.
- 떼쓰다가 자기 자신이 다치기도 한다.
- 다른 사람을 발로 차거나 손으로 때려서 다치게 한다.

이런 비공식적인 관찰을 통해 얻은 의견을 종합하여 떼쓰기 행동 지도를 위한 적절한 방법을 수립한다.

가족과의 협의

떼쓰기 행동은 취학 전 유아에게 흔히 있는 일이므로 유아교육기관에서 떼쓰기 행동을 한다면 아마 가정에서도 일어날 것이다. 유아의 떼쓰는 횟수가 지나치게 많으면 이러한 행

동을 충분히 관찰한 후 가족과 함께 이 문제에 대해서 이야기를 나누어라. 가족과 함께 왜, 언제, 그리고 어떤 자극이 있은 후에 떼쓰는 행동이 일어나는지 의견을 나누어라. 떼쓰는 행동과 그 강도를 줄이기 위한 아이디어를 생각해 내기 위해 가족과 이야기를 나누어라. 일단 떼쓰는 행동을 없애는 행동 지도 전략을 수립하여 시행한다면 진척 상황에 대해 가족에게 지속적으로 알리라.

적용점 찾기

떼를 쓰는 유아는 그러한 행동이 관심을 끄는 효과적인 장치라는 것을 이미 발견해서 알고 있다. 어떤 유아는 아주 어린 시절부터 쉽게 흥분하고 주위 환경에 강하게 반응하는 경향이 있다. 평온하고 차분한 성격이 아닌 유아가 떼쓰기 행동을 하기가 쉽다. 강하게 반응하는 성향은 자율적인 행동을 하기 위해 애쓰는 걸음마를 시작하는 시기와 취학 직전에 특히 두드러진다. 이 시기는 이제 싹트기 시작한 자신의 자율적 의사 결정 의지와 유아에게 고삐를 씌워 제어하려는 어른의 노력이 충돌하는 시기이다.

유아는 여전히 미성숙한 상태이고 그가 좋아하지 않는 것에 대해서 사회적으로 용납되는 행동으로 반응하는 법을 알지 못한다. 따라서 유아는 자신이 느끼는 바를 매우 극적으로 보여주기를 원한다. 자신의 몸을 바닥에 넘어뜨려 뒹굴거나, 발로 차거나, 주먹으로 치거나, 얼굴을 일그러뜨리거나, 비명을 지르거나, 아니면 울기도 한다. 이렇게 떼쓰는 것은 분명히 관심을 끌기 위한 것이다.

이럴 때 부모들은 종종 이러한 행동을 말리려 하지만 떼쓰기를 그만 하라고 설득하거나 달래려는 노력이 별 효과를 보지 못한다. 그래서 부모들은 제일 먼저 유아가 원하는 것을 들어줌으로 떼쓰기 행동을 그치게 한다. 하지만 이 과정에서 유아들은 자신의 요구를 관철시키거나 누군가의 관심을 끌어내는 데 상당한 성공을 경험한다.

일단 유아가 떼쓰기가 효과가 있다고 터득하고 나면 유아는 그 행동을 더 자주 반복하게 된다. 어른들은 유아를 계속 설득하려 하거나 인내심을 잃어버린 나머지 떼쓰기를 다루는 수단으로 화를 내거나 엉덩이를 때리는 일을 하기도 한다. 하지만 그러한 두 가지 반응은 관심 끌기를 더 돕는 결과를 초래할 뿐이다. 떼쓰기를 통해 자기 뜻을 관철한 경험이 있는 유아가 유아교육기관을 다니기 시작하면 유아교육기관에서도 또한 이러한 행동을 하려 한다. 교사들은 떼쓰기 행동의 경향성을 인식해야 되며, 유아의 관심을 유도하려는 행동에 반응함으로써 이런 행동을 더욱 강화시키는 우를 범하지 않도록 주의해야 한다.

대안 찾기

떼쓰는 행동을 통해 자신의 요구를 호소하는 행동을 적합한 행동으로 변형시키기 위해서는 특별한 지도가 필요하다. 교사들은 다음 고려 사항들은 고려할 때 불필요한 떼쓰는 행동을 바르게 지도하도록 도와줄 것이다.

- 유아들은 시기적으로 점차 독립심이 자라나므로 이러한 자율성을 행사할 수 있는 기회를 자주 경험시킬 필요가 있다. 유아는 스스로 혼자 어떤 일들을 할 수 있는 기회가 주어지면 떼쓰는 행동을 덜 하는 경향이 있다. 따라서 교실이나 교육활동 계획 시 유아들의 자율성을 가능한 한 많이 장려하도록 계획 및 구성하여야 한다. 예를 들어, 유아가 쉽게 교재 교구에 접근하거나 겉옷을 걸 수 있고 화장실과 세면대에 쉽게 닿을 수 있도록 교실 환경을 구성하여야 한다. 교과과정은 유아의 자율적인 선택이 허용되어야 하며 이를 통해 유아가 스스로 결정을 내리는 법을 배울 수 있도록 해야 한다. 이것은 유아가 자율성을 표현하는 하나의 방법이 되는 것이다.
- 아주 어린 유아들은 떼쓰기 쉬운 경향이 있다. 그들은 아직 사회적으로 수용 가능한 자기 표현 방식에 숙달되지 않아서 떼쓰기 행동과 같은 신체적 방법으로 반응한다. 두 살짜리 유아의 사회적, 정서적, 언어적 능력과 한계를 인식하고 그들의 떼쓰기를 다룰 때 이런 점들을 명심하라. 떼쓰기가 발생하면 이는 무시해 버리고 좀 더 수용 가능한 행위는 강화시켜 주는 것이 가장 바람직하다. 두 살짜리에게 있어 주요 관심사는 떼쓰기가 습관적인 행동이 되지 않게 하는 것이다. 처음부터 무시해 버림으로써 이런 행동을 못하게 해야 한다.*

---

* 발달적으로 혹은 인지적으로 장애가 있는 유아들 중 아장아장 걷는 영아들의 떼쓰기와 유사한 떼쓰기 행동을 하는 경우가 있다. 언어 손상을 입은 유아는 떼쓰기가 의사소통의 대체 수단으로서 효율적이라는 것을 조기에 알게 될 수도 있다. 떼쓰기는 무시하되 바람직한 자율성은 발휘하도록 하는 것이 도움이 된다.

목표 진술

떼쓰기 행동의 지도 목표는 떼쓰기 행동을 그치고 사회적으로 수용 가능한 표현 방법을 익히는 것이다.

절차

떼쓰기 행동을 없애기 위해서는 다음의 기본적인 세 가지 전략이 동시에 포함되어야 한다.

- 떼쓰기가 발생했을 때 이를 무시하라.
- 적절한 행동들은 자주 강화시켜 주도록 하라.
- 수용 가능한 방식으로 자신의 정서적 반응을 표현할 수 있도록 유아를 도와주라.

행동 정의

떼쓰기는 여러 행동들의 집합체라 할 수 있는데 여기에는 유아가 어떤 못마땅한 사건의 반응으로써 여기에는 바닥에 누워 뒹굴거나 발로 차거나 주먹으로 때리거나 울거나 비명을 지르거나 아니면 다른 극적인 행동들이 포함된다.

출발점

유아가 떼쓰기를 얼마나 자주 하는지에 관한 초기 정보를 수집하기 위해 3일의 시간을 갖도록 하라. 유아가 떼쓸 때마다 관찰지에 표시하고 떼쓰기가 얼마나 오래 지속되는지 기록하라. 처음에는 유아의 떼쓰기 빈도가 줄지 않을지도 모르지만 지속 시간이 줄 수 있다. 초침이 있는 시계를 준비하도록 하라. 유아가 떼를 쓸 때 시간을 재고 얼마나 오래 지속되는지 기록하라. 일과를 마치면 빈도 그래프에 떼쓰기 총 횟수를 기록하고 지속 시간 그래프에 그날 일어난 떼쓰기의 평균 지속 시간을 기록하라. 모든 떼쓰기 행동 시간의 길이를 더하고 떼쓰기 행동의 횟수로 나누어서 평균 지속 시간을 계산하라.

$$\frac{\text{모든 떼쓰기 행동의 총 분minutes}}{\text{떼쓰기 행동의 총 횟수}} = \text{평균 지속 시간}$$

행동 지도 전략

일단 3일 동안 떼쓰기의 횟수와 지속 시간을 관찰 기록하고 나면 다음 프로그램을 계속하라. 모든 교사들이 이런 절차를 일관성 있게 따르는 것이 매우 중요하다.

1) 떼쓰기 행동이 발생하면 무시하라. 유아가 떼쓰기를 할 때 그것을 완전히 무시하라. 과거의 그 유아는 부적절한 행동으로 상당한 관심을 받았다. 그로 인해 유아는 누군가의 관심이 지속되기를 기대한다. 떼쓰기의 지속 시간, 강도, 총 횟수는 교사가 처음 떼쓰기를 무시하기 시작할 때 증가할 수도 있다. 일단 유아가 아무리 세게 아무리 오래 또는 아무리 자주 떼쓰기를 한다 해도 주의를 끌지 못한다는 것을 깨닫고 나면 유아는 재빨리 이런 행동을 감소시키고 멈출 것이다. 유아가 떼쓰기를 할 때 다음을 고려하라.

① 어떠한 강화도 제공하지 말라. 떼쓰기와 관련된 모든 행동을 무시하라. 유아에게 접근하거나 말을 걸거나 설득하거나 설명하거나 심지어는 유아를 쳐다보지도 말라. 마치 유아가 교실에 없는 것처럼 행동하라. 얼굴 표정으로나 행동이나 어떤 형태로든 교사는 유아의 행동에 관심이 있다는 것을 전달해서는 안 된다. 한참 떼를 쓰는 가운데도 유아는 떼쓰기에 대한 교사의 염려, 좌절, 노여움이 표출되는 신호를 교사로부터 알아챈다. 유아의 행동에 대해 교사의 초연함을 행동으로 보여줄 뿐 아니라 느끼게 해야 한다.

② 가능하면 유아가 있는 그곳에 내버려 두라. 떼쓰는 동안에도 교실 안에 학습활동을 계속 진행하라. 만약 유아의 떼쓰기가 너무 방해가 되어 계획된 활동을 지속할 수 없다면 두 가지 선택 사항 중에 하나를 실행할 수 있다. 유아를 교실 밖으로 이동시켜서 다른 장소에서 떼쓰도록 하게 하거나 활동 일정을 바꿀 수도 있다. 만약 전자를 선택한다면 교사의 관심이 드러나지 않으면서 유아를 지켜볼 수 있는 곳에 배치하라. 유아가 어느 곳에 있든지 무시하는 것이 중요하다. 활동 시간의 수정은 단지 떼쓰기가 수업을 지나치게 방해하지 않을 경우에만 선택하라.

③ 만약 다른 유아가 떼쓰기에 교사의 관심을 요구하면 교사도 알고 있다고 말하고 그 유아가 떼쓰기를 스스로 그만두기를 원한다고 말하라. 교사는 일단 떼쓰기가 멈춰지면 그 유아에게 관심을 가질 것이지만 그 전에는 안 된다고 말하라.

④ 교사는 귀를 유아 쪽으로 향하고 있어서 유아의 언행을 들을 필요가 있다. 떼쓰기가 멈춰진 것을 들으면 유아에게로 가라. 유아 옆에 앉아서 잠시 동안 유아가 차분해질 때까지 기다리되, 떼쓰기에 대해 언급하지는 말라. 유아가 준비되면 유아가 할 수 있는 활동을 선택하고 참여하도록 도와줘라. 만약 유아가 교실 밖에 있다면 들어와도 좋다고 말하라.

⑤ 만약 유아가 교사가 찾아간 후에도 떼쓰기를 지속하면 지나쳐 버려라. 유아가 멈출 때까지 그 행동을 무시하라. 떼쓰는 동안에는 유아에게 관심을 주지 말라.

2) 자주 적절한 행동을 강화시켜 주어라. 떼쓰기를 무시하는 동시에 교사는 어떤 행동에 가치를 두는지 유아가 알도록 말하라. 유아의 적절한 행동에 주의를 기울여 자주 강화시켜 주어라. 유아가 활동에 참여하여 다른 유아와 상호작용하거나 정리 정돈을 하는 데 도와주고 기대한 다른 방식으로 참여할 때를 찾아보라. 무엇이 떼쓰기를 초래하는지에 대한 단서를 찾기 위해 교사의 비공식적 관찰을 활용하라. 만약 유아가 수용 가능한 방법으로 그 잠재적 문제 상황을 다루는 걸 보게 된다면 아낌없는 칭찬과 관심을 보여주라.

3) 정서적 반응을 수용 가능한 행동으로 표현하도록 유아를 도우라. 유아가 화가 나거나 좌절감을 느끼거나 어떤 식으로든 힘이 드는 상황에서는 일관되게 떼쓰기를 통해 반응할 수도 있다. 좀 더 수용 가능한 반응을 사용하는 것을 반드시 배워야 한다. 유아가 떼쓰기로 반응하게 될 상황을 주의 깊게 지켜보도록 하라. 만약 떼쓰기 상황이 예상되면 다음 사항을 고려하라.

① 유아에게 빨리 달려가서 취할 필요가 있는 즉각적인 조치를 취하라. 가령 공격적인 행동을 못하게 막거나 다른 사람에게 장난감을 빼앗기지 않도록 하라.

② 유아의 키에 맞춰 자세를 낮추고 유아를 안아 주도록 하라. 그 상황 때문에 생겼을지 모르는 감정을 말로 표현해 인정해 주도록 하라. 가령 다음과 같이 말하도록 하라.

"선생님도 알아. 네가 원하는 장난감을 갖지 못하니 속이 상했지?"

"테리Terry와 아놀드Arnold가 너랑 함께 놀지 않겠다고 말해서 마음이 아프겠다."

"저런! 블록 놀이를 계속하고 싶은데 벌써 정리할 시간이 되었네. 정말 속상하지?"

③ 유아로 하여금 교사의 말에 부연해서 동의하거나 아니면 다른 느낌을 설명함으로써 자신의 느낌을 표현하도록 독려하라.

④ "우리가 그것에 대해 무엇을 할 수 있을까?"라고 말하라. 재빨리 유아와 함께 상황에 대처할 몇 가지 대안을 모색해 보라.

⑤ 적절하다면 문제 상황에 대한 해결책을 유아가 실행하도록 돕도록 하라.

⑥ 유아가 긍정적으로 반응한 것에 대해 칭찬을 하라. 어느 때든지 유아가 떼를 쓰기 시작하면 자리를 비키도록 하라. 이미 논의된 방식으로 그러한 떼쓰기를 무시하도록 하라.

4) 행동을 계속해서 관찰 기록하라. 떼쓰기 행동 지도 전략이 진행됨에 따라 매일매일 떼쓰기의 횟수를 세고 시간을 재도록 하고 이 수치를 적합한 그래프에 기록하라. 처음 며칠 동안은 지속 시간 그래프의 상승과 빈도 그래프의 상승을 예상해 보라. 이런 상승은 곧 수평을 이루다가 유아가 떼쓰기로는 관심을 끌지 못함을 깨달을 때 빠르게 감소할 것이다.

짜증 부리기와 유사 행동으로 삐죽임, 뾰로통하기, 토라지는 행동이 있다. 뾰로통하는 행동은 입을 삐죽인다든지 이마에 주름이 생기는 신체적 반응을 포함하는데 이는 유아가 스스로의 행동이나 하지 말라는 것에 대해 불만족함을 표현하는 행동을 의미한다. 뾰로통한 행동의 지도 목표는 유아의 고집스런 충돌을 중단시킴으로 유아가 뾰로통함을 멈추도록 하는 것이 목표이다. 뾰로통한 행동의 지도 방법은 ① 뾰로통함과 고집 부리기를 초래하는 상황을 피하기, ② 순종을 강화하기, ③ 삐죽임 발생 시 무시하기, ④ 지속적인 관찰 기록이 있다.

뾰로통한 행동이 멈췄다면 그것은 교사의 변화 때문이기도 하다. 교사는 유아의 흥미에 관심을 보이고 유아를 이해하고 존중하는 방식으로 지속적으로 유아와 소통할 필요가 있다. 가능한 언제든지 적절하게 선택할 수 있는 기회를 주도록 하라. 또한 바람직한 행동은 계속 강화하라. 유아가 이따금씩 뾰로통함을 보인다면 무시하도록 하라.

변화 유지

적절한 행동, 특히 정서적으로 바른 행동을 하기 어려운 상황에서도 기대되는 행동을 한 유아에게는 칭찬을 하라. 교실에 있는 다른 유아들에게 하는 것과 같은 비율로 칭찬을 해주도록 하라. 유아가 또다시 떼를 쓰면 무시하라.

제 25 장

아기 말 하는 행동

"아가가 까까를 원해요." "뭘 줄까?" "까까"라고 네 살짜리 아놀드Arnold가 대답한다. "자, 아놀드, 아기처럼 말하지 말고 뭘 원하는지 말해 봐." 교사는 화가 나기 시작하고 이것은 목소리에서도 묻어 나온다. 아놀드는 "나 까까 원해요. 나 까까 머꼬 찌퍼요."라고 말한다. "너 과자가 먹고 싶은 거지? 음, 조금 후에 모두 간식을 먹을 거야." 아놀드는 씩 웃으며 아든Miss Arden 선생님이 걸어갈 때 "아탕!" 하고 말한다. 그 다음 날도 아놀드는 그네를 타고 싶을 때 다른 교사와 비슷한 대화를 나눈다. "아가가 그네 타고 찌퍼요~" 물론 아놀드는 이미 그네에 자리가 없다는 것을 알고 있다. 여러 차례 인내심을 갖고 설명한 후에 그네에 자리가 생겨 아놀드가 그네에 올라앉는다. 아놀드는 교사가 "아놀드, 왜 그네를 타지 않는 거니?" 하고 물을 때까지 입 속에 엄지손가락을 넣고 마냥 앉아 있는다. "아가는 그네 탈 줄 몰라요." "……" 교사는 한숨을 내쉬며 아놀드를 대여섯 번 밀어 준다. 교사는 아놀드가 혼자서도 그네를 탈 수 있다는 것을 알고 있다. 그날 나머지 시간 내내 아놀드는 계속해서 아기처럼 말하고 행동한다. 교사들은 이런 행동을 몹시 염려한다. 아놀드는 자기 연령에 맞는 적절한 언어 사용을 점점 더 줄여 간다.

행동 진술

유아는 아기 말을 사용하고 연령 특징에 맞지 않는 방식으로 말한다.

행동 관찰

시간을 두고 형식에 구애받지 말고 이런 행동에 대한 의견을 얻을 수 있도록 유아를 관찰하도록 하라. 구체적으로 관찰할 주요 내용은 다음과 같다.

1) 유아가 아기 말을 주로 사용하는 때는 언제인가?

- 이른 아침부터 유아교육기관에 도착한 후 내내
- 오후에
- 낮잠 혹은 휴식 시간 무렵에
- 식사 시간 무렵에
- 교사 주도의 활동이 이루어지는 동안
- 그룹 활동 시간에
- 자유 선택 활동 시간에
- 화장실 갈 시간에
- 전이 시간에
- 정리 정돈 시간에

2) 아기 말을 쓸 때 유아는 무엇을 하고 있나?

- 교사와 이야기하고 있다.
- 질문을 하고 있다.
- 장난감이나 놀잇감과 교구를 요구하고 있다.
- 교사의 관심을 구하고 있다.
- 혼자 놀고 있다.
- 다른 유아들과 놀고 있다.
- 기분이 상해 있다.
- 뭔가를 하지 말라고 요구받았다.
- 혼자 놀다 몸을 다친다.
- 다른 유아가 자기를 다치게 한다.
- 어떤 활동에도 참여하지 않고 있다.
- 활동을 수행하는 데 도움을 요청하고 있다.
- 역할놀이 영역에서 놀고 있다.
- 역할놀이 영역에서 아기 역할을 맡는다.
- 종종 기어 다니거나 엄지손가락을 빠는 행동을 한다.

3) 유아가 아기 말을 사용할 때 어떤 일이 생기나?

- 대체로 교사들이 주의를 기울이게 된다.
- 교사들이 그런 말을 무시한다.
- 교사들이 유아에게 아기처럼 말하지 말라고 요구한다.
- 친구들이 그 유아에게 주목한다.
- 친구들이 웃는다.
- 친구들이 주목하지 않는다.
- 그 유아가 아기 역할 놀이를 하는 줄 알고 친구들도 그 놀이에 참여하게 된다.

4) 아기처럼 말할 때 유아는 무엇에 대해 이야기하는가?

아기처럼 말하는 것을 없애기 위해서 관찰을 통해 얻어낸 의견을 사용하도록 하라.

가족과의 협의

아기처럼 말하기의 뿌리가 될 수 있는 유아의 생활 변화에 대해, 특별히 그 행동이 최근에 출현했다면 알아보기 위해 가족과 협의하는 것은 중요하다. 교사가 관찰해 온 것을 가족과 함께 나누고 유아가 유사한 행동을 가정에서도 하는지 알아보도록 하라. 가정에서 유아의 이 행동에 대해 주의를 준 적이 있었는지 가족에게 물어보도록 하라. 만약 유아가 가정이나 유아교육기관에서 아기 말을 사용한다면 두 환경에서 일관되게 사용될 수 있는 공통의 전략을 찾아내기 위해 가족과 협력적으로 의논하도록 하라. 가족과 자주 연락하여 행동 지도에 관한 진보된 상황을 함께 나누어라.

적용점 찾기

언어 장애 때문이 아니고 의도적으로 아기 말을 사용하는 유아는 아마도 이런 행위가 다른 사람들의 주위를 끌게 한다고 생각하기 때문이다. 유아가 성장하면서 적절한 언어 사용으로는 자신이 바라거나 필요로 했던 관심을 끌지 못한다는 것을 유아가 발견했을 수도 있다. 어쩌면 유아는 눈에 띄게 자기의 능력이나 연령 수준 이하의 어투로 말을 했는데 어른들이 들어 주고 웃어 주고 결과적으로 말까지 붙여 온다는 것을 발견했을지도 모른다. 유아는 자기가 어린 아기였다가 형 또는 언니로 신분이 바뀌더라도 아기 말투를 바꾸지 않을 수도 있다. 어린 마음에 유아는 그의 부모가 자기에게 더 많은 관심을 가져 주고 자기를 자기 동생처럼 대우해 주기를 바라고 동생을 모방함으로 동생이 태어나기 전에 자기가 즐겼던 혼자만의 지위를 되찾으려 애쓸지도 모른다. 한번 유아가 아기 말로 관심을 얻을 수 있음을 알게 되면 관대하든 비난을 받든 유아는 계속 사용하려 마음먹을 것이다.

유아교육기관에 다니는 유아가 아기 말을 많이 사용할 때 교사들은 의도적이지는 않지만 이런 행위를 강화시킬 수 있다. "너 참 귀여운 유아구나!" 또는 "이제 그만. 너는 그런 식으로 말할 나이가 지났어."와 같은 반응은 단지 그 행위를 강화시켜 줄 뿐이다.

대안 찾기

아기 말을 사용하는 유아의 문제를 다루는 데 다음의 제안들이 도움이 되는지 생각해 보라.

- 유아의 성숙지 못한 말투는 일종의 언어적 결함에 기인할 수도 있다. 듣는 데 문제가 있거나 발달지체로 인해서 나이에 적합지 못한 언어를 사용할 수도 있다. 유아가 항상 아기 말을 사용한다든지 미숙함이나 듣기에 문제가 있다는 것이 눈에 띄게 되면 부모에게 의료 검진을 받도록 권하라.
- 아기 말투를 사용하는 유아는 동생이 자신의 삶에 새로 들어온 이후로 비교적 짧은 기간 이런 행동을 할지도 모른다. 그러한 반응은 흔히 있는 일이며 문제가 더 커지기 전에 처리될 수 있다. 유아는 아기 말투를 통해 자신의 새로운 지위에 대한 혼란이나 염려를 표현하고 있는 것이다. 교사는 이해심을 보여주거나 유아의 감정을 분명히 설명해 주고 유아의 질문에 답해 줌으로써 유아가 그 상황에 잘 대처하도록 도와줄 수 있다. 본 장에 개괄적으로 나와 있는 전략에 따라 아기 말 하는 것을 소거하라. 동시에 갓 태어난 여동생이나 남동생에 대하여 유아와 함께 이야기하는 시간을 갖고 동생이 생긴 결과 자신에게 어떤 일이 일어났는지에 대해서도 이야기를 나누도록 하라.
- 유아들은 역할놀이를 좋아하며 자주 이 놀이에 참여한다. 대부분의 유아들은 역할을 선택할 때 어린이보다는 어른 역할 맡기를 더 좋아한다. 어떤 유아들은 자진해서건 또래들에 떠밀려서건 간에 역할놀이를 하는 동안 아기 역할을 떠맡고 전심전력하여 진지하게 그 역할에 참여한다. 놀이하는 동안 유아가 맡은 아기 역할과 본 장에서 정의된 아기 말투를 혼동하지 않도록 하라. 아기처럼 말하는 것이 문제가 되는 것은 단지 아기처럼 말하는 것이 때와 장소와 경우에 부적합할 때뿐이다.
- 유아에 대한 교사의 기대가 적절한지 확인하도록 하라. 어린 영아들의 능력이나 발달의 변화는 매우 넓다. 어떤 두 살짜리 영아들은 어휘가 풍부하여 그들의 언어 사용에 있어 표현력이 매우 뛰어나다. 다른 영아들은 이제 겨우 말하기 시작하거나 한두 마디 말을 조합해서 의사 전달을 한다. 두 경우 모두 두 살짜리 영아들에게 흔히 있는 일이므로 염려할 필요는 없다. 하지만 세 살 즈음에는 유아가 언어를 꽤 잘 구사할 수 있어야 한다. 만일 유아가 문장으로 말하지 않고 제한된 어휘력만 가지고 있다면 그때는 언어 지체의 원인을 정확히 알아내기 위해서 발달적, 언어적, 청력 검사를 해 볼 필요가 있다.*

---

* 유아의 행동에 내재되어 있는 심리적 요인들에 항상 민감하도록 하라. 만약 언어 결함, 청력 문제, 인지 부족, 또는 발달 지체 등의 문제가 있다면 의료적 중재를 포함해야 한다.

- 유아가 아기처럼 말하는 것은 자신감의 결여를 반영할 수도 있다. 예를 들어 유아는 교사가 자기의 말문을 막아 버리거나 활동의 결과물을 인정해 주지 않는 경험을 가지고 있을 수 있다. 이런 경우에는 자주 적절한 칭찬을 곁들여 교실에서 도우미 역할을 해 보게 하는 것이 도움이 될 수 있다.

이전 제안들 중 어느 것도 문제 해결에 도움이 되지 않으면 계속해서 다음 사항을 고려해 접근해 보라.

목표 진술

목표는 유아가 부적절할 때 아기처럼 말하는 것을 중지하게 하고 그 나이의 특징에 맞게 말하게 하는 것이다.

절차

아기 말투를 없애는 기본적인 접근법은 아기처럼 말하는 행동을 무시하고 언어의 적절한 사용을 강화시켜 주는 것이다.

행동 정의

아기처럼 말하는 것은 유아의 언어 표현이 자기의 언어 능력보다 덜하다는 것을 의미한다. 여기에는 불완전한 문장 사용하기, 단 하나의 낱말 사용하기, 옹알거리거나 새소리처럼 구구거리기, 단어를 잘못 발음하거나 특정한 자음을 빼는 것이 포함된다.

출발점

3일 동안 초기 사전 정보를 수집하라. 유아에게 주의 깊게 귀 기울이고 유아가 아기 말을 사용할 때마다 관찰지에 표시하여 기록하도록 하라. 유아가 오로지 아기 말투를 사용하는 경우를 한 번으로 간주하라. 여기에는 한두 마디 말이나 몇 분 동안의 전체 대화도 포함될 수 있다. 아기 말이 진행되다가 정상적인 말로 중단되었다가 다시 시작되면 이는 두 번의 경우로 간주하라. 매일 하루를 정리할 때 모든 아기 말을 표시하고 빈도 그래프에 합계를 기록하라.

행동 지도 전략

기초 자료를 수집하고 나면 교사는 행동 지도 프로그램을 시작할 준비가 된 것이다. 교사들이 모두 같은 절차를 따르는 것이 중요하다.

1) 아기 말투가 발생하면 이를 무시하라. 아기 말투는 교사가 관심을 보이게 되면 쉽게 강화된다. 교사의 반응이 관대하여 재미있어 하든 아니면 아기 말로 기분이 상하든지 간에 교사가 반응하고 있다는 사실이 이 행동을 강화시킨다. 따라서 이 행동이 발생할 때마다 무시하는 것이 중요하다.

① 유아에게서 아기 말을 사용하는 것을 듣게 되면 그를 향하거나 바라보거나 말을 걸지 않아야 하는데 그렇지 않을 경우 교사가 관심이 있음을 전달하기 때문이다. 유아의 그런 행동을 전혀 알아 차리지 못한 것처럼 행동으로 보여주도록 하라.

② 교사가 유아에게 말할 때 유아가 아기 말을 사용하면 말하려 했던 것을 말하지 말고 대신에 "네가 아기처럼 말할 때 나는 너에게 말을 할 수 없단다."라고 말하라. 잠시 기다렸다가 유아가 정상적으로 말하면 하려 했던 대화를 재개하라. 유아가 계속 아기 말을 쓰면 등을 돌리고 사라져라. 교사가 이와 같이 한 후 유아가 적절한 말을 사용하면 가능한 한 빨리 그 자리에서 관심을 보여주는 것이 중요하다.

③ 유아는 신체적 관심, 즉 안기거나 선생님 무릎에 앉거나 번쩍 안아 주기 등을 원하며 이를 아기 말로 표현하려 할지도 모른다. 그는 애정 어린 반응을 아기처럼 구는 것과 연관시킬 수도 있다. 애정은 아기의 전유물이 아님을 알려주라. "네가 네 본래의 목소리로 말할 때 높이 안아 줄게."라고 말하라. 유아가 아기처럼 말하기를 그치면 그가 원했던 반응을 주도록 하라. 계속 아기 말을 하면 잠시 보이지 않는 곳으로 사라지라. 그 후 가능한 한 빨리 유아가 적절한 말을 사용하면 꼭 안아 주도록 하라.

④ 그룹 활동 시간에 아기 말을 사용해도 이를 무시하라. 유아가 질문에 답하거나 의견을 말할 때 아기 말을 사용하면 처음에는 외면하라. 그리고는 "다른 사람 중에 누가

선생님에게 ㅇㅇ라고 말해 줄래?"라고 말하라. 그런 다음에 유아를 지목하라. 아기 말에 관해서는 언급하지 말고 어떤 형태로든지 그것에 주목을 끌지 않도록 하라. 교사는 반응을 보이지 말고 반드시 중립을 지켜야 한다. 교사의 얼굴 표정에서 어떤 불쾌감이나 짜증을 보여서는 안 된다. 그러한 반응은 유아로 하여금 아기 말을 사용해서 교사를 짜증나게 했다는 것을 전달해 주는 결과를 가져다 줄 뿐이다.

⑤ 다른 유아가 교사에게 친구가 아기처럼 말한다고 알려주면 단지 "나도 알고 있단다." 라고만 말하고 이렇게 말한 유아의 관심을 다시 하던 활동으로 되돌려놓으라. 이렇게 하는 것이 교사의 반응뿐만 아니라 또래의 관심도 줄이는 데 도움이 된다.

⑥ 아기 말 하는 유아에게 역할놀이 영역이나 극놀이 영역에서 역할을 맡을 기회를 주도록 하라. 유아가 아기 역할을 원하면 적절한 것으로 받아주되 아기 역할은 여러 유아들이 함께 참여하는 역할 놀이의 일부분일 때만 괜찮다는 것을 분명히 밝혀 두도록 하라.

2) 적절한 언어 사용을 강화시키도록 하라. 교사가 바람직하지 않은 행위를 무시할 때 어떤 행동을 교사가 기대하며 높이 평가하는지 그 행동이 발생할 때 이를 유아에게 알려 줌으로써 이를 강화시키라. 유아가 적절하게 말할 때 유아에게 주의를 기울이도록 하라. 유아가 적절한 말을 사용할 때에만 주의를 기울이고 반응함으로써 강화할 수 있다. 자주 유아에게 다음과 같이 말하도록 하라. "난 네가 그런 식으로 말하는 것이 너무 좋아." 또는 "네가 똑똑하게 말하니까 듣기가 참 좋구나." 유아가 아기 말을 심하게 사용한다면 적절한 말을 할 때 이를 강화시켜 주는 것이 특별히 중요하다. 적절한 언어에 귀를 기울여 보고 사용 즉시 칭찬하고 주의를 기울여 주도록 하라. 일단 유아가 아기 말을 상당히 줄여 나가면 강화를 조금 완화시켜도 된다. 그러나 교사가 적절한 말을 강화하지 않을 때 유아는 다시 아기 말로 되돌아갈지도 모른다.

3) 행동을 계속해서 관찰 기록하라. 처음 했던 것처럼 유아의 아기 말 사용 횟수를 매일 기록하라. 사용 횟수의 감소를 보면 적절한 언어 사용에 주어지는 강화의 빈도를 언제 줄여야 할지 알게 될 것이다.

변화 유지

아기 말이 없어진 후에도 적절한 언어 사용에 계속해서 주의를 기울이도록 하라. 유아가 교사에게 정상적으로 말을 하면 유아에게 관심을 주고 마땅한 대우를 받도록 하라. 이따금씩 아기 말을 사용하면 무시하라.

제 26 장

손가락 빠는 행동

코리Corey는 두 살 때부터 유아교육기관에 2년 동안 다니고 있다. 두 살 때는 엄지손가락 빨기가 그 나이에 흔한 행동이므로 용인되었다. 하지만 코리는 이제 4살이 되었는데도 다른 활동은 하지 않고 오랜 시간 엄지손가락을 입에 물고 다니므로 교사들이 염려한다. 교사들은 엄지손가락을 입에 넣지 말라고 설득해 보기도 하고 그럴 나이는 지났다고 말해 보지만 코리는 입 속에 엄지손가락을 넣고 있을 때 마냥 행복해한다. 교사들은 좌절감을 느끼지만 그의 행동을 체념하고 받아들인다. 코리가 교실 활동에 좀 더 능동적으로 참여할 수 있기를 바라고 있다. 교사들은 코리가 손가락을 빠는 행동 때문에 너무나 많은 것을 놓치고 있다고 느끼고 있다.

행동 진술

유아는 항상 엄지손가락(또는 다른 손가락들)을 입에 넣는다.

행동 관찰

유아의 행동에 대한 통찰력을 갖기 위해 유아를 며칠 동안 관찰해 보라. 관찰할 주요 내용은 다음과 같다.

1) 유아가 엄지손가락 빠는 시기는 언제인가?

- 하루 온 종일
- 아침에
- 하루 끝 무렵에
- 낮잠 시간 임박했을 때
- 식사 시간 무렵에
- 그룹 시간에
- 유아들이 집중하기를 요구 받았을 때
- 자유선택 활동 시간에
- 전이 시간에

2) 엄지손가락을 입에 넣기 직전에 유아는 무엇을 하고 있나?

- 활동에 개입하지 않는다.
- 엄지손가락 빠는 활동을 하는 동안 간단한 휴식을 취한다.
- 혼자서 논다.
- 다른 유아들과 논다.
- 양쪽 손을 사용하지 않아도 되는 활동을 한다.
- 교사 옆에 앉아 있다.
- 혼자 앉아 있다.
- 교사나 다른 유아에게 말을 건다.
- 피곤해 보인다.
- 자기 할 일을 끝마칠 수 없다.
- 화가 나 있다.
- 좋아하는 담요나 마음의 안정을 돕는 다른 사물 잡고 있다.

3) 유아는 엄지손가락을 빠는 동안 활동에 참여하고 있나?

4) 유아가 엄지손가락 빨기를 멈출 때 어떤 일이 일어나는가?

5) 유아는 엄지손가락을 얼마나 오랫동안 빠는가?

가족과의 협의

유아교육기관에서 장시간 엄지손가락을 빠는 유아는 가정을 포함한 다른 환경에서도 이런 행동을 한다. 가정에서도 이런 행동에 염려를 하고 있는지 가족과 상담해 보라. 유아가 입에 엄지손가락을 넣고 너무 많은 시간을 보내므로 일과 활동에 많이 참여하지 못할지도 모른다는 교사의 염려를 가족과 나누라. 가족과 함께 이 행동을 줄이기 위한 전략을 생각해 내고 아이디어를 공유하기 위해 함께 노력하라. 이런 행동을 변화시키는 것은 장기간의 과정이 될지도 모른다는 것을 언급하되 교사가 가정이나 유아교육기관에서 서로 강화하면 도움이 될 것임을 확신시키라. 처음에는 분명히 드러나지 않을 수도 있기 때문에 진척 상황에 대해 가족과 긴밀히 연락하라.

적용점 찾기

엄지손가락 빨기는 영유아 초기부터 시작되는 오랜 습관이다. 사실 유아들은 그들이 태어나기 전 자궁 속에서 이미 엄지손가락을 빤다. 몇몇 유아들에게는 엄지손가락 빨기가 모든 유아들이 갖고 있는 빨기의 욕구를 부분적으로 충족시켜 준다. 그것은 유아가 자라남에 따라 안정감을 제공해 주는 기능을 한다.

취학 전 유아가 자주 엄지손가락을 빨 때 그것이 오래된 습관이 된 것뿐만 아니라 심지어 일상 사건들에 대한 반응의 한 가지 방식이 되었기 때문이기도 하다. 유아가 미취학 연령에 도달했을 때쯤 엄지손가락 빨기를 없애는 것은 어려울 수도 있다. 대개 어떤 형태의 부정적인 사회적 압박이 이런 습관을 중지시키지만 종종 자존감의 희생이라는 대가를 치르게 된다. 또한 유아는 자주 손가락 빠는 행동이 '아기 행동' 이라는 말을 듣는다. 종종 웃음거리가 되거나 비웃음을 당하거나 심지어는 처벌 받기도 한다.

대개 부모들은 손가락 빠는 행동에 상당히 염려를 하게 된다. 이러한 행위는 치아 발달에 영향을 미칠 수 있고 결과적으로 나중에 비싼 치열 교정을 받아야 될지도 모른다. 영아기를 벗어났음에도 그런 행동을 지속하는 것은 부적절하다. 가족과 교사들은 유아의 손가락 빠는 행동을 멈추도록 도울 수 있다. 이것은 장기간의 목표인데 유아의 자부심과 자신감을 손상시키지 않는 방식으로 이루어져야 한다.

대안 찾기

유아가 습관적으로 손가락을 빨면 이런 행동은 식별하기가 쉽다. 대개 엄지손가락을 빠는 유아들은 스트레스 상황에서 더 자주 그런 행동을 하게 된다. 이하에서는 엄지손가락을 빠는 원인들과 이 행동을 줄이기 위한 가능한 방법들을 탐색해 본다.

- 유아에게 제공된 활동들과 프로그램을 잘 검토해 보라. 이것들은 유아들에게 적합한 것이어야 한다. 수준이 너무 높아서 좌절감을 느낀다거나 너무 수준이 낮아서 지루함을 느껴서는 안 된다. 유아들은 자기들의 필요성을 충족시켜 주지 못하는 프로그램에 대해서는 엄지손가락 빨기와 같이 부적절한 행동으로 반응할 수도 있다. 활동이 유아들의 필요를 충족시키지 않는다고 결정되면 필요에 따라 활동을 바꾸도록 하라. 유아

들이 하고 있는 활동에 잘 참여하고 즐기면 손가락 빨기의 필요성을 덜 느끼게 될 것이다.

- 엄지손가락 빨기를 대신할 감각적 자극을 제공할 수도 있다. 그러한 자극을 제공하는 활동을 대체하기 위한 유아들의 간접적인 필요를 고려해 보라. 교사의 프로그램에 다음 항목들을 포함시키도록 하라. 물놀이, 모래놀이, 진흙놀이, 요리 활동, 그리고 냄새와 맛을 식별하는 활동을 더 많이 계획하라. 감각적 자극의 즐거움을 충족시켜 주는데 도움이 되는 다양한 활동을 제공하도록 하라.
- 교사와 유아의 상호작용을 관찰하라. 유아들은 성인이 지나치게 지시를 하거나 강요하거나 강압적이라는 것을 인지하고 나면 엄지손가락 빨기로 반응을 보일 수도 있다. 유아들은 일반적으로 더 상냥하고 조용한 안내에 마음을 열고 반응한다. 교실에서 어른 대 유아와의 상호작용을 관찰해 보라. 만약 한 명 혹은 그 이상의 교사들이 유아의 마음을 불편하게 하면 약간의 변화를 시도해 보는 것을 고려해 보라. 교사 모임에서 그 문제를 논의해 보도록 하라. 교사와 상호작용할 때 유아에게 스트레스를 덜 주는 방법들을 찾아보라.
- 유아가 활동에 바빠서 양손을 사용하는 경우 엄지손가락을 입에 넣을 수 없다. 균형잡힌 활동 영역들과 선택 활동거리들을 다양하게 제공함으로써 유아가 손을 사용할 수 있는 기회를 갖게 하고 흥미 있는 활동을 못 찾는 일이 없도록 하라.
- 어린 유아들에게 엄지손가락 빨기는 흔히 있는 일이다. 두세 살짜리 유아들은 가끔 안정감이 필요할 때 엄지손가락을 빨 수도 있다. 엄지손가락을 빠는 유아들 대부분은 점차 그런 행위를 스스로 그친다. 교사가 염려하는 대상이 매우 어린 영아라면 엄지손가락 빨기에 대해서 너무 염려하지 마라. 차츰 연령이 높아짐에 따라 그런 행동이 줄어들 가능성이 있다. 감각 활동을 포함한 풍부한 다양한 활동과 함께 발달적으로 적합한 환경을 제공하여 유아가 여러 방면으로 양손을 사용할 수 있도록 도와주라.

이러한 제안들을 고려해 보고 적합하다고 여기는 것을 다음 프로그램에 포함시키도록 하라.

목표 진술

목표는 유아교육기관 활동 시간에 엄지손가락 빨기를 줄이도록 하는 것이다. 유아가 이런 행동을 완전히 멈출 것이라고 기대하는 것은 아마도 비현실적이라 할 수 있다. 이런 행동의 감소는 결국 행동의 소거에 도움이 될 것이다.

절차

엄지손가락 빨기를 없애기 위한 기본적 전략은 세 가지 방법을 동시에 실시한다.

- 유아가 자신의 진척 상황을 계속 볼 수 있도록 차트를 제공하라.
- 엄지손가락 빨기에 대안이 될 수 있는 활동들을 제공하라.
- 유아가 엄지손가락을 빨지 않음에 대해 자주 강화하라.

행동 정의

엄지손가락 빨기는 유아가 엄지손가락이나 다른 손가락을 입 안에 넣고 손가락을 빠는 동안 활동에 참여하지 않는 것을 의미한다.

출발점

3일 동안 기본적 정보를 수집하면서 보내도록 하라. 하루 중 약 매 15분마다 유아를 관찰하라. 낮잠 자는 시간은 제외하라. 유아가 엄지손가락을 입에 넣고 있으면 관찰지에 표시를 하라. 하루 일정을 마무리할 때 총 합계를 빈도 그래프에 옮기도록 하라. 표시의 최대수는 프로그램의 길이에 의해 결정될 것이다. 유아가 3시간 동안 관찰되었다면 표시의 가능한 최대수는 12이다(매 15분마다 표시하는 것은 한 시간에 네 번 표시와 같고 세 시간이면 12번이 된다). 유아가 하루당 10시간 관찰되었다면 최대수는 32 혹은 34가 될 것이다(잠자는 시간 한 시간 혹은 한 시간 반에서 두 시간은 제외하라). 하루 동안의 빈도수 계산을 위해 다음과 같이 차트를 만들어라.

요일	9:00	9:15	9:30	9:45	10:00	10:15	10:30	10:45

이런 종류의 정보 수집은 얼마나 자주 유아가 엄지손가락을 빠느냐 하는 것뿐만 아니라 언제 이런 행동이 주로 나타나는지도 말해 준다. 그 행동이 자주 발생할 때 교사의 프로그램에 초점을 맞추도록 도와줄 것이다.

행동 지도 전략

초기 정보를 수집한 후에 다음 전략을 시작하라. 한 교사가 지속적으로 행동 지도의 첫 번째 단계를 실행하는 것이 가장 좋을 것이다. 다른 두 개의 단계는 모든 교사들이 함께 실행해야 한다.

1) 유아에게 교사의 목표를 알리고 차트에 기록하라. 엄지손가락을 빠는 것은 어른의 관심과 강화에 의해 유지되지 않는다. 유아는 그의 엄지손가락을 빨 때 내재된 만족감을 얻는다. 즉, 이 행동을 무시한다고 해서 없어지지 않는다. 유아에게 그 행동을 없애기 위한 목표와 그 이유를 말하라. 그리고 유아가 그 목표에 도달하는 데 능동적으로 참여하도록 하라.

① 시작하기 전에 엄지손가락 빨기에 대해서 유아와 이야기를 나누어라. 교사도 유아가 엄지손가락 빨기를 즐겨한다는 것을 알고 있다고 말하라. 엄지손가락 빨기로부터 오는 쾌감과 안정감을 부인하지 마라. 하지만 그런 행동이 교사를 염려하게 한다고 유아에게 전해 주도록 하라. 교사는 유아가 모든 활동에 참여하고 즐기기를 원하지만 유아가 엄지손가락을 입에 넣었을 때는 그렇게 할 수 없다고 말해 주어라. 유아가 이해할 수 있다고 생각되면 엄지손가락 빨기가 치아에 미칠 수 있는 장기적인 영향에 대해서도 말해 주어라.

② 교사가 엄지손가락 빨기를 줄이기 위해서 유아와 함께 노력하고 싶다고 말하라. "우

리 둘이 함께 너의 엄지손가락 빨기를 줄일 수 있는 방법에 대해 알아보도록 하자. 우리가 할 수 있는 게임을 만들어 보자. 내가 이 차트를 여기에 붙여 놓을게! 그러면 너는 10분(유아가 지속적으로 엄지손가락을 빨면 시간이 더 짧아질 수도 있다) 동안 엄지손가락을 빨지 않을 때마다 스티커를 붙이렴." 교사가 아주 진지하게 말함으로 정말로 성공하기를 기대한다는 것을 유아가 알도록 하라.

③ 붙일 수 있는 스티커를 준비하고 유아가 관찰 기록해 나갈 수 있는 차트를 만들라. 이것은 교사가 매일 엄지손가락 빨기를 관찰 기록해 나가는 차트와는 똑같지 않다. 하루에 약 한 시간 정도 차트를 사용하라. 활동 선택이 활발한 자유선택 활동 시간 중 1시간을 활용하라. 차트는 더 매력적으로 보이도록 꾸며질 수가 있으나 기본적으로 아래와 같은 모습이어야 한다. 각각의 가로 줄은 하루를 나타낸다.

유아 이름:						
날짜	10:00	10:10	10:20	10:30	10:40	10:50
9/15						

④ 행동을 체크할 시간 전 처음에는 유아에게 게임을 시작할 시간이 되었다고 다음과 같이 말하라. "네가 10분 동안 엄지손가락을 빨지 않으면 너는 차트에 붙일 스티커를 받게 될 거야. 선생님은 너를 지켜볼 것이며 너도 네 행동을 함께 볼 거야. 준비됐니? 시작!"

⑤ 유아를 자주 격려해 주어라. 유아가 잘 하고 있으며 교사는 그가 자랑스럽다고 말해 주어라. 10분이 되기 전에 자주 칭찬하라.

⑥ 유아가 엄지손가락을 빨지 않고 10분을 마치면 말로 칭찬해 주라. 유아에게 스티커를 주고 차트의 알맞은 위치에 붙이도록 하라. 다른 교사들에게도 유아가 스티커를 하나 얻었다고 말해 주고 그들도 강화시킬 수 있도록 하라.

⑦ 유아가 10분을 충분히 채우지 못한다 해도 소란을 피우지는 말아라. 단지 다음과 같이 말하라. "우리 다시 시도해 보자." 만약 유아가 엄지손가락을 입에 넣지 않고 10분을 지속할 수 없다면 시간 간격을 5분 또는 그 이하로 줄여라. 유아가 성공을 경험할

수 있도록 상황을 조절하라.

⑧ 해당 시간 끝 무렵에 유아에게 오늘의 '게임'은 끝났다고 말해 주되 내일 다시 할 수 있다고 말하라. 남은 하루 동안 엄지손가락을 빨지 말라고 유아를 상기시키라.

⑨ 하루가 끝날 무렵 유아 앞에서 부모와 차트를 함께 보도록 하라.

2) 엄지손가락 빨기에 대안이 될 많은 활동들을 제공하라. 앞에서 볼 수 있듯이 유아가 양손이 바쁠 때는 엄지손가락을 덜 빨게 된다. 따라서 교사가 교육과정을 계획할 때 다음 고려 사항들을 염두에 두어라.

① 대부분의 활동들은 유아에 의한 행동을 반드시 포함해야 한다. 이야기 나누기 시간에 유아들은 손이나 팔로 이야기의 일부분을 판토마임할 수도 있다. 유아가 단순히 교사가 뭔가 하는 것을 지켜보기만 하는 활동들은 없어야 한다. 유아들은 수동적으로 지켜보는 것에 의해서가 아니라 직접 해 봄으로써 배우게 된다.

② 선택 활동을 제공하라. 유아교육기관의 일과 중 유아들이 스스로 하고 싶어 하는 것을 선택할 수 있는 시간이 꼭 있어야 한다. 주어진 활동이 유아에게 흥미를 주지 못하면 선택할 수 있는 다른 활동들이 있어야 한다. 이것이 그룹 내에서 다양한 흥미를 제공할 뿐만 아니라 유아들에게 스스로 주도적인 의사 결정을 하도록 돕기 때문이다.

③ 교과과정 속에는 다양한 감각 활동들이 포함되어야 한다. 유아들은 다른 형태의 촉각과 감각적 자극을 제공해 주는 자료들을 사용할 때 적극적인 경험 활동이 이루어진다. 물, 모래, 진흙, 점토, 손가락 그림, 풀, 쌀, 콩, 스티로폼, 녹말가루, 액체비누는 모두 독특한 촉감을 가지고 있다. 각각은 다양한 감각적 자극에 대한 흥미와 요구를 충족시켜 준다.

④ 일상적인 일과 활동 때문에 활동의 참여도가 떨어져 보이면 유아들에 관심을 다시 불러일으키도록 어떤 변화를 꾀하라. 유아는 지루해하기 쉽기 때문에 엄지손가락을 빨 수도 있다. 새로운 활동들을 교실에 제공하여 흥미와 관심을 갖도록 변화를 꾀하라. 시중에 나와 있는 많은 유아교육 관련 도서들 중에서 활동 아이디어를 찾아볼 수 있다. 새로운 흥미 영역으로 교실을 재배치하라. 새로운 형태의 활동을 더하고 영역 활동 중 오래된 활동 자료들을 치우고 하루 일과의 순서를 재조정하고 시간 단위를 조

절하도록 일과 구성을 바꿔라. 이러한 주기적 신선감은 이 프로그램에서 유아와 교사의 흥미를 새롭게 해 줄 것이다.

3) 엄지손가락을 빨지 않은 것에 대해 유아를 자주 강화하라. 하루 중 어느 때든지 유아가 엄지손가락을 입에 넣지 않는 경우를 찾아보라. 곁에 있어 준다든지 칭찬을 해 주거나 토닥거리거나 안아 줌으로써 그가 하고 있는 것을 강화해라. 유아에게 주기적으로 손가락을 덜 빨게 됨을 교사가 자랑스러워한다고 하라. 교사는 유아가 그 행동을 바꾸려고 노력하는 것을 알고 있으며 그것에 대해 고마워함을 알도록 하라.

4) 행동을 계속 관찰 기록하라. 매일 매 15분마다 유아를 체크하고 그가 엄지손가락을 빠는 행동을 표시하라. 매일 총계를 그래프에 기록하라. 엄지손가락 빨기는 장기간의 습관이기 때문에 진척이 느릴 수도 있다. 변화가 다소 시간이 걸릴 것을 예상하라. 그래프에서 점진적인 감소를 보게 될 것이다.

변화 유지

유아가 손가락 빠는 행동에 흥미를 잃거나 행동 지도의 목표에 도달했을 때 차트 사용을 중단하라. 다양한 프로그램을 계속해서 제공하도록 하라. 다른 유아들에게 하듯이 유아의 참여에 대해 주기적인 강화를 주도록 하라. 아마도 유아는 때때로 피곤하거나 기분이 좋지 않거나 스트레스를 받을 때 엄지손가락을 다시 빨 수도 있다. 이는 성인들에 의해서 예상되고 수용되어야 하는 부분이다.

제 27 장

대소변 실수하는 행동

셰릴Cheryl은 헤드스타트 센터에 2년 다녔다. 프로그램을 시작한 이래로 교사들은 유아가 수줍어하며 소극적인 성격에서 유아교육기관 활동에 적극적으로 참여하고 다른 유아들과의 우정을 즐기는 유아로 변화되는 것을 지켜보았다. 센터에서 첫 해 동안에 교사들은 많은 시간과 노력을 들여서 셰릴이 그룹에 참여하는 일원이 되게 하려 애썼다. 이제 셰릴은 베테랑 중의 하나이다. 그런데 금년 학기가 시작된 지 한 달 정도 지났을 때 셰릴은 교사 중 한 명에게 다가와 다음과 같이 귓속말을 했다. "로페즈 선생님, 저 바지에 쉬했어요." 로페즈Miss Lopez 선생님은 셰릴을 데리고 화장실로 가서 젖은 옷을 벗기고 유아가 입을 새 옷을 찾았다. 약 일주일 후에 그 사건이 반복되었다. 같은 주에 두 번이나 사건이 벌어졌다. 지난 3주 동안 셰릴은 매일 두세 번씩 그 실수를 했다. 이런 일이 작년에는 없었기 때문에 교사들은 매우 염려했다. 교사들은 "다 큰 여자애는 그런 행동은 하지 않는 거야!"라는 말로 수치심을 제공해서 오줌 싸는 일을 중단시키려 했다.

행동 진술

유아가 자주 바지에 오줌을 싼다.

행동 관찰

바지에 오줌 싸는 유아에 관한 가능한 한 많은 단서를 얻는 것은 매우 중요하다. 형식에 구애받지 않는 교사의 관찰은 도움이 될 것이다. 관찰할 주요 내용은 다음과 같다.

1) 주로 언제 유아가 바지에 오줌을 싸는가?

- 일정한 주기 없이 예측 불가능한 때
- 식사나 간식을 먹은 후 한 시간 이내
- 낮잠 시간에
- 야외 놀이 하는 동안
- 실내 활동 하는 동안
- 원에 도착하고 얼마 지나지 않아서

2) 오줌 싸기 전에 대개 어떤 일이 벌어지는가?

- 화장실에 있다.
- 다른 유아가 소변보는 것을 지켜본다.
- 화장실에 가기 위해 옷을 벗는다.
- 변기에서 막 일어섰다
- 손을 씻는다.
- 물놀이를 하고 있다.
- 물이나 주스를 마신다.
- 교사 무릎에 앉아 있다.
- 주어진 일을 끝마칠 수 없다.
- 교사나 다른 유아에게서 "안 돼!"라는 말을 듣는다.
- 유아가 피곤하다.
- 활동에 열중한다.

3) 바지에 오줌을 싸고 난 후 무엇을 하는가?

- 근처에 있는 아무에게나 알린다.
- 조용히 한 교사에게 말한다.
- 아무에게도 말하지 않는다.
- 옷이 젖은 상태로 가만히 있기를 선호한다.
- 혼자 옷을 벗고 새 옷으로 갈아입으려 한다.
- 교사에게 옷을 갈아입혀 달라고 요청한다.

이러한 예비적 관찰을 통해서 오줌 싸는 일이 있을 때 이 행동을 유발하는 원인과 유아가 그것에 대해 어떻게 느끼는지에 대한 몇 가지 아이디어를 얻을 수 있다. 이 행위를 없애기 위해 이러한 정보는 매우 유용하다.

가족과의 협의

용변 보는 방법을 이미 다 알고 있는 유아가 바지에 오줌을 싸는 행위는 교사나 가족 모두에게 실망스러운 일이다. 관찰을 통해 유아의 행동에 관해 약간의 정보를 얻으면 교사의 염려하는 바를 가족과 상담하라. 잠을 잘 때나 다른 때에도 집에서 오줌을 싸는지 알아보라. 유아를 염려스럽게 하는 생활의 변화가 있었는지 가족과 이야기하라. 만일 방광염 같은 원인으로 인해서 문제가 발생한 것으로 보이면 의사에게 검진을 받도록 가족에게 제안해 보라. 유아의 옷이 너무 복잡해서 문제가 생기는 것처럼 보이면 바지 허리 부분이 고무줄로 된 신축성 있는 간단한 옷으로 바꿔 입힐 것을 제안해 보라. 가능한 원인들에 대해 의논한 후 교사와 가족이 화장실에서 있었던 실수에 좀 더 주의를 기울여야 될 것 같다고 결정이 되면, 가족과 함께 가능한 전략을 토의하고 이것들을 일관성 있게 가정과 유아교육기관에서 실행하도록 노력하라. 그리고 행동 지도 후 유아 행동의 긍정적 변화에 대해 가족에게 지속적으로 알리도록 하라.

적용점 찾기

교사는 어린 유아들의 대소변 가리기 훈련 시간이 비교적 짧았다는 것을 명심하는 것이 중요하다. 많은 유아들은 아직 대소변 가리기가 완벽하지 못하므로 실수를 경험하게 된다. 활동을 하는 동안 순간의 흥분감이 소변을 제때 봐야 한다는 판단을 압도해 버린다. 유아가 타이밍을 알아차리고 화장실에 가야 한다는 신체적 신호를 인식하는 데는 시간과 연습이 필요하다. 세 살이나 그보다 어린 영아들에게서는 가끔씩 이런 실수가 있을 수 있다는 것을 예견할 수 있다. 하지만 유아가 이미 대소변 가리기를 끝냈는데도 자주 실수를 경험하면 그런 유아에게 주의를 기울일 필요가 있다. 만약 교사가 이러한 행동에 주의를 기울이는 데 있어서 잔소리하거나 유아의 바지를 갈아입히거나 처벌을 하게 되면 바지에 오줌 싸는 것이 관심을 끄는 한 방법이 될 수도 있다는 유아의 생각을 강화하게 되는 것이다. 동시에 유아는 자신의 행동이 나이에 맞지 않는다는 메시지도 받게 된다. 이렇게 되면 유아는 수치심을 느끼고 자존감에도 의문을 갖게 하는 원인이 된다.

대안 찾기

행동적인 요인들 외에도 유아가 바지에 오줌 싸게 되는 많은 다른 요인들이 있다. 다음 요인들 중 하나가 문제의 원인인지 주의 깊게 고려해 보라.

- 어린 유아들은 신체적으로 요로 감염에 취약하다. 의학적 문제가 오줌 싸기의 한 원인이 될 수 있다. 유아가 화끈거린다거나 가려운 통증을 불평하거나 이런 증세가 있는지 주시하라. 그러한 신호를 감지하지 못하더라도 부모와 함께 그 행동에 대해서 이야기를

나누도록 하라. 검진을 위해 의사에게 데려가도록 권할 수도 있다.*

- 유아의 성숙 정도가 바지에 오줌 싸는 문제를 다루는 데 있어 또한 중요한 요인이다. 어린 유아들은 실수를 하기 마련이라는 것을 예상해야 한다. 실수가 발생했을 때 이는 개별적인 방법으로 다루어져야 한다. 최근에 대소변 가리기 훈련을 받은 유아들은 변기에 소변을 보았을 때 칭찬을 받아야 한다. 동시에 두세 살 유아들을 맡고 있는 교사들은 하루 일과에 자주 화장실 가는 시간을 넣어야 하며 유아가 자신의 몸을 붙잡는 등의 신호를 주시해야 한다. 어린 유아에게 용변 보기는 숙달된 기술이 아니라 여전히 배우는 과정이므로 유아들을 그에 맞게 다루어야 한다.**
- 때때로 유아들은 옷을 제때에 빨리 벗지 못해서 실수를 하는 경우도 있다. 멜빵바지, 작은 단추, 복잡한 고리가 달린 허리띠, 꽉 죄는 고리, 여러 장식들이 옷을 재빨리 벗는 데 장애물들이다. 유아들의 옷을 확인하고 화장실에서 유아들이 옷을 어떻게 벗고 입는지 지켜보라. 옷이 문제라면 부모에게 이야기해서 다른 옷으로 바꾸든지 옷을 입고 벗기 편하게 변형시키도록 제안하라.
- 유아의 삶에 특이한 사건이나 스트레스가 생겨서 유아는 바지를 적실 수도 있다. 뭔가 문제가 있으면 유아와 이야기 나누되 가능하면 최대한 유아를 안심시키도록 하라. 유아가 생소한 교육 활동으로 인해서 염려하고 있다면 그것에 대해 이해해 주는 것도 문제를 완화시킬 수 있다.
- 하루 일과를 주의 깊게 편성한다면 실수를 피할 수 있다. 낮잠 자기 전이나 밖에 나가기 전이나 현장학습 떠나기 전에 교사들은 유아들에게 용변 볼 것을 상기시키고 화장실 다녀올 시간을 주어야 한다. 유아들이 화장실을 언제든지 쉽게 이용할 수 없는 곳에서 상당 시간을 보내게 될 경우 이런 조치가 특히 중요하다.

이러한 제안들 중 하나가 바지에 오줌 싸는 문제를 해결하지 못하면 다음에 나오는 더 많은 상세한 접근법을 시도해 보라.

---

* 유아들의 만성적인 건강 문제와 그에 대한 다양한 대처 방식에 대해 교사들은 잘 알고 있어야 한다. 방광에 문제가 있거나 괄약근육 조절에 문제가 있는 것은 유아 질병 중 한 가지이다.

** 발달적 성숙은 특별한 필요를 갖고 있는 유아, 예를 들어 인지적 결핍이 있는 유아에게 있어서는 지연될 수가 있다. 방광과 장의 완전한 조절 능력을 갖추는 데는 다소 시간이 걸린다.

목표 진술

목표는 유아가 대소변 실수하는 것을 그만두는 것이다.

절차

본 프로그램은 적어도 만 6개월 동안 대소변 가리기를 철저히 받았으나 뜻밖에도 주기적으로 용변 실수를 하기 시작하는 유아를 위해 계획되었다. 절차를 진행하기 전에 통제할 수 없는 의학적 원인은 반드시 배제되어야 한다. 기본적 전략은 다음 절차들을 포함한다.

- 자주 유아에게 화장실 갈 것을 일깨워 주도록 하라.
- 유아가 혼자 화장실에 가면 칭찬해 주어라.
- 실수를 하게 되면 이를 무시하라.

행동 정의

오줌 싸기는 유아가 변기에 소변을 보지 않고 대신에 옷에 소변을 보는 경우를 지칭한다. 이것이 자주 그리고 규칙적으로 발생하면 문제가 된다.

출발점

어떤 변화를 시작하기 전에, 3일 동안 얼마나 자주 오줌 싸기가 발생하는지 관찰 기록해 보라. 각각의 실수를 적어 두도록 하라. 유아가 실수를 할 때마다 빈도 그래프에 표시하라. 하루 일과를 마칠 때 빈도 그래프에 합계를 기록해 두어라. 이 정보는 일단 전략을 실행한 후 성공을 가늠할 수 있는 토대를 제공할 것이다.

행동 지도 전략

초기 정보를 수집한 후에 다음 절차를 시작하라. 모든 부모와 교사들은 그 절차를 일관성 있게 따라야 한다.

1) 자주 유아에게 화장실을 가도록 일깨워 주어라. 교사의 용변 실수에 대한 빈도

측정은 유아가 얼마나 자주 용변 실수가 발생할 것인지에 대한 아이디어를 줄 것이다. 평균 시간을 계산해 보고 이를 용변 볼 타이밍에 맞게 화장실에 가도록 일깨워 주는 지침으로 삼아라. 예컨대, 평균 매 시간마다 실수가 발생하면 유아에게 매 30분마다 화장실에 가도록 일깨워 줘라.

① 유아에게 화장실에 갈 시간이라고 말해 주어라. 유아의 손을 잡고 화장실로 인도하라.
② 소변을 보기 위해 바지를 내리라고 유아에게 요청하라. 말을 듣지 않으면 반드시 해야만 한다고 단호하게 말하라.
③ 변기에 소변을 보면 칭찬해 주어라.
④ 유아가 2분이 지나도록 소변을 보지 못하면 화장실에서 나오도록 하라.

3, 4일 지난 후에 유아가 규칙적으로 변기에 소변을 보고 실수의 숫자가 감소하면 화장실 가도록 일깨워 주는 시간 간격을 늘리도록 하라. 점진적으로 유아의 오줌 싸기가 눈에 띄게 줄어들면 화장실 가도록 일깨워 주는 일을 그만두어라.

2) 혼자 화장실 가는 행동에 대해 유아를 칭찬해 주어라. 유아가 일깨워 주지 않아도 화장실에 가거나 본인이 스스로 화장실 가야 한다고 말하고 화장실을 갈 때 유아를 칭찬해 주어라. 유아가 바지에 오줌을 싸지 않았을 때 교사가 얼마나 그 행위를 높이 평가하는지 아이에게 알리도록 하라. 다른 교사들이나 유아들이 그 유아 앞에서 그 유아가 일깨워 주지 않았는데도 화장실에 다녀왔음을 자랑스럽게 여김을 말해 주라.

3) 실수가 발생하면 그것을 무시하라. 유아가 교사에게 다가와서 실수를 했다고 말하면 다음과 같이 하라.

① 그것에 대해 언급하지 마라. 별로 개의치 않는 태도로 다음과 같이 말하라. "옷을 갈아입어야겠구나."라고 말하고 도움을 준다.
② 실수하기 전에 미리 준비해라. 갈아입힐 옷과 유아가 가져갈 옷을 담아 둘 비닐봉지를 미리 준비하라. 갈아입을 옷을 찾는데 유아와 함께 오랜 시간을 보내지 마라. 이런 행동이 유아에게 관심을 주기 때문이다.

③ 유아에게 옷을 주자마자 근처에 머무르지 마라. 다른 곳에 가서 유아가 시간이 얼마가 걸리든지 혼자 옷을 갈아입도록 하라. 이렇게 함으로써 보통 실수 후에 뒤따르는 관심을 철회하도록 하라.

④ 유아가 옷을 갈아입었을 때 유아에게 젖은 옷을 치우도록 한 다음 활동에 다시 참여하게 하라. 사건에 대해서는 아무런 언급도 하지 마라. 유아가 그 문제에 대해서 말하려 하면 반응하지 마라.

4) 행동을 계속 관찰 기록하라. 이러한 전략이 끝날 무렵에 대소변 실수 횟수를 그래프에 기록하라. 이 기록은 진척 상황을 보여주며 언제 화장실에 가도록 일깨워 주는 횟수가 줄어야 될지를 나타내 준다.

변화 유지

며칠 동안 대소변 실수하는 행동이 멈추면 교사는 그 행위가 수정되었다고 볼 수 있다. 화장실에 가도록 일깨워 주는 일을 중단하고 차츰 일깨워 주지 않아도 화장실에 갔다 오는 것에 대한 칭찬을 중단하라. 하지만 유아는 관심을 끌려고 이 행위를 다시 시작할 수 있다는 것을 기억하라. 교사가 교실의 다른 유아들에게 하는 것처럼 지속적으로 적절한 행동에 대해서 칭찬과 강화를 지속해 주도록 하라.

제 28 장

과도한 관심 끌기 행동

보육센터에서 리사Lisa의 하루는 보통 오전 7시에 시작된다. 리사는 즉시 교사들 중 한 명인 메이슨Mrs. Mason을 향해 달려간다. 나이가 3세 반밖에 되지 않은 리사는 매우 조숙하고 말을 잘한다. 리사는 교실에 있는 세 명의 교사에게 말을 걸기를 좋아하고 교실을 방문하는 그 어떤 성인과도 이야기한다. 리사는 하루 종일 질문도 하고 부단하게 말을 걸며 교사를 쫓아다닌다. 리사는 어른들에게서 관심과 반응을 기대한다.

처음에는 리사의 수다가 교사들에게 즐거운 것이었다. 교사들은 리사가 명석하고 재미있다는 것을 알게 되었다. 최근 들어 교사들은 다른 유아들과 함께 할 시간을 포기하면서 리사와 과도하게 많은 시간을 보내고 있다는 것을 인식하게 되었다. 리사는 또래들과는 시간을 별로 보내지 않고 교사들과 함께 있기를 더 좋아한다. 다른 유아들과 함께 있을 때 리사는 그들과 상호작용을 꽤 잘하는 것처럼 보인다. 교사들은 리사에게 다른 유아와 말할 시간이 없다고 말을 했는데도 리사는 이런 말에 끄떡도 하지 않는다. 채 1분도 지나지 않아서 리사는 또 다른 질문을 해 오거나 말을 걸어 온다. 메이슨 선생님은 교사 중 아무도 리사에게 다가가지 않는다는 것을 발견했다. 항상 리사가 교사들에게 접근하는 것처럼 보인다. 이제 교사들은 그룹 토의 시간에 리사에게 거의 질문을 하지 않는다.

행동 진술

유아는 필요 이상으로 교사들이 자주 관심 가져 주기를 요구한다. 교사들은 그들 자신이 다른 유아들보다 이 유아에게 더 많은 시간을 주고 있다는 것을 발견한다. 관심에 대한 요구는 대개 불필요한 것이며 관심 받는 것 자체 외에는 다른 특별한 필요와 연관이 없다.

행동 관찰

행동 지도에 대한 실마리를 줄 수 있는 정보를 얻기 위해 시간을 내서 관찰하라. 관찰할 주요 내용은 다음과 같다.

1) 관심을 끌려는 시도들이 언제 생기는가?

- 낮에 아무 때나
- 특별활동 시간에
- 교사 주도적인 활동 시간에
- 자유선택 활동 시간을 가질 때
- 식사 때
- 낮잠 시간에
- 용변 볼 시간에
- 실내에 있을 때
- 실외에 있을 때
- 집에 갈 시간에
- 다른 유아들이 선생님의 도움을 요청할 때

2) 유아는 누구로부터 관심을 요구하는가?

- 성인 누구에게나
- 잘 아는 교사에게
- 특정 교사에게

3) 어떻게 관심은 요구되는가?

- 교사에게 질문을 한다.
- 교사에게 자기 자신에 대해서 이야기한다.
- 똑같은 주제를 반복적으로 말한다.
- 어떤 염려나 문제를 암시한다.
- 놀잇감과 교구를 찾는 데 도움을 요청한다.
- 교사가 다른 사람과 이야기하고 있을 때 도움을 청한다.
- 안아 주기, 들어 올려 주기 같은 신체적 관심과 옷을 벗거나 입을 때 도움을 요청한다.
- 교사 옆에 바싹 달라붙는다.
- 교실의 다른 영역으로부터 관심을 요구한다.

(4) 그 밖에 무엇과 관련이 있는가?

- 다른 유아들과의 상호작용(종종 이런 유아는 또래들과의 만족스러운 상호작용 기술을 갖고 있지 않다.)
- 활동 참여 여부(유아의 에너지가 다른 곳, 다시 말해서 교사들을 향해 쏠려 있기 때문에 그 유아는 활동에 집중하지 않을지도 모른다.)

이러한 비공식적인 관찰은 교사가 그 행동에 체계적으로 접근하는 데 도움을 줄 것이다. 언제 행동 지도 계획을 실행해야 할지 그리고 누가 가장 잘 실행할 수 있을지를 아는 것은 도움이 된다.

가족과의 협의

교사가 며칠 동안 유아의 관심 끌기 시도를 주의 깊게 관찰한 후 가족과의 모임을 계획하라. 교사가 보기에 유아가 교육 활동이나 사회적 상호작용에 참여하지 않는 것 같아서 염려된다고 가족에게 말하라. 유아가 가정이나 밖에서도 친구보다는 성인에게 더 관심을 갖는지 알아보라. 또한, 가족이 매우 바빠서 유아와 제한된 시간만을 함께하는지 알아보도록 하라. 아울러, 최근에 유아의 생활 속에서 유아를 걱정스럽게 하거나 유아를 자주 안심시켜 주어야 할 필요가 있는 사건이 있었는지 확인하라. 유아에게서 적절하지 못한 관심 끌기 노력을 바꾸기 위해 교사가 사용할 계획인 전략들을 함께 나누도록 하라. 유아에게 집중적인 관심을 제공하는 방법으로서 유아와 '특별 시간' 을 실시하는 데 가족이 관심을 가질 수 있는지 이야기 나누라. 관심 끄는 행위가 감소했을 때 이를 알리고 가족과 지속적으로 연락하라.

적용점 찾기

유아의 행동에 의해 교사가 어떻게 영향을 받게 되는지를 아는 것은 중요하다. 모든 유아들은 교사의 관심을 필요로 한다. 하지만 유아가 교사의 지나친 관심을 요구할 때 교사는 화가 나게 되고 따라서 유아에게 부정적인 방식으로 관심을 주기가 쉽다. 끊임없는 요구에 지치게 되면 교사는 언짢은 태도로 반응할 수도 있다. 이로 인해 유아는 관심을 추구하는 데 있어 부정적으로 강화 받는다.

유아가 너무 많은 시간을 자신에게만 사용하길 요구하기 때문에 교사는 유아를 피하기 시작할지도 모른다. 교사는 유아가 관심을 요구할 때 외에는 유아에게 주의를 기울이지 않을지도 모른다. 그리하여 관심을 추구하지 않을 때 발생하는 그 어떤 적절한 행위는 강화받지 못한다. 유아는 관심을 원하기 때문에 관심 끌기를 더 많이 시도할지도 모른다. 그 결과 교사의 관심이 자발적이지도 않고 긍정적이지도 않으므로 유아는 자기 자신에 대해서 부정적으로 느끼게 된다.

대안 찾기

만약 환경의 변화가 이 상황에 대한 해결책이 될 수 있다면 염려하는 문제행동에 대한 간단한 해결책이 될 것이다. 다음 사항들을 고려해 보라.

- 동생이 태어났다거나 가족 중 누군가 죽었다거나 하는 것과 같은 특이한 사건이 유아의 삶에 있을 수도 있다. 이러한 유아에게는 어쩌면 안도감을 찾는 행동일 수도 있다. 시간을 갖고 유아가 자신에게 일어날 상황을 이해할 수 있도록 도우라.
- 유아에게 흥미를 끌 만큼 충분한 놀잇감과 교구나 활동이 교실에 없을 수도 있다. 유아는 쉽게 지루해하기 때문에 교사의 관심을 추구할 수도 있다. 그러한 경우에는 유아의 발달과 흥미에 맞는 적합한 활동 자료를 제공함으로써 활동에 몰입할 수 있는 기회를 제공하라.
- 교실에 있는 놀잇감과 교구들은 유아가 쉽게 접근할 수 있어야 한다. 도움을 요청하는 것은 실제로 도움이 필요해서 그럴 수도 있다. 가능한 유아들이 유아교육기관에서 남에게 의존하지 않도록 교실이나 놀잇감과 영역 구성을 재배치하라.
- 지나친 관심 추구의 원인은 기본적으로 또래와의 상호작용 기술이 서툴기 때문일 수 있다. 그런 유아가 적절하게 또래와 상호작용할 수 있는 방법을 배우도록 도와주라. 유아가 또래와 더 많은 시간을 보내게 됨에 따라 어른에게서 관심을 덜 추구하게 된다.

문제에 대한 해결책이 이들 제안들 중에 들어 있지 않다면 좀 더 세부적인 접근 방식을 사용할 수 있다.

목표 진술

목표는 유아가 긍정적인 방식으로 교사의 도움을 요청하고 더 이상 다른 유아들보다 교사를 자주 찾지 않는 것이다.

절차

기본적 전략은 아래에 나오는 조치들을 통해서 유아의 관심을 얻어 내려는 부적절한 시도에 대해서는 관심 주기를 철회하는 반면에 적절한 행동에 대해서는 관심을 주는 것을 포함한다.

- 관심을 얻기 위한 모든 불필요한 시도는 무시하라.
- 그 외의 경우에는 관심을 제공하라.
- 매일 '특별 시간' 을 계획해 두어라.

행동 정의

관심 추구는 지나치게 자주 그리고 불필요하게 언어나 비언어적인 행동을 통해 교사의 관심을 요구하는 것이다.

출발점

행동 지도 전략을 실행하기 전에 유아가 얼마나 자주 관심을 요구하는지 관찰을 기록해 보라. 매일 기록해 둘 한 시간의 단위를 정하고 관심 끌기 시도가 있을 때마다 기록표에 표시하라. 그 기간은 유아가 자주 관심을 요구하는 시간이며 교사들은 참여하지 않는 시간이어야 한다. 일과가 끝난 후에 표시한 수를 세고 빈도 그래프에 기록하라. 연속 3일 동안 관찰 기록해 보라. 이러한 과정은 교사에게 기초를 제공할 것이다.

행동 지도 전략

3일 동안 관심 추구의 양을 정하고 난 후에 다음 프로그램을 시작하라. 본 프로그램이 보다 효과적이기 위해서는 모든 교사들이 일관성 있게 따라 주어야 한다.

1) 불필요한 모든 관심 끌기 시도는 무시하라. 유아가 교사에게 접근할 때 우선적으로 유아의 요구가 합리적이고 적합한지 결정하라. 유아의 요구가 합리적이라면 필요한 대로 유아를 도와주도록 하라. 유아의 요구가 불필요한 관심을 끌기 위한 시도라면 유아에게 다음과 같이 말하라. "미안하지만 선생님은 지금 ㅇㅇ를 해야 해." 외형적으로 외면하거나 다른 영역으로 걸어가라.

2) 다른 때 유아에게 관심을 주라. 바람직한 활동을 유아가 하고 있을 때 유아로 하여금 그 행동에 대해 교사가 기뻐한다는 것을 알도록 하라. 유아가 말로 하는 칭찬에 반응을 하면 미소를 띠고 다음과 같이 말하라. "네가 지금 활동하고 있는 모습이 참 맘에 드는구나!" "우리가 줍는 것을 도와줘서 고맙구나." "와, 정말 잘하고 있구나!" 유아가 신체적 접촉을 좋아하면 안아 주거나 톡톡 두드려 주라.

3) 매일 특별 시간을 계획하라. 유아와 단 둘이서 하루 5분 동안 특별 시간을 보내라. 이렇게 하면 집중적이고 긍정적인 관심을 주게 되어 유아는 자신이 특별하다는 것과 교사로부터 얻는 관심이 양측 모두에게 긍정적인 경험이라는 것을 알게 된다. 첫날 이후부터는 교사가 특별 시간을 제공하느냐의 여부는 유아의 행동에 달려있다. 특별 시간 때까지 교사는 교사의 일을 반드시 할 수 있어야 하고 유아는 자신의 일을 해야 한다.

특별 시간 동안 유아는 교사의 집중적인 관심을 갖도록 하라. 이를 위해서는 모든 교사들의 협조가 필요하다. 5분을 어떻게 보낼 것인지 유아가 결정하도록 하라. "너하고만 함께 보낼 5분의 시간이 있단다."라고 말하고 그 시간이 언제 끝날 것인지 유아가 알도록 시계를 보여주라. "네가 하고 싶은 것은 무엇이든지 우리가 함께 할 수 있단다." 유아가 무엇을 할지 확신이 서지 않으면 말하기, 게임하기, 걷기, 책 읽기 또는 유아가 좋아하는 다른 활동을 제안할 수 있다. 시간이 5분을 넘지 않도록 하라. 특별 시간을 마칠 즈음에 이 활동을 내일 다시 할 것임을 언급하라.

특별 시간의 시기는 중요하다.

① 첫째 날에는 유아가 도착하자마자 특별 시간을 가져야 한다. 첫 특별 시간 끝 무렵에 유아에게 내일은 조금 늦게 이런 시간을 갖게 될 것이라고 말하라.

② 둘째 날에는 교사가 먼저 해야 할 일을 하고 유아도 그때까지 자기 일을 하면 특별 시간이 몇 분 후에 있을 것이라고 유아에게 말해 주어라. 교사가 무엇을 기대하는지 유아에게 분명히 말하라.

특별 시간의 타이밍은 교사가 처음 측정한 정보에 연관되어 있다. 3일 동안의 관심을 구하는 평균 시간을 알아보라. 만약 유아가 한 시간 동안 3번 관심을 추구했다면 평균값은 20분이다. 그런 행동이 한 시간에 12번 기록되었다면 평균값은 5분이다.

유아가 도착한 후 평균 시간이 지난 후 특별 시간을 갖도록 하라. 일정에 있는 특별 시간을 3일 동안 지속하라.

기다리는 시간 동안 유아가 관심 끌기 시도를 자제하지 못하면 특별 시간은 필요하지 않다. 특별 시간을 갖지 않은 이유를 유아에게 설명해 주고 다음 날 유아가 또 기회를 갖게 될 거라고 안심시켜 주어라. 다음 날에는 기다리는 시간을 조금 짧게 하라.

③ 유아가 연속 3일 동안 성공적인 특별 시간을 갖게 되면 기다리는 시간을 몇 분 더 연장하도록 하라. 유아의 행동이 바뀌면 기다리는 시간을 며칠 간격으로 조금씩 연장하라. 유아는 점점 더 오랜 시간 동안 건설적으로 활동에 바쁘게 참여해야 하며 부당한 관심은 요구하지 않아야 한다. 유아가 그렇게 하지 못하면 기다리는 시간을 연장하는 속도를 늦추어라. 유아의 성공을 보장할 수 있게 타이밍을 맞추도록 하라.

④ 관심 끌기의 전반적인 속도가 현격하게 줄어드는 것을 보게 되면 이틀에 한 번 꼴로 특별 시간을 갖도록 하라. 교사가 시도하는 것이 무엇인지 유아에게 설명하라. 행동이 변화함에 따라 특별 시간을 더 줄이도록 하라. 물론 일반적인 상호작용은 지속되어야 한다.

과도한 관심 끌기 행동의 유사 행동 중 또 다른 하나가 매달리는 행동이다. 매달리기는 행동은 쫓아다니거나 끌어안거나 붙들거나 옷을 잡는 등 유아가 교사를 자기 가까이에 잡아 두고자 하는 모든 행위를 포함한다. 유아는 교실 활동에 참여하지 않고 교사는 그 유아를 다루느라 다른 활동을 하지 못할 정도이다. 이 행동을 지도하기 위한 구체적인 단계는 다음을 포함한다. ① 유아에게 성인의 요구하는 바를 말해 주어라. ② 매달리려고 하면 유아에게서 물러나라. ③ 유아가 바라던 활동을 하게 될 때는 이를 강화하라. ④ 유아가 매달리지 않을 경우 특별한 관심을 보일 시간을 따로 준비하라. ⑤ 행동을 지속적으로 관찰 기록하라.

일단 유아가 매달리기를 중지하면 바람직한 행동을 정기적으로 강화시키도록 하라. 이런 행동들을 칭찬함으로써 교사가 어떤 행동들을 높이 평가하는지 유아로 하여금 알게 하라. 유아가 매달리려고 하면 무시하라. 유아가 안도감을 필요로 하는 경우라면 민감하게 반응하되, 매달리기를 허용함으로써 다시 반복되지 않도록 주의해야 한다.

과도한 관심 끌기의 한 종류로서 징징거리는 행동이 있다. 징징거리는 행동이란 유아가 어른에게 말할 때 자주 징징거림을 의미한다. 즉 유아의 징징거리는 행동은 정상적인 목소리로 말하는 대신에 불평하는, 보통은 콧소리를 담은 톤으로 말하는 언어적 의사소통이라고 정의할 수 있다. 징징거리는 행동을 지도하기 위한 출발점으로 행동 지도 전 3일 동안 매일 징징거리는 행동의 발생 빈도를 관찰 기록해 본다. 교사는 유아가 얼마나 자주 징징거리는가를 아는 것뿐만 아니라 의사소통 중 어느 정도의 비율로 징징거리는지 알아야 한다. 상당한 징징거림이 있을 거라고 예상되는 날 일과활동 중 한 시간을 고른 후 징징대는 횟수를 똑같은 시간을 사용하여 측정한다. 세부적인 행동 지도를 위한 전략은 첫 주에는 유아가 징징거릴 때마다 교사의 기대를 말한다. 둘째 주에는 더 적은 수의 신호를 준다. 셋째 주에는 모든 신호를 철회한다. 유아가 징징거리는 행동이 대부분 멈추게 되는지 유아의 행동을 지속적으로 관찰 기록한다. 일단 교사가 행동 지도의 기준선을 가지고 있으면 유아의 징징댐의 대상이 되는 모든 교사들이 행동 지도 전략을 일관성 있게 사용해야 한다.

유아가 징징거리는 행동에 긍정적인 변화를 보인다면 변화를 유지시키는 것 또한 행동 지도의 중요한 단계이다. 징징거리는 행동이 가정에서 발생하는 유아라면 본 프로그램의 성과를 가족과 공유할 좋은 기회이다. 이 프로그램을 가정에서 시행해 보도록 가족을 격려하고 도와주어라. 유아교육기관에서는 유아가 교사와 대화를 할 때 유아에게 충분한 관심을 주도록 하라. 하지만 유아가 징징대면 무시하라.

4) 행동을 계속 관찰 기록하라. 유아의 행동을 그래프에 기록하라. 매일 한 시간 동안 유아가 관심 끌기를 시도한 횟수를 지속적으로 기록하라. 이것은 처음과 마찬가지로 같은 시간대이어야 한다.

변화 유지

다른 모든 유아들에게 하듯이, 기대된 행동을 했을 때는 관심을 제공하라. 가끔씩 실수하는 경우가 있으면 이를 무시하라. 유아로 하여금 자신이 특별하며 유아의 적절한 행동은 인정받음을 유아가 알게 하라. 또한 유아가 어른들에게서 관심을 덜 추구함에 따라서 또래들을 포함하여 활동과 자료로부터 강화를 받게 된다는 것을 기억하라.

제 29 장

자위 행동

지금은 대그룹 활동 시간이고 네 살짜리 앨리사Allysa는 교사가 읽어 주는 동화를 잘 듣고 있다. 몇 분 후 유아의 눈은 페이지로부터 벗어나더니 교실을 쓱 훑어 본다. 유아는 오른쪽 무릎을 왼손으로 비비더니 그 다음에는 자기 허벅지를 긁기 시작한다. 다른 손으로 치마를 걷어 올리고 다리 윗부분을 계속해서 긁는다. 유아는 손가락을 팬티 속으로 넣어 만지기 시작한다. 유아는 교사의 머리를 물끄러미 쳐다보고 이야기와 노래 시간 12분 동안 계속해서 성기를 문지른다. 대그룹 활동 시간이 끝날 무렵 앨리사는 다른 유아들과 함께 일어서서 다른 활동으로 이동한다. 후에, 낮잠 시간에 유아는 다시 자신의 성기를 자극하며 잠을 청한다. 교사들은 앨리사의 행동에 불편해하지만 유아에게 아무 말도 하지 않았다. 부모 중 한 사람이 앨리사의 문제에 관해서 원장에게 보고했다.

행동 진술

유아가 주기적으로 자위 행동을 한다.

행동 관찰

행동에 대한 통찰력을 얻기 위해 며칠 동안 관찰하라. 관찰할 내용은 다음과 같다.

1) 유아는 주로 언제 자위 행동을 하는가?

- 하루 중 아무 때나 예측 불가능하게
- 하루 종일
- 낮잠 시간 동안
- 아침에
- 하루가 끝날 무렵
- 자유선택 활동 시간에
- 유아들이 경청하려 조용히 앉아 있을 때
- 전이 시간에

2) 자위 행동을 하기 전에 어떤 일이 먼저 일어나나?

- 활동에 몰두하지 않는다.
- 혼자 논다.
- 기분이 상해 보인다.
- 피곤해 보인다.
- 진행 중인 활동에 관심을 표하지 않는다.

3) 어디에서 자위 행동을 하는가?

- 실내에서
- 밖에서
- 낮잠용 침대나 매트에서
- 화장실에서
- 역할놀이 또는 극놀이 영역에서

4) 유아가 자위 행동을 할 때 어떤 일이 생기는가?

- 멈추라는 말을 듣는다.
- 자신의 행동에 대해 '잘못이다' 혹은 '나쁘다' 또는 '멋진 애들은 그런 행동을 하지 않는다'와 같은 말을 듣는다.
- 누군가 자기를 지켜보고 있는지 돌아본다.

5) 자위 행동을 얼마나 오래 하는가?

- 매우 짧게
- 한 번에 몇 분 동안
- 긴 시간 동안
- 잠이 들 때까지
- 심지어 잠이 든 후에도

6) 자위 행동에 관해서 유아는 어떻게 말하는가?

- 부정적인 어투로
- 죄책감 든 어투로
- 자위 행동에 대해 관심을 불러 모으는 방식으로
- 사실적으로

이러한 행동에 대한 관찰은 자위 행동을 하고 있는 상황에서 교사가 유아를 지도하는 과정에 대한 통찰력을 제공할 수 있다.

가족과의 협의

성sex에 관련된 이야기는 어느 누구에게나 불편한 소재이다. 교사가 자위 행동에 관해 말하기 불편하다고 느끼면 아마도 다른 누군가를 시켜서 이 문제를 가족과 토의하도록 할지도 모른다. 유아가 그 행동에 대해 사적인 혹은 공적인 상황에서 구분하지 못하는 것처럼 보인다면 가족과 이야기하는 것이 중요하다. 만약 가족이 자신들은 특별히 염려하지 않으며 그러한 행동을 정상으로 간주하고 있다고 한다면, 유아가 그 행위를 적절한 환경에 국한해서 하도록 공통의 전략을 수립하도록 의논해 보라. 가족이 유아의 자위 행동에 마음이 상했다면, 수용하고 공감하는 자세로 그들의 염려와 느낌에 대해 이야기를 나누도록 하라. 그러한 행동은 어린 유아에게 정상적인 것이라고 부모를 안심시키고 유아의 행동에 대해 이해하도록 돕기 위해서 참고서적을 추천할 수도 있다.

적용점 찾기

자위 행동은 어린 유아들 사이에서 꽤 흔한 행동이다. 신체 탐색은 유아기에 시작되며 성기 주변을 가지고 놀면서 기분 좋은 느낌을 발견한다. 그러나 유아의 자위 행동은 많은 어른들을 당황스럽게 한다. 어른들은 지속적으로 유아의 손을 치우거나 찰싹 때리거나 또는 "하지 마라." "나쁜 행동이야."라고 말하면서 미묘하게 또는 드러내 놓고 유아에게 부정적인 메시지를 전한다. 그런 메시지는 유아에게 상충되는 감정을 제공할 수 있다. 한편으로 유아는 성기 놀이를 하면서 죄의식을 갖게 되고 다른 한편으로는 그러한 자극을 통해서 쾌감과 위안을 갖게 된다. 이런 부정적인 메시지로 확립된 죄의식과 수치심은 오랫동안 파급효과를 가질 수 있으며 청소년기나 성인의 정체성은 물론 그들의 성 정체성에 영향을 끼칠 수도 있다.

어린 유아의 자위 행동은 정상적인 것으로 간주되어야 하지만, 다루어져야 할 내용은 사적 자유의 문제와 더불어 여럿이 있을 때 또는 혼자만 있는 환경에서 어떠한 행동들이 적합한 행동인가와 연관된 것이다. 자위 행동은 유아가 혼자 있는 곳에서 이루어지는 지극히 개인적인 행동으로 받아들여질 수 있다.

대안 찾기

유아가 자위 행동을 하는 이유와 유아 주변에 있는 어른들—부모와 교직원들—의 반응과 태도에 대해 주의 깊게 생각해 보는 것이 중요하다. 이 주제는 민감하게 다루어질 필요가 있다.

- 성적 학대를 받아 온 유아는 어른에 의해 학대받는 상황에서 자극을 받아서 자위 행동을 할 수도 있다. 그러나 이것이 유아가 자위 행동을 하는 정상적인 이유는 아니다. 학대당한 유아는 그 시기에는 정상적으로 이해할 수 없거나 경험될 수 없는 성행위에 관해 말하거나 성행위를 재연함으로써 말 또는 행동으로 학대당한 것에 대한 단서를

제공하기도 한다. 유아가 성적 학대를 받거나 받아 왔다고 의심되면 교사는 원장과 협의한 후 그 협의점을 신고할 법적 또는 윤리적 책무를 갖게 된다.*

- 생식기 놀이가 방광염이나 질염의 징후가 아닌지 확인하라. 유아는 실제로 가렵거나 아프기 때문에 비벼댈지도 모른다.
- 유아들은 염려거리가 있으면 다르게 반응하는데 어떤 유아들은 기분 좋게 느끼기 위해 자위 행동을 함으로써 반응을 한다. 유아에게서 염려스러운 행위에 다양한 징조를 발견할 때 시간을 갖고 유아와 이야기 나누어 유아가 무엇 때문에 괴로워하는지 알아내도록 하라.

위의 제안들은 자위 행동을 하는 유아에 대한 염려를 해결하는 데 도움이 될 수 있다. 유아가 자주 그리고 공개적으로 이런 행위를 한다면 계속해서 다음 단계를 진행하라. 이런 행위가 부모를 염려시키거나 유아교육기관에 있는 다른 사람들인 교직원들과 유아들이 알고 이 행동에 대해서 언급을 하는지 살펴보라.

목표 진술

목표는 유아가 부적절한 곳에서 자위 행동을 하는 것을 피하도록 하는 것이다.

절차

부적절한 곳에서 자위 행동을 하지 않도록 하기 위한 기본 전략은 다음 절차들을 포함한다.

- 유아와 관련된 모든 교직원과 자위 행동에 대해서 논의하라.
- 유아의 가족과 자위 행동에 관해서 의논하라.
- 유아의 개인 자유와 자위 행동에 대한 사회적 수용성에 대해서 의논하라.
- 유아가 부적절한 상황이나 장소에서 자위 행동을 하면 유아에게 상냥하고 친절하게 상기시키도록 하라.

* 성적 학대를 받아 온 유아는 특별한 정서적 필요를 가지고 있다. 그러한 유아에게는 교사의 이해와 수용, 지지가 절대적으로 필요하다.

행동 정의

자위 행동은 생식기를 문지르거나 가지고 놀기 위해서 유아가 손을 사용하거나 사물(예: 바닥, 의자, 소파)에 의도적으로 접촉함으로 자극하는 행위를 의미한다. 공공장소에서의 자위 행동은 그 행위를 수정해야 하는 이유가 된다.

출발점

유아의 행위를 바꾸기 위한 시도 전에 다른 교직원과 그 문제를 의논하라. 교사가 바꾸기 원하는 유아의 행동은 공적인 그리고 부적절한 환경에서의 자위 행동이라는 것을 명심하라. 예를 들어, 유아의 집은 적합한 장소가 될 수도 있다. 행동 지도를 시작하기 전에 무엇이 수용할 만한 행동인지 결정하라.

얼마나 자주 그리고 얼마나 오랫동안, 어떤 공공장소에서 유아가 자위 행동을 하는지 3일 내지 5일 동안 관찰하여 기록하라. 그 행위가 발생할 때마다 얼마나 오랫동안 그리고 어떤 환경에서 유아가 자위 행동을 했는지 시간을 측정하고 관찰지에 기록하라. 언제 어디서 유아가 자위 행동을 하는지 알아보기 위해서 이 목록을 사용하라. 하루 일과가 끝날 때 자위 행동이 일어난 총 횟수를 빈도 그래프에 기록하라. 지속 시간 그래프에 모든 발생에 대한 평균 지속 시간을 기록하라. 모든 자위 행동이 이루어진 전체 시간을 더하고 평균 지속 시간을 알아보기 위해 자위 행동 횟수로 나누어라.

$$\frac{\text{모든 자위 행동의 총 분}_{\text{minutes}}}{\text{자위 행동의 총 횟수}} = \text{평균 지속 기간}$$

이 관찰지는 유아의 행동 지도에 적절한 도움을 줄 것이다.

행동 지도 전략

초기 정보를 수집하는 동안 아래 제시된 단계 중 교사는 첫 단계인 가족과 교직원과의 의논을 시작할 수 있다. 하지만 마지막 두 단계인 유아와 목격자들과의 토론을 당분간 수행하지 말아야 한다.

1) 교직원과 자위 행동에 대해서 의논하라. 성적인 문제들에 대한 우리의 반응은 매우 다른데, 이는 우리가 받은 교육과 경험 또는 정보에 달려 있다. 자위 행동에 대한 태도는 교직원들 사이에서 다양하게 나타날 수 있는데, 그 행동을 정상적인 것으로 수용하는 것으로부터 그런 행위는 나쁘기 때문에 돌이킬 수 없는 해를 끼치기 전에 멈춰져야 한다고 정죄하는 것에 이른다. 원장과 더불어 유아와 함께 일하는 모든 교직원들은 이 토의에 참여해야 한다. 이 주제에 관해 해박한 전문가를 그 토의에 참여시키는 것도 도움이 될 수 있다. 이 모임에서 토의는 자위 행동에 대한 각 사람의 태도와 자위 행동에 관련된 유아의 관찰에 초점이 맞춰져야 한다. 이 모임의 목적과 결과는 무엇을 수용할 수 있으며 무엇을 수용할 수 없는지에 대한 공통적인 의견 일치가 될 것이다. 교직원들은 자위 행동이 사회적으로 용납될 수 없는 상황에 동의를 해야 한다. 그런 동의는 교직원들의 태도와 견해에 따라 달라질 것이지만, 일반적인 교실 활동은 유아가 자위 행동을 할 수 있는 수용 가능한 환경이 아니라고 결론지을 수 있다.

2) 자위 행동에 대해서 가족과 의논하라. 교사들이 자위 행동에 대해서 강한 소신을 가질 수 있듯이 가족들도 나름의 견해를 가지고 자녀들을 양육할 수 있다. 어떤 가족들은 그 행위를 정상적이라고 받아들여서 염려하지 않는 반면에 다른 가족들은 이 주제에 대해서 다양한 견해와 생각을 가질 수 있으며 또한 잘못된 개념을 가질 수도 있을 것이다. 교사는 가족 모임을 준비할 필요가 있으며 그 주제에 대해서 정보를 수집할 필요가 있다. 가족에게 읽도록 권할 만한 책이 도움이 될 수도 있다. 가족의 느낌이나 교직원들의 견해나 자위 행동이 발생하는 환경에 따라서 교사는 다른 조치를 취할 수 있다.

- 가족이 자위 행동에 대해서 염려하지 않고 유아의 행동이 개인적인 환경에서 발생하면 교사는 어떠한 행동을 요구할 필요가 없다.
- 부모가 자위 행동에 대해서 염려는 하지 않지만 유아의 행동이 자주, 그리고 공적인 장소에서 발생하면 교사는 이것을 부모와 의논해야 한다. 유아들은 어떤 행동들은 공적 장소에서 사회적으로 용납되지 않으며, 이러한 행동들은 사적으로 이루어져야 함을 배우게 된다. 유아가 죄책감이나 수치심을 느끼지 않고 이러한 구분되는 것을 인식하도록 돕기 위해 교사와 부모는 함께 협력할 수 있다.

- 어떤 가족들은 자녀의 자위 행동에 대해서 염려는 하지만 교사들이 염려를 하지 않는다면 의논을 통해서 그 문제를 해결할 수 있다. 가족들은 그런 행위가 흔히 있다는 것을 교사들로부터 들음으로써 안심할 수도 있다. 만약 가족이 계속해서 염려를 한다면 자위 행동은 나쁜 행동이 아니며 교사들은 그러한 행동이 부적절한 환경에서 발생할 때만 대처한다는 유아교육기관의 입장을 말할 수도 있다.
- 교사와 가족 모두 그러한 행위가 공적인 환경에서 자주 발생하기 때문에 자위 행동에 대해 염려가 된다면 교사는 교사와 가족이 그것에 대처할 수 있는 방법에 대해 의견일치를 보아야 한다. 일관된 방법으로 가정과 유아교육기관에서 행동 지도가 이루어진다면 유아에게도 도움이 될 것이다.

3) 자위 행동에 대해 유아와 논의하라. 일단 교직원과 가족이 유아의 자위 행동에 관한 정보와 염려와 느낌을 공유할 기회를 갖게 되고 행동 지도의 기준이 마련되면 교사는 자위 행동에 대해서 의논하기 위해 유아와 개인적인 시간을 마련해야만 한다. 유아가 이 주제에 대해서 교사에게 말해야 할 것들의 요점은 다음과 같다.

- 자위 행동은 어린 유아들 사이에서는 흔한 행동이다.
- 자위 행동은 개인적인 행동이다.
- 자위 행동은 공개적으로 행해져서는 안 되고 수용될 수 있는 장소에서 행해져야 한다.

교사가 유아와 의논하는 의도는 유아를 안심시켜 주는 것이고 어떤 식으로든 벌을 주는 형식이나 부정적인 방식이 되어서는 안 된다. 따라서 수용하는 접근 방식이 중요하다. 유아들은 내재된 느낌에 매우 민감하다. 그래서 만약 교사가 말하는 것이 교사가 느끼는 바와 일치하지 않으면 교사는 여전히 유아에게 부정적인 메시지를 전할지도 모른다. 교사가 유아의 자위 행동을 부정적으로 느끼거나 양면적인 태도를 가진다면 다른 교직원이 이 문제를 언급하는 것이 더 나을 수 있다.

4) 자위 행동이 부적절한 상황에서 발생하면 유아에게 상기시켜 주어라. 유아와 대화 후에도 유아는 가끔 부적절한 곳에서 자위 행동을 지속할 수도 있다. 이런 일이 발생

하면 유아에게 교사와 이야기한 바를 친절히 상기시켜 주도록 하라. 하지만 이렇게 할 때 유아가 당혹스럽게 하지 않도록 신중하게 해야 함을 명심하라. 자위 행동을 받아들일 만한 환경에 대해서는 교사가 동의했지만 지금 유아가 하고 있는 곳은 그런 장소가 아니라는 것을 상기시키도록 하라.

5) 유아의 행동을 계속 관찰 기록하라. 행동 지도 전략을 시작한 이후로 자위 행동의 빈도와 지속 시간을 계속해서 세어 보도록 하라. 부적절한 환경에서 유아가 자위 행동을 하는 경우는 급격하게 감소하게 될 것이다. 두 주 동안 부적절한 환경에서의 자위 행동이 그래프상에 나타나지 않으면 교사는 목표를 달성한 것이며 따라서 계속해서 자료를 기록할 필요가 없다.

변화 유지

교사가 전한 메시지를 유아가 자기 것으로 수용하고 나면 유아는 아마도 부적절한 환경에서의 자위 행동을 중단할 것이다. 경우에 따라 가끔 실수가 있을 때 부드럽고 친절하게 다시 상기시키면 그러한 상황이 해결될 것이다.

유아 행동과 그 지도

나를 좀 도와주세요!

6단원

사회적 활동 및 영유아교육기관 활동 비참여 행동들

제 30 장

활동에 참여하지 않는 행동

수업 시간 내내 유아들은 다양한 활동을 하느라 분주하다. 네 살짜리 새라Sarah는 활동에 참여하지 않고 무관심한 듯 문 옆에 서 있다. 교사가 유아 옆을 지나가며 싱긋 웃는다. "새라야. 물감 꺼내는 것 좀 도와줄래?" 새라는 가만히 서 있고 교사는 자기 볼 일을 마치려 움직인다. 몇 분 후에 돌아온 교사는 새라의 눈높이에 맞게 무릎을 굽히고 마주한다. 교사는 새라를 당겨서 안고 새라가 활동에 흥미를 가질 수 있도록 하기 위해서 몇 분 동안 이야기를 한다. 그러나 새라는 활동에 참여하기를 완강히 거부한다. 유아는 신체적으로 저항하지는 않는다. 새라는 다양한 활동을 여기저기 탐색한다. 유아는 활동 앞에 서 있을 때 참여하려는 노력은 보이지 않는다.

새라가 6주 전 유아교육기관에 들어온 이후로 그녀는 어떤 활동에도 능동적으로 참여하지 않았다. 교사들은 상당한 시간을 새라와 함께 보내는 노력을 기울였다. 그것은 주제 활동이 진행되는 동안 활동에 대해 새라가 관심을 갖도록 하기 위해서이다. 하지만 아무것도 도움이 되지 않았다. 새라는 계속해서 수동적이다.

행동 진술

유아는 거의 대부분의 계획된 활동 또는 유아교육기관 활동에 자발적으로 참여하지 않는다.

행동 관찰

이런 행동에 더 많은 의견을 얻기 위하여 유아를 관찰하면서 시간을 보내라. 관찰할 주요 내용은 다음과 같다.

1) 유아가 경우에 따라서 활동에 참여한다면 어떤 활동인가?

- 어떤 특정한 활동도 없음
- 개별 유아가 혼자 작업하는 활동들
- 그룹 활동들
- 동화 듣기
- 책 보기
- 음률 활동
- 미술 활동
- 극놀이
- 블록 놀이
- 목공 놀이
- 실외 놀이
- 모래 놀이 또는 물놀이
- 감각 활동
- 조작 활동

3) 진행 중인 활동에 참여하라고 요구받았을 때 유아는 어떻게 하는가?

- 설득을 당하면 참여한다.
- 말로 참여를 거부한다.
- 말을 사용하지 않고 거부한다.
- 외면한다.
- 울기 시작한다.
- 입을 삐쭉 내민다.
- 활동이 이루어지는 곳에 가기는 하지만 참여하지는 않는다.

2) 활동에 참여하지 않는 동안 유아는 무엇을 하는가?

- 다른 유아들이 활동하는 것을 지켜본다.
- 창 밖을 내다본다.
- 문 가까이에 머물러 있다.
- 운다.
- 스웨터나 담요 같은 개인 소지품을 들고 있거나 가지고 논다.
- 아무에게도 말을 하지 않는다.
- 교사나 주변에 있는 특정한 유아를 따라다닌다.

활동에 참여하지 않는 유아를 돕기 위한 방법을 찾기 위해 교사가 관찰한 내용에서 얻어낸 정보를 활용하라.

가족과의 협의

유아를 면밀히 관찰한 후에 가족을 만나서 유아가 유아교육기관 경험을 통해서 얻을 수 있는 만큼의 혜택을 누리지 못하고 있어서 우려하고 있음을 이야기하라. 유아교육기관이 아닌 다른 곳에서의 유아 행동에 대해 서로 이야기 나누어 보라. 가정에서 유아가 가장 즐겨 하는 활동은 무엇이며 어떤 놀잇감과 교구를 좋아하는지 알아보도록 하라. 또한 가족이 생각하기에 유아가 수줍음을 타므로 주위에서 일어나는 상황을 주의 깊게 관찰하는 편인지 가족에게 물어보라. 유아가 유아교육기관 활동에 참여하지 못하게 하는 두려움이 유아에게 있는지에 대해서 의논하라. 유아를 유아교육기관 활동에 더 잘 참여하게 하는 데 도움이 될 만한 가족의 제안들을 기록해 두라. 일단 유아의 행동 변화를 위한 행동 지도 전략을 시작하면 목표를 향한 진전을 가족에게 계속해서 알리도록 하라.

적용점 찾기

매우 수줍어하는 유아는 유아교육기관 활동에 참여하는 것이 어렵다. 특히 유아가 유아교육기관을 처음 경험하면 더욱 그렇다. 유아가 유아교육기관 일과에 익숙해지고 교사들과의 관계를 발전시켜 나갈 기회를 갖고 나면 이러한 초기의 망설임은 보통 사라질 것이다.

몇몇 경우 유아는 활동에 참여하지 않는 것이 결과적으로 교사들로부터 상당한 관심을 끄는 일이라는 것을 발견할 수도 있다. 이에 대해 교사들은 유아들이 활동을 통해 얻을 수 있는 많은 유익을 경험하지 못함을 염려한다. 염려가 되는 교사들은 유아와 이야기하며 시간을 보낼 것이다. 그들은 유아를 구슬려 보기도 하고 특권을 주기도하며 또 다른 방식으로 참여하도록 유아를 격려한다. 사정이 이렇게 되면 참여하지 않음으로써 얻어진 관심은 활동보다 더 매력적인 것으로 다가온다. 유아를 유아교육기관 활동에 참여시키려 하는 교사들의 시도는 정작 그들이 유아에게 주게 되는 관심 때문에 참여하지 않는 행동만을 강화시키는 역할을 할 뿐이다.

대안 찾기

유아의 행동이 변화될 필요가 있다고 생각하기 전에 다음 제안들 중 하나가 상황을 수정할 수 있는지 고려해 보라.

- 유아가 유아교육기관 활동에 참여하기를 꺼리는 데는 유아교육기관에 관한 어떤 부분에 실제로 염려거리가 있거나 두려움이 마음속에 잠재해 있기 때문이다. 이러한 경우에는 유아가 그러한 느낌을 극복하도록 도와주어라. 유아의 안정감이나 유아교육기관에서의 신뢰를 증대하기 위해서 필요한 것이라면 어떤 형태의 관심이든 격려든 다 제공해 주도록 하라. 이번 장에서 소개된 행동 지도 전략들은 유아의 그러한 행동이 오히려 관심을 끌게 되므로 활동에 참여하지 못하는 유아들을 위해 제공된 것이다. 유아의 동기가 염려나 두려움이기보다는 관심 끌기 위한 것이 아닌지 결정을 내리는 데 있어 신중을 기하도록 하라. 관심을 끌기 원하는 유아들은 보통 이러한 내재된 동기의 실마리들을 제공한다. 유아가 교사의 반응을 찾고 교사의 관심에 긍정적으로 반응하며 교사의 반응이 일단 주어지면 그것을 미묘하게 유지한다. 두려움으로 인해 행동하는 유아는 그러한 관심으로부터 움츠린다. 만일 내재된 동기가 관심 끌기가 아니라면 교사는 두려움을 잠재우고 신뢰 관계를 증진하도록 노력할 수 있다.*
- 제공된 자료나 활동들이 유아들에게 적합한지 확인하기 위해 교실을 잘 살펴보도록 하라. 교실에서 유아에게 제공된 것이 유아에게 흥미를 끌지 못해서 유아가 활동에 참여하기를 꺼려 할 가능성도 있다. 만약 그렇다면 유아의 흥미에 더 잘 어울리는 활동으로 유아를 이동시키거나 더 적합한 교재 교구나 놀이기구를 제공해 주도록 하라.
- 유아의 감각적, 지각적 기술을 점검해 보라. 유아는 청력이나 시력에 문제가 있어서 활동에 참여하길 꺼려 할 수도 있다. 유아가 눈에 띄게 서툴러 보이거나 주변에 있는 소리나 소음에 제대로 반응하지 않으면 교사가 염려하는 것들을 가족과 의논하고 건강검진을 받아 보도록 권하라.**
- 유아가 유독 어떤 한 형태의 활동에 참여하기를 거부한다면 어쩌면 유아는 그 활동에 대한 잘못된 개념을 가지고 있을 수 있다. 왜 활동에 참여하기 싫어하는지 유아에게 물어보라. 예컨대, 유아는 항상 깨끗해야 된다는 생각에 손가락에 물감을 묻혀야 하

* 정서적 결함이 있는 유아들은 불합리한 두려움이나 염려를 갖는다. 교사는 학급에 있는 어떤 유아가 유아교육기관과 관련된 지나친 두려움 혹은 공포증을 가지고 있으면 그 문제를 해결하기 위해 전문적인 상담을 시도해 봐야 한다.

** 유아가 감각적 결함이 있다는 증거는 유아의 다른 행동 양상에서도 눈에 띄게 드러나야 한다. 유아가 활동에 참여하지 않는 원인으로서 감각적 문제가 의심되면 혹시 있을지 모를 청각이나 시각적 결함의 신호들에 대해 예의주시하라.

는 그림 그리기를 원치 않을 수 있고 누군가로부터 블록 놀이는 남아들이 하는 것이라고 들었기 때문에 블록 놀이 하는 것을 거부할 수도 있다. 특정한 활동에 유아가 참여하길 거부하는 이유를 일단 알고 나면 교사는 유아의 잘못된 개념을 수정하도록 노력할 수 있다.

- 유아가 끊임없이 교실 활동에 참여할 수 있다거나 참여해야 한다고 기대해서는 안 된다. 교사들과 마찬가지로 유아들도 항상 바쁘지 않은 상태에서 반성하거나 관찰하거나 생각해 보거나 휴식을 취할 시간이 필요하다. 어떤 유아들은 다른 유아들보다 더 활동적이다. 어떤 유아들은 다른 유아들보다 자기 주위에서 벌어지는 일에 대해서 조용히 곰곰이 생각하는 데 더 많은 시간이 걸린다. 선천적으로 과묵한 유아를 활동성이 없는 유아로 오해하지 않도록 하라. 유아는 가끔 활동에 참여하기도 하지만 다른 때에는 조용히 앉아서 지켜볼 수도 있다.
- 나이에 걸맞은 행동을 놀이에 참여하지 않는 것과 혼동하지 않도록 주의하라. 놀이 발달의 모든 단계에서 유아는 어떤 형태의 놀이에 참여하게 된다. 유아는 다른 유아들에게 별 관심을 보이지 않고 혼자 있거나 또는 다른 유아들과 완전히 섞여 함께 지낼 수도 있다. 유아가 또래들에 대해서 인식하기 시작할 때 유아는 참여하기보다는 다른 유아들을 지켜보며 시간을 보낼 수도 있다. 참여하지 않는 것이라기보다는 이것은 정상적인 놀이 발달이다.

이 제안이 해결 방안을 제공하지 못하면 다음 프로그램을 계속 진행하라.

목표 진술

목표는 유아가 규칙적으로 유아교육기관 활동에 능동적으로 참여하는 것이다.

절차

활동에 참여하지 않는 유아를 다루기 위한 기본적 전략은 다음 두 가지를 포함한다.

- 연속적 접근법에 의한 활동 참여를 강화하라.
- 활동에 불참하는 것을 무시하라.

행동 정의

활동에 참여하지 않는 행동은 교실 내 대·소집단 활동, 개별 활동, 교사 주도적인 활동, 자유선택 활동 등에 관계없이 유아가 능동적으로 활동에 참여하지 않는 모든 경우를 포함한다. 활동에 참여하지 않음에는 서성거리거나 교실에 있는 놀잇감과 교구들에 손을 대지 않거나 대그룹 활동 시간에 떨어져 있거나 함께 놀이하자고 제안하여도 이를 거부함 등이 포함된다. 교사들은 유아들이 활동에 불참하게 되는 또 다른 행동들을 논의하여 행동 정의에 첨가해야 한다. 모든 교직원들이 똑같은 행동 정의를 함께 공유하는 것이 중요하다.

출발점

훗날의 변화를 비교해 볼 수 있도록 초기 행동에 관한 정보를 수집하는 것이 중요하다. 3일 동안 매일 선별된 시간 동안 유아를 관찰하라. 이 시간에는 다양한 활동이 선택 가능하여야 한다. 그 시간 동안 정보를 얻기 위해 시간 표집 기술을 이용하라. 이 정보를 수집하기 위해 시계, 관찰지, 연필이 필요하다. 매 5분마다 한 번씩 유아를 15초 동안 관찰하라. 유아의 행동이 불참에 대한 정의에 속하면 관찰지에 아무런 표시도 하지 말라. 유아가 활동에 참여하면 표시를 하라. 그 시간의 끝 무렵에 교사는 0에서 12개 사이의 표시를 갖게 될 것이다. 매일의 총 합계를 빈도 그래프에 기록하라.

행동 지도 전략

일단 이 정보를 수집한 후에는 행동 지도 전략을 시작하라. 확실한 성공을 거두기 위해 모든 교사들이 이 절차들을 일관성 있게 따라야 한다.

1) 유아교육기관 활동에 참여하도록 돕기 위해 연속적인 근접 접근법을 통해 접근하라. 이 행동 지도 전략의 목표는 유아교육기관 활동에 잘 참여할 때는 유아에게 관심이 주어지고 그렇지 않을 때에는 무시됨을 유아가 인식하도록 하는 것이다. 행동 지도 전략이 시작되는 시점에는 유아가 활동에 거의 참여하지 않기 때문에 강화를 줄 기회가 거의 없을 수도 있다. 그러므로 연속적인 상황에서 접근함으로 최소한의 참여 의도를 갖기만 해도 적극적으로 강화를 주는 방법을 제공한다. 즉, 연속적으로 유사한 상황에서 유아는 점

점 더 바람직한 행동에 가까워지도록 자주 강화하는 것이다. 유아교육기관 활동에 참여하는 것은 단계별로 진행될 수 있다. 각 단계는 바람직한 행동에 조금 더 가깝다. 처음 단계에서 유아는 단지 바람직한 행동의 유사 상황에 불과할지라도 강화하는 것이다. 그 행동이 일관성 있게나마 형성되었을 때 두 번째 단계로 강화되는데 이것은 바람직한 행동에 더 가까울 때 가능하다. 이것은 유아가 연속적인 단계 또는 근접적인 방법으로 바람직한 행위에 도달할 때까지 지속된다. 한 번에 하나씩 다음 단계를 따르라.*

① **유아가 다른 유아들이 활동에 참여하는 것을 지켜보는 경우에만 강화하라.** 유아가 친구들을 관찰하지 않는다면 결코 반응하지 마라. 그런 때에는 유아를 무시하라. 유아가 다른 유아들이 놀거나 작업하는 것을 지켜볼 때 미소를 지어 보이거나 가볍게 톡톡 치거나 또는 "지켜보는 것은 참 재밌다. 그렇지?" 와 같은 말을 함으로써 유아를 강화하라. 유아를 설득함으로 활동에 참여하게 하려고 시도하지는 말라. 교사의 언어적 칭찬은 유아가 하고 있는 것에 대해서 인정을 전달하게 된다. 교사가 원하는 것을 은연중에 유아에게 심어 줘서는 안 된다. 유아 근처에 머무르면서 유아가 다른 유아들이 활동에 참여하는 것을 지켜보는 동안 비언어적 또는 언어적 승인을 계속해서 전하라.

② **유아가 지켜보고 있는 활동에서 1.5미터 이내일 경우에만 강화하라.** 다시 한 번 유아가 활동 영역에서 벗어났을 때나 근처의 활동을 지켜보지 않을 때 또는 유아가 교실 맞은편에서 벌어지는 활동을 지켜볼 때는 유아에게 관심을 보이지 마라. 유아가 가까이서 벌어지는 활동을 지켜본다면 안아 주거나 한 번 쳐다보거나 미소를 머금거나 유아가 하고 있는 일이 마음에 든다고 몇 마디 해줌으로써 강화하라. 교사의 이러한 행동 전략들은 유아의 참여 행동을 독려하게 될 것이다.

③ **꼭 참여하지는 않더라도 유아가 직접 활동에 머물 때만 유아를 강화하라.** 예를 들어, 유아가 대그룹 시간에 그룹과 함께 앉아 있거나 게임이나 미술 프로젝트가 진행되는 테이블 옆에 앉거나 소꿉놀이나 블록 영역의 중간에 직접 서 있게 된다. 활동은 쉽게 접근이 될 수 있어야 한다. 유아가 그러한 위치에 있지 않으면 무시하라. 유아가 쉽게

---

* 이 기술은 특별히 인지적 결함이나 발달지체가 확실한 유아들을 도울 경우에도 적용할 수 있다. 발육 부진으로 자기 표현력이 부족한 유아들을 억지로라도 연속적인 유사성의 요인을 찾아 지도하는 방법으로 도울 수 있다.

접근할 수 있는 범위 내에 있을 때 이전 두 단계에서 했던 식으로 유아를 강화하라.

④ **관찰을 넘어 유아가 활동에 어느 정도 약간은 참여하도록 제안하라.** 이것은 반드시 활동에 완전히 참여함을 뜻하지는 않는다. 유아는 장난감이나 놀잇감과 교구를 집거나 찰흙 조각을 주므르거나 인형을 어루만질 수 있다. 유아가 부분적인 참여를 보여줄 때만 강화하고 다른 때에는 무시하라. 교사가 언어적으로 강화한다면 유아가 교사의 기대에 못 미친다는 암시를 주지 마라. 다음과 같이 언급을 하라. "그 찰흙 참 부드럽다. 그렇지?" 또는 "너 고양이 퍼즐 조각을 들고 있구나!"

⑤ **이번 단계에서는 활동에 완전한 참여를 기대하라.** 유아가 교실 내 다른 유아들이 하는 것처럼 활동에 자주 참여해야 한다. 교사가 볼 때마다 유아교육기관 활동에 참여한 것을 강화하라.

⑥ **완전히 참여하고 나면 점진적으로 강화를 줄이기 시작하라.** 며칠 간격으로 교사가 주는 관심의 양을 줄이도록 하라. 마지막에는 그룹에 있는 다른 유아들과 같은 비율로 강화하라.

만일 유아가 단계들을 건너뛰면 기대하는 행동과 가장 가까운 행동 단계에 따라 지도함으로 기대하는 행동을 강화할 수 있다. 예컨대, 교사가 행동의 관찰을 강화하는 첫 번째 단계 이후에 유아는 갑자기 교실에서 진행되는 활동에 부분적으로 참여하는 것이 가능하다. 이러한 경우에는 곧바로 1단계에서 4단계로 옮기라.

일단 교사가 선별적인 강화를 주고 나면 유아는 재빨리 교사의 무언의 신호를 포착하고 기대되는 행동을 하게 된다는 것을 볼 수 있을 것이다. 유아가 그렇게 하는 데는 관심을 끌고자 하는 욕구가 그 동기로서 깔려 있다는 것을 기억하라. 유아의 요구에 반응하는 방식으로 관심을 주어라.

2) 활동에 참여하지 않을 때는 무시하라. 연속적인 근접의 과정을 통해 교사는 정확히 어느 행동을 무시해야 할지 알게 될 것이다. 교사가 어떤 행동을 무시하고자 할 때는 철저히 무시해야 한다. 유아가 행동하는 것에 대해서 찬성도 반대하는 기미도 보이지 말라. 중립적으로 행하라. 유아의 행동이 교사의 기대에 미치지 못하면 유아에게 말을 걸거나 미소를 지어 보이거나 대답해 주거나 똑바로 쳐다보지도 말라. 유아와 너무 가까이 있지 않

도록 하라. 어쩔 수 없이 근처에 있어야 한다면 교사가 다른 사람이나 다른 일에 신경을 쓰고 있다는 것을 태도로 분명히 나타내도록 하라. 기대되는 행동을 강화할 시점을 알기 위해 유아를 주시하되 유아가 교사의 관심이나 주의의 대상이라는 것을 알지 못하게 하라.

3) 행동을 계속 관찰 기록하라. 개선된 행동 상황을 기록하기 위해서 그래프를 사용하라. 반드시 처음 시작했던 날과 같은 시간에 관찰하고 기록하라.

활동에 참여하지 않는 행동과 유사한 행동으로 대근육 활동에 참여하지 않는 행동과 극놀이 활동에 참여하지 않는 행동이 있다. 대근육 활동에 참여하지 않는 행동이란 미끄럼틀, 그네와 같은 대근육 놀이기구를 활용한 활동을 유아가 꺼리는 것을 뜻하며, 극놀이 활동에 참여하지 않는 행동은 놀이 상황에서 유아가 자기 자신이 아닌 다른 사람 역할 맡기를 꺼려 하는 행동을 의미한다.

먼저 대근육 활동에 참여하지 않은 행동에 대한 지도 전략은 첫째, 유아가 두려움을 극복하고 대근육 놀이기구를 사용하는 데 자신감을 갖도록 체계적으로 돕기, 둘째, 모든 대근육 놀이기구의 사용을 강화하기, 셋째, 대근육 활동에 대한 비참여 행동은 무시하기 등으로 지도할 수 있다. 이후 긍정적인 행동의 변화를 보인다면 대근육 활동 참여 여부를 계속 관찰 기록하며 행동 지도 전략이 실행될 때 유아가 독립적으로 놀이기구를 사용한 때만 그 횟수를 세어 본다. 이때 부록에 첨부된 그래프를 사용할 수 있다. 변화 유지를 위한 관찰 시 유아가 대근육 놀이기구 가까이 있거나, 손을 대거나, 단지 부분적으로 놀이기구를 사용한 것은 세지 않는다. 다만 유아가 대근육 놀이기구를 사용할 때 간헐적으로 칭찬하도록 하며, 경우에 따라 어떤 이유로든지 유아가 놀이기구 사용을 거절하면 대근육 활동에 참여하는 것 이외의 그 어떤 활동도 무시하는 방법을 사용할 수 있다.

극놀이 활동에 참여하지 않는 행동의 지도 전략은 첫째, 교실에서나 교과과정 내에서 역할놀이에 대한 많은 기회를 제공하기, 둘째, 역할놀이 행동 강화하기, 셋째, 역할놀이를 증대시키려 하는 동안 선별적 강화를 주기 위해 유아가 다른 활동들에 참여할 때 유아에게 주는 관심을 최소화하기, 넷째, 행동을 지속적으로 기록하기 등이다. 역할놀이 참여 지속 기간을 관찰 기록하고 3분 이상 지속된 역할놀이 상황의 수를 그래프에 기록하라. 교사가 유아를 데리고 간 상황을 제외하고 유아가 자발적으로 참여한 상황들만을 기록하라.

행동 지도 전략에 따라 극놀이 활동에 참여하는 변화를 보인 경우, 행동 변화를 유지하기 위해 일단 유아가 극놀이에 자유롭게 참여하면 그것 자체가 일차적인 기쁨을 주기 때문에 유아는 자발적으로 참여하게 된다. 유아가 역할놀이에 편안함을 느낄 때 유아는 자신의 속도에 맞춰 참여한다. 유아가 극놀이에 점차 참여하는 날이 증가할 수 있고 유아의 관심과 에너지가 다른 곳에 맞춰져서 극놀이를 떠나는 시기도 있을 수 있다. 유아가 매일 반드시 역할놀이에 참여할 필요는 없다. 하지만 가능하다면 매일 자유롭게 참여하는 것도 나쁘지 않다.

변화 유지

유아가 유아교육기관 활동에 원만히 참여하게 되면 교사는 목표에 도달한 것이다. 유아의 참여에 대해서 주기적으로 강화하도록 하라. 유아가 경우에 따라서 참여하지 않는 경우를 발견하게 되면 유아에게 활동을 제안해 보라. 불참에 대해 지나친 관심은 주지 않도록 하라. 만약 활동에 참여하지 않는 행동이 재발한다면 단순히 무시하라.

제 31 장

사회적 놀이에 참여하지 않는 행동

유아교육기관에 다니는 유아들은 다양한 활동을 한다. 어떤 활동들은 몇몇 유아들의 협동을 요구한다. 다섯 살짜리 아론Aron은 혼자서 하는 활동만 한다. 그는 퍼즐, 짝 맞추기 놀잇감, 쌓기 놀잇감과 기타 교구들을 가지고 활동한다. 그는 결코 다른 유아들이 하고 있는 활동은 해 보려 하지 않고 함께 놀이하려고 하지도 않는다. 아론은 조용한 유아이다. 그는 친구들을 찾지 않으며 다른 유아들도 그를 찾는 일이 거의 없다. 교사들은 외동인 아론이 또래들과의 사회적 접촉을 피하는 것처럼 보이기 때문에 염려한다. 교사들은 아론이 혼자 있을 때를 발견하곤 아론에게 말을 걸면 그는 곧잘 대답한다. 종종 아론이 혼자 작업하고 있을 때 한 교사가 그의 곁에 앉아서 말을 걸고 진행 중인 활동을 함께 한다. 교사들은 시간이 좀 지나면 아론이 또래들과 어울리게 되기를 바란다.

행동 진술

유아는 거의 다른 유아들과 상호작용하지 않으며 사회적 놀이에 참여하지 않는다.

행동 관찰

유아의 행동에 대해 통찰력을 얻기 위해 며칠 동안 유아를 관찰하라. 관찰할 주요 내용은 다음과 같다.

1) 사회적 놀이나 상호작용에 참여하는 대신 유아는 무엇을 하는가?

- 자기 혼자 가지고 놀 수 있는 장난감이나 놀잇감과 교구를 사용한다.
- 교사 주위를 쫓아다닌다.
- 특정한 교사 한 사람만을 쫓아다닌다.
- 특정 행동을 하지 않으며 한 자리에서 일어섰다 앉았다 하기만 한다.

2) 다른 유아들이 상호작용을 시작할 때 유아는 무엇을 하는가?

- 다른 유아들을 무시한다.
- 짧게 반응을 한다.
- 고개를 돌리거나 외면한다.
- 다른 곳으로 이동한다.
- 괴로운 얼굴을 하거나 안절부절못하며 불편해 보인다.
- 편안해 보인다.
- 공격적으로 된다.
- 자기가 놀이하던 것을 함께 하자고 제안한다.
- 다른 유아가 주는 장난감이나 놀잇감과 교구를 받아들인다.
- 교사를 불러 개입하게 한다.

3) 만약 유아가 가끔 다른 유아들과 상호작용한다면 그 대상은 누구인가?

- 한 명의 특정한 유아
- 몇몇 유아들
- 그에게 먼저 접근하는 그룹 유아 중 한 명
- 유아교육기관 밖의 아는 유아나 이웃 혹은 친척
- 수줍어하는 유아
- 더 어리거나 작은 유아
- 더 나이가 많거나 큰 유아
- 남아들
- 여아들

다른 유아들과 상호작용하지 못하는 유아를 돕기 위해 관찰된 정보를 활용하라.

가족과의 협의

다른 유아들과 상호작용을 피하는 유아는 사회적 교류의 주고받음을 배우는 중요한 사회화 기회들을 놓치고 있다. 특별히 유아가 외동이라면 또래들과 접촉을 피하는 것처럼 보이는 것을 가족이 인식하지 못할 수도 있다. 일단 유아의 행동을 관찰할 기회를 갖고 나면 가족과의 만남을 마련하고 교사가 관찰한 것과 염려하는 바를 가족에게 알리도록 하라. 유아가 다른 유아들과 어떻게 놀이하여 왔으며 그러한 상황에서 가족이 무엇을 관찰했는지 정보를 나눠라. 유아가 또래들과 사회적 상호작용하는 데 있어서 좀 더 편안해지도록 하기 위한 아이디어들을 가족과 함께 이야기하도록 하라. 일단 행동을 변화하려는 접근 방법을 시작하고 나면 가족과 자주 접촉해서 변화를 보인 상황을 알리도록 하라.

적용점 찾기

영아기로부터 취학 전 시기까지 유아들은 다른 사람들과 어울려 지내는 법을 배우게 된다. 이 능력은 반복된 경험과 다른 사람들과의 상호작용을 통해 긍정적인 경험을 하는 가운데서 얻게 된다. 어린 유아들은 자기 자신만을 생각하는 자기중심적 관심 영역에서 점점 벗어나 타인들이 존재하며 또한 존중받아야 하는 사회적 세계로 이동한다. 유아교육기관은 이러한 과정을 촉진시킨다. 유아교육의 주요 목적 중의 하나가 취학 전 연령 유아들이 사회적 기술을 배우도록 돕는 것이다. 유아들은 또래와의 상호작용을 위한 다양한 기회들을 통해 배운다.

일반적으로 이러한 사회화 과정은 자연스러운 것이다. 하지만 경우에 따라서 유아는 다른 유아들과 상호작용하는 법을 배우는 데 어려움을 겪는다. 이러한 경우에 교사들은 그 상황을 잘 살펴봐야 한다. 유아는 상호작용하는 데 도움을 주는 사회적 기술 중 일부가 부족할 수도 있다. 아마도 그는 어른의 관심을 더 선호하기 때문에 상호작용을 하지 않을 수 있다. 만일 유아가 사회적 기술이 부족하고 이러한 기술들을 배우는 데 도움을 받지 못한다면 사회적 능력이 부족한 상태에서 취학하게 되므로 초등학교 생활에까지 영향을 미치게 된다. 그런 유아는 다른 유아들과 함께 활동하는 것을 기피할지도 모른다. 이는 교사들이 그의 상호작용을 북돋우고자 자신에게 더 많은 관심을 쏟기 때문이다. 이 유아는 그가 원하는 관심을 얻는 한 계속해서 이렇게 회피하게 된다. 유아의 또래와의 상호작용을 증가시키기 위해서는 그 상황에 대한 세심한 교육적 평가가 요구된다. 그렇지 않으면 돕고자 하는 교사들의 시도들이 효과를 발휘하지 못하게 될 것이다.

대안 찾기

다음 제안들 중 일부가 그 상황에 대한 비교적 간단한 해결책을 제공하는지 고려해 보라.

- 유아의 발달 수준을 고려하라. 많은 어린 유아들은 아직 그다지 사회적이지 못해서 종

종 고립된 또는 평행놀이를 선호한다. 대부분, 두 살 이나 세 살 영아들은 아직 사회적 놀이에 관심이 없거나 준비가 되어 있지 않다. 교사가 염려하는 유아가 매우 어리다면 유아의 행동보다는 교사 자신의 기대를 살펴보라. 시간과 적절한 지도가 주어지면, 유아는 혼자 하는 놀이를 좋아하는 것에서 벗어나 더 사회적인 세계로 들어갈 것이다.*

- 유아가 또래들과의 상호작용을 피하는 것은 유아가 편성된 학급 때문일 수도 있다. 유아는 그 그룹에서 가장 어리거나 작을 수 있다. 유아는 다른 유아들에게 압도당하거나 위협당하는 느낌을 가질 수 있다. 그러한 경우에는 가능하다면 더 적합한 교실에 유아를 배치하라.
- 유아교육기관에 처음 왔거나 집단 활동이 처음인 유아는 아직 새로운 환경에 편안함을 느끼지 않아서 다른 유아들과 상호작용을 못할 수 있다. 시간, 인내심, 민감한 교사의 상호작용은 유아가 그룹에 참여하는 데 도움이 될 것이다.

이 제안들 중 어떤 것도 문제에 대한 해결책을 제시하지 못하면 다음 전략을 진행하라.

목표 진술

목표는 유아가 다른 유아들과 상호작용하며 유아교육기관에서 사회적 놀이에 참여하는 것이다. 유아는 적어도 자유선택 활동 시간의 1/3을 사회적 놀이나 또래 상호작용을 하며 보내야 한다.

절차

사회적 놀이에 참여하지 않는 유아를 위한 행동 지도 전략은 다음 네 단계를 포함한다.

- 다른 유아들과의 사회적 상호작용을 강화하라.
- 그 유아와 상호작용하는 다른 유아들을 강화하라.
- 유아가 사회적 기술들을 배우도록 체계적으로 도와라.
- 유아가 또래와 상호작용하지 않을 때는 무시하라.

---

* 인지 능력 발달이 지체된 유아는 발달적으로 더 어린 단계에 있을 수 있어서 사회적 놀이에 참여하지 않는 것은 문제행동이나 부적합한 행동이 아니라 발달 수준의 반영일 수 있다.

특정 유아에게 적용되는 행동 지도 방식은 행동의 원인에 대한 교사의 평가에 달려 있다. 유아가 사회적 기술 부족으로 인해서 상호작용을 하지 않으면 1, 2, 3단계를 사용하라. 유아의 행동이 교사의 관심을 끌기 위한 것이었다면 1, 2, 4단계를 이용하라. 유아의 행동이 관심을 끌기 위한 시도뿐만 아니라 기술 부족 때문이라면 행동 지도 전략의 네 단계를 모두 사용하라.

행동 정의

사회적 놀이에 참여하지 않는 행동은 다른 유아들과의 놀이에 참여하지 않는 모든 행동을 의미한다. 가령 혼자 놀기, 혼자 앉아 있거나 서 있기, 어른들 찾아다니기, 또는 어른들에게만 말하기 등이 여기에 포함된다. 사회적 놀이는 다른 유아와 똑같은 게임을 하거나 똑같은 놀잇감과 교구를 사용해 노는 것을 포함하며 또래에게 말하기, 함께 공유하기, 언어적 또는 비언어적 방식으로 또래와 상호작용하는 것을 포함한다. 교사들은 행동 정의에 동의하기 위해서 사회적 놀이에 참여라고 생각되는 행동들을 논의하고 목록을 정해야 한다.

출발점

행동 지도 후 변화된 행동과 비교할 수 있는 정보 수집을 위해 3일 동안 유아의 행동을 관찰하여 기초 자료를 수집하라. 유아들이 활동을 자유롭게 선택하고 사회적 놀이에 자유롭게 참여할 수 있는 하루의 한 시간을 정하라. 같은 시간을 일관되게 사용하라. 시간 표집법을 사용하여 유아가 얼마나 많은 시간을 또래들과 상호작용하면서 보냈는지 측정하라. 기록을 위해서 시계, 연필, 관찰지가 필요하다. 매 5분마다 15초 동안 관찰하라. 유아가 사회적 놀이에 참여하고 있으면 관찰지에 표시하라. 그 시간 동안 최대 12개의 표시를 기록할 수 있다. 관찰 기간이 끝날 무렵에 빈도 그래프에 총수를 기록하라.

행동 지도 전략

정보를 수집한 후에 다음 행동 지도 전략을 시행하라.

1) 다른 유아들과의 사회적 상호작용을 강화하라. 교사가 유아에게서 특정한 행동

을 증가시키려 할 때마다 교사가 그 행동을 높이 평가한다는 것을 알도록 유아를 자주 강화하라. 가능한 모든 기회를 포착해서 유아가 사회적 놀이에 참여한 것에 대해 칭찬하도록 하라. 유아가 교사의 관심을 끌기 위해서 참여하지 않는다면 관심을 주지 말라. 다른 행동에 관심을 주는 것은 유아의 행동을 빨리 바꿀 수 있다. 그러므로 유아의 내재된 동기가 무엇이든지 강화를 위한 기회가 자주 있어야 한다.

교사가 주는 강화의 형태를 주의 깊게 선택하라. 유아가 교사의 관심을 얻기 때문에 사회적 놀이를 회피한다면 유아가 상호작용할 때 관심을 주는 것이 다소 묘안이 될 수도 있다. 교사가 어떻게 강화하느냐는 유아가 어떻게 반응하느냐에 달려 있다. 어느 것이 가장 효과적인지 알아보기 위해서 다양한 방법을 시도해 보라. 미소나 토닥거림 또는 교사가 잠시 동안 그저 곁에 있어 주는 것과 같은 비언어적 강화물들이 효과적일 수 있다. 조심스럽게 표현한다면 언어적 칭찬도 효력을 발휘할 수 있다. 예컨대 "너희 두 사람 정말 근사한 케이크를 함께 만들고 있구나." 또는 "너희가 만들고 있는 케이크 위에 이 작은 돌들을 올려놓고 싶니?" 교사는 두 명의 유아 모두를 칭찬해야 하며 잠시 동안만 그들과 함께 있을 것임을 암시해야 한다.

2) 그 유아와 상호작용한 다른 유아들을 강화하라. 상호작용은 적어도 두 사람을 필요로 하는 활동이므로 그 유아와 상호작용한 것에 대해 다른 유아들도 강화되어야 한다. 미소나 안아 줌이나 칭찬의 말 또는 다른 말로 유아들을 강화하라. 이는 다른 유아들이 그 유아와 더 자주 함께 있기를 격려해야 하고, 그 결과 유아가 사회적 상황에 좀 더 편안하게 느끼는 데 도움이 되어야 한다.*

3) 유아가 사회적 기술을 배우도록 체계적으로 돕도록 하라. 이 단계로 옮기기 전에 가족과 이야기를 나누어서 유아가 사회적 기술이 부족하다는 교사의 느낌을 확인하라. 부모 스스로도 유아가 자기 나이 또래의 유아들과 경험이 거의 없거나 다른 유아들 사이에서 수줍어한다고 인정하면 사회적 기술 발달을 위해 도움이 필요하다는 교사의 추정이 옳

* 특별한 행동 지도를 필요로 하는 유아들이 학급에 있을 때 다른 유아들이 그들을 당연한 것으로 쉽게 받아들일 수 있도록 하는 것은 중요하다. 유아들이 놀이 활동 중에 장애가 있는 유아를 받아들이는 것을 교사가 매우 높이 평가한다는 것을 모든 유아들이 알도록 하라.

을 것이다. 구체적으로 다음 과정을 통해 단계적으로 유아의 상호작용 기술을 습득을 도울 수 있다.*

① 처음 2, 3일 동안은 유아가 다른 유아들의 사회적 활동을 관찰하도록 도와주라. 유아가 거부하지 않으면 유아의 손을 잡고 교실의 이곳저곳을 돌아다니도록 하라. 유아들이 활동하고 있는 것을 말로 표현하라. 사회적 측면에 초점을 맞추어라. 예컨대, 다음과 같이 말하라. "미치Mitch는 식료품 가게 주인이고 샬로테Charlotte는 쇼핑을 하고 있네. 샬로테는 달걀을 사려고 하고 미치는 달걀을 팔려고 준비하고 있네?" "카르멘Carmen과 래리Larry가 가까이서 그림을 그리고 있네. 카르멘이 빨간색이 하나도 없어서 래리가 카르멘에게 빨간 물감을 조금 주는구나?" "여기 좀 봐. 패트릭Patrick이 마르샤Marsh와 살림Salim과 함께 쌓은 큰 탑 위에 블록을 올려놓고 있어. 재들이 웃는 걸로 봐서 꽤 재미있나 봐!" 이런 시도를 하루에 대여섯 번 정도 실시하라. 매번 불과 몇 분밖에 걸리지 않는다. 유아에게 자신이 보는 것에 대해서 말하라고 격려하라.

② 일단 유아가 관찰자 역할을 편안하게 느끼면 유아를 활동에 좀 더 까까이 하도록 시도하라. 교실을 쭉 둘러보고 교사가 생각하기에 협조적이고 그 유아를 거절하지 않을 것 같은 한두 명의 유아를 찾아라. 하지만 항상 똑같은 유아들을 선택하지 않도록 하라. 그 유아를 다른 유아들이 작업하고 있는 곳으로 데리고 가라. 1분쯤 지켜보라. 유아와 함께 근처에 앉아라. 놀이에 참여하기를 시작하면서 유아에게도 또한 그렇게 해보도록 격려하라. 각 유아가 그 놀이에 기여하기 위해서 무엇을 하고 있는지 유아에게 말로 설명하라. 유아의 역할을 강조하라. 필요하다면 신체적으로 안내하라. 예를 들어, 블록을 그의 손에 쥐어 주고 유아가 블록을 더 높이 쌓아 보도록 도와주라.

이것을 하루에 여러 차례 하라. 활동하는 동안 유아와 최소 3~5분을 보내도록 하라. 교사가 다른 곳으로 가려고 할 때 교사가 떠날 것을 유아에게 알리라. 유아가 놀이에 주도적으로 참여하기 시작할 때까지 본 단계를 지속하라. 시간이 좀 걸릴지 모르지만 유아가 이제 막 사회적 기술을 배우기 시작했음을 기억하라. 유아가 다른 유아들과 놀

* 정서적, 행동적, 인지적, 감각적, 또는 다른 장애를 가지고 있는 유아들은 사회적 기술을 배우는 데 체계적인 도움이 필요할 수 있다. 이 접근 방식은 그들이 보다 나은 사회적 능력을 숙달하도록 돕는 데 유용할 수 있다.

이하는 데 기쁨을 보이기 시작할 때 다음 단계로 이동하라.

③ 유아를 다른 유아들이나 함께 놀이하는 그룹에게로 데려가라. 잠시 동안 유아를 지켜보고 다음과 같이 물어보라. “저 유아들과 함께 놀고 싶니?” 그렇다고 하면 놀이에 참여하도록 격려하라. 이번에는 유아가 사회적 그룹의 일부가 되도록 돕는 적극적인 역할은 하지 말라. 유아가 그룹 놀이에 기여하도록 소도구를 제공해주는 것도 도움이 될 수 있다. 예컨대, 유아에게 소방 호스 역할을 할 수 있는 밧줄 한 가닥을 주도록 하라. 다른 유아에게 이렇게 말하라. “자, 여기 네가 불을 끄는 것을 도와줄 소방호스를 가지고 있는 소방관이 여기 있어.” 뒤로 물러서서 유아가 놀이에 합류하도록 하라. 놀이에 대해 몇 마디 해 주거나 칭찬하거나 미소를 지어 보임으로써 강화하라. 하루에 몇 차례 이러한 방법을 실시하라. 유아가 교사로부터 이러한 뒷받침을 필요로 하는 것처럼 보이는 한 이 단계를 계속하라. 유아 스스로 사회적 활동에 더 자주 합류하여 사회적 놀이를 시작하면 교사의 도움을 철회하라.

④ 유아가 이미 놀고 있는 다른 유아들에게 자발적으로 합류할 때 간헐적인 강화를 주도록 하라. 처음에는 유아가 사회적 놀이에 참여하는 것을 볼 때마다 강화를 주려고 시도하라. 유아에게 미소를 지어 보이고 몇 마디 말을 하라. 유아가 더 많이 상호작용을 하게 됨에 따라 유아는 또래와의 사회적 만남으로부터 점점 더 많은 기쁨과 만족을 이끌어 낸다. 강화는 상황 그 자체로부터 온다.

이 즈음에 점진적으로 강화의 빈도를 줄이도록 하라. 유아가 다른 유아들과 정상적으로 상호작용할 때 다른 유아들에게 하는 것보다 더 자주 이 유아를 강화할 필요는 없다.

4) 유아가 교사의 관심 때문에 사회적 놀이를 회피하면 그 관심을 철회하도록 하라. 유아가 사회적 상호작용을 회피하는 것을 보거든 그를 무시하라. 나머지 유아들로부터 고립된 다른 유아를 찾아가서 이야기하고 관심을 보여줌으로써 유아를 참여하게 하는 것은 당연한 것이다. 교사가 이런 식으로 유아에게 쏟는 관심이 유아가 놓치고 있는 사회적 상호작용보다 더 중요해지면 교사의 반응은 역효과를 내는 것이다. 유아가 혼자 있을 때 이를 강화하는 대신에 유아를 무시하라. 유아에게 말을 하지 말고 미소도 보이지 말고 유아 쪽을 쳐다보지도 말아라. 유아가 상호작용할 때마다 최대한의 관심을 보이라. 이렇게

하면 유아는 교사가 어떤 행동을 기대하며 높이 평가하는지 알게 된다.

5) 행동을 계속해서 관찰 기록하라. 처음 관찰했을 때처럼 하루 중 같은 시간에 행동을 세어 보라. 매 5분마다 15초 동안 유아를 관찰하라. 유아가 사회적 놀이를 하고 있다면 표시하라. 교사가 체계적으로 유아의 사회적 기술을 습득하도록 돕는 시기 동안은 기록하지 말라. 자발적인 상호작용과 사회적 놀이를 기록하라. 그래프상에 유아가 적어도 그 시간의 2/3 이상 사회적으로 상호작용하고 있음이 나타나면 교사는 정해진 목표를 달성한 것이다.

변화 유지

또래와의 적극적인 상호작용은 그 자체로 보람 있는 일이며 일단 목표에 도달하고 나면 그 행동을 계속 유지하도록 도와야 한다. 상호작용 놀이에 참여한 모든 유아들에게 주기적인 강화를 계속하라.

제 32 장

그룹 시간에 참여하지 않는 행동

토드Todd를 제외하고 전체 학급이 노래를 부르고 있다. 네 살배기 토드는 눈을 아래로 향하고 두 손은 무릎에 포개 놓고 무표정한 얼굴로 조용히 앉아 있다. 노래가 끝나고 교사는 새로운 손유희를 소개한다. 몇몇 유아들은 교사의 손 움직임을 따라 하고 가사의 일부를 반복한다. 교사는 손유희를 반복하고 유아들 대부분은 이를 따라 한다. 토드를 제외한 모든 유아들이 참여한다. 교사는 다음 날 더 재미있는 손유희를 소개해 줄 것이라고 약속한다. 교사가 동화를 읽어 주기 전에 유아들은 다 함께 만든 노래를 부르며 율동을 한다. 토드만 빼고 모든 유아들이 참여한다. 다른 교사가 그의 참여하지 않음을 알아차리고 그의 곁으로 다가간다. 마지막 율동을 하는 동안 교사는 그의 손을 잡고 적절한 동작을 하도록 지도한다. 토드가 팔과 손을 흐느적거려서 별 효과가 없다.

이제 교사는 동화 자료를 집어 든다. 유아들은 이야기를 들려줄 때 열심히 집중해서 듣고 있다가 교사가 질문을 하면 열심히 손을 든다. 어느 한 지점에서 교사는 토드에게 직접 질문을 하지만 그는 말없이 가만히 앉아 있다. 그는 대답하기 위해 미동도 하지 않고 심지어 들은 척도 하지 않는다. 잠시 후 다른 유아가 질문에 답한다. 후에 교사 회의에서 어떻게 하면 토드가 그룹 활동에 참여하도록 도울 수 있을지 다시 토의한다.

행동 진술

유아가 그룹 시간에 참여하지 않는다. 유아는 지목 받았을 때 말을 하지 않고 노래도 부르지 않고 손유희에 참여하지도 않고 여타의 대집단 활동에 별다른 참여를 하지 않는다.

행동 관찰

유아의 비참여하는 행동에 대한 통찰력을 얻기 위해 2, 3일 동안 그룹 시간에 유아를 주의 깊게 관찰해 보라. 관찰할 주요 내용은 다음과 같다.

1) 노래 또는 손유희와 같은 그룹 시간에 유아는 무엇을 하는가?

- 말하지도 않고 노래하지도 않고 움직이지도 않고 조용히 앉아 있는다.
- 참여하지는 않지만 웃기도 하며 즐거움은 표시한다.
- 그룹 시간에 괴로워 보인다.
- 교사나 유아들을 지켜본다.
- 그룹에 있는 다른 유아들에게서 시선을 다른 곳으로 돌린다.
- 그룹에서 벗어나려 한다.

2) 유아가 교사로부터 질문을 받거나 어떤 식으로든지 지목당했을 때 어떤 일이 생기는가?

- 아무런 말도 하지 않는다.
- 작은 목소리로 대답한다.
- 답하려 애쓰지만 몇 마디에 그치고 만다.
- '예, 아니오'로 답한다.
- 끄덕임과 같이 말을 사용하지 않고 답한다.
- 화를 낸다.
- 얼굴을 숨긴다.
- 훌쩍거리거나 울어 버린다.
- 그룹을 떠난다.
- 다른 교사로부터 안도감을 찾는다.

유아가 그룹 활동 시간에 수줍음을 극복하기 위해 도움이 되도록 교사가 관찰한 정보를 사용하라.

가족과의 협의

가족은 그룹 활동 시간에 참여할 수 없기 때문에 유아가 그룹 활동 시간에 참여하지 않는다는 사실을 모를 수 있다. 하지만 교사는 유아가 그룹 활동에 더 많이 참여하도록 교사가 노력해 온 것과 어떤 전략을 사용해 왔는지 그리고 그 성과는 무엇인지를 가족에게 알릴 수 있다.

적용점 찾기

유아들은 저마다 각기 다른 성격과 기질을 가지고 태어난다. 어떤 유아들은 외향적이어서 기대를 갖고 새로운 경험을 만난다. 반면에 어떤 유아들은 수줍어서 알지 못하는 것에 대해 불안해한다. 교사들은 유아들의 타고난 특성을 바꿀 수 없으며 바꾸려 해서도 안 된다. 하지만 그들은 유아들이 자기 자신에 대해서 더 잘 이해하고 그들의 성격과 특성을 최고로 활용할 수 있게 도울 수는 있다. 그룹 활동에 참여하기를 꺼려 하는 유아는 어쩌면 선천적으로 조용하고 수줍어하는 유아일 수 있다. 만일 교사가 그러한 유아를 강제로 참여하게 한다면 그 유아는 그러한 접근 방식에 겁을 먹고 더욱 위축될 수 있다. 그러나 인내심 있고 체계적인 접근 방법을 통해 유아를 참여시키고 또한 그 참여를 즐길 수 있도록 도울 수 있다.

대안 찾기

비교적 간단한 해결책이 그 문제에 도움이 될 수 있는지 고려해 보라.

- 대그룹 활동 시간에 교사가 제공하는 활동들을 조사해 보라. 어쩌면 그 활동들이 너무 단순하거나 너무 어렵거나 또는 지루해서 유아가 꺼려 할 수도 있다. 연령에 적합한 활동을 제공하고 있는지 확인하라. 유아를 지루하게 하지 않을 정도로 충분히 다양해야 한다.
- 유아는 연령에 적합한 교실에 배정되어야 한다. 유아는 자기보다 나이가 많거나 덩치가 더 큰 유아들에게 겁을 느껴서 참여를 꺼려 할 수 있다. 가능하면 유아의 발달 수준에 더 잘 맞는 교실로 유아를 이동시키라.
- 약한 청력 때문에 그 행동이 초래될 수도 있다. 유아가 잘 들을 수 없으면 유아는 소리 없이 반응할 수 있다. 유아는 가사를 이해하지 못해서 노래를 부르지 않을 수 있다. 질문을 듣지 못해서 답하지 않을 수도 있다. 청력 문제가 의심되면 그에 대한 간단한 검사법을 사용하라. 유아의 등 뒤에서 다양한 소리와 소음을 내 보고 유아의 반응을 살펴보라. 이러한 절차를 통해서 교사가 의심하는 바가 확인되면 부모에게 이야기하라. 청력 검사를 받아 보라고 부모에게 요청하라.*

---

* 많은 유아들은 중이염을 반복적으로 앓게 될 경우 간혹 청력이 손실된다. 교사나 부모는 이러한 가능성에 민감할 필요가 있다. 더 나아가 중이염을 오래 앓게 되면 언어 결함이나 언어 지체의 원인을 제공할 수 있다. 교사는 어디에서부터 문제행동이 시작되었는지 여러 상황으로부터 문제를 분석할 필요가 있다. 언어치료사나 전문가와 상담해서 유아가 더 충분히 그룹 활동에 참여할 수 있도록 도울 수 있는 전략들을 생각해 보자.

- 어떤 유아들은 다른 유아들보다 더 과묵하고 수줍음을 탄다. 유아가 외향적이고 내성적인가 하는 것은 대부분의 경우 유아의 타고난 특성이다. 교사가 염려하는 유아가 수줍어하는 성향이면 그 유아를 외향적인 유아로 바꾸려 시도하지 말라. 교사로서 당신의 역할은 유아가 유아교육기관 환경에 더 편안하게 느끼도록 돕는 것이다. 그룹에 참여하지 않는 유아를 더 안전하게 느끼게 하는 데 가장 효과적인 것은 상냥함, 이해심, 수용, 애정 어린 돌봄과 배려 그리고 인내심이다.
- 어떤 유아들은 대그룹에서의 활동을 불편해하고 소그룹에서는 또래들과 더 잘 어울릴 수 있다. 잠시 동안 모든 유아들을 대그룹에 집어넣으려 하기보다는 두세 개의 소그룹으로 나누어 활동하는 것을 고려해 보아라.

이 제안들 중 아무것도 해결 방안을 제공하지 못하면 다음 프로그램을 계속 진행하라.

목표 진술

목표는 유아가 좀 더 적극적으로 즐겁게 그룹 활동에 참여하는 것이다.

절차

유아가 그룹 활동에 더 적극적으로 참여하도록 돕는 기본적 접근 방식은 동시적인 두 단계를 포함한다.

- 체계적으로 유아를 도와서 유아가 그룹 활동의 참여를 증가시키도록 하라.
- 그룹 활동에 참여를 강화하라.

행동 정의

대그룹 활동 시의 수줍음은 그룹 활동에 비참여를 의미한다. 노래하기, 춤추기, 게임하기, 질문에 토의하고 답하기, 다른 활동에 대한 비참여 등이 포함된다. 교사들은 지도해야 할 행동에 대한 정의에 공감하도록 기대되는 바람직한 행동들을 논의하여 목록을 작성해야 한다.

출발점

후에 변화할 행동과 비교할 초기 정보를 수집하기 위해 2~3일을 잡아라. 대그룹 시간에 유아들이 활동에 적극적으로 참여할 어떤 기회를 가질 때 유아의 참여를 측정하라. 참여의 기회는 다양하기 때문에 실제로 참여한 것뿐만 아니라 참여의 가능성도 계산하도록 하라. 백분율 점수를 비교하라.

유아들이 음성이나 손과 발 또는 온몸을 사용해서 참여한 모든 활동들을 세어 참여의 기회 총 합계를 내어라. 예를 들어, 각각의 노래를 하나로 세고 각각의 손유희 활동 그리고 각각의 반복을 하나로 세고 대답할 만한 각각의 질문을 하나로 세어라. 유아가 실제로 참여하거나 손을 드는 것과 같이 참여할 의지를 보이는 활동들의 수를 기록하라.

이들 두 개의 측정 빈도 결과를 가지고 교사는 백분율을 계산할 수 있다. 예컨대, 대그룹 활동 시간에 교사가 '오리, 오리, 거위' 놀이를 할 때(1) 노래 한 곡 부르고(1), 두 번 손유희 활동을 하고 그들 중 한 번 반복하고(3), 다섯 개의 질문이 있는 동화를 읽는다면(5) 참여할 총 가능성은 10이 된다. 만약 유아가 아무것에도 참여하지 않으면 백븐율은 0이다. 유아가 손유희 활동에 참여하고(1) 하나의 질문에 답하기 위해 손을 들면(2) 참여율은 20퍼센트이다. 지도교사 외에 다른 누군가가 유아의 행동 빈도를 측정해야 한다. 각 대그룹 시간 끝무렵에 백분율 그래프에 백분율을 기록하라.

행동 지도 전략

일단 초기 정보를 수집하고 나면 교사는 계속 진행할 준비가 된 것이다. 대그룹 활동 동안 한 교사가 반드시 유아 옆에 앉아 행동 지도 전략을 수행한다.

1) 그룹 활동 시간에 참여를 증가시키도록 유아를 체계적으로 도우라. 유아가 그룹 활동에 참여하는 것을 편안하게 느끼지 않으면 스트레스를 주지 않는 상황들을 구성하여 유아가 자신의 감정을 잘 처리하도록 도와주도록 하라.

① 적어도 하루에 한 번은 몇 분 동안 유아와 함께 앉아서 이야기를 읽어 주어라. 읽을 때는 많은 질문을 하라.

"그림 속에 있는 저 사람은 무엇을 하고 있니?"

"동물이 몇 마리 보이니?"

"동물이 돌아오면 그 사람이 무엇을 할 것이라고 했는지 기억나니?"

유아가 답을 하고 또한 그 답을 확장하도록 유아를 격려하라. 맞든지 틀리든지 대답한 것에 대해서 유아를 칭찬하라. 만일 유아의 답이 틀리다면 이렇게 말할 수 있다. "좋아!" "이번엔 같이 한번 세어 보도록 하자." 교사의 목표는 단지 이야기를 읽어 주는 것이 아니라 유아가 말로 표현하게 하는 것임을 기억하라. 유아가 자유롭게 이야기를 하고 이러한 일대일 상황을 즐기게 될 때까지 이 단계를 계속하라. 교사는 동화 듣고 말하기, 노래, 카드 게임, 혹은 그림이나 포스터 감상하기와 같은 다른 활동으로 대체할 수도 있다.

② 다른 유아를 초대하여 그 활동에 함께 참여하게 하라. 자유롭게 말하되 대화를 독점하지 않을 유아를 선별하라. 교실에 있는 다른 유아들은 다른 경우들에 사용하라. 양쪽 유아들이 질문하고 대답하도록 격려하라. 그들 모두의 대답을 칭찬하라. 지도해야 할 유아가 다른 유아와 함께 있을 때 불편해하거나 자주 답하지 않는 경향을 보이면 유아를 격려하고 더 칭찬해 주도록 하라. 이 과정에 또한 다른 유아도 참여시키도록 하라. 예컨대, "토드Todd에게 대답할 기회를 주자." 또는 "그림 속에 숨겨진 나비를 보다니 정말 똑똑하지 않니?" 등이다. 유아가 함께 있는 다른 유아와 이야기하는 것이 편안해 보일 때 다음 단계로 이동하라.

③ 점차 더 많은 유아들을 소그룹에 추가하라. 처음에는 교사가 염려하는 유아를 제외하고 두 유아를 포함시키도록 하라. 비참여하는 유아가 이 상황에 잘 대처할 때 매번 한두 명의 유아들을 증원하라. 유아가 더 큰 그룹을 감당할 수 있을 때에만 참가자들을 증원하도록 하라. 이쯤 되면 이 소그룹들은 동화책 읽기 외에 다양한 활동들에 참여해야 한다. 유아가 6, 7명의 그룹 안에서 자유롭게 대화할 때 교사는 다음 단계를 진행할 준비가 된 것이다.

④ 일상적 소그룹 활동을 계속하라. 전체 대그룹 시간에 유아를 참여시키도록 더욱 노력하라. 이렇게 하는 몇 가지 방법들이 있다.

- 유아 곁에 앉아서 미소나 격려의 말을 속삭이라.
- 대소그룹 활동 시간에 유아가 이미 답한 질문을 하라. 유아가 주저하면 이전에 유

아가 답을 아주 잘했었다는 것을 상기시켜 주도록 하라.

- 토의하는 동안에 유아가 전에 교사에게 말했던 것을 함께 나누자고 제안하라.
- 유아에게 토의를 위해 그룹에 소도구를 가져오라고 격려하라. 이것은 알록달록한 낙엽이나 돌이나 솔방울 또는 유아가 함께 나눌 수 있는 다른 물건이 될 수 있다.
- 유아가 대답하려 손을 들면 즉시 그 유아를 지명하라.

그룹 활동에 다른 유아들처럼 유아가 잘 참여하는 것처럼 보이면 교사는 점차 소그룹 활동량을 줄이고 그 다음에는 그만둘 수도 있다.

2) 그룹 활동 참여를 강화하라. 유아가 소그룹에서 더 편안하게 느끼도록 교사가 노력할 때 전체 그룹 활동에 참여를 격려하고 강화하라. 그룹 시간에 유아와 함께 앉아라. 유아가 아직 준비가 되지 않았다고 생각되면 유아가 말하도록 다그치지 말라. 유아의 준비성을 알아보기 위해 소그룹 활동 동안 있었던 유아의 반응들을 사용하라. 유아가 보이는 참여는 어떤 것이든지 칭찬하라. 유아가 손으로 손유희를 따라 하면 유아를 강화하라. 단 한 소절이라도 노래를 따라 하면 강화하라. 말로 표현해서 강화하거나 미소를 보이거나 무릎을 살짝 치거나 꼭 안아 주라. 소그룹에서 유아가 더 많이 이야기할 때 교사는 더 큰 그룹에서 참여할 것을 기대할 수 있다. 참여를 격려하고 마음껏 칭찬하라.

유아가 학급의 다른 유아들과 같은 비율로 일단 활동에 참여하고 나면 점차적으로 이와 같은 개인적 관심을 줄여 나가고 중단하도록 하라. 다른 유아들에게 했던 것과 같은 방식으로 참여를 계속해서 강화하라.

3) 행동을 계속해서 관찰 기록하라. 앞서 했던 것처럼, 각각의 대그룹 시간 동안에 참여할 기회들과 실제 참여 또는 참여할 의지의 횟수를 세어라. 백분율을 계산하고 그래프에 기록하라. 유아가 일관되게 그 시간의 50에서 100퍼센트 사이를 참여하면 교사는 목표에 도달한 것이다.

변화 유지

다른 유아들과 똑같은 정도로 유아가 그룹 활동에 참여할 때 계속해서 강화를 제공하라. 적절한 대답이나 의견을 칭찬하라. 손유희 활동, 음률, 동작, 게임과 같은 활동에 참여한 것에 대해서 그룹 전체를 칭찬하라.

제 33 장

특정 장난감만 가지고 노는 행동

"수잔Suzanne, 이리 와서 핑거페인팅 한번 볼래? 오늘은 선생님이 녹색과 빨간색 물감을 준비했어. 크리스마스가 가까이 오잖니?" 세 살짜리 수잔은 물감을 잠깐 쳐다보고 나서는 요람 속에 넣어 두었던 인형을 집어 끌어안는다. "싫어요." 하고 교사에게 말한다. 교사는 수잔과 몇 분 동안 함께 있는다. 교사는 수잔이 인형에게 옷을 입혀 주는 것을 도와주면서 다른 활동을 하고 싶지 않느냐고 가끔씩 묻는다. 동화 시간이 끝난 후 수잔은 자기가 가장 좋아하는 인형에게로 향한다. 다른 유아들은 크리스마스 장식을 오려서 붙이고 그림을 그리고 블록을 쌓고 책을 보고 물놀이 탁자에서 비누 거품을 불고 퍼즐을 맞추고 목공 테이블에서 망치질과 톱질도 한다.

교사들이 돌아가며 수잔과 함께 시간을 보낸다. 교사들은 다른 활동을 하도록 수잔을 설득해 보기도 하고 인형을 가지고 함께 놀기도 한다. 수잔은 다른 활동도 해 보라는 교사들의 제안에는 관심이 없지만 교사들이 옆에 있는 것을 즐기고 함께 있는 동안 교사들과 즐겁게 수다를 떤다. 수잔은 교실에 있는 다른 놀잇감과 교구들에는 관심이 없다. 수잔은 자신이 가장 좋아하는 인형과 인형의 소품에만 관심이 집중되어 있다. 교사들은 수잔의 흥밋거리를 확장해 보려 하지만 지금까지 그들의 노력은 실패했다.

행동 진술

유아는 교실의 다른 놀잇감과 교구들을 제외하고 하나 또는 한 가지 유형의 장난감만 가지고 노는 데 대부분의 시간을 보낸다.

행동 관찰

행동에 대한 통찰력을 얻기 위해서 며칠 동안 유아를 관찰하라. 관찰할 주요 내용은 다음과 같다.

1) 유아는 주로 어떤 형태의 장난감을 가지고 노는가?
- 고립된 놀이에 적합한 것
- 사회적 놀이에 적합한 것
- 근육 사용을 필요로 하는 것
- 조용한 것
- 상상력과 창의성을 요구하는 것
- 멋있게 구성된 것
- 교사의 도움이 자주 필요한 것
- 만져 볼 수 있는 완제품을 만들어 내는 것

3) 유아는 언제 가장 좋아하는 장난감을 가지고 노는가?
- 유아교육기관에 도착하자마자
- 일과 중 기회 있을 때마다
- 자유놀이 시간에
- 대부분의 활동 시간에
- 대그룹 시간에
- 낮잠 시간에
- 실외놀이터에 있을 때

2) 유아가 가장 좋아하는 활동을 할 수 없을 경우에는 무엇을 하는가?
- 할 수 있는 뭔가 다른 것을 찾는다.
- 활동에 참여하기를 거부한다.
- 왜 가장 좋아하는 활동을 할 수 없느냐고 묻는다.
- 자기가 활동하던 것과 유사한 활동을 찾는다.
- 교실 주위를 목적 없이 배회한다.
- 우는 소리를 한다.
- 불평한다.
- 화를 낸다.

유아의 흥미 영역을 넓히는 데 도움이 되도록 관찰한 것들을 사용하라.

가족과의 협의

가까운 시일에 가족과 면담 일정을 잡고 면담한다. 가정에서 유아가 어떤 종류의 행동과 놀잇감과 교구를 즐겨 사용하는지 알아보고 무엇을 가장 좋아하는지 물어보라. 새로운 장난감을 갖게 되었을 때를 포함하여 유아가 새롭고 낯선 상황에 있을 때 어떤 반응을 보이는지 가족과 의논하라. 유아가 제한된 형태의 놀이에 참여하는 것이 관찰되었으므로 폭넓은 활동과 교실에 있는 다양한 놀잇감과 교구를 시도해 보도록 돕고 싶다는 교사의 마음을 가족과 나누도록 하라. 유아의 흥미 영역을 넓히는 데 도움이 되는 몇 가지 전략들을 가족과 이야기 나누어라. 목표를 이룸에 있어 유아의 성공을 가족에게 지속적으로 알리도록 하라.

적용점 찾기

유아교육기관 교실과 교재 교구들은 유아들의 사회적, 정서적, 신체적, 인지적 발달을 촉진하기 위해 개발된 다양한 자료, 교구, 활동들로 구성된다. 이러한 자료와 활동들은 다양한 발달적 필요들을 충족시키기 위해 만들어지고 선별된 것들이다. 유아교육기관에 다니는 동안 유아들은 활용 가능한 대부분의 교재 교구들을 사용하고 상호작용한다. 유아들은 천성적으로 활동적이고 호기심이 강하고 새로운 경험들을 열망한다.

하지만 어떤 유아들은 다양한 활동을 시도해 보기를 원하지 않고 매일 같은 장난감을 가지고 놀이하며 그것을 포기하지 않으려 한다. 이런 일이 생기면 교사들은 염려하게 된다. 유아가 자신이 얻어야 할 만큼의 폭넓은 경험을 얻지 못하기 때문이다. 교사들은 유아가 한 장난감만 가지고 놀 때 염려가 되어서 유아에게 그것에 관해 언급하거나 구슬려서 뭔가 다른 것에 흥미를 갖게 하려 한다. 그럴 경우 유아는 곧 자신이 하고 싶어 하는 것을 계속 교사로부터 얻어 낼 수 있을 뿐 아니라 그 과정에서 교사로부터 상당한 관심을 얻는다는 것을 발견한다. 따라서 유아가 다양한 놀잇감과 교구를 이용하도록 유아의 흥미를 확장시키기 위해서 체계적인 전략이 필요하다.*

대안 찾기

교사의 관찰이 이 문제에 대한 간단한 해결의 실마리를 제공할 수 있다. 다음 제안들을 고려해 보라.

- 교실에서 제공되는 활동과 놀잇감과 교구들을 조사해 보라. 그것들이 과연 유아들의 발달 수준과 흥미에 적합한가? 유아는 교실에 있는 다른 유아들이 너무 단순하거나

* 심각한 정서적 결핍이 있는 유아는 반복되는 행동 속에서 안정감이나 확신을 얻고자 한다. 이런 경우, 정신건강 전문가의 조언이 필요하다.

어려워하는 특정한 장난감에 집중할 수 있다. 만약 이 경우라면 더 적합한 교재 교구들을 제공하라.*

- 교실의 모든 유아들에게 충분한 교재 교구가 있는지 점검해 보라. 유아는 이용할 다른 자료들이 별로 없어서 하나의 장난감을 선호할 수도 있다. 교재 교구가 유아들에 비해 너무 부족하거나 흥미를 끌 만한 것이 없어 별다른 선택의 여지가 없는 경우일 수도 있다. 이런 경우라면 더 많은 놀잇감과 교구를 비치하라.
- 다양성이 있는지 교실을 살펴보라. 교사는 몇 개의 선택권만 제공함으로써 유아가 사용할 수 있는 범위를 무의식적으로 제한할 수 있다. 사회적, 정서적, 신체적, 인지적 발달을 함양하도록 돕는 폭넓은 범위의 놀잇감과 교구와 활동들이 있어야만 한다. 가능하다면 더 많은 다양성을 제공하라.
- 교실이 유아의 연령에 적합한 환경으로 구성되어 있는지 생각해 보라. 교실의 다른 유아들보다 더 어리거나 나이가 많고 놀잇감과 교구들이 다수의 유아들 수준에 맞추어져 있다면 유아는 맘에 드는 교구들만 찾을 것이다. 이런 경우에 유아를 적합한 반으로 옮기도록 하라.
- 때때로 유아들은 일정 기간 동안 특정한 한 장난감만을 가지고 노는데 이는 유아들이 그 장난감을 숙달하고 싶어서이다. 그러한 행동을 이 장에서 설명하는 문제와 혼동하는 과오를 범하지 않도록 하라. 어떤 유아는 같은 퍼즐을 빨리 그리고 도움을 받지 않고 혼자서 할 수 있을 때까지 되풀이해서 할 수 있다. 일단 그 퍼즐 맞추기에 숙달하고 나면 더 이상 도전이 되지 않기 때문에 그것에 흥미를 잃어버린다. 숙달하기 위해서 한 활동을 되풀이하는 유아의 경우에 일단 목표를 달성하고 나면 그만두는 것은 아주 전형적인 현상이다.

이 제안들 중 아무것도 문제의 해결책을 주지 못하면 다음 프로그램을 계속 진행하라.

* 놀잇감과 교구를 조작할 능력이나 교실에서의 움직임이 제한된 신체 장애가 있는 유아가 어떤 특정한 장난감을 가지고 놀 때 성취감을 가질 수 있다. 이러한 경우라면 유아가 성공적으로 즐겁게 사용할 수 있을 것 같은 다른 놀잇감과 교구들을 찾아보고 다른 놀잇감과 교구들에 숙달될 수 있게 유아를 격려해 주도록 하라. 유아가 스스로 이것들을 잘 활용할 수 있도록 몇몇 놀잇감과 교구들을 개조해 볼 수 있다.

목표 진술

목표는 유아가 좀 더 폭넓은 다양한 놀잇감과 교구들을 사용하는 것인데, 매일 적어도 다섯 개의 다른 범주의 놀잇감과 교구들을 가지고 시간을 보내게 되는 것이다.

절차

기본적으로 그 문제에 대한 접근 방식은 다음 세 가지를 포함한다.

- 유아에게 다른 활동 영역을 체계적으로 소개하라.
- 다양한 활동의 참여를 강화하라.
- 이전에 좋아하던 특정한 활동은 무시하라.

행동 정의

유아가 특정한 장난감만을 가지고 노는 것은 교실 활동에 있어서 매우 제한된 참여라고 정의할 수 있다. 바람직한 행동은 유아교육기관 생활에서 최소 다섯 가지 유형의 활동에 참여하는 것이다.

출발점

추후 진보와 비교할 수 있는 초기 정보를 3일 동안 수집하라. 관찰지를 준비하여 교실의 활동 영역(미술, 역할, 조작, 쌓기, 언어, 수학, 과학, 음률 등)의 목록을 기록하라. 활동들이 유아에게 맞는 것인지 맞지 않는 것인지 확인하기 위해 유아가 적어도 3분 동안 지속적으로 시간을 보내는 활동들만 표시하라. 매일 일과가 끝날 때 유아가 참여한 영역의 총 수를 빈도 그래프에 기록하라.

행동 지도 전략

정보를 수집한 후에 전략을 시작하라. 계획을 적합하게 세우고 유아의 활동이 좀 더 다양해지도록 하기 위해서 모든 교사들이 참여해야 한다.

1) 다양한 영역에 있는 활동들을 체계적으로 소개하라. 자유선택 시간이 시작되면서, 유아가 개입할 기회를 갖기 전에 유아에게 가서 다음을 실시하라.*

① 한 가지 활동을 마음에 두라. 처음에는 유아가 지금까지 경험해 본 활동과 꽤 유사한 하나의 활동을 고르도록 하라. 어떤 활동을 선택할 것인지 도움이 되는 관찰로부터 얻어 낸 정보를 사용하라. 예를 들어, 유아가 특정 블록만을 가지고 활동해 왔다면 브리슬 블록Bristle Blocks같이 조작하는 장난감을 제공하라. 일주일 정도 이런 유형의 장난감을 사용해 보라.

그 다음 한 주간 동안에는 다소 덜 비슷한 유형의 장난감을 선택하도록 하라. 하지만, 가장 비슷하지 않은 활동을 목표로 삼지는 말아라. 계속해서 유아에게 새로운 활동을 소개하라. 점점 유아가 지금까지 해 왔던 것과 다른 활동들을 선택하라. 유아가 새로운 활동에 관심을 나타내는지 유아 행동 변화를 포착하라. 활동들을 선택하고 성취감을 갖도록 활동을 구조화하라. 유아가 자신이 하고 있는 것에 성취감을 느끼게 되면 활동을 더 깊이 몰입하여 즐기게 된다.

② 교사는 유아에게 함께 하고 싶은 특별한 활동이 있다고 말하라. 유아의 손을 잡고 선택된 활동으로 가서 3분에서 5분 정도 머물러 있어라. 유아가 시작하도록 도와주고 나서 격려해 주고 칭찬해 주고 유아와 이야기하라. 그 영역에 있는 다른 유아들과도 상호작용을 하되 교사가 염려하는 그 유아에게 집중하라.

③ 그림 그리기나 퍼즐 완성 등 새로운 영역에서 활동 결과물이 있다면 강화하라. 교사가 특별히 관심을 기울이고 있는 시간이 지난 후의 흥미 또한 강화하라. 교사의 목표는 유아가 하고 있는 것을 교사가 승인하고 있다는 것을 전달하는 것이다.

④ 유아가 새로운 활동을 해 보려 하지 않고 예전의 친숙한 장난감으로 돌아가려 하면 처음에는 허락하라. 하지만 허락하기 전에 교사는 다른 활동에도 참여하기를 원한다는 것을 유아에게 설명하라. 가장 좋아하는 활동에서뿐만 아니라 다른 활동에서도 재미를 느낄 수 있음과 매일 새로운 활동에서 유아와 함께 시간을 보내고 싶다고 말하라. 새로운 활동에서 얼마간의 시간을 보내고 난 후에 옛날 장난감을 가지고 놀 수 있

---

* 심각한 인지적 지체를 가지고 있어서 오로지 제한된 놀이 활동 영역에 참여하는 유아 또한 이 과정으로부터 도움을 받을 수 있다.

다고 말하라. 가능하면, 유아가 최소 3분을 새로운 활동에 참여할 때까지 가장 좋아하는 활동을 없애거나 주로 시간을 보내는 활동 영역을 폐쇄하라. 다른 영역들에서의 활동에 충분한 관심을 제공하라. 이렇게 한 후 유아가 간절히 원하면 예전 장난감을 가지고 놀도록 허락하라. 하지만 그러한 활동을 강화하지는 않도록 하라.

⑤ 활동 시간 처음에 유아를 다른 활동들로 이끌도록 하라. 처음 몇 분 동안 유아에게 특별한 관심을 쏟고 계속해서 간헐적인 강화를 하라. 일단 빈도 그래프가 유아가 교실의 다른 영역보다 더 많은 시간을 보내고 있음을 보여주면 점점 이 특별한 관심을 줄여 나가도록 하라. 두 번에 한 번 또는 대략 세 번에 한번 정도로 줄여 나가라. 결국에는 유아를 더 이상 다양한 활동으로 이끌지 않아도 된다. 왜냐하면 유아가 스스로 참여할 것이기 때문이다.

⑥ 행동 지도 전략을 시작한 몇 주 후 유아의 참여가 확대되기 시작할 때 흥미를 보이지 않던 영역으로 유아를 안내하라.

2) 다양한 활동 참여를 강화하라. 때때로 단지 기술된 다양한 관심 영역들을 체계적으로 소개하는 것 이외에 유아의 활동들을 잘 감시하라. 유아가 참여해 왔던 것 말고 다른 활동에 참여하는 것을 볼 때마다 유아를 칭찬해 주도록 하라. 유아가 하고 있는 일을 교사가 좋아한다는 것을 알려주라. 유아가 참여하는 것을 보자마자 강화하라. 비록 3분이라는 시간이 활동에 참여한 것을 차트에 기록해야 할지를 결정할 시간이기는 하지만, 반드시 3분을 기다릴 필요는 없다.

유아가 활동 영역을 확장하기 시작했다는 것이 기록표에 나타나면 교사가 주는 강화의 양을 줄이도록 하라. 하지만 이렇게 하기 전에 유아는 반드시 매일 지속적으로 적어도 5개의 다른 활동에 참여해야 한다. 학급의 다른 유아들에게 주는 것과 빈도가 거의 비슷해질 때까지 강화를 점차적으로 줄여 나가도록 하라.

3) 선호하는 활동에 참여하는 것을 무시하라. 유아가 이전 활동으로 돌아갈 때마다 어떤 식으로든지 유아를 강화하지 않도록 하라. 유아에게 말을 걸지 말고 쳐다보지도 말고 어떤 다른 방식으로든지 유아에게 관심을 주지 말라. 유아는 어른의 승인과 관심을 즐기고 또한 필요로 한다. 유아가 예전 활동에 참여할 때는 관심을 주지 말고 다른 활동에 참여할

때는 아낌없이 관심을 주도록 하라. 이렇게 하면 유아는 교사가 어떤 행동을 기대하며 중요시하는지 알게 된다. 일단 유아가 모든 유아교육기관 활동에 참여가 확장되면 교사는 정기적인 강화를 주는 것으로 돌아갈 수 있다.

4) 행동을 계속해서 관찰 기록하라. 매일 유아가 최소 3분 동안 참여하는 활동의 수와 유형을 기록하라. 이 자료는 개별 활동 시간만을 위한 것이 아니고 하루 전체를 대상으로 해야 한다. 매일 각 활동 영역에 활동 참여 수를 차트에 기록하라. 하루 동안 표시된 총 횟수를 세어 보고 이를 그래프에 기록하라. 이 정보는 강화의 양에 대해 그리고 참여를 증가시키는 체계적인 행동 지도 전략에 대해 말해 줄 것이다.

변화 유지

많은 활동의 참여를 간헐적으로 지속하여 강화하라. 일단 유아가 다양한 활동에 흥미를 갖게 되면 이러한 활동에 참여하는 것이 본인 스스로에게도 보람이 될 것이다. 만약 유아가 스스로 다양하게 놀이를 선택한다면 유아는 분명히 자신이 하고 있는 것에서 기쁨을 갖게 될 것이다. 그러나 유아가 하루 종일 또는 며칠을 한 가지 활동에만 매달릴 때가 있을 수도 있다. 이것은 그 활동에의 몰입 또는 그 활동을 숙달하려 애쓰는 것을 반영할 수도 있다. 유아가 매일 혹은 매주 이렇게 하지 않는 한 유아는 유아교육기관에서 기대하는 대로 활동들에 참여할 것이다.

제34장

말을 잘 안하는 행동

"노아Noah야, 원하는 게 뭐니?" 파커Mr. Parker 선생님은 다섯 살짜리 노아가 셔츠를 잡아당기고 투덜대는 소리에 점점 좌절감을 갖는다. 마침내 노아는 파커 선생님을 선반으로 끌고 가는 데 성공한다. 노아는 위쪽을 가리킨다. "노아야, 선반에 네가 갖기 원하는 것이 있니?" 노아는 기다렸다는 듯이 고개를 끄덕인다. 여러 번 시도 끝에 노아는 자기가 스테이플러를 원한다는 것을 전달한다. 파커 교사는 노아에게 그것을 전해 주며 말한다. "노아야! 네가 필요할 때 진작 이것이 필요하다고 선생님에게 말하지 그랬니?" 노아는 아무 말도 하지 않고 테이블로 걸어간다. 노아는 몇 장의 그림을 스테이플러로 찍고 표지에 이름을 쓰고는 다시 교사에게로 가져간다. 교사는 "노아야, 그림이 멋지구나!"라고 노아의 그림을 훑어보고 미소 지으며 말한다.

잠시 후 노아는 함께 놀이하고 있는 몇몇 유아들 근처 테이블에 조용히 앉는다. 교사들이 여기저기 돌아다니며 유아들과 이야기하고 함께 작업을 할 때 노아는 교사들을 더 잘 보기 위해서 의자를 돌린다. 교사들 중 한 명이 노아가 자기를 보고 있음을 알아차린다. 잠시 후 교사는 노아에게로 간다. 교사는 노아에게 말을 걸고 노아가 말을 하도록 설득하며 잠시 곁에 머문다. 노아는 분명히 그 관심을 즐기는 것 같다. 노아가 엄마와 수다 떠는 것을 보았기 때문에 교사들은 노아의 언어 능력이 충분하다고 알고 있다. 하지만 유아교육기관에서는 말하기를 거부한다. 교사들은 체념하고 이제는 노아를 말하게 하는 노력을 거의 하지 않는다.

행동 진술

유아는 유아교육기관에 있을 때 또래들이나 교사들에게 말을 거의 하지 않는다.

행동 관찰

유아가 언어로 표현하지 않는 것에 대해 교사가 할 수 있는 일이 무엇인지를 배우기 위해 며칠 동안 유아를 관찰하라. 관찰할 주요 내용은 다음과 같다.

1) 유아는 자신의 필요나 원하는 것을 어떻게 전달하는가?

- 필요할 때 말을 한다.
- 결코 말하지 않는다.
- 손가락으로 가리키는 등의 몸짓을 사용한다.
- 도움을 청하기보다는 자기 스스로의 해결책을 찾으려 한다.
- 뭔가 필요하면 운다.
- 원하는 곳에 교사를 데리고 간다.
- 원하는 것이 있을 때 부모에게 부탁한다.

2) 누군가가 말을 해 올 때 유아는 어떻게 반응을 하는가?

- 대답한다.
- 자기에게 말을 건 사람에게서 얼굴을 돌린다.
- 고개를 끄덕임처럼 비언어적으로 반응한다.
- 미소로 답한다.
- 괴롭히는 방법으로 반응한다.
- 자신이 신뢰하는 교사나 친한 친구처럼 오직 한 사람 또는 몇 사람에게만 말하거나 또는 말하지 않고 응답한다.

3) 유아교육기관에 있는 동안 유아는 무엇을 하는가?

- 계획된 활동에 자유롭게 참여한다.
- 참여하기를 꺼려 한다.
- 오로지 비사회적 활동에만 참여한다.
- 교사가 있을 때만 활동에 참여한다.
- 평행놀이에 참여한다.
- 놀기 위해 혼자 가버린다.
- 유아는 쌓기놀이, 조작놀이, 감각놀이, 미술 활동, 역할놀이, 책 읽기, 음률 활동 등을 즐기는 것처럼 보인다.

4) 부모가 유아를 유아교육기관에 데려오고 하루 일과가 끝나고 데리러 올 때 유아가 부모와 어떻게 대화를 하는지 주목해 보라.

이러한 관찰은 교사에게 유아의 행동에 대한 통찰력을 주어서 교사는 유아가 더 자주 혹은 적어도 더 자유롭게 말로 표현하는 데 도움을 줄 수 있다.

가족과의 협의

유아의 미흡한 언어 사용이 신체적인 것에 원인이 있다고 느껴지거나 혹은 유아가 말을 할 수 있지만 단순히 말하지 않기로 결정해서라고 판단되든지 간에 우려하는 바를 논의하기 위해서 가족을 만나라. 유아에게 언어 혹은 청각에 문제가 있다고 의심되면 검사해 보도록 권유하라. 가족에게 지지적으로 대하고 이 문제의 해결을 도울 수 있도록 가정과 긴밀히 연락하라. 유아가 우리말을 사용하지 않는 가정에서 왔다면 우리말을 배우는 데 도움이 되도록 모든 노력을 간구하라. 반면에 유아가 가정에서 우리말을 상당히 잘 구사하면, 가족들 생각에 왜 유아교육기관에서 말을 하지 않는지에 대해 가족과 함께 의논해 보라. 이러한 행동을 바꾸기 위한 가족의 제안을 들어 보고 유아가 의사소통하도록 언어를 사용하게 하려는 목표를 향한 진보에 대하여 가족에게 계속 알리도록 하라.

적용점 찾기

의사소통은 유아기에 학습하는 것 중에 가장 중요한 성취이다. 의사소통을 배우는 과정은 영아 초기에 시작된다. 영아는 자기가 필요한 것을 울음이나 움직임을 통해서 알린다. 연령이 높아지면서 영아는 옹알거리는 소리를 낸다. 동시에 영아는 언어와 함께 중요한 의미를 담는 비언어적 의사소통을 경험하게 된다. 첫돌 후에는 다른 사람들이 사용하는 낱말들을 배우고 이해하고 말할 때 공식적 언어 사용이 더욱 빈번해진다. 즉, 영아는 비언어적 수단이 아닌 언어를 사용하여 주변 사람들에게 의사소통하게 될 것으로 인식하게 된다. 두 살 반 정도 되면 영아는 상당한 어휘를 가지고 가족 이외의 사람들과 의사소통할 수 있게 된다.

유아가 언어를 사용해서 의사소통을 하지 않을 때 사람들은 유아가 무엇을 이해했는지 확신할 수가 없다. 좀 더 심각한 것은 과거의 좋지 않는 경험으로 인해 유아가 충분히 발달시킬 수 있었던 언어적 능력이 손상된 경우도 있다. 이러한 이유들로 인해서 거의 혹은 결코 말을 하지 않는 유아는 교사에게 염려거리가 된다. 말을 하지 않는 것은 두 요인들 중 하나에 기인한다. 유아가 신체적으로 언어장애가 있든지 아니면 심리적인 이유로 말을 하지 않으려 하는 것이다. 전자의 경우에는 의료적인 도움을 받아야 한다. 이 장에서는 말하기 꺼려 하는 것을 다룬다. 유아가 할 수는 있으나 말하기를 꺼려 할 때 그 거리낌을 극복할 수 있도록 도움을 받아야 한다. 교사들은 유아의 비언어적 사용에 대해 세심한 주의를 기울여야 한다. 유아가 말을 하지 않은 채 의사소통을 하려 할 때 교사가 유아의 요구를 대변하게 되면 그들은 유아의 비언어적인 의사소통방법을 강화하게 된다. 유아는 말하도록 격려받지 못하게 되는 것이다.

대안 찾기

다음 제안들을 주의 깊게 고려하라. 이 중 하나가 문제에 대한 해결책을 제공할 수 있을 것이다.

- 유아가 말하기를 꺼려 하는 것에 대해 심리적인 원인들을 점검해 보라. 청각 문제는 느린 언어 발달을 초래할 수 있다. 유아 뒤에서 다양한 소리를 내 보고 반응을 점검해 봄으로써 간단한 검사를 해 보라. 유아의 청각에 문제가 있다고 생각되면 보다 더 정확한 검사를 하기 위해서 유아를 의사에게 데려가도록 부모를 권면하라. 청각 문제 이외에도 목구멍이나 입의 기형 또는 뇌 손상이 원인이 될 수도 있다. 의사에게 진단을 받고 그 문제를 고칠 수 있는 조치들을 추천해야 한다.*
- 교사들의 언어는 상냥하고 말씨가 부드러워야 한다. 하지만 때때로 몇몇 유아들에게는 너무 강압적일 수 있다. 교사들이 유아들과 상호작용하는 방식과 행동이 몇몇 유아들에게는 위협적이지 않은가 신중하게 고려해 보라. 교사가 너무 압도하듯 강한 어조로 말한다고 인식하면 유아는 침묵으로 반응할 수 있다. 유아가 교사 때문에 말을 자주 하지 않는다고 결론이 나면 교사들은 그 문제를 논의하고 개선할 수 있는 방법을 탐색해 봐야 한다. 교사들이 좀 더 조용하고 천천히 그리고 비지시적인 방식으로 유아들과 더 자주 말하도록 격려할 수 있다.
- 우리말을 사용하지 않는 가정 또는 이중 언어를 사용하는 가정의 유아는 우리말을 배우는 데 있어서 더 많은 도움과 격려가 필요하다. 이런 유아가 말하기를 꺼려 한다면 체계적인 접근법을 계획하라. 유아가 언어를 숙달하도록 교실의 다른 유아들의 도움을 구하라.

---

* 많은 유아들이 종종 반복되는 중이염 때문에 청력 손실을 당한다. 이 문제에 대해 민감하게 관찰하도록 하라.

- 언어장애가 있는 유아는 다른 유아들이 자신이 한 말을 이해하는 데 어려움을 보이기 때문에 낙담하고 말을 자유롭게 하지 못한다. 그러한 유아는 언어 치료사로부터 치료를 받아야 한다. 언어 치료사는 교사들에게 최선의 도움을 줄 수 있는 지침을 제공해 줄 수 있다. 즉, 유아 주변 모든 교사들의 협조를 통해 말하지 않는 유아를 지도하는 데 도움이 될 수 있다.*
- 때때로 유아들은 말해야 될 필요성을 느끼지 않기 때문에 말을 자주 하지 않는다. 자신의 모든 기대되는 요구가 발달 초기에 부모, 조부모, 손위 형제자매나 다른 사람들에 의해서 충족된 유아는 말이 필요한 적이 없었기 때문에 말을 하지 않을 수도 있다. 부모와 의논을 통해 이러한 경우라면 진단하고 생리학적 문제를 파악한 후에는, 본 장에서 소개한 행동 지도 전략을 사용하라. 부모도 그것을 이용하도록 격려하라.
- 유아의 발달 단계를 고려하라. 두 살짜리 유아는 아직 언어 사용에 미숙하여 정교한 언어적 표현보다는 다양한 비언어적 의사소통 방식을 사용한다. 언어를 사용하는 2세 영아가 의사 전달에 항상 성공적이지는 않더라도 유아기에 이르러는 언어를 매우 빨리 습득하며 몇 개월 내로 언어가 훨씬 유능해질 것이다. 하지만 세 살짜리 유아가 효과적으로 의사소통을 하지 못한다면 이는 염려할 만하다. 이 장에서 소개한 행동 지도 전략을 적용하기 전에 심리적 문제 혹은 발달적 지체가 있는지 탐색해 보아야 한다.**
- 어휘가 제한되어서 유아가 말을 잘 하지 않는 경우에는, 어휘를 확장하기 위한 체계적인 접근법을 계획하고 새로운 단어를 사용했을 때 이를 강화하라. 유아와 함께 개별적으로 또는 소그룹으로 작업하기 위해 책, 낱말 놀이, 그림 카드, 잡지 그리고 다른 적합한 방법을 사용하라. 다른 활동들도 어휘를 확장하기 위해 연계될 수 있다. 이번 장에 제시된 많은 제안들이 유아를 위해 교사가 정한 목표에 도달하는 데 도움이 될

---

* 말하기와 언어 결핍이 있는 유아들은 때때로 다른 사람들에게 의사 전달을 제대로 못한다는 좌절감과 창피당하는 위험을 무릅쓰는 것보다는 말하기를 피하는 것이 더 편하다는 것을 터득하게 된다. 이러한 유아들이 말하고 의사소통을 시도할 때 성공하도록 격려하기 위해서 교사들은 그러한 유아들을 향해서 인내심과 격려를 보여줄 필요가 있다.

** 심각한 발달 지체나 인지적 결함이 있는 유아들은 말을 하지 않거나 거의 하지 않을 수 있다. 이러한 유아들이 보다 더 숙달된 언어 능력을 습득하도록 돕기 위해서는 부모와 교사의 격려와 모델링이 중요하다.

것이다.

- 어떤 유아들은 다른 유아들보다 더 말이 없고 수줍음을 탄다. 유아가 얼마나 외향적인 성격이냐 혹은 내성적이냐 하는 것은 유아의 타고난 특성이다. 교사가 염려하는 유아가 수줍어하는 성격이라면 유아를 외향적인 유아로 변화시키려 하지 말라. 교사로서 해야 할 역할은 유아가 유아교육기관 환경에 더 편하게 그리고 적응하도록 돕는 것이다. 상냥함, 이해심, 수용, 애정 어린 돌봄과 배려, 인내심은 유아가 안전감을 느끼게 도와주는 데 가장 효과적이다.

이들 제안들 중 그 어떤 것도 문제의 해결을 돕지 못하면 유아가 언어적 의사소통을 증대하도록 도와줄 다음 프로그램을 계속 진행하라.

목표 진술

목표는 유아가 언어적 의사소통을 자유롭게 하는 것이다. 질문하기, 질문에 답하기, 관찰하고 언급하기 등 유아는 한 시간에 한 단어 또는 그 이상의 단어를 넣어 최소 20회 이상 언어적 의사소통을 시도하고 반응해야 한다.

절차

말로 표현하기를 증대시키기 위한 기본 전략은 다음의 두 단계를 동시에 포함한다.

- 말하기를 격려하고 강화하라.
- 말로 표현 안하고 관심을 얻어 내기 위한 비언어적 시도들을 강화하지 말라.

행동 정의

말을 잘 안하는 행동은 유아가 질문을 하거나 질문에 답하기를 거부하거나 꺼려 하기, 그렇지 않으면 이와 같은 발달 수준에 있는 다른 유아들처럼 입으로 말하기를 거부하거나 꺼리는 것을 의미한다.

출발점

추후에 개선된 활동과 비교할 수 있는 기초 자료를 수집하라. 유아들이 활동을 자유롭게 선택하고 원하는 대로 자유롭게 말할 수 있는 하루 중 한 시간을 선택하라. 다른 사람들이 말할 때 조용히 들어야 하는 그룹 시간은 이용하지 말라. 이 시간 동안 유아를 잘 지켜보고 유아가 먼저 혹은 다른 유아의 질문이나 언급에 대한 대답이든 말로 표현한 것의 모든 수를 세도록 하라. 단지 소리가 아니라 하나 또는 그 이상의 단어를 말로 발성한 것은 모두 세어라(예외: 만일 교사 염려의 일부가 '예, 아니오' 같이 유아가 단지 한 단어로 의사소통하는 경우라면 하나 혹은 그 이상의 단어를 사용하는 문장들을 포함하도록 목표를 바꾸어라). 그 시간 끝 무렵에 가서 총 합계를 빈도 그래프에 기록하라.

행동 지도 전략

이 정보를 수집한 후에 프로그램을 시작하라. 모든 교사들은 프로그램을 일관성 있게 따라야 한다.

1) 말하기를 격려하고 강화하라. 유아가 말하도록 하기 위해서 유아가 말하기를 원하는 교사의 기대를 알 필요가 있다. 유아가 말할 때 유아를 강화하라. 이렇게 하는 많은 방법들이 있다.

① 유아가 말을 하게 되면 그러한 상황을 민첩하게 포착하고 가능한 한 빨리 유아를 강화하라. 유아가 말한 것이 질문이 아니라면 관심과 열정과 칭찬으로 적합하게 유아를 강화하라.

② 유아가 질문을 한다면 답을 해주거나 가능하면 유아가 요청한 것을 들어주도록 하라. 말하기를 통해서 자신이 원하는 반응을 얻어 낼 수 있음을 언급하라. 유아가 말로 표현할 때 자신이 원하는 바가 일관되게 주어지면 말을 하는 것이 효과적이고 보람이 있다는 사실을 강화하게 된다.

③ 유아가 단음절로만 말할 때 유아의 말 표현을 확장하도록 격려하라. 선반에 있는 트럭을 원하는 유아가 "저것"이라고 가리키며 말한다면 그가 원하는 것을 말로 설명하

도록 권하라. "네가 원하는 것을 나에게 말해 줄래?" 라고 하라. 또다시 유아가 "저것" 이라고 말하면 "저것이 어떤 것이지? 선생님에게 말해 주겠니?" 라고 대응하라. 필요하다면 따라서 말할 수 있는 문장을 만들어 주고 반복하도록 하라. 이런 단계를 거치면 유아는 자기가 바라는 물품의 이름을 확실히 알게 된다. 교사가 정확한 언어 사용을 유아로부터 기대하기 때문에 교사 또한 표현을 정확하게 사용해야 한다는 것을 확실히 하라. 저것들, 저쪽에, 이것, 그리고 물건들 같은 애매한 낱말 사용을 피하라. 말하고자 하는 것에 대해서 가장 정확한 단어를 사용하라. "그 물건은 저쪽에 두어라." 대신에 "선반 위에 있는 인형을 창문 옆에 두어라." 라고 말하라.

④ 유아가 특별히 좋아할 만한 활동들이나 이벤트를 찾아보아라. 활동하는 도중에 혹은 활동을 마친 후에 그것들에 대해서 유아에게 말하라. 만일 유아교육기관 밖에 정차한 소방차에 흥미를 느끼면 "소방관들은 사다리를 무엇에 쓸까?" 하고 물어보라. 유아가 대답하도록 격려하고 흥미, 칭찬, 관심을 통해서 유아의 반응을 강화하라.

⑤ 유아가 활동할 때 유아 곁에 앉아서 말하도록 격려하라. 유아가 만든 작품은 좋은 대화의 소재를 제공한다. 색상, 질감, 모양, 기법, 유아가 사용하고 있는 수단들과 관련해서 말하거나 질문을 할 수 있다. 유아의 표현 기술보다는 유아의 언어적 응답을 기대하며 관심을 주고 칭찬하도록 하라. 유아가 말로 반응을 하면 계속해서 관심을 주도록 하라. 유아가 말로 응답을 하지 않으면 관심을 철회하라.

⑥ 유아가 교사에게나 다른 유아들에게도 말을 자주 하지 않으면 성인과의 상호작용의 격려로 시작하라. 전에 소개된 몇몇 기법을 이용하라. 일단 유아가 교사들과 더 자유롭게 이야기를 시작하면 다른 유아들을 포함하려는 노력으로 확장하라. 유아를 다른 유아들과 말로 상호작용하도록 이끌기 위해 적절한 기법을 사용하라.

⑦ 유아가 말할 때마다 관심을 제공하면, 유아는 더 자주 말로 표현하기 시작할 것이다. 유아가 말하는 빈도가 증가함에 따라 교사의 기대를 늘리도록 하라. 처음에는 한두 단어로 만족할 수도 있다. 후에는 교사가 강화와 관심을 주기 전에 유아가 더 많이 말하도록 기대하라.

2) 관심을 얻기 위한 말하지 않기 또는 비언어적 시도들을 무시하라. 말하기를 격려하고 강화하는 동안 말하지 않는 행동은 무시하라. 유아들은 관심을 즐기기 때문에 관심

이 선별적으로 주어질 때 그 기대에 순응한다. 따라서 특정한 활동들을 강화하기 위해 교사의 관심을 사용하여야 한다. 유아가 말할 때 선별적으로 관심을 주라. 다음 항목들이 이 단계를 어떻게 실행할지 분명히 보여줄 것이다.

① 가리키기, 몸짓, 또는 웅얼거림과 같은 비언어적 방법으로 유아가 무엇인가를 요구한다면 "네가 원하는 것을 말로 해야만 줄 수 있단다."라고 말하라. 유아가 말로써 표현하면 유아가 요청하는 것을 주고 칭찬하라. 유아가 그렇게 하지 않을 때는 "미안하지만 네가 원하는 바를 나에게 말할 때까지 나는 너를 도울 수 없단다."라고 말하라. 더 이상 아무 말도 하지 않고 약 10초 정도 기다렸다가 등을 돌리고 다른 곳으로 옮기라. 요구하는 바를 말로 표현하도록 계속 요구하라. 유아가 바라는 바를 말로 표현하지 않을 때 유아가 원하는 것을 교사가 유아에게 주게 되면, 말을 하지 않고 자기가 원하는 것을 성공적으로 얻도록 허용함으로써 유아의 비언어적 의사소통을 강화하게 된다.

② 유아가 관심을 얻기 원하는 것을 발견하면 관심을 제공하지 말라. 유아는 활동에 참여하지 않고 코너에 서 있거나 앉아서 눈 마주침을 기대하면서 교사를 쳐다볼 수 있다. 말하기 위해 유아에게 가지 않도록 하라. 유아가 교사에게 오면 기다리고 있었다는 듯이 유아를 바라보고 유아에게 먼저 말하도록 하라. 유아가 말을 하면 관심을 줌으로써 유아를 강화하라. 약 15초 정도 유아가 아무런 말이 없으면 걸어서 그 자리를 떠나라. 교사의 태도에서 불쾌감을 드러내지는 말라. 유아가 할 말이 없으면 교사가 다른 곳으로 가버린다는 것을 전하기만 하라.

③ 유아가 활동에 참여하고 있을 때 말하기를 장려하는 상황을 만들라. 유아가 어떤 활동을 하느라 바쁘면 유아에게 가서 근처에 앉아라. 10에서 15초 정도 아무 말하지 않고 가만히 있어라. 유아가 아무 말도 없으면 간단한 대화를 시작하라. 유아가 하고 있는 것에 대해 언급하고 질문을 하라. 예컨대, "사진 속에 있는 스웨터와 똑같은 색으로 네가 그림을 그리고 있구나. 그것 참 멋지구나! 너의 스웨터와 그림처럼 빨간색인 물건이 교실에 또 있니?" 교사의 질문이 간단하면서도 위협적이지는 않게 하라. 이 지점에서 교사의 목표는 말하기를 자극하는 것이지 생각을 자극하는 것이 아니다. 유아가 대답을 하지 않으면 대답을 촉구하라. "쌓기 영역을 볼래? 앤지Angie가 입은 옷

은 무슨 색깔이니?" 교사의 질문에 유아가 어떤 대답을 하더라도 다음과 같은 말로 칭찬되어야 한다. "네가 말할 때 선생님은 행복해." 유아가 말하기를 거절하면 다른 곳으로 자리를 옮기라. 적절한 때에 대화를 개시함으로써 말하기를 촉구하고 격려하라. 유아가 응답하지 않으면 교사의 관심을 철회하라.

말하지 않는 행동을 무시함으로써 교사는 유아가 원하거나 필요한 것들에 관심을 주기 전에 유아는 말로 표현해야 한다는 것을 강하게 암시한다.

3) 행동을 계속 관찰 기록하라. 매일 계속해서 말로 표현한 것의 수를 세고 그래프에 총 합계를 기록하라. 이 그래프는 교사의 목표를 향한 진보를 설명해 줄 것이다.

변화 유지

일단 유아가 목표에 도달하고 더 자유롭게 말을 하게 되면 유아의 행동에 대해서 계속 강화하라. 유아가 말로 요구한 것들이나 질문한 것들은 가능할 때마다 신속히 그리고 만족스럽게 답변되어야 한다. 또한, 교사가 유아와 말하기를 기뻐한다는 것을 유아에게 주기적으로 알리도록 하라. 비언어적 시도는 계속해서 무시하라.

제 35 장

짧은 주의 집중 행동

세 살 반 된 로지Rosie는 대그룹의 이야기 나누기 시간에 다른 유아들과 함께 일어난다. 선택 활동을 위해 이동할 시간이다. 페랄타Peralta 선생님은 유아들에게 오늘의 새로운 활동들을 할 수 있는지 소개한다. 다른 교사들은 활동을 위해 준비한 교재 교구들을 눈에 보이게 놓는다. 어떤 유아들은 가만히 서서 잠깐 주변을 살핀다. 다른 유아들은 특정한 관심 영역으로 이동한다.

로지는 얼굴에 미소를 가득 머금고 테이블 중 하나를 향해 돌진한다. 로지는 가위와 잡지를 집어 든다. 그리곤 잡지의 겉장을 싹둑 잘라 낸 후 잡지를 펼치더니 첫 페이지 귀퉁이를 잘라 낸다. 교사가 다른 친구들이 동물 그림을 찾아 자르게 될 것이라고 말할 때 로지는 가위를 내려놓고 테이블을 떠난다. 로지는 두 남자 유아들이 플라스틱 상자를 이용해 놀이를 하고 있는 모래놀이 영역으로 이동한다. 로지는 둘러보더니 빈 주스 캔을 발견하고 그 속에 모래를 퍼 담기 시작한다. 절반쯤 채우다가 캔을 내려놓고 모래 테이블을 떠나간다.

페랄타 선생님이 로지에게 다가가 말한다. "로지야, 활동할 것을 찾고 있구나. 인형이 있는 역할 영역에서 놀고 싶니? 요리 영역에서 달걀 프라이를 만들고 싶니? 아니면 블록 가지고 놀고 싶니?" "달걀 프라이 만들고 싶어요."라고 로지는 신나게 대답한다. 유아는 몇몇 유아들이 달걀을 깨고 부치고 휘젓는 영역으로 안내된다. 담당 교사는 로지에게 미소를 지으며 어떻게 하는지 설명하기 시작한다. 로지는 벌써 달걀을 하나 집어 들고 깨뜨렸다. 불행히도 로지의 달걀 아래에는 그릇이 놓여 있지 않았다. 교사가 행주와 물을 찾기 위해 등을 돌린 사이 로지는 자리를 옮긴다.

페랄타 선생님은 다시 로지를 주목하고 뭔가 할 것을 찾아보도록 말한다. 자유선택 활동 시간이 계속되는 동안 로지는 이 활동 저 활동을 오가며 한 영역에 몇 초 이상을 머무르지 못한다. 시간이 끝날 무렵에 로지는 끝마치지 못한 퍼즐, 제대로 옷 입히지 못한 인형, 읽다 만 책, 손대다 만 다른 활동들의 흔적을 영역마다 남겨 두었다.

이런 일은 로지에게 빈번하게 일어난다. 교사들은 로지가 분주하지 않을 때 잡아 두는 것이 집중하는 데 도움이 될 것이라고 바란다. 하지만 이런 일은 발생하지 않는다.

행동 진술

유아는 매우 짧은 주의 집중 시간을 가지고 있어서 어떤 일에 오랫동안 주의를 기울이지 못한다.

행동 관찰

행동에 대한 더 많은 통찰력을 얻기 위해 며칠 동안 유아를 관찰하라. 관찰할 주요 내용은 다음과 같다.

1) 어떤 활동에 유아는 가장 많은 시간과 적은 시간을 보내는가?

- 쌓기놀이 활동
- 역할놀이 활동
- 미술 활동
- 조작놀이 활동
- 감각놀이 활동
- 물놀이 활동
- 모래놀이 활동
- 언어 활동
- 과학 활동
- 인지 게임이나 활동
- 교사가 함께 하는 활동

3) 유아는 어떻게 활동을 떠나는가?

- 주의가 다른 곳으로 향하면 떠난다.
- 활동을 급히 마치고 떠난다.
- 활동을 제대로 끝내지 않은 채 놔두고 자리를 옮긴다.
- 심지어 활동을 시작하기도 전에 활동을 떠난다.
- 눈앞의 과제를 완성할 수 없다고 주장하고 떠난다.
- 끝마치거나 정리 정돈 하라고 요구 받는 것에 대해 화를 낸다.
- 교사가 요구하면 활동으로 돌아온다.

2) 유아는 어떻게 활동에 접근하고 참여하는가?

- 억지로 활동에 참여한다.
- 열심히 참여한다.
- 알아보기 위해 잠깐 관찰한다.
- 교사의 지시가 있으면 지시에 귀 기울인다.
- 활동에 대한 교사의 지시에 귀 기울이지 않는다.
- 유아에게 가장 가까운 곳에 있는 활동을 선택한다.
- 어떤 형태의 활동이든 참여한다.
- 제한된 활동의 수에 선별적으로 참여한다.
- 조용한 활동보다는 신체 움직임이 있는 활동을 선택한다(가령, 책보다는 블록).
- 다른 유아들은 앉아서 활동하고 있으나 유아는 서 있다.

어떤 상황에서 얼마 동안 유아가 활동에 참여하는지 이해하기 위해서 관찰로부터 얻어낸 정보를 이용하라.

가족과의 협의

일정 시간 동안 활동에 집중할 수 없어 보이는 유아는 다른 환경에서뿐만 아니라 유아교육기관에서도 이런 양상을 보이기 쉽다. 유아를 주의 깊게 관찰한 후 고사가 관찰한 바와 염려하는 바를 의논하기 위해 가족과 만나도록 하라. 가족의 의견을 들어 볼 때 유아가 적당한 시간 동안 활동에 집중할 수 있는 것처럼 보이면 교실 환경과 하루 일과, 활동들, 그리고 자극의 정도를 조사해 보라. 더 오랜 주의 집중을 격려하도록 적절한 변화를 주도록 하라. 반면, 유아가 모든 환경에서 짧은 집중 시간을 보이면 그 문제에 관해서 부모와 심도 있게 논의하라. 만일 유아가 ADHD주의력결핍 과잉행동 장애를 가지고 있다고 생각되면 가족에게 의료 상담을 받아 보도록 제안하라. 하지만 ADHD는 종종 과잉 진단받는 경우가 있기에 문제가 되지 않을 수도 있음을 기억하라. 유아의 활동에 대한 집중력을 늘릴 수 있는 아이디어를 가족과 함께 나누고 가정과 유아교육기관에서 강화될 수 있는 공통의 전략에 도달하도록 함께 노력하라.

유아의 집중 시간을 늘리기 위한 행동 지도 목표의 진전을 공유하기 위해서 가족과 지속적으로 긴밀히 연락하라.

적용점 찾기

유아의 학습은 물체, 사건, 사람들의 반응을 관찰하고 조작하고 바꾸고 시험해 보는 과정을 경험하므로 이뤄진다. 유아가 자기 주변의 세계에 관한 이해를 얻게 되는 데 충분한 시간을 보낼 수 없으면 학습은 일어나지 않는다. 유아교육기관 환경에서 몇 초 이상 어떤 일에 집중하는 데 어려움을 겪는 유아를 발견하는 것은 꽤 흔한 일이다. 짧은 집중력을 가진 유아는 어떤 활동이든지 깊이 있게 참여하지 않아서 활동을 통해 배워야 할 모든 것을 배우지 못하는 경우가 많다. 이것은 교사들에게 염려거리가 된다. 주의 집중이 짧은 유아들은 유아교육기관 경험에서 얻을 수 있는 것을 얻지 못하고 있다. 주의 집중이 짧은 유아들은 성공적인 초등학교 생활에 필수적인 학습 기술의 하나인 집중하기를 배우지 못하고 놓치고 있는 것이다.

교사는 짧은 집중력이 교실의 일상적 일과와 다른 유아들의 작업을 혼란스럽게 하기에 방해가 됨을 발견한다. 유아가 교실 여기저기를 돌아다닐 때 교사의 반응은 유아를 멈추게 하는 것일 수 있다. 유아는 활동에 참여할 때보다 불안정한 행동으로 더 많은 관심을 받게 된다. 긍정적인 측면들 대신에 활동 수준의 부정적인 측면들이 강화되고 있다.

대안 찾기

문제가 유아의 짧은 주의 집중력에서 기인한다고 결정하기 전에 다음 사항들을 주의 깊게 고려해 보라.

- 유아의 집중 시간은 무엇보다도 유아의 연령과 발달 수준과 관련이 있다. 집중 시간은 나이와 함께 증가한다. 교사들의 기대치는 반드시 현실적이어야 한다. 아주 어린 영아들은 매우 분주한 존재들이다. 그들이 한 활동에서 다른 활동으로 빨리 이동하는 것은 당연하다. 그러므로 두세 살짜리 영아들의 교과과정 계획은 매우 짧은 그룹 활동과 자유선택 활동 시간에 충분히 이용 가능한 많은 선택들과 변화가 많은 하루 일과로 구성할 수 있다.
  어린 유아들은 활동 참여를 자주 바꾸는 반면에 또한 그들이 하고 있는 일에 열중하고 집중하는 능력을 가지고 있다. 이 유아들은 집중력이 부족한 것이 아니고 그들에게 있어서 다른 유아들과 비교해 단지 집중 시간이 짧을 뿐이다. 연령이 높아짐에 따라 하는 일에 점점 더 오래 집중할 수 있게 된다. 어떤 활동에 2, 3분 집중하다가 흥미를 잃어버리는 것은 2세 영아에게는 당연한 것이다. 5세 유아는 아무런 문제 없이 15 내지 20분을 집중한다. 하지만 활동의 특성을 고려해 보라. 어떤 활동은 다른 활동보다 유아들의 집중력을 더 많이 붙잡아 둔다.*
- 유아들에게 제공된 활동의 연령 적합성을 조사해 보라. 유아는 활동들이 흥미가 없어서 활동에 오랫동안 참여하지 않을 수도 있다. 모든 유아들의 흥미와 필요를 충족시

* 인지적 결핍과 심각한 발달 지체가 있는 유아들은 십중팔구 또래 유아들보다 더 짧은 주의 집중 시간을 가지고 있다. 교사들은 이용 가능한 활동들, 지도 그리고 다른 유아들만큼 오래 수업에 집중할 수 없는 유아를 수용하기 위한 시간표 계획에 적절한 조정을 필요로 한다.

키기 위해서 다양한 활동들을 제공하라.

- 대부분의 남자 유아들은 약 3 내지 5퍼센트가 ADHD 진단을 받는다. 유아 교사는 ADHD의 증상들을 숙지하고 있어야 하는데 이는 이러한 질환을 가지고 있는 유아들을 적절하게 지도하기 위해서다. 유아들은 천성적으로 활동적이기 때문에 유아들의 정상적인 활동 수준과 ADHD를 구분하는 것은 매우 중요하다. 이 두 가지가 혼돈되어서는 안 된다.*

다음은 ADHD의 증상들에 관한 몇 가지 논의이다.

① **지속된 주의력 결핍:** ADHD를 겪고 있는 유아에게 가장 어려운 도전은 집중력이 짧다는 것이다. ADHD가 있는 유아들은 그들 나이 또래의 유아들이 수행할 수 있는 일들에 참여하거나 마무리할 수 있는 끈기를 가지고 있지 않다.

② **주의 산만함:** 주의 집중력을 지속할 수 없는 ADHD가 있는 유아들은 쉽게 주의를 딴 곳으로 돌린다. 유아들은 그들이 하고 있는 작업의 적절한 구성 요소들을 골라 내거나 그것들에 주의를 기울이지 못하고, 대신에 가장 두드러진 부분에 초점을 맞추기보다는 무엇이든지 그들의 관심을 끄는 것에 초점을 맞춘다.

③ **충동성:** ADHD가 있는 유아들은 다양한 상황에 대해 어떻게 반응할지 조절하는 데 큰 어려움을 겪는다. 그들은 결과는 생각하지 않고 순간의 충동으로 행동하고 그 과정에서 모험을 한다. ADHD가 있는 유아들은 또한 좌절감에 대한 인내심도 부족하다.

④ **과잉 행동:** ADHD가 있는 유아들은 끊임없이 움직이는 것처럼 보인다. 만지작거림, 여기저기 돌아다니기, 가구나 다른 물건들에 올라가기, 손가락이나 발가락으로 툭툭 치기, 혼잣말하기, 끊임없이 말하기. ADHD가 있는 유아들에게 불가능한 일은 아니지만 일정 시간 동안 가만히 앉아 있기를 요하는 활동들은 쉽지 않다.

⑤ **훈육 문제:** 부차적인 증상으로서 ADHD가 있는 유아들은 다른 문제행동들을 동시에 보여준다. 그들은 종종 순응하지 않고, 공격적이고, 적대적이며 다른 행동장애의 징후들도 보인다.

---

* ADHD는 전문가에 의해서 다루어지지 않으면 유아에게 심각한 해를 끼칠 수 있는데 이는 ADHD가 학습의 중요한 요구 사항인 집중력을 방해할 수 있기 때문이다. 교사들은 ADHD의 특징에 대해서 잘 이해하고 있어야 하며 ADHD로 치료받고 있는 유아에게 사용되는 접근법도 잘 알고 있어야 한다.

교사의 행동 지도의 대상이 되는 유아가 만일 ADHD를 겪고 있을지도 모른다고 염려되면 부모와 교사의 염려에 대해서 의논하고 부모에게 의사나 혹은 적절한 진단기관(가령, 특수 유아 클리닉이나 유아행동치료상담소 같은 곳)과 같은 곳을 찾아 상담할 것을 권유하라. ADHD에 대한 이해의 폭을 넓히기 위해서 교사는 다음과 같은 연구 조사서를 읽을 수 있다.

- 유아의 짧은 주의 집중 시간의 또 다른 신체적 이유는 유아의 영양과 관련이 있다. 유아가 충분한 아침식사를 못한 경우 배고픔으로 인해서 교실 활동에 참여하는 데 방해를 받을 수 있다. 또는 과잉 행동 징후를 초래하는 특정 음식에 대해 알레르기가 있거나 예민하게 반응하기 때문일 수 있다. 음식 알레르기는 여러 가지 방식으로 드러난다. 가령, 피부 발진, 괴팍해짐, 부풀어 오르는 눈 등 몇몇 알레르기들은 유아의 집중을 방해하는 결과를 초래하기도 한다. 만일 유아가 먹거나 먹지 않는 것에 영향을 받는다고 의심되면 부모와 만나 의논하라. 교사가 염려하는 바를 함께 나누고 의사와 상담하도록 권하라.
- 환경 자체가 유아에게 너무 산만해서 짧은 주의 집중 시간을 초래하지 않는지 고려해 보라. 지나친 소음, 불안정한 교실 배치, 그리고 교실에서 통행이 불편한 것 등이 유아를 산만하게 할 수 있다. 이런 경우라면 모든 유아들의 집중을 방해하기보다는 용이하게 할 수 있도록 변화를 고려해 보라.

이 제안들 중 어느 것도 행동을 다루는 데 있어 전략을 제공하지 못하면 다음 행동 지도 전략을 계속 진행해 보라.

목표 진술

목표는 유아가 똑같은 발달 수준의 다른 유아들이 하는 만큼 오랫동안 활동에 집중하는 것이다. 이는 유아의 발달이나 연령에 따라서 다양하게 나타날 수 있다. 유아는 참여하고 있는 활동에 적어도 1/4은 집중해야 한다. 2세 유아는 2분, 3세는 5분, 4세는 10분, 그리고 5세는 15분을 집중해야 한다.

절차

집중력을 늘리기 위해 다음 단계를 이용하라.

- 가능한 한 집중에 도움이 되는 교실 환경으로 구성하라. 교실 환경을 집중에 도움이 되도록 구성하라.
- 유아가 소음이나 활동이나 교실의 자극에서 벗어날 수 있는 조용한 곳을 마련해 주라.
- 유아가 점점 장시간 활동에 집중한 것에 대해서 유아를 체계적으로 강화하라.
- 비생산적 활동은 무시하라.

행동 정의

짧은 주의 집중 시간은 같은 발달 수준의 유아들보다 더 짧은 시간 동안 활동에 주의를 기울이는 행동이다. 이는 가만히 앉아 있을 수 없거나 하고 있는 일에 집중이 어렵거나 활동에 참여할 때 주의가 산만하다거나 과제를 마치는 데 자주 어려움을 겪는 것 같은 행동으로 나타난다.

출발점

유아가 평균적으로 얼마나 오랫동안 활동에 집중하는지를 아는 것이 중요하다. 유아들이 다양한 활동들에 접근할 때 하루에 한 시간을 선택하도록 하라. 모든 관찰에 대해서 똑같은 시간이 사용되어야 한다. 필기도구와 관찰지 그리고 초침이 있는 시계를 준비하라. 선택된 시간 동안 유아의 움직임을 관찰하라. 유아가 활동을 시작할 때마다 시간을 기록하고 유아를 자세히 관찰하라. 유아가 활동을 그만둘 때 다시 시간을 기록하라. 각 활동에 얼마나 오랫동안 머물러 있는지 적어 두라. 선택된 기간이 끝날 무렵에 모든 활동의 시간 길이를 평균해서 이것을 기록 그래프에 기록하라. 3일 동안 이러한 정보를 수집하는 것은 추후에 진보 상태를 비교해 볼 수 있는 토대를 제공해 줄 것이다.

행동 지도 전략

이러한 정보를 수집한 후에 다음 프로그램을 시작하라. 모든 교사들은 절차를 일관성 있게 따라야 한다.

1) 가능한 한 집중에 도움이 되도록 환경을 만들어라. 유아의 집중력에 도움이 될 교실 환경을 만들 구체적인 방법들이 있다. 2장을 참조하라.*

① 단순히 수업을 경청하면서 시간을 보내라. 불필요하게 큰 소음들은 없는가? 목소리가 정상적인 기대치보다 더 많이 울려 퍼지는가? 뭔가 쿵쿵거리거나 부딪치는 소리가 자주 들리는가? 만약 이러한 소음들이 있다면 그것들을 줄이기 위한 방법을 찾기 위해 교실을 면밀히 조사해 보라. 쌓기놀이 영역이라든지 소꿉놀이와 같은 활동적인 영역에는 카펫이 깔려 있어야 한다. 다른 영역들 간의 칸막이나 벽의 그림들 또는 창문에 커튼을 치는 것 등이 소리를 흡수하는 데 도움이 된다. 소음이 교실 밖에서 들리면 문이나 창문을 닫도록 하라.

② 교실 배치가 유아들의 집중에 도움이 될 수 있다. 조용한 영역과 소음이 나는 영역들은 구분하도록 하라. 예컨대, 언어 영역은 쌓기 영역 옆에 있어서는 안 된다. 칸막이를 이용해 관심 영역을 나누라. 다양한 영역들에서 활동하고 있는 유아들에게 사생활 보호의 분위기를 만들어 주도록 하라. 이렇게 하면 전혀 관련이 없는 활동으로 주의를 돌리는 것을 감소시킬 것이다. 활동 영역이 통행을 방해하지 않도록 교실을 배치하라. 유아들은 다른 영역에 가기 위해서 어떠한 영역이든지 간에 그 중앙으로 뚫고 가로질러 가서는 안 된다.

③ 교과과정이 연령에 적합하게 자극을 유발하도록 하라. 유아들이 흥미를 잃어 가고 있다는 것이 발견되면 몇몇 새로운 놀잇감과 교구나 매체 그리고 새로운 활동들을 도입하라. 아이디어를 찾기 위해 유아교육과정이나 활동들에 관한 책들 중 하나를 참고하라.

---

* 다양한 장애를 가지고 있는 유아들에게는 환경에 대한 세심한 주의가 중요하다. ADHD가 있는 유아들의 다른 학습 장애, 인지 결핍, 발달지체, 감각 장애나 정서적/행동적 결핍이 있는 유아들과 마찬가지로 집중력을 촉진하기 위해 주의 깊게 배치된 환경으로부터 유익을 얻을 수 있다.

2) 유아들이 교실의 자극으로부터 벗어날 수 있는 조용한 곳을 제공하라. 교실에 있는 자극의 정도가 유아에게 때로 너무 압도적이어서 유아가 집중하는 데 어려움을 가질 수도 있다. 분주하고 생산적이며 많은 활동에 참여하고 있는 유아 집단은 소란스럽고 활동적일 수 있다. 비록 그러한 환경이 유아들에게는 적합한 것으로 여겨질지라도 외부 자극에 민감한 몇몇 유아들에게는 너무 심해서 견디기에 어려울 수도 있다.*

한 가지 도움이 되는 방법은 유아에게 교실을 벗어날 기회를 주는 것이다. 언제든지 과잉 자극이 주어지면 교실을 떠날 수 있음을 결정하는 사람은 유아가 되어야 한다는 것이 중요하다. 교실 밖이든 안이든 유아가 자극이 감소될 필요성을 느낄 때 유아가 갈 수 있는 조용하고 덜 자극적인 장소를 찾아보라. 교실에 있는 한 영역은 몇 개의 장식용 쿠션과 그 안에서 간단한 한두 가지의 활동이 이루어질 수 있는 커다란 종이상자가 될 수도 있다. 교실의 한 영역은 '조용한' 영역으로 칸막이해서 분할될 수 있고 한 번에 한 유아만 그 안에 들어갈 수 있다고 규칙을 정할 수 있다. 하지만 교실에서 어떤 영역이 사용되든지 간에 교사는 그 영역 안에서 외부의 소음이나 활동으로부터 오는 자극의 정도를 반드시 줄여야 한다.

지정된 영역이 교실 밖이라면 교사들과 유아는 반드시 방법의 한계를 이해하고 동의해야 한다. 첫째로, 교사들은 그 영역이 적합하고 안전하며 항상 교사가 투입되어야 한다는 것에 동의해야 한다. 교실로부터 이 영역에 이르는 길은 연결되어 안전하게 도달할 필요가 있고 만약 그렇지 않으면 교사가 유아와 함께 동행해야 한다. 이 영역에 가는 것은 처벌적 조치가 아니라는 것을 교사나 유아들이 알아야 한다. 유아가 할 일은 교실을 떠나기 전 교사들 중 한 명에게 반드시 알려야 한다. 유아는 지정된 장소 외에 어떤 다른 곳에 가서는 안 된다.

유아가 환경에 과도하게 자극을 받고 있다는 느낌을 인식하고 그 환경에서 벗어날 기회를 갖게 될 때 유아는 환경과 행동을 조절할 기회를 갖게 된다. 동시에 유아는 오직 지정된 영역에만 가야 하고, 그 영역이 교실 밖에 있다면 교사에게 알려야 한다는 의무를 반드시 이행해야 한다.

과잉 행동 조절 방법의 하나로서 유아가 교실의 자극들로부터 벗어날 기회를 가질 필요가 있다고 결정이 되면, 교사는 이 절차와 관련된 모든 사람들과 논의할 필요가 있다. 여기

* 교실의 자극 정도가 압도적일 경우 유아가 교실에서 벗어날 수 있는 곳이 있다면 ADHD가 있는 유아에게는 대단한 유익이 될 수 있다.

에는 교직원, 유아가 이용하는 병원 의료진, 유아의 부모, 그리고 유아 자신이 포함된다.

3) 점점 더 오랫동안 활동에 주의를 기울인 것에 대해 유아를 체계적으로 강화하라. 유아들은 관심 받기를 좋아하며 즐거워한다. 유아의 집중 시간을 늘리기 위해 선별적으로 관심을 주도록 하라. 우선, 유아가 활동에 보내는 평균 시간을 계산하라. 이 자료를 얻기 위해서 처음 3일 동안 얻은 정보를 평균하라.*

① 교사가 주의 집중이 짧은 유아를 지도하기 위해 행동 지도 전략을 시작할 때, 유아가 활동을 선택하고 그 활동에 머무르면 유아에게 지침과 빈번한 강화를 주도록 하라. 가능한 자주(적어도 5회) 유아가 활동을 선택하고 시작한 것을 보자마자 유아에게로 다가가도록 하라. 즉시 유아를 강화하라. 예컨대, 다음과 같이 말하라. "그것 참 예쁜 퍼즐이구나. 네가 그것을 하고 있는 걸 보니 선생님이 참 기쁘구나." 또는 "이 블록들을 가지고 넌 참 근사한 것을 만들 수 있구나!" 유아가 작업할 때 유아 곁에 앉거나 함께 있어 주고 주기적으로 강화하라.

계산한 평균에 따라 교사의 강화 시간을 재어 보라. 예를 들어, 유아가 처음 3일 동안 평균 30초 정도 집중을 하면 유아가 활동에 참여할 때 대략 30초 간격으로 유아를 강화하라. 유아를 칭찬하거나 말, 미소, 껴안기, 박수 치기, 그리고 유아가 반응하는 어떤 다른 것으로든지 강화함으로써 유아를 격려하라.

스스로 활동에서 떠날 때까지 유아와 함께 머물러 있으라. 유아가 떠나는 것을 막거나 더 머물도록 유아를 설득하지 말라. 유아가 하고 있는 활동을 성공적으로 끝내지 못하는 것을 보게 되면 유아에게 도움을 제안해 보라. 도움은 반드시 최소한도로 주어져야 한다. 만일 유아가 자신에게 너무 어려운 활동을 택하는 경향이 있음을 보게 되면 교사는 유아에게 적합한 활동으로 안내할 수 있다. 예를 들어, "그 퍼즐은 너무 조각이 많네? 오리가 있는 이 퍼즐이 약간 쉬울 것 같은데, 같이 해 볼까?"라고 말할 수 있다.

② 처음 3일 동안 오랜 시간(평균이 30초라면 1분 그리고 1분 30초) 적어도 세 번에 걸쳐 유아가 주기적으로 활동에 머물면 강화하는 데 요구되는 시간을 늘리도록 하라. 칭찬

---

* 집중력을 증가시키기 위해서 인지적 결핍이나 발달 지체가 있는 유아들을 체계적으로 돕는 것은 다양한 긍정적 혜택을 볼 것이다.

하기 전에 50% 더 많은 시간이 경과하도록 기대하라. 유아가 활동을 시작했다는 것을 주목하자마자 유아에게 접근해서 즉시 강화하라. 새로 증가된 시간 간격에 대해서 계속 칭찬하고 격려하라. 이러한 개별적인 관심을 가능한 한 자주 제공하되, 최소한 매일 5회 정도 제공하라.

③ 더 오랜 시간 동안 유아가 활동에 머물러 있을 때 강화의 간격을 점진적으로 늘리도록 하라. 만일 지금까지 해왔던 것보다 더 적은 시간을 지속적으로 참여하는 퇴행이 눈에 띄면 강화의 비율을 늘리도록 하라. 교사의 목표는 성공이다. 유아가 어려워하면 유아가 집중 시간을 늘리는 데 교사가 다시 도움이 되도록 교사가 하고 있는 것을 바꾸어라.

④ 마지막 목표를 마음에 세기라. 유아가 활동에 최소의 시간 동안, 적어도 모든 활동 시간의 1/4 정도, 참여할 때쯤이면 교사의 강화 비율은 상당히 줄어 있을 것이다. 결국 어른들로부터의 주기적인 강화만으로도 유아는 적합한 시간의 길이 동안 활동에 참여하게 된다. 그러한 강화는 다른 유아들에게 하는 것처럼 대략 같은 비율로 주어지고 지속되어야 한다.

4) 비생산적 활동은 무시하라. 바람직한 행동을 강화할 때 어느 행위들이 수용될 수 없는 것인지 알리도록 하라. 유아들은 관심 받기를 원하고 필요로 하기 때문에 그들에게 관심을 주는 행동들에 지속적으로 참여한다. 결국 유아들은 어떤 행동이 지속적인 관심을 얻지 못할 경우 그 행동을 중단한다. 이런 경우 유아는 짧은 집중 시간과 비생산적인 활동들에 대한 교사의 반응에 의해서 강화되어 온 것이다. 그러한 관심을 철회하기 위해서는 유아가 활동에 참여하지 않을 때 무시하라. 이것은 말 걸지 않기, 쳐다보지 않기, 또는 어떤 식으로든지 유아의 행위에 대한 교사의 관심을 나타내지 않는 것을 의미한다. 교실에서 유아가 이 영역 저 영역으로 옮겨 다니고 제대로 시작하지도 않은 활동을 그만두거나 활동에 참여하지 않고 앉아 있을 때 유아를 무시하라. 유아가 어떤 활동을 시작하자마자 유아에게 관심을 주라.

5) 행동을 계속 관찰 기록하라. 건전한 방향으로 변화를 보인다면 그에 대한 진보를 놓치지 않도록 행동을 지속적으로 평가해 보고 기록하라. 선택된 시간에 유아의 활동 참여

시간의 길이를 계속해서 재어 보고 평균값을 그래프에 옮기라. 유아의 활동 참여 시간의 길이가 증가함에 따라 강화의 간격을 점점 늘리도록 하라. 목표는 유아가 더 오랜 시간 동안 자신이 시작한 활동의 적어도 1/4에 참여하는 것임을 명심하라.

변화 유지

일단 동일한 발달 수준의 유아들과 대략 같은 비율로 유아가 활동들에 참여하면 교사의 강화에 의해서보다는 활동의 본질적인 즐거움에 의해서 유아는 참여 의욕이 생기게 된다. 환경이 주의와 집중에 도움이 되는 것을 확실히 하기 위해 환경을 계속해서 평가하라. 활동들에 참여하고 성공적으로 마친 것에 대해서 주기적으로 유아를 강화하라. 교실의 다른 유아들과 거의 같은 비율로 강화하라.

7 단원 섭식 행동들

제 36 장

편식하는 행동

3세반 모든 유아들은 손을 씻고 점심 먹으러 테이블에 앉는다. 케빈Kevin은 접시의 내용물을 둘러보더니 마카로니와 치즈를 가리키며 말한다. “나 저것들 싫어요.” 그러자 교사는 “하지만 케빈, 이 음식들은 몸에 좋은 것들이야. 모두들 마카로니와 치즈를 무척 좋아한단다.”라고 말한다.

케빈은 고개를 저으며 우유를 집는다. 한 컵 가득 따라 마시고 난 후 한 컵 더 채운다. 그 사이에 당근, 건포도 샐러드, 브로콜리, 그리고 마카로니에 관심을 보이지 않는다. 교사는 케빈의 접시가 비어 있는 것을 알아차리고 일어서서 각각의 음식들을 골고루 케빈에게 준다. 케빈은 접시를 갖다 놓으며 말한다. “난 저것 싫어요.” 그리고는 두 번째 컵의 우유를 다 마신다.

케빈이 우유를 마시려 우유병에 손을 내밀자 교사가 우유병을 빼앗으며 “다른 음식을 좀 맛보고 나면 우유를 더 줄게.”라고 말한다. 케빈은 저항하면서 울기 시작한다. 또 다른 교사가 그를 보고 테이블에 다가와서 말한다. “무슨 일이니?” 한 교사가 설명하는 동안 케빈은 계속해서 흐느낀다. 두 교사가 잠시 상의하더니 교사가 묻는다. “케빈, 우유를 좀 더 주면 점심 먹을 거니?” 케빈은 고개를 끄덕이고 우유를 더 얻어 반 컵 이상을 마신다. 바톤 선생님Mrs. Bafton은 컵을 내려놓으며 “케빈, 우리가 한 약속 기억하지?”라고 말한다.

케빈은 포크를 집어 들어 약간의 당근과 건포도 샐러드를 접시 주위에 담는다. 포크로 음식을 떨어뜨리고 마카로니와 치즈는 주변으로 밀어낸다. 자리로 돌아간 교사는 음식에 손을 댄 것을 보고 “잘했어, 케빈 계속해서 먹어라.”라고 말한다.

케빈은 포크를 내려놓고 우유를 마저 비우고 난 후 한 잔 더 부었다. 교사는 늘 케빈에게 더 먹으라고 했고 마지막엔 “케빈, 점심 다 먹기 전에는 후식은 없어.”라고 말했다. 하지만 다른 유아들이 식사를 마치고 종이접시를 쓰레기통에 넣을 때 케빈 또한 먹다 남은 음식이 있는 접시를 그냥 버린다. 그는 아이스크림을 한 번 먹고 나서 또 제공되면 또 먹는다.

행동 진술

유아는 식성이 까다로워 좋아하는 음식을 너무 많이 먹거나 좋아하지 않는 음식은 먹으려 하지 않는다.

행동 관찰

유아의 먹는 패턴을 더 잘 이해할 수 있도록 유아를 관찰하며 시간을 좀 보내라. 관찰할 주요 내용은 다음과 같다.

1) 유아는 어떤 음식 먹기를 거부하는가?
- 생과일이나 채소
- 조리된 과일이나 채소
- 육류
- 곡류(빵, 시리얼)나 파스타
- 혼합 음식
- 유제품(달걀, 우유)
- 주스
- 사탕
- 샌드위치
- 수프

2) 유아는 어떤 음식을 즐겨 먹는가?
- 사탕
- 주스
- 유제품(달걀, 우유)
- 샌드위치
- 수프
- 과일
- 빵
- 육류
- 곡류 또는 파스타
- 조리되지 않은 생채소
- 조리된 채소
- 없음

3) 유아는 까다로운 식습관을 어떻게 표현하나?
- 먹지 않고 조용히 앉아 있는다.
- 특정 음식을 싫어한다고 말로 표현한다.
- 특정 음식을 보고 인상을 쓰거나 시끄럽게 한다.
- 특정 음식이 접시에 놓여 있을 때 괴로워한다.
- 운다.
- 접시에서 음식을 치워 버리려 한다.
- 입 안에 음식을 장시간 머금고 있다.
- 음식을 가지고 장난친다.
- 음식을 바닥이나 쓰레기통에 버린다.
- 음식이 무엇인가 문제가 있다고 불평한다.

4) 유아가 이런 행동을 보일 때 어떤 일이 벌어지는가?
- 매우 조금 먹는다.
- 골라서 먹는다.
- 교사가 유아에게 음식 섭취의 필요성에 대해서 말한다.
- 교사가 유아를 설득한다.
- 교사가 유아에게 숟가락으로 떠먹인다.
- 종종 음식을 가장 늦게까지 먹는다.
- 음식을 남긴다.
- 주식은 먹지 않고 후식을 먹는다.
- 식사 중에 종종 말을 한다.
- 식사 중에 말을 거의 또는 전혀 하지 않는다.

유아가 더 나은 식습관을 갖는 데 도움을 주기 위해서 이 관찰들로부터 얻어낸 통찰력을 이용하라.

가족과의 협의

유아의 먹는 행위를 더 세심하게 관찰할 기회를 가지면 가족을 한번 만나 보도록 하라. 유아가 집에서 대부분의 음식을 문제 없이 먹는 것처럼 보이면 유아교육기관에서 제공되는 식사 시간 일과와 음식을 조사해 보라. 또한, 유아가 유아교육기관에서 음식을 먹지 않으려 하는 어떤 이유가 있는지 가족의 도움을 받아 알아보도록 하라. 유아의 까다로운 식성은 유아교육기관에서만큼 집에서도 분명히 드러나기가 쉽다. 이러한 경우에 음식 알레르기의 유무, 좋아하고 싫어하는 음식들, 유년기나 이유기 때의 식습관에 관해서 물어보라. 그리고 유아의 현재 식사 일과와 집에서의 특별한 식사 습관이 있는지 알아보라. 유아의 음식 거부감을 없애기 위해서 어떤 전략들을 이용해 왔는지 그리고 그것들이 얼마만큼 성공적이었는지 가족과 의논해 보라. 유아의 까다로운 식성을 줄이기 위한 아이디어를 나누고 가정과 유아교육기관에서 강화될 수 있는 전략들을 생각해 보라. 일단 행동을 지도하기 위한 계획을 시작했으면 교사의 목표를 향한 행동의 변화를 계속해서 알리도록 하라.

적용점 찾기

먹는다는 것은 대부분의 유아들이 즐기는 근본적인 욕구이자 활동이다. 먹기는 단순한 생존을 위한 활동 그 이상이다. 그것은 감각적 경험, 사회적 경험, 정서적 경험, 그리고 학습의 원천이다. 그것은 유아들의 행복감과 밀접한 관계가 있다. 유아들의 먹는 패턴은 유아기에서부터 발전하여 많은 경험으로 구체화된다. 어떤 유아들은 곧바로 먹는 데 열중한다. 그들의 부모는 식습관을 기대하며 유아는 그것을 쉽게 발전해 나간다. 또 다른 유아들은 배앓이를 한다거나 어떤 음식에 알레르기가 있다거나 또는 먹이기가 힘들어서 부모를 염려시키기도 한다. 그러한 유아들은 식성이 까다로운 유아로 자랄 수도 있고 그렇지 않을 수도 있다. 지속적인 음식에 대한 경험이나 섭취는 나중의 식습관을 형성하는 데 기여한다.

만약 유아가 식성이 예민하다고 생각되면 유아는 아마도 편식하게 될 확률이 높다. 미묘하게도 부모가 유아의 식습관에 염려를 보이거나 먹는 행위가 이후 질병에 영향을 끼칠 것을 염려하며 "조금만 더 먹어라." 하고 설득할 때 이런 행동이 형성될 수 있다. 유아가 유아교육기관에 갈 때쯤이면 이미 식습관은 형성했을 것이고 유아는 자신의 식습관을 강화하게 되는 교사들을 만나게 될 것이다. 만약 유아가 점심 시간에 먹지 않고 빈둥거리면 교사는 불가피하게 이런 행동에 주목하게 된다. 유아가 계속 까다롭게 먹을 때 교사들이 계속 유아에게 주의를 기울이면 원치 않게 그러한 행동은 강화된다.

대안 찾기

다음 제안들 중 하나가 식성이 까다로운 유아를 도울 수 있는지 고려해 보라.

- 섭식 행동은 환경에 의해서 큰 영향을 받게 된다. 식사를 둘러싼 환경이 유쾌할 때에 먹기는 정말 즐겁다. 식사가 어떻게 행해지는지 조사해 보라. 식탁은 매력적으로 차려져야 한다. 대화는 낮은 목소리로 이루어지되 생동감 있어야 한다. 부드러운 배경 음악도 유쾌한 식사에 도움이 된다. 이완된 분위기는 식성이 까다로운 유아로 하여금 음식에 대한 느낌보다는 폭넓은 시각에 초점을 맞추게 도와준다.
- 제공되는 음식은 유아에게 적합하게 하라. 어린 영아들은 보통 담백한 음식을 즐긴다. 양념이 강한 요리는 피하라. 먹음직스럽게 보이고 맛있게 느껴지는 음식을 준비하라. 식사를 계획하고 준비할 때 영양가뿐만 아니라 음식의 빛깔이나 씹히는 느낌의 다양성도 고려되어야 한다. 새로운 음식을 소개하는 것도 좋지만 대부분의 경우는 익숙한 것들이 제공되어야 한다. 한 번에 한 가지 이상의 새로운 음식을 소개하지 않도록 하라. 유아를 위한 식단 계획의 지침은 지역보육정보센터나 관련 자료들을 살펴보면 도움 받을 수 있다. 식단에 대한 아이디어는 그러한 지침을 참고하라.
- 식단 계획은 또한 얼마만큼의 음식을 제공할 것인가를 정하는 데도 가치가 있다. 모두에게 충분하도록 하되 음식 차리기가 너무 중압감을 주지 않는 비율로 현실적으로 계획되어야 한다. 어린 유아들이 얼마나 조금 먹는지 그리고 그릇 양이 얼마나 작아야 하는지를 깨달을 때 이는 종종 교사들에게 하나의 놀라움이다. 그래서 유아는 항상 두 그릇을 먹을 수 있다.
- 음식에 대해서 더 많은 통제를 느끼면 식성이 까다로운 유아도 더 잘 먹을 수 있다. 따

라서 유아가 마음껏 먹을 수 있도록 가족 스타일로 음식을 제공하라. 각 테이블에 또는 6내지 8명의 각 그룹에 작은 접시를 제공하라. 먹을 수 있다고 느끼는 것을 가져가도록 허락하라. 이런 과정이 좀 더 매끄럽게 진행되도록 몇몇 가이드라인을 설정할 수 있다. 물론 유아들도 규칙을 정하는 데 참여할 수 있다. 교사는 다음과 같은 규칙을 제안할 수 있다. "필요하면 더 먹을 수 있으니 먹을 수 있는 만큼만 가져가라." 또는 "모든 음식을 조금씩이라도 맛보라." 얼마만큼의 음식을 가져가야 할지에 대해 유아들이 조절할 수 있을 때 유아들은 음식을 자발적으로 먹을 가능성이 많다. 그러한 음식에 관한 자기조절 서비스는 자율성과 독립성을 키워 준다.

- 유아들은 음식을 준비하는 과정에서 자기들이 직접 참여하게 되면 음식에 더 많은 관심을 갖는 경향이 있다. 주기적으로 요리를 경험할 수 있도록 계획을 세우되 식사 때 먹을 수 있는 것을 준비하라. 그러는 동안 유아들의 대화는 음식을 준비하면서 각자가 맡은 역할에 집중된다. 유아들은 대부분 자기들이 음식을 만드는 데 기여한 것에 자부심을 갖는다.
- 새로운 음식이 제공될 때 식사하는 도중에 소개하는 것을 피하라. 대신에 미리 말해줌으로써 유아들이 받아들일 준비를 하도록 하라. 소개하는 것이 교육과정의 일부가 될 수 있다. 예를 들어 브로콜리 요리를 점심 식사 때 그냥 덥석 내놓기보다는 그날 점심시간 그 요리와 관련된 활동을 계획하라. 대그룹 시간에 브로콜리에 대해서 토의해 보고 모양과 씹히는 느낌과 향기와 채소의 각 부분들과 이름에 대해 탐색해 보라. 그것이 어떻게 자라는가에 대해서도 토의해 보라. 극놀이 영역에 있는 음식에 플라스틱 브로콜리 모형이 추가로 제공될 수 있다. 브로콜리는 또한 빙고 게임의 일부가 될 수 있고 분류하기 활동 그리고 요리 활동 등으로 경험될 수 있다. 점심 식사 전에 유아들이 이런 채소에 대한 약간의 경험이 있으면 유아들은 점심 식사 시 이것을 보게 될 때 더 수용적인 자세로 한번 먹어 보려고 시도한다.
- 최근에는 음식을 선호하거나 싫어하는 것은 생물학적인 측면에 기초한다는 증거가 있다. 어떤 유아들은 유전적으로 특정한 음식에 더 민감하다. 따라서 이렇게 강해진 민감성이 특정 음식에 대한 싫어함을 초래할 수 있다. 게다가 어떤 유아들의 싫어함은 특정 음식에 대한 알레르기로부터 올 수 있다. 예컨대 어떤 유아는 어린 시절 대부분 우유를 거부해 왔는데 나중에 우유 알레르기가 있는 것으로 판명되었다. 유아의

거부는 방어 반응으로 보였다.*

유아의 까다로운 식습관을 바꾸기 위해 교사가 노력할 때 위의 두 가지 제안들을 고려해 보라. 이러한 제안은 식습관이 다소 까다로운 유아의 경우에도 충분할 것이다. 그 문제를 다루는 데 좀 더 체계적인 접근이 필요하면 다음 프로그램을 계속 고려하라.

목표 진술

목표는 유아가 음식을 거부하지 않으며 식사 때 제공된 모든 음식을 적어도 한 번씩 맛보는 것이다.

절차

편식을 줄이는 기본적 전략은 다음의 네 단계를 동시에 활용할 수 있다.

- 식사 환경을 즐거운 마음으로 먹을 수 있는 식사 환경을 만들라.
- 적절한 식사 행동을 강화하라.
- 메뉴에 있는 모든 음식을 모두 맛본 경우 차트에 스티커를 붙이도록 하라.
- 모든 까다로운 식습관의 신호들은 다 무시하라.

행동 정의

편식은 식사하는 동안 많은 음식 먹기를 거부하거나 음식을 가지고 미적대거나 장난치거나 음식을 삼키지 않거나 기타 다른 식의 바람직하지 않은 식습관 행위들을 말한다. 교사들은 편식으로 여겨지는 모든 구체적인 행위들을 토의하고 그 목록을 작성해야 한다.

출발점

추후에 나아진 상황과 비교할 기본적인 정보를 얻기 위해서 3일의 시간을 내어라. 목표

* 만성적 건강 문제가 있는 유아가 식욕에도 영향을 받는 것은 당연하다. 유아의 질병이나 먹는 행동이나 식욕과 관련된 징후들에 관해서 부모와 긴밀히 연계되는 것이 중요하다.

는 두 개의 영역이 있으므로 두 가지 형태의 정보가 수집되어야 한다. 하나는 유아가 맛본 메뉴의 수와 관련이 있고 다른 하나는 편식이라고 정의된 행동의 수와 관련이 있다. 섭식을 관찰하고 평가할 시간대를 정하라. 아마 대부분 점심 시간이 가장 적합할 것이다. 간식, 아침 식사, 또는 저녁 식사도 목적에 따라 활용할 수 있다. 식사하는 동안 줄곧 교사는 유아 곁에 앉아서 유아를 주의 깊게 지켜보아야 한다. 처음 평가할 때는 다른 메뉴의 수를 세도록 하라. 얼마나 많은 수를 맛보았는지 기록하라. 식사 끝에 백분율을 계산하고 백분율을 그래프에 기록하라. 만일 점심 메뉴가 치킨, 감자 웨지, 토스트 샐러드, 빨간무, 포도, 그리고 우유(6개의 품목)로 구성되었고 유아가 치킨, 감자, 포도(3개의 품목)를 섭취했다면 그래프에 50퍼센트 기록하라. 백분율은 다음과 같이 계산된다.

$$\frac{\text{맛본 음식 수}}{\text{모든 메뉴 수}} \times 100 = \frac{3}{6} \times 100 = 0.5 \times 100 = 50\%$$

두 번째 평가는 식성이 까다로운 사람의 정의에 해당되는 행동들의 수를 계수하는 것이다. 관찰지와 필기도구를 가지고 있다가 유아가 그런 행동을 할 때마다 조심스럽게 표시해 두라. 예컨대 어떤 음식에 대한 거부 혹은 싫어한다는 각각의 진술을 하나의 행동으로 세어라(예: "난 저 음식 먹고 싶지 않아요"). 먹지 않고 미적거리는 행동은 2분 또는 그 이상이 될 때이다. 교사들이 명시한 행동들의 목록을 검토해 보고 그것들이 어떻게 평가되어야 하는지 더 정확한 정의를 내리도록 하라. 식사를 마친 후 총합계를 빈도 그래프에 기록하라.

행동 지도 전략

일단 초기 정보가 수집되고 부모와 면담을 하고 난 후에는 시작할 준비가 된 것이다. 모든 교사들은 본 프로그램을 숙지하고 있어야 하며 모든 식사에 실행해야 하는데 측정은 한 끼의 식사 때만 이루어진다.

1) 식사 시간을 섭식하기에 도움이 되는 유쾌하고 좋은 환경이 되도록 만들어라.

식사가 좀 더 즐거워질 수 있는 많은 방법들이 있다. 유아들이 먹기 시작하기 전에 교실이 정돈되도록 정리 정돈 시간을 계획하라. 다음의 적절한 제안들을 실행하라.

① 식사가 시작되기 전에 교실 환경은 깔끔하게 정리 정돈 되어야 한다. 유아들이 먹기 시작하기 전에 교실이 정돈되도록 정리 정돈 시간을 계획하라. 마무리되지 않은 게임, 장난감, 놀잇감, 교구가 널려 있을 때 산만해질 가능성이 매우 많다. 식사 전에 모든 것을 제자리에 갖다 둠으로써 이런 일이 발생하지 않도록 하라.

② 테이블을 매력적으로 만들라. 테이블 세팅은 아무렇게나 해서는 안 되고 깔끔해야 한다. 유아들이 차린 밥상, 접시, 컵, 냅킨, 식기를 펼쳐 놓는 적절한 방법에 대해서 가르치고 논의할 시간을 갖도록 하라. 식탁용 매트나 중앙의 장식용품도 식탁의 매력을 더한다. 유아들은 만들기 시간에 식탁용 매트나 장식용품들을 만들 수 있다. 각 유아의 식탁용 매트는 투명한 아세테이트지로 덮거나 얇게 코팅하여 더 튼튼하게 만들 수 있다.

③ 음식은 먹음직스럽게 제공되어야 한다. 접시는 다루기 쉽게 적당한 크기가 되어야 한다. 음식은 영양가뿐만 아니라 빛깔, 모양, 씹는 느낌 등도 고려해서 선별되고 준비되어야 한다.

④ 유아들에게 친숙하고 마음을 끄는 음식을 선별하라. 유아가 특히 어떤 요리를 좋아하는지 알아보기 위해서 주기적으로 논의해 보는 것도 도움이 된다. 식성이 까다로운 유아에게 어떤 음식을 즐겨 먹는지 묻고 그 음식을 메뉴에 포함시킬 수 있다.

⑤ 후식이 있는 경우에는 어떤 보상이나 특혜 차원으로 주지 말고 식사의 일부로 제공하라. 후식은 모든 메뉴의 다른 부분들처럼 식사 전체적 영양에 기여해야 한다. 설탕이 많이 들어간 음식은 영양가가 적으므로 피하도록 하라. 과일이나 유제품들은 훌륭한 후식이 된다. 나머지 음식을 다 먹은 것에 대한 보상으로 후식을 제공하지 않도록 하라. 후식은 영양가가 있기 때문에 보류되어서는 안 된다. 유아들이 원할 때 먹을 수 있도록 식사가 시작될 때 다른 음식과 함께 후식을 테이블에 올려놓는 것을 고려할 수도 있다. 후식은 반드시 식사가 끝나고 먹어야 한다는 정해진 규칙은 없다.

⑥ 식사 시간 동안 친근한 대화를 갖도록 하라. 식탁 예절이나 먹는 행위에 대해서 너무 자세히 말하는 것을 피하라. 대신에 유아를 흥미롭게 하는 것이면 무엇이든지 말하라.

교사와 대화하는 것뿐만 아니라 유아들끼리 서로 이야기하도록 격려하라. 식사 시간은 행복하고 느긋해야 된다. 유쾌한 대화는 이러한 분위기를 조성하는 데 기여한다.

⑦ 주기적으로 새로운 음식들을 식사 시간에 소개하되 각각의 음식에 친숙해질 기회를 갖고 난 후에만 그렇게 하도록 하라. 음식이 제공되기 전에 유아들이 그 음식에 대해서 더 많이 이해할수록 그 음식을 먹을 가능성이 더 높다. 새로운 음식을 보고 냄새를 맡아 보고 느껴 보고 다뤄 보도록 기회를 주어라. 음식이 제공되는 날에 계획된 활동 가운데 그러한 음식의 소개를 포함하도록 하라.

⑧ 교사의 비형식적인 관찰은 유아가 어떤 음식을 좋아하고 어떤 음식을 싫어하는지 말해 줄 것이다. 유아가 전반적으로 거부하는 음식에 특히 주목하라. 학습 활동에 연관된 새로운 음식을 소개하라. 예컨대 유아가 대체로 과일 먹기를 거부해서 교사가 점심 식사에 메론을 내놓을 계획이면 교육 활동 속에 메론을 포함시키라. 유아들로 하여금 표면의 매끄러움과 무게를 느껴 보도록 하고, 그것을 자르기 전에 안쪽 색깔과 촉감을 알아맞혀 보게 하고, 과육의 향을 맡게 하고, 맛보도록 하고, 그 씨앗들을 관찰하고 논의해 보고, 그것을 다른 음식들과 관련해 분류하고 배열해 보라. 콜라주에 씨앗들을 사용해 보고, 메론과 어울릴 색깔들로 이젤에 그림을 그려 보게 하라. 메론이 점심 메뉴에 등장하기 전에 유아가 그 음식에 대해 더 많이 알수록 맛보고 즐길 가능성이 더 높다. 유아들이 그날 새로운 음식을 경험했다는 것을 가족에게 알리는 것을 잊지 않도록 하라.

⑨ 요리나 음식과 관련된 활동을 자주 계획함으로써 유아들이 음식이 어디서 오고 어떻게 만들어지는지 경험할 수 있도록 하라. 햄버거를 소와, 감자튀김을 감자 줄기와, 스파게티를 밀과 토마토에 관련시키는 것은 힘들다. 현장학습이나 정원꾸미기 프로젝트나 요리 활동을 통해서 음식들의 기원에 대해서 조금씩 알게 된다. 날씨가 괜찮다면 실외놀이 영역에서 채소를 심어도 좋다. 씨앗이 식물로 자라서 나중에 수확하여 가공 처리되는 것을 유아들이 보는 자체만으로도 음식을 이해하는 데 매우 도움이 된다. 예를 들어, 케첩이 식료품 가게 선반에 있는 병 속에서 자라지 않는다는 것을 아는 유아들은 극히 드물다. 원에 설비가 있다면 토마토를 심어서 따고 그것들의 일부를 가공하여 케첩으로 만들 수 있다.

⑩ 식성이 까다로운 유아가 싫어하는 것과 관련된 요리 경험을 주기적으로 계획하라. 유

아는 본인이 요리 과정에 참여한 음식을 맛보려 할 가능성이 높은데 이는 참여를 통해서 그 음식에 더 익숙해져 있기 때문이다. 이 음식이 제공되는 식사 시 유아에게 그 음식과 그것을 준비하는 데 있어 자신이 경험한 역할에 대해서 말하도록 격려하라.

⑪ 유아들과 함께 식사하라. 식사하는 동안 교사의 행동은 유아들에게 본보기가 된다.

2) 바른 식사 행위를 격려하라. 식사 시간을 좀 더 유쾌하게 만드는 전략을 실행하는 것 외에도 교사의 식사 행동은 유아의 식습관을 교사가 인정하는지 그렇지 않은지를 나타낸다. 교사가 유아의 행동에 반응할 수 있도록 모든 식사 때 유아의 곁에 앉도록 하라. 조심스레 유아가 어떻게 먹는지 관찰하라. 편식이라고 여겨지는 행동들 중 어느 한 가지라도 보이지 않을 때마다 강화하라. 교사는 여러 방법으로 강화할 수 있다. 예컨대 교사는 다음과 같이 말함으로써 식습관에 대해 직접 평가할 수 있다. "넌, 오늘 참 멋지게 먹는구나." 또는 "선생님이 보고 싶은 것이 바로 네가 그렇게 먹는 모습이란다." 교사는 또한 유아에게 말을 걸거나 어깨를 두들겨 주거나 안아 주거나 인정한다는 미소로 보이며 유아를 강화할 수 있다. 유아가 식습관을 익혀 감에 따라 식사하는 동안 적어도 1분에 한 번 꼴로 지속적으로 강화하라. 방금 끝난 식사에서 평소보다 편식 행위들의 수가 더 적으면 선생님이 참으로 만족한다고 다시 한 번 말해 주어라.

편식 행위가 감소함에 따라 유아의 먹는 행위에 대한 직접적인 평가를 줄여 나갈 수 있다. 유아가 좋은 식사 행위를 보일 때 식사 시간에 유아와 지속적으로 대화를 갖도록 하라. 동시에 가까이 앉아 있는 다른 유아들과도 대화를 하라.*

유아가 하루에 배식되는 음식을 적어도 한 번이라도 맛을 본 경우 차트에 스티커를 붙이도록 하라. 본 행동 지도 전략의 두 개의 목표 중 하나가 유아에게 메뉴의 모든 음식을 맛보게 하는 것이므로 차트는 이 목표를 향한 강화를 제공하는 데 사용된다. 행동 지도 전략을 시작하기 전에 앞에 제시된 유사한 차트를 만들도록 하라. 아래쪽 면에 모든 메뉴를 포함하라.

---

* 때때로 식습관의 문제들은 다른 장애 영역들과 동반해서 나타날 수 있다. 적절한 식습관과 행동을 격려하고 강화하는 것은 유아들에게 이로울 수 있다.

	유아 이름:											
날짜												
간식												
점심												
간식												

행동 지도 전략 시작 날 식사 전에 교사는 유아의 식사 행위에 대해서 염려가 되고 따라서 제공된 모든 음식을 유아가 적어도 한입 정도는 먹기를 원한다고 유아에게 말하라. 만약 유아가 알레르기가 있으면 먹어서는 안 될 음식을 적합한 대체식품으로 교체하라. 유아에게 차트를 보여주고 스티커를 이용하라. 교사가 유아 옆에 앉아서 유아가 무엇을 먹는지 기록할 것이라고 말하라. 유아가 메뉴에 있는 모든 음식을 맛보면 식사가 끝날 때 유아가 차트에 스티커를 붙여도 된다고 설명하라. 처음 몇 끼의 식사는 유아가 즐겨 먹는 음식을 제공함으로써 성공을 이루도록 계획하라. 식사하는 동안 유아가 무엇을 먹는지 신중하게 지켜보라. 유아가 먹지 않는 것에 대해서 평가하지 말고 유아가 음식을 맛보았을 때 아낌없이 강화하라. 예를 들어, 다음과 같이 말하라. "네가 우유, 고기완자, 밥을 먹었구나. 넌 오늘 스티커 한 장!" 기술된 대로 맛본 음식에 대한 강화와 까다롭지 않게 먹은 것에 대한 강화를 결합하라.

유아가 얻은 스티커들을 가족에게 보여주게 함으로써 유아의 진보를 매일 가족과 공유하라.

3) 까다롭게 먹는 행위를 무시하라. 본 행동 지도 전략은 부적절한 식습관은 어른들에 의해서 강화되어 왔다는 추정에 기초한다. 그러므로 교사가 편식이라고 정의해 온 행동들에 대해서 가능한 한 주목하지 않는 것이 중요하다. 동시에 적절한 식사행위들은 강화하라. 결코 유아를 설득하거나 재촉해서 먹으라고 하지 않으며 보상이나 위협을 하지 않는다.

① 유아가 한 번이라도 까다로운 행위를 하면 관심을 철회하라. 다른 유아와 대화를 하든지 교사의 식사에 몰두하라. 까다롭게 먹는 유아에게는 아무런 주의를 기울이지 않도록 하라.

② 유아가 교사에게 말을 걸거나 소매를 끌면서 관심을 끌려 하면 유아를 향해 이렇게 말

하라. “네가 다시 먹기 시작하면 말을 할 거란다.” 겉으로 봐서는 드러나지 않게 유아를 지켜보며 유아를 외면하라. 유아가 다시 먹기 시작하면 유아에게 관심을 주라.

③ 유아가 음식에 대해서 싫어함을 표현하면 그 말을 무시하라. 유아가 그 말을 반복하며 여러 차례 교사의 관심을 얻어 내려 하면 단지 “음, 네 말 들었어.”라고만 말하라. 교사의 관심을 다른 곳으로 돌려라. 다시 한 번 유아가 적절히 먹기 시작하면 관심을 주라.

④ 유아가 먹는 데 있어 속도가 느리면 이것에 대해서 언급하지 말라. 대부분의 유아들이 식사를 마쳤는데 유아가 여전히 접시에 음식을 가지고 있으면 “다 먹었니?”라고 가볍게 물어보라. 다 먹었다고 말하면 접시를 갖다 놓으라고 요구하라. 다 먹지 못했다고 말하면 다 먹고 나서 깨끗이 치우라고 지시하라. 유아가 다 먹을 때까지 자기의 음식 앞에 앉아 있으라고 강요해서는 안 된다. 이는 부정적인 행동에 관심을 맞추게 되며 유아가 먹기를 거부하는 잠재적 상황을 강화하게 된다. 이렇게 되면 교사는 후퇴해야만 하거나 유아에게 식탁에 앉으라고 계속해서 고집해야 한다.

⑤ 유아가 식사 시 너무 적게 먹고 잠시 후에 배가 고프다고 하면 유아가 먹지 않은 것에 대해서 강연을 늘어놓지 말라. 아무런 음식도 주지 말고 다음 식사 때 먹으라고 말하라. 예컨대 “동화 시간과 실외놀이가 끝나면 간식이 나올 것이다. 그러면 우리 모두 함께 오후 간식을 먹을 수 있어.”와 같다.

4) 행동을 계속 관찰 기록하라. 행동 지도 전략을 실행하는 내내 유아가 맛본 음식의 백분율을 계속해서 계산하고 까다롭게 먹는 행위들의 수를 세어라. 처음에 했던 것처럼 매일 같은 끼니를 사용하라. 유아가 제공된 음식을 일관되게 100% 맛보는 것을 발견하면 스티커 차트를 점진적으로 철회하라. 유아가 차트에 의해서 강화되지 않고 제공된 음식을 한 번씩 지속적으로 맛볼 때까지, 매 두 끼마다 한 번, 그 후에는 세 끼에 한 번 등과 같이 사용하도록 하라. 몇 주 내로 목표를 달성할 것이다. 그리고 그래프에 까다롭게 먹는 행위들이 일관되게 0에 가까워지는 것이 나타나면 바람직한 식습관에 대한 강화를 점차적으로 줄여 나가도록 하라. 까다로운 식습관은 오랜 기간 형성된 습관이기 때문에 목표에 도달하는 데 상당한 시간이 걸릴 수도 있다.

변화 유지

일단 유아가 편식 행위를 그만두고 접시에 있는 모든 음식을 적어도 한 번씩 맛보고 나면 이러한 행동 성취를 유지하는 것이 중요하다. 좋은 식습관에 대해서는 선별적 강화를 지속하고 까다로운 식습관은 무엇이든지 무시하라. 모든 식사 때마다 유아 곁에 앉아 있을 필요는 없다. 다른 모든 유아들에게 하는 것처럼 유아에게 관심을 주도록 하라.

제 37 장

과식 행동

실외놀이를 하는 동안 다섯 살짜리 브렌다Brenda는 잔디 위에 앉아 있다. 유아는 45분 중 대부분의 시간을 인형과 그 옷을 가지고 논다. 활동 시간에 유아는 테이블에 있는 좌석을 찾고 조작 놀잇감과 교구를 가지고 작업한다. 유아는 순간 자리에서 일어서더니 만들기를 하고 있는 다른 테이블로 이동한다. 유아는 남은 시간 거기에 앉아 있다. 유아는 언제 점심을 먹느냐고 여러 차례 교사에게 묻는다.

교사가 점심 준비를 위해서 모든 것을 치울 시간이라고 말하자 브렌다는 재빨리 활동을 끝내고 곧장 손을 씻으러 화장실로 간다. 유아는 식당을 가기 위한 줄의 맨 앞에 서 있다. 점심 때 유아는 3인분의 으깬 감자, 치킨 두 조각, 말아 만든 빵 4개 그리고 두 그릇의 후식을 먹는다. 두 번째 후식은 초콜릿 푸딩을 좋아하지 않는 옆의 유아로부터 가져온 것이다. 브렌다는 점심의 일부인 당근과 감자에는 손을 대지 않았다. 교사들과 유아의 부모는 브렌다가 활동은 부족한데 너무 많이 먹어서 염려가 된다. 브렌다의 체중은 92파운드(41킬로그램)이다.

행동 진술

유아는 몸이 필요로 하는 것보다 더 많은 음식을 먹어서 과체중이다.

행동 관찰

어떤 음식, 그리고 어떤 환경이 과식과 밀접한 관계가 있는지에 관한 통찰력을 얻기 위해 유아의 먹는 습관을 며칠을 두고 관찰하라. 관찰할 주요 내용은 다음과 같다.

1) 유아는 어떤 음식을 평균량보다 더 많이 먹는가?
- 모든 음식
- 단 음식
- 빵 제품
- 육류
- 과일
- 채소
- 유제품

2) 유아는 어떤 음식을 싫어하거나 피하는가?
- 채소
- 과일
- 육류
- 유제품
- 빵 제품
- 단 음식

3) 유아는 식사 때 어떻게 행동하는가?
- 성인 1인분에 버금가는 양을 담는다.
- 메뉴에 있는 모든 또는 일부의 음식을 두세 번 정도 요구한다.
- 매우 빨리 먹는다.
- 천천히 먹는다.
- 한 번에 입 안에다 음식을 가득 넣는다.
- 대화를 한다.
- 말을 많이 하지 않는다.
- 음식에 대해서 이야기한다.
- 행복해 보인다.

4) 유아는 집에서 사탕이나 과자 또는 껌 같은 먹을거리를 종종 가져오는가?

5) 어떤 특정한 사건들이 유아의 음식에 대한 지나친 섭식과 관련이 있는가?
- 유아는 속상해 있다.
- 다른 유아나 유아들에게 거부당한다.
- 누군가에게 욕설을 듣는다.
- 교사에게 꾸지람을 듣는다.
- 맡은 일을 마무리하는 데 좌절한다.
- 자기 스스로 상처를 낸다.
- 다른 유아에 의해 상처를 입는다.

6) 유아의 행동 수준은 어떤가?
- 다른 유아들만큼 활동에 참여한다.
- 더 많은 활동에 참여한다.
- 활동에 덜 참여한다.
- 주로 앉을 수 있는 좌식 활동에 참여한다.
- 다른 유아들만큼 뛰어다니며 다른 대근육 활동에 참여한다.
- 대근육 활동을 피한다.

행동에 대한 더 나은 이해를 얻는 데 도움이 되는 관찰들을 이용하라.

가족과의 협의

유아의 과식하는 행동을 바꾸기 위한 프로그램은 본 장에 묘사된 행동 지도 전략의 첫 단계에서 논의된 것처럼 가족과의 충분한 협력과 함께 이루어져야 한다. 유아의 먹는 습관이나 가족의 내면적인 식습관을 의논하는 것은 조심스럽고도 개인적인 문제이다. 따라서 그러한 문제가 의논되기 전에 교사와 가족 관계에서의 신뢰감 형성이 반드시 선행되어야 한다. 교사가 유아의 과식하는 행동을 지도하기 위한 과정을 시작한다면 본 장에서 나중에 의논될 절차에 있는 첫 단계를 위해 필요한 시간을 갖도록 하라.

적용점 찾기

과체중 또는 비만 유아는 많은 요인으로 유발될 수 있다. 과체중은 신체적 건강 위험을 지닌다. 과체중 유아는 십중팔구 과체중 어른이 되기 쉬우며 심혈관 질환, 당뇨병, 그리고 다른 질병에 훨씬 취약하다. 그러한 유아는 또한 사회적 문제에 쉽게 영향을 받는다. 다른 유아들이 그 유아의 비만에 대해 언급할 것이고 또래들이 유아를 따돌릴 가능성도 있다. 친구들은 그 유아가 자신들과 다르다고 간주할 수 있다. 유아교육기관 활동에서 과체중 유아가 불리한 점은 여러 가지가 있다. 그런 유아는 또래들만큼 민첩하지 못하기 때문에 신체적으로 또래를 따라잡기 어렵다. 걸을 때 숨이 차고 운동할 때 쉽게 지쳐 활동적인 활동보다 앉아서 하는 활동을 선호한다. 아마도 비만이 초래하는 가장 심각한 상처는 유아의 자존감이다. 비만인 유아는 신체적으로 달라 보여서 또래들이 유아를 놀린다.

과식은 여러 가지 원인으로부터 온다. 어떤 유아의 배경 원인들이 과식 습관을 초래할 수 있는 반면에 다른 유아에게는 그런 결과가 없다. 비만아가 유아교육기관에 갈 연령에 도달할 쯤에 유아는 벌써 필요 이상으로 먹는 습관에 빠져 있을 수 있다. 유아는 보통 잘못된 음식 가령, 균형 잡힌 음식보다 단것들을 먹는다. 식습관은 바꾸기에 가장 어려운 생활 영역 중 하나인데 그것은 즐거움과 연관되어 있기 때문이다. 어른들이 아직은 유아의 음식 섭취에 대해 상당한 통제력을 가지고 있을 때 유아의 어린 시절 과식 습관을 교정하지 않으면 나중에 바꾸기는 더 어려워진다. 교사들은 가족과 협력하여 유아의 식습관을 바꾸는 데 일정 역할을 기여할 수 있다. 그런 노력으로 유아가 좀 더 행복하고 정상적인 삶을 살도록 도울 수 있다.

대안 찾기

비만아들을 어렵지 않게 볼 수 있는데, 그 대안으로 다음 사항들을 고려해 보라.

- 우리 교실에 상당히 과체중인 유아가 있으면 체중 문제와 관련된 의학적 문제를 고려해 보라. 분비기관이나 다른 신체적 기능 장애 때문에 생기는 비만은 꽤 드물지만 소아과 의사의 소견을 신중히 들어 봐야 한다. 교사가 염려하는 바를 부모와 의논하라. 만약 부모가 그렇게 하지 않았다면 있을지 모를 비만의 의학적 원인들을 제거하기 위해서 담당 의사가 유아를 검진하도록 부모에게 요청하라.*
- 특별히 과체중은 아니지만 매우 많이 먹는 유아가 학급에 있을 수 있다. 유아의 식욕은 내적 또는 외적 요인들에 의해 반응한다. 유아가 먹기 전에 왕성한 육체활동을 함으로써 식욕이 크게 활성화되어 많은 양의 식사를 할 수도 있다. 아마도 유아는 쑥쑥 성장하는 과정에 있어서 많은 음식 섭취를 필요로 할 수도 있다. 또한 음식과 식사 분위기가 너무 좋아서 평소보다 더 먹을 수도 있다. 유아의 활동 정도와 관련해서 식욕을 고려해 보라. 신진대사는 사람에 따라 다양하다는 것을 기억하라.

이 사항들 중 아무것도 유아의 상황과 관련이 없으면 과식을 다루기 위한 다음 행동 지도 전략을 주목하라.

목표 진술

목표는 유아가 필요 이상의 음식을 소비하지 않도록 먹는 것을 줄이고 매일 균형 잡힌 식사를 하며, 활동 수준을 증가시켜 주어진 시간의 적어도 절반 이상을 활동적이 되는 것이다.

절차

과식에 대처하고 체중을 줄이는 기본적 접근법은 다음의 다섯 단계를 동시에 포함한다.

- 제안된 행동 지도 전략을 가족과 의논하고 그들의 지원을 확실히 다짐받아라.
- 제안된 행동 지도 전략과 목표를 유아와 매일 의논하라.

---

* 비만은 만성적 질병의 부산물이거나 다른 발달 영역에 영향을 미치는 증후군일 수 있다. 교사들은 건강 상태의 증상들이나 부작용 그리고 학급에 있는 비만 유아에 관한 제반 사항에 대해 숙지하고 있어야 한다.

- 모든 식사에 음식 섭취를 모니터링하라.
- 균형 잡힌 식단을 강조하라.
- 적절한 식사 행위를 강화하라.
- 운동 프로그램을 통해서 활동 수준을 체계적으로 늘리도록 하라.

나중에 논의하겠지만 가족의 전폭적인 참여와 협조로 본 행동 지도 전략을 수행하는 것이 매우 중요하다. 가족은 유아를 의사에게 진찰받게 하고 유아의 문제에 의학적인 이유가 없음을 확인하고 수행될 전략을 의사가 인정함을 확인해야 한다.

행동 정의

과식은 적절한 기능을 위해 몸이 필요로 하는 것보다 더 많은 음식을 소비함으로써 결과적으로 비만을 초래하는 행위이다.

출발점

시작 전에 약간의 정보를 수집하는 것이 중요하다. 세 개의 대안이 아래에 논의되어 있다.

1) 본 행동 지도 전략의 주요 성공 지표 중 하나는 유아의 체중이므로 유아의 체중을 재도록 하라. 궁극적 발전은 체중의 감소, 적어도 체중이 더 이상 증가하지 않는 것이다. 처음 체중을 잰 이후에 하루 중 같은 시간에 유아의 체중을 한 주에 1회씩 측정하고 행동 지도 전략 내내 날짜와 체중을 계속해서 목록에 기록하라.

2) 또 다른 필요 정보의 중요한 부분은 무엇을 그리고 얼마나 많이 유아가 먹느냐는 것이다. 교사들뿐만 아니라 가족도 매일 이 정보를 수집해야 한다. 가족에게 유아교육기관 밖에서 유아가 무엇을 얼마나 많이 먹는지 관찰, 기록하고 다음 날 아침 그 목록을 가져오도록 요청하라. 그리고 유아교육기관에서 유아가 무엇을 얼마나 많이 먹는지에 관해 교사가 기록한 것과 조합하여 공유하라.

유아의 섭취량을 기록하는 것은 간단하다. 식사나 간식 때 유아가 먹는 모든 것을 적어

두라. 유아가 소비하는 양을 숟가락이나 컵, 그리고 다른 적절한 측정 도구로 평가해 보라. 아침 식사의 한 예는 다음과 같다.

토스트 한 조각
삶은 달걀 두 개
오렌지 주스 1/2컵
우유 한 컵

하루에 대한 음식 섭취 정보를 갖고 있을 때 음식을 다음 다섯 개의 종류로 분류하라.

고기와 육류 식품군
빵과 곡물 식품군
과일과 채소 식품군
유제품 식품군
인스턴트 식품군

표 37-1은 각 식품군별로 분류된 간단한 식품 목록을 제공한다. 이 표는 얼마만큼의 식품 양이 한 끼 분량과 같은지 보여준다. 위에 나온 아침 식사의 예를 이용하면 이 식사는 다음과 같은 끼니로 전환될 수 있다.

토스트 1조각 = 한 끼, 빵 식품군
삶은 달걀 2개 = 두 끼, 고기 식품군
오렌지 주스 1/2컵 = 한 끼, 과일 식품군
우유 1컵 = 두 끼, 우유 식품군

매일의 음식 섭취의 이들 측정들이 절대적으로 정확한 것은 아니지만 이 행동 지도 전략을 수행하기에는 충분한 정보를 줄 것이다. 교사가 원하면 좀 더 자세한 목록을 제공하는 소아 영양에 관한 책들 중 하나를 참고할 수도 있다.

표 37-1 영유아를 위한 음식 제공량 환산표

육류 식품군: 모든 고기, 생선, 새고기(닭, 오리 등), 달걀, 땅콩버터, 또는 다른 단백질 등가식품

한 끼분 =
- 기름기 없는 쇠고기, 송아지고기, 새끼양고기, 돼지고기, 생선, 해산물 또는 간, 심장, 콩팥 같은 잡육 1온스
- 달걀 1개
- 소시지 1개
- 체더치즈(우유군 식품으로 간주되지 않으면) 1온스
- 희고 부드러운 치즈(우유군 식품으로 간주되지 않으면) 1/4컵
- 마른 콩 1/2컵
- 땅콩버터 2큰술

빵/곡물 식품군: 전체 곡류 또는 강화 빵 또는 등가식품

한 끼분 =
- 빵 1조각
- 롤 1개 또는 머핀이나 비스킷
- 짭짤한 크래커 5개
- 전맥 크래커 2개
- 바로 먹을 수 있는 시리얼 1온스
- 조리된 시리얼, 옥수수 가루, 거칠게 찧은 곡식, 쌀, 마카로니, 면류 또는 스파게티 1/2에서 3/4컵

과일/채소 식품군: 신선하거나 통조림 된 또는 냉동된 모든 과일이나 채소

한 끼분 =
- 포도 1/2송이
- 중간 크기 오렌지 1개
- 남유럽산 멜론 1/2조각
- 딸기, 블루베리 또는 다른 베리들 3/4컵
- 오렌지 주스, 포도 주스 또는 혼합 감귤 주스 1/2컵
- 쐐기 모양의 감로멜론 2개
- 감귤 2개
- 토마토 주스 또는 익힌 토마토 1컵
- 중간 크기의 생토마토 2개
- 익힌 브루셀 스프라우트(일종의 양배추), 생양배추, 익힌 콜라드, 케일, 겨자 잎, 시금치, 순무 잎 1컵
- 브로콜리, 근대, 당근, 호박, 겨울 호박, 또는 고구마 1/2컵
- 반쪽 낸 살구 5개
- 감자 1/2컵
- 중간 크기 사과 1개

- 바나나 1개
- 복숭아, 자두 또는 감귤 1개

낙농(우유) 식품군:

- 우유 1/2컵
- 요구르트 1/2컵
- 희석되지 않은 무가당 연유 1/4컵
- 무지방 분유 2큰술
- 체더치즈(육류 군으로 계산되지 않는다면) 1온스
- 커스터드 또는 우유 푸딩 1/2컵
- 우유로 만들어진 크림 수프 1컵
- 시리얼에 든 우유 1/2컴
- 아이스크림 1/2컵

정크푸드 식품군:

- 포테이토칩, 탄산음료, 사탕, 케이크, 다른 영양가 없는 간식

일일 음식 섭취 그래프(그래프 37-1)를 사용해서 일일 음식 섭취를 관찰 기록하라. 이 그래프는 다섯 개의 각 영역에 유아의 일일 섭취량을 요약할 수 있게 해 준다. 총 하루 동안 유아교육기관에서 유아의 음식 섭취에 관해 교사가 작성한 것과 가족에 의해 제공된 정보로부터 전환된 끼니(한 그릇/1인분의 음식) 수의 합계를 내고 각 식품군에 대한 적합한 수 옆에 곱하기를 하라.

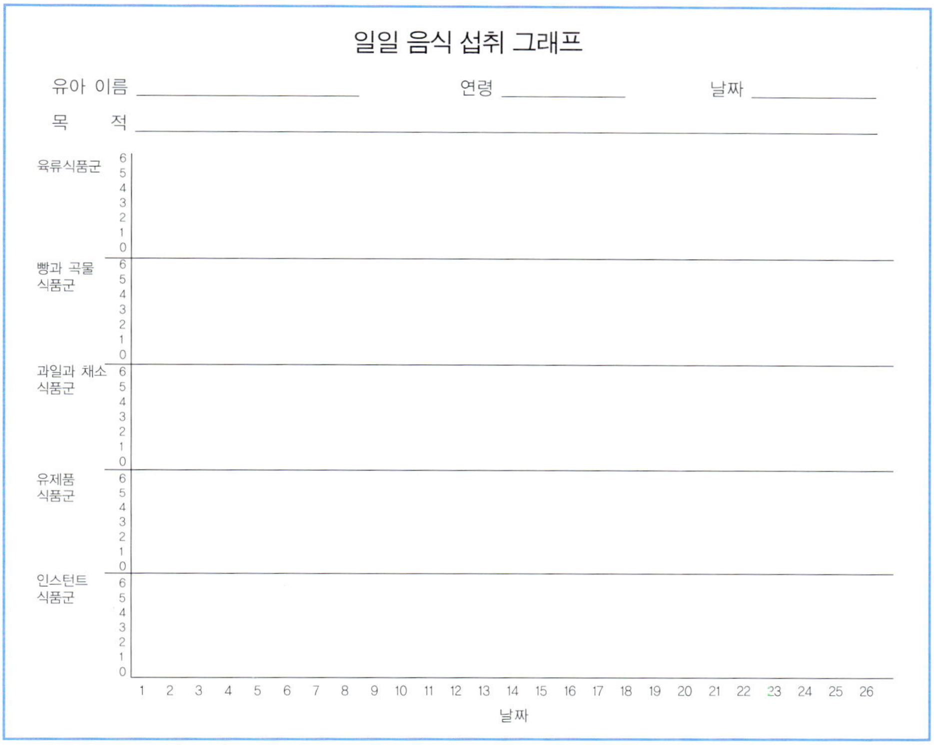

그래프 37-1 **일일 음식 섭취 그래프**

3) 세 번째 대책은 유아의 활동 정도와 관계가 있다. 체중은 칼로리 섭취(먹은 음식)와 소비(움직임이나 운동)의 균형치의 반영이라는 것을 명심하라. 유아들이 운동할 수 있는 충분한 기회를 갖는 날에 1시간 또는 2시간 반의 시간을 선택하라. 실외놀이는 운동하기에 좋은 시간이 될 수 있다. 시간이 끝날 때 총 60번의 관찰을 가질 수 있도록 1분에 한 번씩 유아를 관찰하라. 유아가 어떤 종류이든 간에 운동을 하고 있는 것을 보게 되면 그 순간에 유아를 많이 칭찬해 주어라. 운동은 폐와 심장이 더 강하게 작동하도록 자극하는 어떤 활동이라고 정의된다. 여기에는 달리기, 기어 오르기, 도약 뛰기, 반복해서 구부리기, 그네 타기, 외발뛰기, 뛰어다니기, 빠른 세발자전거 타기, 그리고 온몸을 끌어들이는 비교적 격렬한 활동 등이 포함된다. 유아가 활동 중에나 활동 후에 숨을 거칠게 쉬면 유아는 운동을

하고 있는 것이다. 유아가 앉아 있거나 서 있거나 또는 걷는 경우들은 비록 손과 팔에 뭔가 들려 있다 해도 운동에 포함시키지 말라. 운동하는 각각의 날에 실행한 총 수(1에서 60까지)를 빈도 그래프에 기록하라.

행동 지도 전략

1) 가족과 제안된 행동 지도 전략에 관해 철저히 의논하고 그들의 수고를 보장받아라. 본 행동 지도 전략은 가족의 협조로 이행될 경우에만 효과적이다. 유아가 유아교육기관에서뿐만 아니라 집에서도 소량 먹기와 건강한 음식 섭취하기를 실천하지 않는다면 과식을 고치려는 노력들은 허사가 될 것이다. 그것은 유아를 혼동되게 한다. 그 문제를 의논하기 위해서 가족과 면담 일정을 잡도록 하라. 가족이 문제가 있다는 데 동의하고 그 문제를 해결하는 데 유아교육기관과 협력하겠다는 의사를 보이면 본 행동 지도 전략을 지속하라. 가족과 교사들이 긴밀히 협력하고 유아의 식습관을 바꾸겠다는 의지를 공유하는 것이 중요하다. 이것은 가족들에게 쉬운 일이 아니다. 왜냐하면 그들 또한 음식과 관련된 모든 행동을 바꾸어야 한다는 것을 의미하기 때문이다. 이 단계를 너무 서둘러 시행하려 하지 말라. 앞에 놓인 과업이 얼마나 어려운 것인지 충분히 이해하도록 필요한 만큼의 많은 시간을 들여서 가족과 이야기 나누도록 하라. 본 프로그램이 유아와 가족에게 가져다 줄 정서적 그리고 사회적 변화를 탐색해 보라. 가족의 식사 패턴이 영향을 받는다면 변화는 간단한 것이 아니다. 유아의 식습관 문제 해결을 실행하는 데 있어 예상되는 모든 결과들을 논의하고 나면 교사는 전략을 시작할 준비가 됐다.

가족과 이야기를 나누고 초기의 수치를 수집하고 나면 프로그램의 나머지를 실행할 수 있다. 교사들과 주방에서 일하는 사람들이 행동 지도 전략을 잘 알고 이를 이행하는 데 협조하는 것이 중요하다. 유아의 식습관을 바꾸는 데 있어 그 성공 여부는 음식을 제공하는 사람들의 지원 여부에 달려 있다.

2) 새로운 식사 프로그램과 그 목표를 유아와 매일 의논하라. 본질적으로 어른들이 유아의 음식 공급을 조절하지만 행동 지도 전략을 실행하는 데 있어서 유아가 도울 수

있는 부분들도 이야기해 두는 것이 중요하다. 매일 몇 분 동안 교사가 개요를 잡은 단계들을 토론하는 것과 관련해 영양에 대해 몇 분 동안 이야기하라. 만약 유아가 자신의 과체중 상태에 관해 이야기를 꺼내면 그러한 언급을 논의의 출발점으로 사용하라. 교사의 지식과 유아의 이해력 그리고 관심 정도에 합당한 주제를 선택하도록 하라. 몇몇 제안들을 고려해 보라.

① **균형 잡힌 식단의 필요성:** 매일 유아는 육류, 빵과 곡물, 과일과 채소, 유기농 식품군을 먹어야 한다. 우리 모두는 이런 4가지 형태의 균형 잡힌 식단이 필요하다.

② **체력을 신장시켜 주는 것으로서의 음식:** 몸과 마음이 어떻게 자라고 발달하느냐 하는 것은 무엇을 먹느냐와 관련이 있다. 알맞은 양의 음식을 먹는 것이 성장과 발달에 중요하다.

③ **칼로리:** 모든 음식은 몸에 에너지를 준다. 어떤 음식은 다른 음식보다 에너지, 즉 칼로리가 더 많다. 사람의 몸이 사용하는 것보다 더 많은 칼로리를 먹으면 이것들은 몸속에 지방으로 쌓인다.

④ **운동:** 몸은 기능을 하기 위한 에너지를 얻기 위해 음식을 필요로 한다. 몸이 에너지를 더 많이 사용하면 할수록 지방으로 바뀔 것이 더 적게 남는다. 달리기, 기어오르기, 뛰기 같은 활동들은 앉아 있거나 가만히 서 있는 것보다 더 많은 에너지를 소모한다.

⑤ **간식:** 식사와 식사 중간에 먹는 간식은 그날의 총 섭취량에 기여한다. 어떤 간식은 다른 것들보다 영양가는 높으면서 칼로리는 더 적다.

⑥ **인스턴트 식품:** 어떤 음식들은 사람에게 좋지 않다. 영양가가 적은 음식으로 채우면 정작 몸이 실제로 필요로 하는 음식을 덜 먹게 된다.

⑦ **음식과 정서:** 때때로 사람들은 속상할 때 기분을 좋게 하기 위해서 먹고 싶어 한다. 속상한 일이 있을 때는 먹지 않는 게 좋다.

위에 제시된 제안들을 사용해 보고 식사 태도를 바꾸는 데 적절하게 다른 것들도 추가하라. 유아들의 식사 태도를 바꾸는 데 도움이 되는 정보를 주는 것이 본 행동 지도 전략의 목적이다. 유아와 개별적으로 대화하는 것과 마찬가지로 모든 유아들에게 유익이 되도록 교육과정 안에 영양의 개념을 포함시켜라.

3) 모든 식사에서 음식 섭취를 모니터하라. 교사들이 유아의 먹는 것을 상당 부분 제어한다. 섭식을 줄이고 균형 잡힌 식사를 하도록 격려하라. 작성된 제안들을 따르고 나서 가족들도 가정에서 똑같이 하도록 격려하라. 유아교육기관에서 교사는 모든 식사 시 유아 곁에 앉아야 한다.

① 적은 양의 식사를 권장하라. 개인접시에 음식이 제공된다면 반드시 양을 적게 하라. 유아가 더 큰 접시를 이용하면 적은 분량만 담도록 도우라. 규칙들이 교사의 기대치를 실행하는 데 도움이 된다. 가령 "한 번에 하나씩만 가져가렴. 또 가져갈 수 있어." 라고 말하라. 처음 정해진 양의 한도를 넘어서 유아가 더 가져가려고 손을 뻗으면 상냥하면서도 단호하게 못하게 하라. "지금 그 정도면 충분해."라고 말하라.

② 유아가 처음에 적은 양을 먹으면 두 번째도 적은 양을 먹게 된다. 음식을 두 부분으로 나누어 배식하는 기술은 전체 음식 양이 더 많아 보이게 하고 이는 천천히 먹도록 권장한다.

③ 자주 직간접적으로 유아가 천천히 먹도록 격려하라. 속도를 늦춰 천천히 씹고 한 입에 무는 양을 더 작게 하고 다음 한입 먹을 때 조금 기다리도록 유아에게 말하라. 간접적으로 천천히 먹도록 권장할 수 있다. 유아를 유쾌한 대화에 끌어들여라. 유아에게 말하고 듣고 웃을 수 있는 기회를 주어라.

④ 작은 접시나 식기는 실제보다 음식을 더 풍성해 보이게 한다. 양이 적은 음식도 작은 접시에 담으면 가득 차 보이게 하지만 더 큰 접시에 담으면 적어 보인다. 작은 식기는 유아가 음식을 조금씩 먹도록 조장해 준다.

⑤ 당과 지방이 지나친 음식은 피하라. 이러한 조치는 모든 유아들에게 이로우며 특히 과체중 유아에게 큰 도움이 된다. 달콤한 후식은 피하라. 과일은 훌륭한 대체 음식이 될 뿐만 아니라 유아들이 필요로 하는 많은 비타민들과 미네랄을 함유하고 있다. 통조림 형태의 과일을 사용한다면 물이나 자체 즙으로 통조림 된 종류를 찾아보거나 시럽은 쏟아 내도록 하라. 조리법에 설탕이 필요하다고 하면 양을 줄이도록 하라. 버터나 기름 또는 쇼트닝은 가능하면 언제나 적게 사용하라. 햄버거와 같은 고기에서 지방은 짜내고 음식을 튀기기보다는 굽도록 하라.

⑥ 칼로리만 있는 음식은 절대 주지 않도록 하라. 탄산음료, 포테이토칩, 사탕, 인스턴트

음식은 칼로리는 높지만 영양가는 아주 조금 있거나 아예 없는 경우도 있다.

⑦ 유아들이 하루에 얼마만큼의 음식을 필요로 하는지 숙지하라. 식사와 간식을 합해서 필요한 양 이상을 섭취하지 않도록 하라. 이를 위해서 가족과 긴밀한 협조가 필요한데 총 섭취량이 지나치지 않도록 가족이 확실히 도와주어야 한다. 환산표(표 37-1)를 사용하면 한 끼에 얼마만큼의 음식이 함유되어야 하는지 결정하는 데 도움이 된다. 대략적 지침으로서 각 식사에 대한 일일 총 허용치에 대한 다음 백분율을 고려해 보라.

아침 식사	20%
아침 간식	10%
점심 식사	25%
오후 간식	10%
저녁 식사	25%
저녁 간식	10%

유아의 필요와 관련해서 음식의 섭취량을 교사가 완벽하게 조절할 수 없을 수도 있다. 그러나 앞으로 제시하는 정보는 지침으로 사용하도록 하라.

4) 잘 균형 잡힌 식단을 강조하라. 유아가 얼마나 먹는가를 모니터링하는 것뿐만 아니라 음식의 균형을 확인하기 위해 유아가 무엇을 먹는지도 관찰, 기록할 필요가 있다. 이를 위해 가족과 조화를 이루어 진행되어야 한다.

취학 전 유아들에게 권장된 최소 일일 허용치는 다음과 같다.

낙농(우유) 식품군	4번 담기(한 번에 1/2, 전체 2컵)
고기나 생선 육류 식품군	2번 담기(한 번에 2온스)
과일과 채소 식품군	4번 담기
빵과 곡물 식품군	4번 담기

5) 적합한 식사 행동을 강화하라. 항상 적절한 식사 행위를 예의 주시하고 자주 강화

하라. 유아가 천천히 먹거나, 한입 다 먹고 그 다음 먹을 때 잠깐 중지하거나, 음식을 조금씩 입에 넣거나, 한 끼 식사량을 적게 하거나, 한 그릇 더 먹지 않거나, 칼로리가 낮은 음식을 주로 먹을 때 유아 행동에 대해 충분히 칭찬해 주어라. 식사하고 있는 도중에 또는 식사 후에 식사 행동을 바꾸려고 노력하는 유아의 노력에 교사가 참 기쁘고 만족한다고 유아에게 말해 주어라. 칭찬할 때는 따뜻하고 진정으로 하라. 또한 유아와 이야기를 나눔으로써 유아에게 관심을 주라.

6) 운동 지도 전략을 통해 유아의 동적 활동 수준을 체계적으로 늘려 나가라. 과체중 유아들은 대부분 평균 체중 유아들보다 덜 활동적이기 때문에 유아가 좀 더 활동하도록 권장하라. 운동은 칼로리를 태워 버리므로 운동을 재미와 결합할 수 있도록 대근육 활동의 체계적 행동 지도 전략을 시행하라.

유아가 유아교육기관에 있을 때 매일 시간당 적어도 5분 정도의 운동 시간을 계획하라. 이는 적절히 개별 활동 또는 전체 학급 활동이 될 수 있다. 목표는 유아를 활발하게 움직이도록 하여 많은 칼로리를 태우는 것이다. 다음은 그러한 활동을 위한 제안들이다.

① 운동은 스트레칭, 구부리기, 또는 어떤 형태이든 전신운동을 하기 위한 동작을 장려하도록 계획된 것이다. 과체중 유아에게 운동을 권장하고 필요하다면 격렬하게 운동하도록 도와주라. 취학 전 유아들은 유아들의 상상력을 활용할 수 있는 동작운동을 즐겨 한다. 가령, "얘들아 뱀은 어떻게 움직일까? 우리 모두 뱀처럼 움직여 보자!" 또는 "모두 함께 터지는 팝콘이 되어 보자." 유아들은 또한 직접적인 지시를 즐긴다. 가령, "발가락을 만져 봐." 또는 "한 발로 뛰어 봐." 등. 유아 활동 참고 도서에 많은 훌륭한 동작 아이디어들이 있다.

② 리더 따라 하기 활동도 또한 계획될 수 있는데 이를 통해 다양한 종류의 동작을 권장할 수 있다.

③ 실내나 실외에 장애물을 고안해 내서 유아들이 구부리고 기어 다니고 뛰어넘고 기어오를 수 있게 하라.

④ 운동을 재미있게 하는 많은 소품들이 있다. 유아들에게 풍선을 줘서 계속 떠 있게 하고 훌라후프로 빙빙 돌리게 하고 공을 튕기거나 구르게 하고 연을 날리게 하고 타이

어를 굴리도록 하라.

⑤ 실외 놀이터에 경사면이나 언덕이 있으면 유아가 위로 달려가기를 요구하는 게임을 하라(예: 굴렁쇠 굴리기).

⑥ 달리기 경주를 하라. 한계선을 정하고 유아들이 왕복 달리기를 하게 하라. 승자를 호명할 필요는 없다.

⑦ 커다란 마분지 상자나 플라스틱 상자 같은 움직일 수 있는 실외 놀이기구를 제공하라. 유아가 이 물건들을 밀치고 잡아당겨 한곳에 넣거나 기어올라가거나 혹은 어떤 다른 방식으로든지 사용하게 하라.

이 외에도 교사가 사용할 수 있는 많은 다른 활동들이 있다. 유아가 흥미를 잃지 않도록 다양한 활동들을 제공하라. 유아가 특별히 어떤 한 활동을 즐겨 하면 그것을 반복하라. 유아가 어떤 활동을 싫어하면 중지하라. 운동은 따분한 것이 아니라 재미있는 것이어야 한다. 교사의 개인적 관심은 유아의 활동 수준에 근거해야 한다. 유아가 가만히 서 있으면 무시하라. 유아가 활동적으로 움직이면 유아를 칭찬과 관심으로 강화하라.

7) 행동을 계속해서 관찰, 기록하라. 기록하기를 계속하라. 일주일에 한 번 유아의 체중을 재고 기록하라. 유아가 무엇을 얼마만큼 많이 먹는지에 관해 유아교육기관과 가정에서의 취합된 정보를 기록하라. 가족이 협조하면 주말 정보 또한 포함시키도록 하라. 가족이 주말 동안의 음식 섭취를 적어 두기를 거부하면 유아가 무엇을 얼마만큼 많이 먹는지에 대해서 계속 인식하고 있으라고 권장하라. 마지막으로 하루에 한 시간 동안 운동을 계속해서 실행하는지 관찰하고 세어 보라.

변화 유지

이 행동 지도 전략의 주요 목적은 체중을 줄이는 것이 아니다. 하지만 유아가 나이에 맞는 것보다 더 많이 먹지 않고 규칙적으로 운동을 한다면 체중은 줄어들게 될 것이다. 목표와 관련된 데이터를 평가해 보고 기록하라. 적당량 먹기, 균형 잡힌 식사 하기, 교사가 계수하는 부분의 절반 이상의 활동량이 있도록 운동 수준를 늘리는 것을 지속하라. 하지만 먹는 행위는 바꾸기 어렵다는 것과 그것을 바꾸기 위해서 유아는 교사의 지속적인 관심과 도움이 필요하다는 것을 명심하라. 적당한 영양에 대해 종종 이야기를 지속하고 적절한 식사 행위를 자주 강화하라. 유아가 자기 자신의 음식 섭취에 대해 모니터링을 하기 시작하면 교사의 역할을 점진적으로 철회하라. 유아가 유아교육기관을 떠나기 전까지 행동 변화가 잘 이루어지지 않을지 모른다. 유아가 좀 더 높은 수준으로 자기 자신의 활동을 시작할 때 한 시간 단위의 운동을 줄이도록 하라. 일단 유아가 체중을 좀 줄이고 나면 유아는 스스로 운동을 더 하고 싶어 할 것이다.

제 38 장

불결한 식습관 행동

"사라Sara야, 숟가락을 사용해라." 세 살배기 사라의 양손이 스파게티 소스로 뒤범벅이 된 채로 레슬리 선생님Mrs. Leslie에게로 향한다. 사라는 머리를 잡아당기다가 그 과정에서 머리에 토마토 얼룩을 남긴다. 레슬리 선생님은 화가 나서 자리에서 일어나서 냅킨으로 사라의 손과 얼굴 그리고 머리를 닦아 준다. "이제 숟가락으로 먹어라, 사라야." 사라는 숟가락을 잠시 쳐다보더니 숟가락으로 접시에 있는 음식을 섞는다. 음식 중 일부가 접시에서 흘러 식탁에 떨어진다.

레슬리 선생님이 사라를 엄한 눈빛으로 바라보자 사라는 숟가락을 사용해 당근 조각을 줍는다. 당근 조각을 입에 넣다가 그만 무릎에 떨어뜨리고 만다. 사라는 그것을 집어 들어 입에 넣고 우적우적 씹는다. 무릎에 있는 음식 찌꺼기를 다른 손으로 쓱 닦아 낸다.

후식이 제공될 때 사라는 사과 소스를 먹으려 손을 사용하고 머핀 부스러기를 온 테이블과 자기 몸과 바닥에 떨어뜨린다. 점심 식사 후 정리하던 교사는 사라가 어디서 먹었는지 알 수 있을 정도였다. 테이블이나 의자나 바닥에 음식이 그렇게 많이 묻어 있거나 엎질러진 적은 없었다.

행동 진술

유아는 식사 때마다 음식을 흘리며 몸을 더럽히며 지저분하게 식사를 한다.

행동 관찰

얼마나 지저분하게 먹는지 더 잘 이해하기 위해서 며칠 동안 유아를 관찰하라. 관찰할 주요 내용은 다음과 같다.

1) 유아는 어떻게 해서 지저분한 식사를 하게 되는가?

- 포크나 숟가락으로 음식을 담는 데 어려움이 있다.
- 포크나 숟가락을 잘못 잡기 때문에 음식이 흘러내린다.
- 항상 포크나 숟가락을 자기 입에 정확히 갖다 대는 것이 아니다.
- 포크나 숟가락을 사용해야 함에도 불구하고 손으로 음식을 먹는다.
- 지저분한 손을 옷이나 머리 혹은 다른 사람에게 닦는다.
- 손으로 집어 먹는 음식을 효과적으로 집는 데 어려움이 있다.
- 자주 음료를 쏟는다.
- 접시 가장자리에 있는 음식을 테이블 위로 흘려 떨어뜨린다.
- 음식을 무릎이나 옷 어딘가에 흘린다.
- 바닥에 음식을 흘린다.
- 일부러 음식을 가지고 장난친다.
- 어울리지 않게 음식을 접시에 섞는다(예를 들어, 감자튀김에 따를 케첩을 파인애플 조각에 쏟아 붓는다).
- 접시나 바닥에 음식을 쳐 바른다.
- 음식을 뱉는다.

3) 어떤 음식이 제공되느냐에 상관없이 유아가 깔끔하게 음식을 먹는 때가 있는가?

2) 어떤 음식이 제공되는가와 얼마나 지저분하게 음식을 먹느냐 하는 것 사이에 관계가 있는가?

- 모든 식사 때 똑같이 지저분하다.
- 수프 같은 액체 음식이 제공될 때 더 지저분하다.
- 스파게티나 으깬 감자 같은 부드러운 음식이 나올 때 더 지저분하다.
- 손으로 먹는 음식보다 포크나 숟가락이 요구되는 음식을 먹을 때 더 지저분하다.

이러한 관찰로부터 얻은 정보를 행동을 바꾸는 데 도움이 되도록 사용하라.

가족과의 협의

유아의 먹는 행위를 유심히 살펴본 후에 교사가 관찰한 것들과 염려되는 부분을 함께 나누기 위해 가족을 만나도록 하라. 가정에서의 식사 시간 일과에 대해서 알아보고 유아의 지저분한 식사 행위를 가족이 인식하는지 알아보라. 집에서 항상 어른들이 먹여 줄 수도 있어서 유아는 스스로 먹는 경험이 별로 없을지도 모른다. 지저분한 식사를 줄이기 위한 교사의 아이디어를 의논해 보고 가족들은 가정에서 이러한 행위를 어떻게 다루는지 귀담아 들어 보라. 유아가 좀 더 적절하게 먹는 기술을 배우도록 돕는 전략이 일단 생각나면 그 발전 상황을 그들에게 계속 알리기 위해서 가족과 자주 연락하라.

적용점 찾기

유아의 세 번째 생일이 지날 즈음에 유아는 보통 깔끔하게 먹는다. 특히 집기 어려운 음식을 먹을 때 흘리거나 놓치는 일이 자주 발생한다. 하지만 대부분의 유아들은 적절히 그리고 깔끔하게 먹는다. 유아가 먹으며 흘릴 때는 세 가지 원인 중 하나인데, 덜 수 없거나 적절한 조절 능력을 방해하는 지각 문제, 즉 발달지체가 있을 수 있다. 또는 유아는 어른들이나 다른 유아들로부터 관심을 끄는 수단으로 지저분하게 먹는 것을 사용할지도 모른다. 마지막으로 지저분하게 먹는 원인은 이 두 가지 요인들이 복합적일 때이다.

식습관에 문제가 있는 유아는 지저분하게 먹을 때 어른들이 상당한 관심을 준다는 것을 발견한다. 이런 일이 반복적으로 일어날 때 유아는 고의로 지저분하게 해서 훨씬 더 많은 관심을 얻을 수 있다고 결론을 내릴 수 있다. 유아의 식습관이 지저분하면 지저분할수록 어른들은 더욱 더 많이 반응한다. 교사들은 지저분함에 관심을 쏟거나 꾸짖거나 염려를 표출함으로써 지저분하게 먹는 것을 강화시키기가 쉽다. 지저분한 식사의 무관심과 문제를 극복하기 위해 깔끔한 식습관을 가르치는 체계적 접근법을 결합하여 고려하라.

대안 찾기

다음 제안들 중 하나가 지저분하게 먹는 문제에 대한 해답을 제고하는지 고려해 보라.

- 시력 문제가 지저분한 식사의 근본 원인일 수 있다. 교사가 관찰해 온 바를 검토해 보

고 유아가 숟가락이나 포크로 음식을 집는 데 특히 어려움이 있는지 혹은 입에 정확히 갖다 대는 데 어려움이 있는지 알아보라. 안과 검사를 해 보면 교정해야 하는 시력 손상이 드러날 수 있다. 이와 같은 문제가 의심되면 교사가 염려하는 바를 부모와 의논해 보라. 담당 의사를 만나 보도록 권유하라.*

- 유아가 숟가락과 포크를 어떻게 잡는지 그리고 손가락으로 집어 먹는 음식을 어떻게 집는지 주목해 보라. 세 살 반 또는 네 살 된 유아가 온 주먹을 사용하면 좀 더 검사를 받으라고 권유할 이유가 생긴다.**
- 유아가 어떻게 먹는지 고려해 볼 때 나이가 중요하다. 어린 유아의 조절 능력은 아직 완전히 발달되지 않았으며 유아가 항상 식사 기술에 능숙한 것은 아니다. 2세아나 3세아가 깔끔하게 먹기를 기대해서는 안 된다. 3세 반, 확실하게는 4세 무렵 유아는 대부분 깔끔하게 먹을 수 있어야 한다.
- 유아들이 깔끔하게 먹을 수 있도록 환경을 마련하라. 세심하게 준비되고 제공된 음식, 먹음직스러운 상차림 그리고 편안한 분위기는 유아들에게서 적절한 식사행위를 교사가 기대한다는 것을 전달하게 된다. 식탁과 음식이 아무렇게나 별로 신경을 쓰지 않고 차려지면 교사는 깔끔함에 별로 신경을 쓰지 않는다는 인상을 주게 된다. 유아의 눈에는 지저분하게 먹는 것이 허용된다는 의미로 받아들여질 수 있다.
- 접시와 식기들은 작은 손에 알맞은 크기여야 한다. 가볍고 작은 접시와 그릇을 제공하라. 작고 견고한 컵, 작고 깊은 숟가락, 작은 포크. 식사 도구들은 유아들 손에 편안하게 맞아야 되고 효율적으로 기능을 해야 한다.
- 음식은 반드시 가장 알맞은 용기에 제공하도록 하라. 예컨대, 젤라틴 후식은 접시에 담겼을 때는 다루기 힘들지만 움푹한 그릇에 담겼을 때는 다루기가 훨씬 쉽다.

이 제안들 중 어느 것도 지저분하게 먹는 유아를 돕지 못하면 다음 프로그램을 계속 진행하라.

---

* 지각에 문제가 있으면 음식을 그릇에 정확히 담거나 입으로 가져가는 데 어려움이 있을 수 있다. 시력이나 대소근육 조절 능력에 문제가 있는 유아는 식사 때 이러한 어려움을 겪는 것도 당연하다.

** 인지적 결함이 있는 유아들은 발달적으로 더 어린 발달 단계에 있을 수 있어서 지저분하게 먹는 것은 부적합한 행동이라기보다는 발달 수준의 반영일 수 있다.

목표 진술

목표는 유아가 깔끔하게 먹고 적절한 식기를 사용하며 음식을 흘리지 않는 것이다.

절차

본 프로그램은 지저분한 식습관이 부분적으로 깔끔하게 먹는 능력이 부족한데 그 원인이 있고 또 다른 한 부분으로는 그러한 행동을 통해서 어른들로부터 얻는 관심 때문이라는 추정하에 기획되었다. 기본적 전략은 몇 개의 단계를 포함한다.

- 적절히 먹는 기술을 배우도록 유아를 체계적으로 도우라.
- 적절하게 먹는 것을 강화하라.
- 지저분하게 먹는 것을 무시하라.

행동 정의

지저분한 식사는 유아가 음식을 흘리거나 음식을 가지고 장난치거나 음식을 부적절하게 먹는 것이다. 지저분한 식사라고 여기는 모든 구체적인 행위를 목록으로 작성해 보라.

출발점

3일 동안 초기 정보를 수집하라. 점심 시간에 하거나 점심이 행동 지도 전략의 일부에 포함되어 있지 않으면 간식 시간에 하도록 하라. 유아가 어떻게 먹는지 관찰할 때 관찰지와 필기도구를 소지하라. 교사가 정의한 지저분한 식사 행위 목록에 있는 행동 중 하나를 유아가 할 때마다 조심스레 관찰지에 표시해 두어라. 식사가 끝날 때 표시해 둔 것을 세어 보고 빈도 기록 유지 그래프에 총합계를 기록하라.

행동 지도 전략

초기 정보 수집이 완성되었을 때 다음 프로그램을 시작하라. 모든 교사들은 시종일관 절차를 잘 알고 수행해야 한다.

1) 적합한 식사 행동을 배우도록 체계적으로 유아를 도우라. 교사가 이번 단계를 실행하는 방식은 먹을 때 유아가 어느 정도 청결한 식사 행동을 하느냐에 달려 있다. 지저분하게 먹는 문제와 그 개선 방법들이 다음에 세 가지 나와 있다. 유아의 행동을 바꿀 필요가 있는 대로 한 가지 또는 두 가지를 사용하라. 이들을 동시에 실행하라. 이들 단계를 이행하기 위해 교사는 식사 때 유아 옆에 앉아야 한다.*

① **포크나 숟가락으로 음식을 집는 문제:** 음식이 쉽게 접시에서 밀려 떨어질 수 있고 유아가 음식을 식기에 잘 담지 못하면 유아는 손가락을 적절히 사용하지 못할 수도 있다. 음식을 집는 것은 습득하기에 어려운 기술이다. 유아가 조절에 어려움을 갖고 있다면 그것은 더욱 힘들다. 교사는 유아가 그 기술을 습득하는 데 도움을 줄 수 있는 지침을 줄 수 있다.

첫째, 하나 이상의 식기가 있을 때 어느 식기를 사용해야 하는지를 유아가 알고 있는지 확인하라. 어떤 음식들은 포크로 찍는 것이 더 쉽지만 다른 음식들은 숟가락을 필요로 한다. 어떤 음식들은 포크나 숟가락으로 다루기 힘들어서 손가락을 사용해야 한다. 유아가 식사를 시작하기 전에 다음과 같이 물어보라. "어느 음식들을 포크로 먹을 거니? 어느 음식들을 숟가락으로 먹을 거니? 어느 음식들을 손으로 먹을 거니?" 올바르게 대답을 하면 칭찬해 주어라. 유아의 답이 맞든 틀리든지 간에 각각의 음식을 먹는 방법에 대해서 논리적인 이유를 제시하라. 예컨대 "그렇지. 고기를 찍어서 집어 드는 것이 더 쉽기 때문에 너는 포크를 사용하는구나." 또는 "당근을 숟가락으로 집을 수 없기 때문에 네가 손을 사용하면 더 쉬울 거야."

둘째, 반드시 음식을 한입에 넣기 알맞은 크기로 자르라. 음식이 너무 큰 덩어리로 되어 있으면 지저분하게 먹는 것은 불가피하다. 샌드위치 같은 음식들은 다루기 쉽도록 4등분하는 것이 좋다.

셋째, 유아에게 빵이나 롤 또는 다른 부드러운 음식 등 숟가락이나 포크로 집기 힘든 음식을 펴 담는 방법을 보여주라.

* 다양한 장애를 가진 유아들이 식사 도구를 더 효과적으로 조절하는 방법을 체계적으로 배우는 것은 도움이 된다. 미세한 근육 조절에 영향을 미치는 신체장애, 인지적 결함, 시각장애가 있는 유아들은 그러한 접근법으로부터 유익을 본다.

넷째, 숟가락이나 포크를 가장 잘 사용하도록 유아의 손을 지도하라. 먼저 유아가 시도해 보도록 한 다음 두 번 지도한 후에도 유아가 음식을 집지 못하면 도와주라. 교사의 손을 유아의 손에 대고 음식을 집도록 식기를 능숙하게 조작하라. 필요한 만큼 자주 이렇게 하라. 결국 유아는 식기를 효과적으로 사용하는 방법을 습득한다. 유아가 식기로 음식을 적당히 푸는 데 더 능숙해짐에 따라 점차 교사의 도움을 철회하라.

② 흘리지 않고 음식을 입에 갖다 대는 문제: 보통 흘리는 음식의 대부분은 접시에서 입으로 가져가다가 놓치게 된다. 유아에게 이런 문제가 있으면 유아를 직접 지도하라. 처음에는 유아가 식기에서 음식을 담을 때 유아의 손을 붙잡아라. 음식과 식기(숟가락, 포크)가 잘 균형을 잡았는지 확인하기 위해 잠시 멈추고 나서 천천히 음식을 유아의 입으로 가져가라. 유아를 도울 때 그 과정을 말로 표현하라. "우선 음식이 숟가락에 있는지 확인해야 한다. 이제 숟가락이 똑바로 되어 있는지 확인해 보자. 숟가락을 천천히 입으로 가져가 보자. 음식을 흘리고 싶지 않잖니? 이제 음식이 크게 벌린 입 속으로 들어간다. 숟가락에서 음식을 떼어 내렴. 이제 숟가락이 입에서 나왔으니 음식을 씹어 삼킬 수 있어. 이것 봐! 네가 음식을 한 조각도 흘리지 않았어." 유아를 지도하되 며칠 동안 그 단계를 말로 표현하라. 유아가 이해하고 있다는 느낌이 들면 시험 삼아 지도하는 것을 줄여 나가도록 하라. 다시 유아의 손을 지도하고 전 과정을 말로 표현하되 숟가락이 입에 닿기 직전에 교사의 손을 치우도록 하라. 혼자서 음식을 입에 가져갈 것이라고 유아에게 말하고 성공하면 유아를 칭찬해 주어라.

식사를 마칠 때까지 유아가 음식을 흘리지 않고 입에 갖다 넣으면 교사의 지도를 더 줄이도록 하라. 이번에는 접시와 입 중간 지점에서 교사의 손을 치우도록 하라. 진행 과정을 말로 표현하고 천천히 그리고 깔끔하게 먹는 것을 권장하라.

다음에는 음식과 식기가 균형을 잡은 후에 유아 혼자서 음식을 접시에서 입으로 가져가게 하라. 그 다음에 유아가 음식을 균형 잡도록 하라. 마지막으로 모든 신체적 지도를 철회하라. 유아가 무엇을 해야 할지 스스로 상기하게 되면 점차적으로 말로 표현하는 것을 줄인 다음에 그만두도록 하라.

③ 다른 지저분한 식사 행위: 다른 지저분한 식사 행위들도 묘사된 행위들과 유사한 방식으로 다루어라. 교사가 가르치고자 하는 행위를 조사해 보고 그것을 단계별로 나누고 직접 지도해 줌으로 유아가 그 과정을 습득하도록 도우라. 새로운 행위에 유아가 기

술을 습득했을 때 교사의 도움을 차츰 철회하라.

④ **적합한 먹기 행동을 강화하라:** 모든 식사 때 적절한 식사 행위를 주시하고 그것을 아낌없이 강화하라. 그것이 자발적인 행위이건 아니면 교사가 가르치고 있는 단계이건 교사가 깔끔한 식습관을 높이 평가한다는 것을 유아가 알도록 하라. 식사가 끝났을 때뿐만 아니라 과정 중에도 잘하고 있다고 유아에게 말하라. 유아의 능력에 따라서 유아를 칭찬해 주어라. 처음에는 숟가락에 음식을 균형 있게 드는 것만을 강화해도 좋다(비록 그 후 음식이 숟가락에서 떨어진다 해도). 나중에 유아는 전체 식사를 하는 동안 거의 흘리지 않고 식사를 끝낼 수 있을 것이며 그에 따라서 교사의 칭찬을 맞추어라.

⑤ **불결한 식사 행동을 무시하라:** 유아가 능력이 부족해서 지저분하게 먹으면 깔끔하게 먹는 데 필요한 기술을 배우도록 계속해서 유아를 도우라. 작은 성공에 초점을 맞추도록 하라. 유아가 음식을 가지고 장난을 치거나 버리거나 하면서 고의적으로 지저분하게 하면 유아가 추구하는 관심을 주지 말라. 유아가 일부러 지저분하게 하면 다음을 시도해 보라.

- "안 돼! 우유를 뱉어 내서는 안 돼!"라고 말하라. 어떤 구체적인 지저분한 행위에 대해서 경고로써 이 말을 사용하라. 반드시 유아가 교사 말을 듣도록 하라.
- 유아가 이 행동을 계속하면 유아가 사용하고 있는 어떤 식사 도구든지 다 회수하고 컵이나 접시를 집어서 다 치우라. 반드시 유아의 손에 닿지 않는 곳에 두라.
- 유아에게서 등을 돌리도록 하라. 유아를 쳐다보지도 말고 말도 걸지 말고 어떤 다른 방법으로 유아의 행동에 반응하지 말라. 유아가 무엇을 하든지 무시하라.
- 1분 후에 컵과 접시 그리고 식사 도구들을 유아 앞에 갖다 놓아라. 지저분한 행위에 대해서는 아무런 말도 하지 말라.
- 깔끔하게 먹도록 유아를 계속 도와주라. 가능한 한 빨리 강화할 긍정적인 성취를 찾도록 하라. 유아가 음식을 가지고 일부러 지저분하게 할 때마다 이 절차를 반복하라.

2) 계속해서 행동을 관찰 기록하라. 행동 지도 전략의 매일 동안 지저분하게 먹는 행동의 사례들의 수를 계속해서 세어라. 이를 그래프에 기록하라. 지저분한 식사의 수가 일

관되게 0에 가까우면 교사는 목표에 도달한 것이다. 가끔 사고가 발생할 것은 예상하고 있어라.

변화 유지

일단 유아가 목표에 도달하고 나면 계속해서 주기적으로 강화하라. 필요할 때마다 가끔씩 도움을 주어라. 언제든지 유아가 고의로 지저분한 식사 행위로 돌아가면 앞서 기술한 것처럼 무시하라.

유아 행동과 그 지도

나를 좀 도와주세요!

8단원 다중 문제행동 지도

제 39 장

다중 문제 다루기

때때로 유아는 하나의 문제행동뿐만 아니라 여러 개의 문제행동을 복합적으로 드러내는 경우가 있다. 그런 상황은 종종 교사에게 좌절감을 불러일으키거나 이를 지도하는 데 너무 많은 노력이 필요한 것처럼 보이기도 한다. 과거에 다중 문제를 다루는 데 교사의 시도들이 실패한 경험으로 이어졌다면 지금 이러한 문제를 다루려고 할 때 또다시 무력감에 빠지게 될지도 모른다.

본 장은 여러 문제행동을 가진 유아들을 지도하는 데 있어서 체계적인 접근을 위한 윤곽을 잡아 준다. 효과적인 지도를 위해 전체 교사들이 제시된 절차를 따르는 것이 중요하다. 교사 회의에서는 해당 문제들을 철저히 토의하고 구체적 접근법을 결정하여야 한다. 일치된 목표를 위해 행동 지도 전략을 계획하며 보낸 시간은 프로그램이 효과를 발휘하기 시작할 때가 되면 보람 있던 시간이라는 것을 입증하게 될 것이다.

교사를 염려하게 하는 유아의 행동 검토

교사가 염려하는 모든 행동 목록을 종이에 기록해 보라. 순서는 관계없이 작성해도 무방하다.

- 기록지에 나타난 문제행동이 본 교재에서 다루고 있다면 해당 장을 검토해 보라.
- 기록된 문제행동들 가운데 유사한 행동이 있는가 고려해 보라. 행동 분류에 대한 한 가지 단서는 행동이 목차에 있는 상위 분류 기준 목록에 해당된다는 것이다.

- 행동 지도 절차 중 유사한 것이 있는지 고려해 보라.
- 행동 지도 절차 중 정반대의 것이 있는지 점검해 보라. 종종 특정 행동이 감소했다는 것은 자연스럽게 다른 행동의 증가로 이어질 수 있다. 사회적 상호작용을 잘 하지 않는 것과 때리는 것은 이러한 양면성을 설명해 준다. 긍정적인 사회적 상호작용이 증가함에 따라 때리기와 같은 부정적 사회 행동들은 감소하기 때문이다. 또 다른 예로는 활동에 참여하지 않는 행동과 엄지손가락 빠는 행동이다. 다시 말해서, 유아의 활동 참여가 증가함에 따라서 엄지손가락 빨기는 자동적으로 감소하게 될 것이다.
- 행동 지도 전략 중 어떤 것이 예방적 접근인지 확인해 보라. 예방적 접근은 주로 교사들의 행동이나 반응의 변화에 기초한다. 교사들은 유아가 무엇을 하고 있는지 더 잘 알게 되고 유아가 잘못된 행동을 하기 시작하면 유아의 행동을 제지하려 한다. 예방적 방법들은 다른 지도 기술과 조화를 이루어 사용되거나 유아의 행동이 저절로 중지될 것으로 기대되는 상황(예: 두 살 영아가 때리는 행동)에서 사용된다. 이 책에 있는 행동 지도 전략의 대부분은 예방적이지 않지만 유아에게 있어서 직접적인 행동 변화로 이끌 수 있는 기술들을 사용한다.

작성된 문제행동들의 우선순위 정하기

교사가 작성한 행동들을 재편성하라. 교사와 부모가 가장 우선적으로 지도해야 할 행동을 선별하여 행동 지도를 시작하라. 어느 행동을 먼저 시작할 것인지 결정하기 위해서 다음 기준들을 사용하라.

- 유아나 다른 유아들의 건강이나 안전에 직접적인 유해를 끼치는 특정 행동은 최우선 순위가 되어야 한다. 때리기와 타인에게 물건 던지기 등이 예가 될 수 있다.
- 두 번째로 심각한 범주에 속하는 것은 유아 자신이나 다른 유아들의 자존감에 심각한 위협을 가하는 행동들이다. 욕을 하거나 사회적 상호작용에 잘 참여하지 않거나 대그룹 활동 시간에 수줍어하는 것 등이 예가 될 수 있다.
- 떼쓰기나 교실에서 뛰어다니기 등은 매우 방해되는 행동으로 세 번째 범주에 포함된다.
- 네 번째 범주는 건강이나 안전에 직접 해를 주지는 않지만 장난감을 부수거나 변기통

에 물건을 집어넣는 것과 같은 행동과 같이 간접적인 건강이나 안전을 위협하는 행동을 포함한다.

- 종이를 낭비하거나 아기처럼 말하기와 같은 기타 행동을 마지막 범주에 포함시키라.

행동 지도의 우선순위를 정할 때 행동의 등급에 유의하라. 예를 들어, 때리기에 관한 행동 유형은 가볍게 때리기에서 심각하게 주먹 날리기까지 폭넓고 다양한 행동들을 포함한다.

가족과의 협의

교사가 염려하는 행동들에 대해 좀 더 분명한 원칙에 맞추어 우선순위를 정하고 나면 교사가 관찰한 바를 논의하기 위해서 가족과 만나도록 하라. 다중 문제행동을 가지고 있는 자녀의 가족은 자녀들의 행동이 변화될 수 있다는 긍정적인 제안을 듣고 기뻐할 수도 있으나 그렇지 않은 경우 자신들이 비난을 받았다고 느낀 나머지 방어적이거나 적대적으로 대할 수도 있다. 교사는 가족의 느낌이나 요구에 대해 민감할 필요가 있다. 목표를 이루기 위해 자녀를 좀 더 바람직한 행동으로 바꾸기 위한 가족들의 제안을 요청하고 기록하라. 행동을 바꾸기 위한 교사의 아이디어와 이것들을 어떻게 실행할 계획인지를 부모와 함께 나누어라. 교사가 부적절한 행동들을 한꺼번에 다 바꾸려는 것이 아니라 교사의 목표에 도달하기 위해서 천천히 작업하고 있다는 것을 가족에게 알리도록 하라. 목표를 향해 개선된 상황은 가족이 알 수 있도록 계속해서 긴밀한 연락을 취하도록 하라.

교사가 사용할 접근법 결정

부적절한 행동들을 작성하고 조사하고 우선순위를 정하고 나면 무엇을 먼저 할 것인지 정할 수 있다. 한꺼번에 너무 많은 것을 시도하지 않는 것이 중요하다. 한 번에 하나 혹은 두 가지 행동에 초점을 맞추어라.

1) 교사의 기록지에 있는 가장 심각한 문제로부터 시작하라. 필요하다고 느끼면 두 문제를 가지고 시작하되 가장 심각한 문제와 행동 지도 목록의 최상에 있는 또 다른 문제

와 결합하라. 이렇게 하기 위해서는 두 행동들이 아래의 범주들 중 하나에 반드시 맞아야 한다.

- 두 행동들은 매우 유사하다. 그 절차들은 쉽게 결합될 수 있어야 한다.
- 두 행동에 대한 행동 지도 전략은 매우 비슷하고 쉽게 결합될 수 있어야 한다.
- 두 행동은 정반대이다. 하나가 증가하면 다른 하나는 자동으로 감소한다.
- 행동 지도 전략들 중 한 가지는 교사 편에서의 예방적 조치를 사용한다. 교사가 둘 다 감당할 수 있다고 느낄 때만 교사가 또 다른 행동 지도 전략을 사용하는 동시에 그러한 예방 프로그램을 사용하는 것이 좋다. 예를 들어, 교사가 실행하려는 첫 번째 행동 지도 전략이 대그룹 활동이나 식사 때처럼 단지 구체적인 시기에 교사의 주의가 요구되면 아마도 교사는 예방 프로그램과 결합하여 그것을 다룰 수 있다. 기억할 것은 교사의 시간, 능력, 자원을 넘어 너무 지나치게 계획하지 말라는 것이다. 또한 유아에게서 한 번에 너무 많은 변화를 기대하지 말라.

2) 교사가 행동 지도를 시작한 후 행동 조절이 잘 되면 목록에 있는 다음 행동들을 시작하라. 부적절한 행동들을 모두 다룰 때까지 지속하라.

3) 하나의 행동이 개선될 때, 종종 교사의 구체적인 개입이 없이도 다른 행동이 변할 수 있다. 이것은 몇 가지 이유로 가능하다. 유아가 교사와 좀 더 긍정적인 관계를 형성해서 교사의 기대하는 행동을 하고자 하는 마음이 들 때이다. 거꾸로 교사들은 유아가 좀 더 잘할 수 있다는 것을 발견하고 유아에게 좀 더 긍정적으로 반응할 수 있다. 유아의 전반적인 태도는 또한 개선될 수 있는데 이는 행동 지도 전략이 유아의 자존감과 자신감을 증진시키기 때문이다. 유아는 성인들의 요구에 순응하는 것이 나쁜 것이 아니라는 것을 인식할 수 있다. 특히 교사가 그러한 행동을 강화할 때 그렇다.

교사가 다중 문제들을 다룰 때 이러한 한계들을 명심하라. 체계적인 접근 방식은 바람직하지 않은 행동들을 제거하는 데 도움이 된다. 몇 개의 연속적인 행동 지도 전략을 수행하는 데는 많은 시간과 노력이 든다. 하지만 결국에는 유아의 잘못된 행동을 다루는 데 있어 교사의 시간과 에너지와 좌절감을 덜어 줄 수 있다. 가장 중요한 것은 사회화 과정에서 유아가 성장하도록 교사가 도울 수 있다는 것이다. 교사는 유아의 타인과의 관계를 개선하고 자존감이 높아지도록 도울 수 있다.

부록

부록 1 발달 점검표

부록 2 발달 이정표

부록 3 관찰 양식

부록 4 행동 지도 전략의 적용

부록 1

발달 점검표

❖ 3세아

유아 이름 ____________________ 연령 ______세
관 찰 자 ____________________ 날짜 ________년 ____월 ____일

발달 점검표

3세아	예	가끔	아니오
유아는…			
앞쪽으로 잘 달릴 수 있는가?			
양발로 잘 뛸 수 있는가?			
발끝으로 걸을 수 있는가?			
공을 던질 수 있는가? (방향이나 목적 대상 없이)			
공을 앞으로 찰 수 있는가?			
커다란 구슬 4개를 끼우는가?			
책을 한 쪽씩 넘길 수 있는가?			
크레용을 쥐고 한 번에 원, 세로줄, 가로줄을 그릴 수 있는가?			
같은 모양을 찾을 수 있는가?			
1과 2를 아는가?			
흘리지 않고 수저질을 할 수 있는가?			
빨대로 마실 수 있는가?			
옷을 입고 벗을 수 있는가?			
약간의 도움을 받아 손을 씻고 닦을 수 있는가?			
다른 유아들을 관찰하거나 또래 가까이에서 놀이하거나 가끔 또래들과 함께 놀이하는가?			
자신의 소지품을 간수할 수 있는가?			
가상놀이를 할 수 있는가? (머리 위의 철 냄비는 헬멧으로, 상자는 배 등으로)			
'○○를 상자에 넣어라, ○○를 상자에서 꺼내라' 등의 지시에 반응할 수 있는가?			
요구에 맞는 물건을 선택할 수 있는가? (큰 것과 작은 것, 한 개 혹은 두 개)			
자신이 사용하는 물건을 아는가? ('발에 무엇을 신었니?' 라고 물었을 때 신발 보여주는 행동)			
질문을 하는가?			
의미를 가진 기능적 구절로 표현언어를 구사하는가? (비록 문법적으로 틀리더라도; 아빠는 비행기 갔어, 나 배고파 등)			

❖ 4세아

유아 이름 ____________	연령 ______세
관 찰 자 ____________	날짜 ________년 ____월 ____일

발달 점검표

4세아	예	가끔	아니오
유아는…			
선을 따라 걸을 수 있는가?			
균형을 잡고 한 발로 잠시 서 있거나 한 발로 뛸 수 있는가?			
높은 위치의 사물을 뛰어넘어 양발로 착지할 수 있는가?			
아무 방향으로나 공을 던질 수 있는가?			
모양을 보고 따라 그릴 수 있는가?			
최소 여섯 가지 색깔을 이름과 연결시킬 수 있는가?			
5까지 세는가?			
주전자에서 물을 따르거나 빵칼로 버터와 잼을 바를 수 있는가?			
커다란 단추를 채우고 풀 수 있는가?			
자신의 성별, 연령, 이름을 아는가?			
화장실을 스스로 적절하게 사용할 수 있는가?			
스스로 손을 닦을 수 있는가?			
5분 이상 이야기를 들을 수 있는가?			
사람의 얼굴과 신체 일부분 중 한 곳 이상을 그릴 수 있는가?			
도움을 받더라도 나누고 순서를 기다릴 수 있는가?			
극놀이와 상징놀이에 참여하는가?			
옆에 혹은 아래에 놓으라는 요구에 적절히 반응할 수 있는가?			
두 가지 요구에 반응할 수 있는가? (선생님에게 스웨터를 건네주고 바닥에 신발을 놓아라 등)			
상황에 맞는 사물을 고를 수 있는가? (딱딱한 혹은 부드러운 사물)			
만약, 무엇이, 언제라는 질문에 답할 수 있는가?			
사물의 기능에 관해 답할 수 있는가? (책은 뭐 하는 물건이지?)			

❖ 5세아

유아 이름 ______________________ 연령 ______세

관 찰 자 ______________________ 날짜 __________년 _____월 _____일

발달 점검표

5세아	예	가끔	아니오
유아는…			
거꾸로 걸을 수 있는가?			
양발을 사용하여 계단을 오르내릴 수 있는가?			
가위로 선을 따라 자를 수 있는가?			
글자를 쓸 수 있는가?			
세 가지 모양을 고르거나 그 이름을 아는가?			
공통점을 가진 물건으로 분류할 수 있는가? (신발, 양말, 발; 사과, 오렌지, 자두 등)			
4와 5의 개념을 아는가?			
음식을 칼로 자를 수 있는가? (샐러리, 샌드위치…)			
신발 끈을 묶을 수 있는가?			
그림 이야기책을 읽을 수 있는가? (그림을 보며 이야기하는가?)			
3~6개의 몸의 일부를 포함해서 사람을 그릴 수 있는가?			
다른 친구들과 함께 놀고 상호작용하거나 실제와 유사한 상징놀이에 참여하는가?			
블록이나 쌓을 수 있는 재료를 사용해 복잡한 구조를 만들 수 있는가?			
세 가지 요구에 반응할 수 있는가? (선생님에게 연필을 주고, 책상에 책을 올려놓고, 네 머리 위에서 빗을 잡아라)			
10원, 50원, 100원을 구분할 수 있는가?			
"어떻게?" 라는 질문에 답할 수 있는가?			
"안녕", "안녕하세요?" 라고 인사할 수 있는가?			
과거와 미래 시제를 사용하며, 시간 흐름에 따라 사건을 설명하는가?			
단어와 어구를 연결하기 위해 접속사를 사용하는가? (나는 동물원에서 곰과 얼룩말과 기린을 보았다)			

부록 2 발달 이정표

❖ 3세아

신체	관찰일
한쪽 발을 사용해 보조 장치 없는 계단을 오르고 내리기; 양발로 서 있다가 바닥에서부터 점프하기	
한 발로 잠시 균형 잡고 서 있기	
커다란 공 차기, 두 팔을 벌려 튀고 있는 커다란 공 잡기	
스스로 식사하기(약간의 도움만 필요로 함)	
제자리에서 점프하기	
작은 세발자전거 타기 또는 커다란 바퀴 돌리기	
인지	
연령에 맞는 이야기－특별히 가정과 가족에 관한 주제에 관해 주의 깊게 듣고 적절한 의견 내기	
책 읽기를 즐기고 타인에게 책을 읽어 주는 척하거나 그림 설명하기	
수수께끼, 추론, 긴장감을 가지고 이야기 즐기기	
비슷한 소리의 단어가 주어질 때 맞는 그림을 정확하게 고르기	
(일상생활과 유사한) 실생활 놀이하기; 인형에게 음식 주기; 트럭과 뒤의 짐 싣는 부분 연결하기	
나무못 판에 8~10개의 나무못을 세우거나 6개 원과 6개 네모를 우레탄 블록에 끼우기	
언어	
눈에 보이지 않는 사물, 사건, 사람에 대해 이야기하기	
타인의 행동에 대해 말하기(아빠의 잔디 깎기)	
간단한 질문에 적절하게 대답하기	
지역 이름, 사물, 사람의 존재를 포함하는 질문의 수 늘리기	
다양한 대화(문법에 맞지 않을 수 있지만)의 형식 사용하기	
사회/정서	
차례로 말하는 것 이해하기	
자주 웃기; 친절하고 남을 기쁘게 하려고 노력하기	
악몽 꾸기; 어두움, 괴물, 불 두려워하기	
간단한 게임과 그룹 활동에 참여하기	
혼잣말하기	
사물로 가상놀이하기(나무 블록을 트럭, 경사로, 나무 방망이로 사용)	

❖ 4세아

신체	관찰일
직선 위로 걷기(마루 위의 테이프선이나 분필선 위로 걷기)	
한 발로 뛰기	
자신감을 가지고 손잡이 있는 장난감 운전하기; 장애물과 반대편의 차량 피하기	
계단, 나무, 운동장의 시설물 오르기	
12.5~15cm 높이의 장애물 뛰어 넘기; 양발로 착륙하기	
뛰기, 출발하기, 멈추기, 장애물 피해 가기	
인지	
가장 큰 것에서 작은 것으로 5개의 육면체 쌓기, 6개의 블록으로 피라미드 쌓기	
두 단어가 발음이 같은지 다른지 변별하기	
여러 개의 단어와 자신의 이름 쓰기, 몇 개의 단어 인식하기	
쉬운 책 읽기	
식물의 성장과 사물의 작동에 관한 이야기 즐기기	
낱말 놀이 즐기기; 유머스러운 단어 만들기	
언어	
전치사 적절하게 사용하기	
소유격 대명사 사용하기	
'누구의 누구' 같은 사회적 관계나 '얼마나 많이' 등의 서열화된 질문에 답하기	
정교한 문장 사용하기	
지적인 표현 사용	
과거 미래를 나타내는 동사 적절하게 사용하기	
사회/정서	
외향적이고 친절하며 가끔씩 열정적임	
기분을 빨리, 예상할 수 없게 바꿈; 좌절되는 상황에 짜증 부리기	
상상 속의 놀이 친구와 대화하고 감정을 나눔; 눈에 보이지 않는 친구 있음	
사실을 꾸며 낸 이야기나 주장과 섞어 과장시키기	
타인과의 협조; 그룹 활동 참여	
성취에 대한 긍지 보이기; 때로는 성인의 인정 기대	

❖ 5세아

신체	관찰일
뒤로 걷기	
양발로 계단 오르내리기	
거꾸로 서기(공중제비 배우기)	
무릎 굽히지 않고 발가락 닿기	
90cm 거리에서 던지는 공 잡기	
세발자전거나 바퀴 달린 장난감 빠르고 능숙하게 운전대 돌리며 타기; 보조 바퀴 달린 두발자전거 타기	
인지	
두 개의 삼각형으로 사각형 만들기	
작은 블록 쌓기	
같은 모양, 같은 크기 이해하기	
두 가지 범주(색깔과 모양)에 기초해 사물 분류하기	
그룹 안에 있는 사물들을 같은 특징으로 분류하기	
'가장 작은' '가장 짧은' 이해하기; 가장 짧은 것에서 긴 것, 가장 작은 것에서 큰 것으로 사물 분류하기	
언어	
어휘 1,500여 개 사용하기	
책의 그림을 보며 익숙하게 이야기 말하기	
구체적인 언어로 표현하기(예: 튀는 공, 잠자기 위한 침대)	
4~8개의 색깔 구분해서 명명하기	
간단한 유머 구분하기; 유머와 수수께끼 만들기	
5~7개의 단어로 구성된 문장 만들기	
사회/정서	
친구와 우정 관계 즐기기; 1~2명의 특별한 놀이 친구 있음	
놀잇감 나누기, 차례 지키기, 협동하여 놀기; 친절하게 행동하기	
나이 많은 유아들과의 놀이, 활동에 참여하기; 가상놀이 제안하기	
어린 동생이나 다친 친구나 동물을 다정하게 돌보기	
지시를 따르고 과제를 수행하기; 부모와 교사가 요구한 것 수행하기	
지속적으로 성인의 위로와 확인이 필요하나 예전보다 즐거움	

부록 3 관찰 양식

이 책은 교사가 본 교재를 효율적으로 사용하기 위해 유아 행동에 대해 관찰 기록하고 그에 기초하여 행동 지도 전략을 사용하도록 제안한다. 이러한 제안을 하는 데는 몇 가지 이유가 있다. 첫째, 교사가 어떤 행동이 얼마나 자주 발생하며 얼마나 오래 지속되는지를 바르게 파악하려고 할 때에 반성적 사고를 통해 유아 행동에 대해 주의 깊게 객관적으로 분석해 보는 것이 중요하기 때문이다. 이것은 일반적으로 교실에서 일어나는 행동들을 측정해 보는 것을 포함한다. 객관적 방식으로 관찰 기록하도록 제안하는 두 번째 이유는 교사가 지도하려는 행동에 더 쉽게 초점을 맞출 수 있도록 하기 때문이다. 일단 교사가 유아의 행동이나 행동을 초래하는 환경 변화에 영향을 미치기 시작하면 꼼꼼하게 기록하는 것이 변화의 과정과 정도를 보는 데 도움을 주며 교사의 노력을 지속할 수 있도록 용기를 북돋아 주기 때문이다.

마지막 초점은 특별히 중요한데, 이는 종종 행동이 기대하는 목표처럼 감소하거나 증가하는 동안 그 변화 정도가 처음에는 작을 수 있다. 예를 들어, 교사의 목표가 다른 유아들을 때리는 조지Gorge의 행동을 멈추게 하는 것이라고 가정해 보자. 처음에 교사는 세심한 관찰과 측정을 통하여 조지가 유아들을 하루에 평균 일곱 번 때린다는 것을 알게 된다. 물론 이러한 행동의 빈도는 교사들, 다른 유아들 그리고 조지에 대해 불평하기 시작하는 부모들에게는 괴로운 일이다. 때리는 조지의 행동을 줄이는 것을 목표로 삼은 행동 지도 전략을 실행하기 시작한 2주 후에 조지는 여전히 유아들을 때리는 행동을 한다. 만약 때리는 횟수를 주의 깊게 관찰 기록 및 측정하지 않는다면 조지가 여전히 때리는 행동을 하기에 조치들이 효력이 없구나 하고 섣불리 결론을 내리는 것이 당연하다.

하지만 교사가 계속해서 주의 깊게 때리는 행동을 세었다면 조지가 여전히 때리고는 있지만 공격적 행위의 비율이 하루 평균 일곱 번에서 다섯 번으로 줄어들었음을 주목하게 될 것이다. 이것은 교사가 행동 지도 전략을 지속하도록 유지시키며 그 결과는 교사의 행동에 영향을 미치게 된다. 설정해 놓은 행동 지도 목표에 집중하게 되면 조지의 때리는 행위가 지속적으로 감소한다는 것을 느낀다. 관찰되는 것에 초점을 맞추게 되면 행동의 변화를 더 잘 기록할 수 있다. 이에 따라 교사는 다음과 같이 말할 수 있다. "조지는 오늘 다른 친구들을 다섯 번 때렸군. 이전의 평균 일곱 번과 비교하면 이것은 분명 나아지고 있어!" 교사가 때리는 일의 빈도수를 기록하지 않았다면 다음과 같은 결론에 이를 수 있다. "조지는 여전히 다른 애들을 때리네? 나의 관찰은 아무런 도움이 되지 않는 것 같아."

측정표graph

앞에서 문제행동에 대해 다룬 각각의 장들은 정확하고 객관적인 행동 지도 전략을 얻기 위해 기록하는 방법을 제시하고 있다. 일반적으로 그런 기록을 가능하게 하는 가장 효과적인 방법은 측정표를 통해 평가하는 것이다. 세로축은 행동에 대한 정보, 즉 조지가 다른 아이를 몇 번이나 때렸는지에 대한 계수이다. 가로축은 행동을 시간의 틀 안에 넣는다. 이 축을 따라 기록된 각각의 숫자는 조지가 유아교육기관에 있는 시간들을 나타낸다.

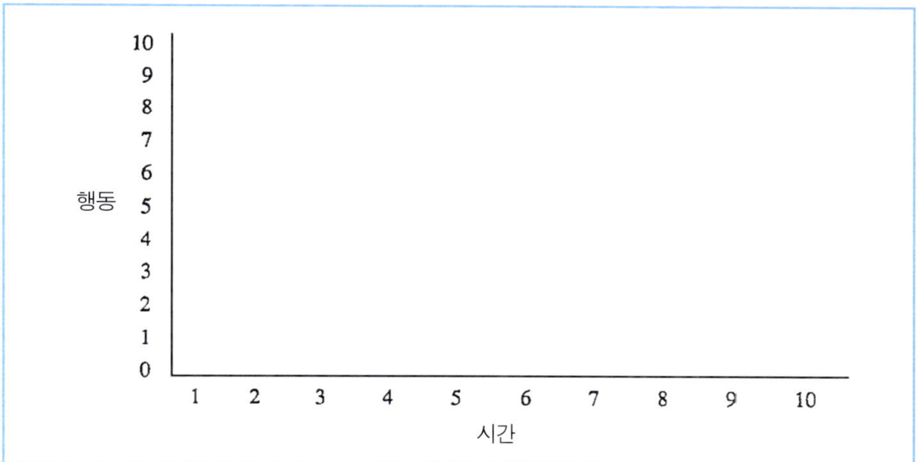

위 그래프는 유아의 행동에 대한 여러 정보를 반영하기 위해 사용될 수 있다. 예를 들어, 얼마나 자주 조지가 다른 유아들을 때리는지에 관해 위의 측정표에서처럼 행동의 빈도에 대해 교사에게 구체적인 정보를 전해 준다. 또한 측정표는 조지의 떼쓰기는 행동의 길이, 즉 지속 시간에 관한 정보를 제공해 준다. 측정표를 통해 볼 수 있는 또 다른 정보는 바람직한 행동의 퍼센트이다. 어떤 종류의 기록 방법과 측정표를 사용할 것인가는 어느 것이 유아 행동을 가장 잘 측정할 수 있느냐에 달려 있다. 아래에서는 이들 측정표를 기록하는 세 가지 방법과 측정표의 특징을 좀 더 자세히 살펴볼 것이다.

빈도 측정표

빈도의 측정은 행동과 변화 과정을 평가하는 데 가장 흔하게 사용되는 방법이다. 이 그래프를 사용하는 방법은 비교적 간단하다. 왜냐하면 일반적으로 얼마나 행동이 자주 발생하는지 직접 기록하여 측정하는 것이기 때문이다. 행동의 간단명료한 정의는 정확히 행동이 무엇을 포함하는지 모든 교사들에게 분명히 해 준다. 만약 교사가 빈도 정보를 수집하고 있다면 교실의 편리한 곳에 관찰지 한 장을 비치해 두는 것이 좋다. 하지만 정보의 기밀성을 보장하기 위해 관찰지가 눈에 띄지 않게 하라. 유아가 그 행동을 할 때마다 이 관찰지에 표시할 것이다. 매일 일과가 끝날 때 표시한 총 합계를 내고 그날의 빈도수가 그래프에 삽입된다.

조지 이야기로 돌아가 보도록 하자. 관찰 첫날 조지가 반 친구들을 일곱 번 때리는 행위를 관찰했다면 숫자 7을 세로축(때리기 빈도)과 첫날 가로축(날짜)이 교차하는 곳에 점으로 찍어라.

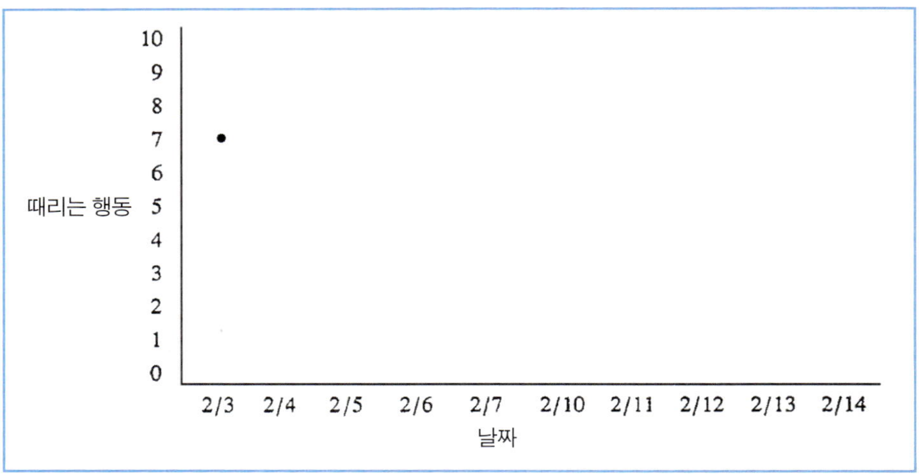

각 장의 '출발점' 은 교사가 행동을 바꾸기 위한 프로그램을 실행하기 전에 그 행위의 심각성이나 중대함을 알아둘 것을 제안한다. 이런 초기 정보는 교사가 실행하는 프로그램이 효과적인지 아닌지 알아보도록 나중의 변화와 비교할 수 있는 측정값을 제공해 준다. 대개는 3일 정도의 예비적 계산이면 충분하다. 하지만 행위가 매우 일관성 없는 패턴으로 발생하면 초기 정보를 며칠 더 수집해도 좋다.

다시 조지의 이야기로 돌아가 보자. 교사는 3일 동안 조지를 유심히 관찰하고 2일과 3일에 각각 8번과 6번 때린 것을 주목했다. 이것을 그래프에 적어 두고 프로그램을 시작하기 전에 얻은 셈과 그 후 얻은 셈을 구분하기 위해서 3일 뒤에 수직선을 그려라.

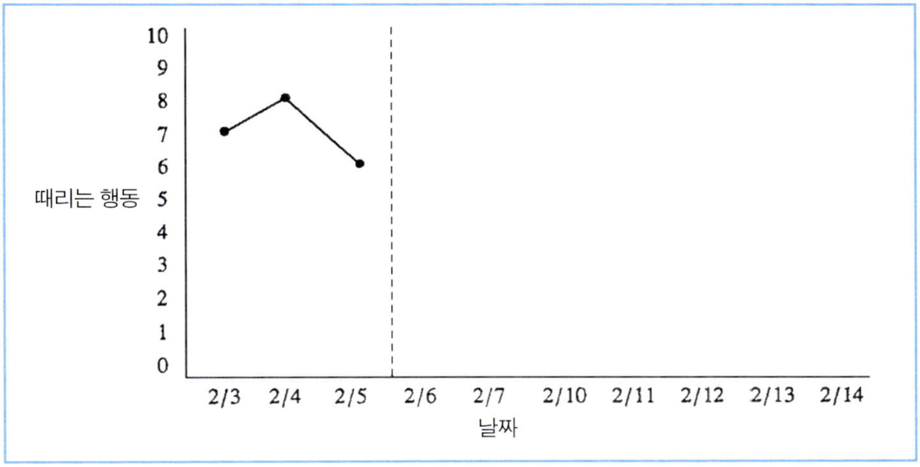

일단 프로그램을 시작하면 때리기 빈도를 매일 계속해서 측정표에 기록하라. 조지의 경우에는 그 목표가 하루에 한 번도 때리지 않도록 감소시키는 것이다. 교사가 새로운 접근법을 가지고 프로그램을 시작할 때 종종 유아가 한동안은 예전의 익숙한 반응들을 되찾으려 애쓰는 것이 당연하다는 것을 알아 두라. 부정적인 행위가 행동 지도 초기에 증가하는 것은 흔히 있는 일이다. 그렇다고 행동 지도 전략을 포기하지 않도록 하라. 집요하게 그리고 일관성 있게 지도하면 그 행위는 감소하게 될 것이다. 4, 5일이 지났는데도 그 행위가 감소하지 않으면 교사는 상황을 재평가하고 프로그램을 변화시킬 필요가 있다. 십중팔구, 그 바람직하지 않은 행위는 여전히 어떤 식으로든지 강화되고 있을 것이고 그러한 강화는 성공을 위해서 프로그램 시작 전에 제거되어야 한다.

측정표는 교사가 그 프로그램에 성공하고 있는지 여부를 나타내 준다. 다음 측정표에 나타난 그래프는 조지의 때리기 행동을 감소시키는 성공적 프로그램을 반영해 준다. 17일째에 그 프로그램이 분명히 성공했음을 보여준다. 프로그램과 측정표를 중단하기 전에 그래프가 일관되고 지속적으로 며칠 동안 0을 보여줄 때까지 계속해서 행동을 측정하라. 각 장에 나와 있는 '변화 유지' 란에 있는 제안들을 계속해서 따르라.

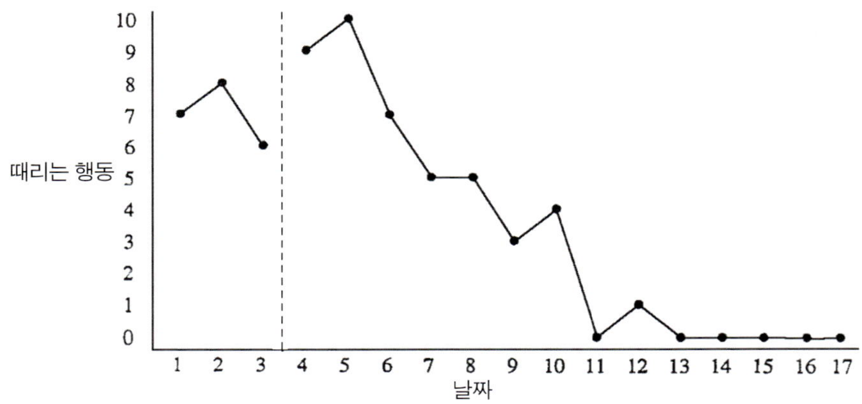

그렇다고 모든 프로그램이 행동을 감소시키는 데 초점을 맞춘 것은 아니다. 어떤 경우에는 목표가 행동을 증가시키는 것일 수 있는데, 예를 들면 또래 상호작용, 극놀이 또는 대근육 활동 등이다.

빈도 정보 수집을 요구하는 모든 장들에서 사용될 수 있는 빈도 측정표가 있다. 본 측정표를 복사하거나 부본을 떠서 교사가 수집하고 정보 유형에 적합하게 수정하여 사용하라. 예를 들어, 초기에 셈하는 동안 유아가 다른 유아들을 하루 평균 3회 정도 때리면 세로축은 최대 6 또는 7 이상의 셈을 가질 필요가 없다. 반면에 만약 유아가 하루 평균 20회 친구들 때린다면 세로축의 숫자는 더 높아져 25 또는 그 이상이 되어야 한다. 교사의 표시 정보가 교사의 행동 지도 전략을 인도하도록 하라.

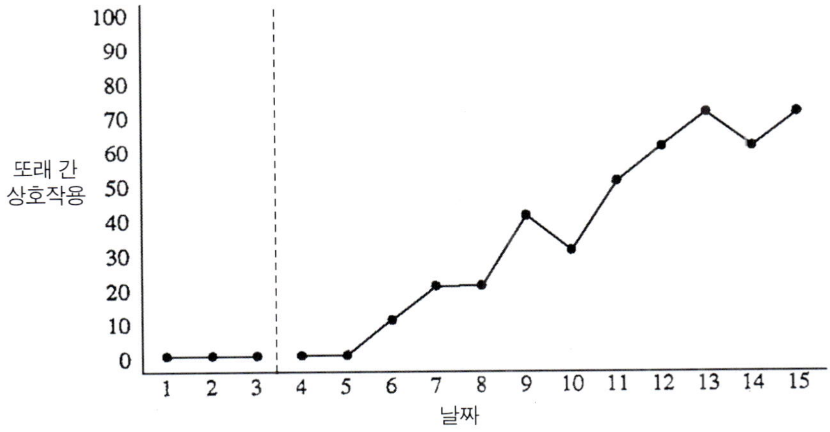

본 교재에서는 다음 장들이 빈도 측정 기록법을 사용한다.

제7장 무는 행동
제8장 타인을 상해하는 행동
제9장 부적절한 언어 사용
제12장 훔치는 행동
제13장 말 안 듣는 행동
제15장 교실에서 이탈하는 행동
제16장 교실에서 이유 없이 뛰어다니는 행동
제17장 교실에서 소리 지르는 행동
제18장 소음을 내기 위해 물건을 떨어뜨리는 행동
제19장 장난감을 망가뜨리는 행동
제20장 변기에 물건 넣고 물 내리는 행동
제21장 종이를 낭비하는 행동
제22장 다른 유아들의 작품을 망가뜨리는 행동
제23장 우는 행동
제24장 짜증 부리기, 떼쓰기 행동
제25장 아기 말 하는 행동
제26장 손가락 빠는 행동

제27장 대소변 실수하는 행동
제28장 과도한 관심 끌기 행동
제29장 자위 행동
제30장 활동에 참여하지 않는 행동
제31장 사회적 놀이에 참여하지 않는 행동
제33장 특정 장난감만 가지고 노는 행동
제36장 편식하는 행동
제37장 과식 행동
제38장 불결한 식습관 행동

비록 제안된 측정을 필요로 하는 장이지만 '제14장 그룹 시간을 방해하는 행동'이 빈도 측정표를 사용한다는 것을 주목하라. 14장에는 또한 측정표의 마지막 부분에 소개되는 제한적 빈도 측정표Limited Frequency Record-Keeping Graph를 사용하라.

지속 시간 측정표

상기의 목록이 보여주듯이 본 교재에 있는 대다수의 장들은 빈도 측정 결과에 의존한다. 몇몇의 경우에는 중요한 사항이 빈도라기보다는 빈도 외에 행동의 지속 시간이다. 행동의 지속을 기록하는 그래프상의 세로축은 행동의 지속 시간을 기록할 것이다. 예를 들어, 교사는 유아가 활동에 참여하는 시간의 길이를 늘리려 한다면 세로축의 측정은 유아가 참여하는 분의 숫자the number of minutes 또는 분의 일부분fraction of minutes이 될 것이다. 다음은 주의 집중 지속 시간을 증가시키기 위한 지속 시간 측정표의 한 예이다.

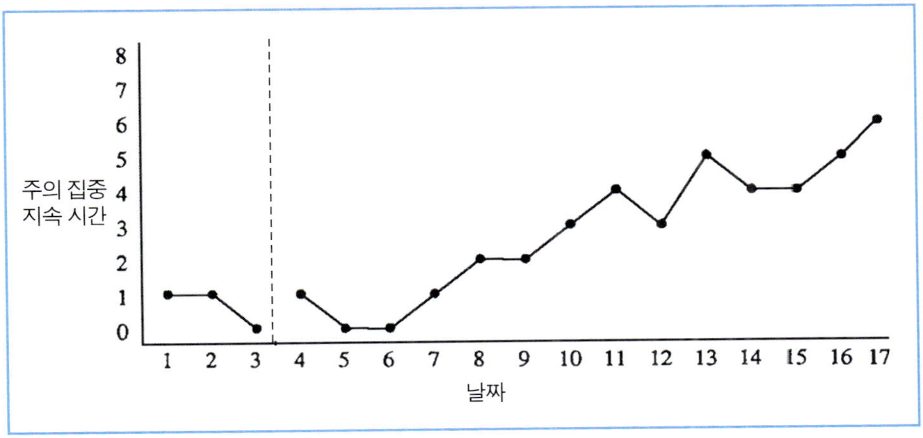

본 교재의 다음 세 장은 지속 시간 측정을 사용한다.

제24장 짜증 부리기, 떼쓰기 행동
제29장 자위 행동
제35장 짧은 주의 집중 행동

이들 중 두 장은 빈도 측정과 또한 결합되어 있다. 지속 시간의 원형은 관찰 양식의 부분에서 확인할 수 있다.

백분율 측정표

몇몇 경우에 있어 최고의 정보는 백분율 측정에서 찾을 수 있는데 백븐율 기록 그래프를 통해 행동이 보여주는 총합계에 따른 비중을 읽을 수 있다. 이것은 특ㅎ 어떤 때는 발생하고 어떤 때는 발생하지 않는 나누기나 징징대기와 같은 행동들의 측정이 유용하다. 백분율에 기초한 측정표는 세로축을 따라서 0에서 100까지 보여준다. 어떤 경우에는 백분율을 증가시키는 것이 목표가 될 것이다. 징징대는 행동의 경우에는 아래의 그래프에서 보듯이 백분율을 감소키기는 것이 목표가 될 것이다.

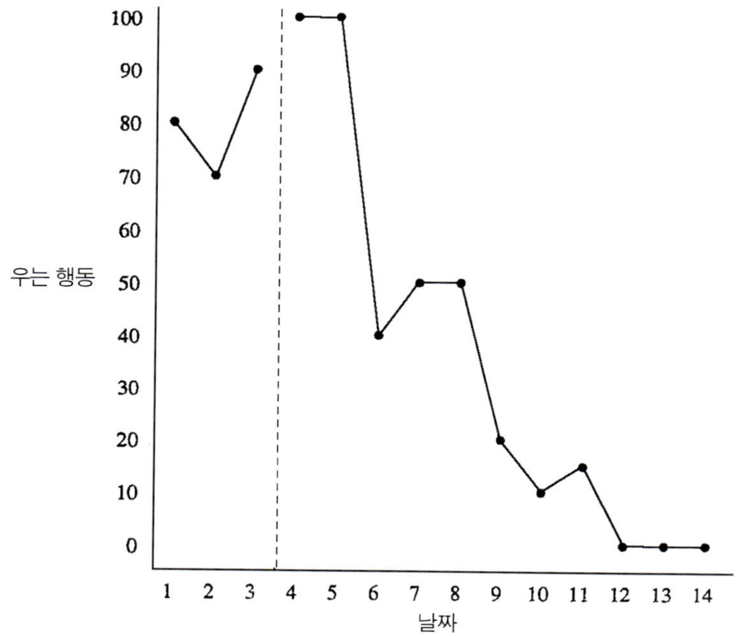

표본으로 제시한 백분율 측정표는 교사가 복사하여 사용할 수 있다. 본 교재의 여섯 가지 주제에 백분율 측정표를 사용한다. 이들 중 하나는 빈도 외에 백분율 정보 수집을 함께 사용할 것을 제안한다.

제10장 나누지 않는 행동
제11장 뇌물을 제공하는 행동
* 징징거리는 행동, 매달리는 행동(제28장 과도한 관심 끌기 행동으로 통합)
제32장 그룹 시간에 참여하지 않는 행동
제36장 편식하는 행동

마무리

기록 관찰지를 작성하는 것은 시간이 낭비되는 것처럼 보일 수도 있다. 심지어 유아의 부적절한 행동을 변화시키는 주목적에 중요하지 않은 것처럼 보인다. 하지만 기록 보관은 교사에게 중요한 정보와 행동 지도 과정에 격려를 줄 수 있는 유용한 도구이다. 행동을 측정하거나 그래프로 나타내는 것이 시간은 좀 더 걸리지만 그 결과를 보면 노력할 만한 가치가 있음을 알게 된다. 이러한 정보는 행동 지도 전략과 프로그램을 성공적으로 수행하는데 필요한 의사 결정에 도움을 제공한다. 결국 그 성공이 수행 과정이 지향하는 바이다.

❖ 빈도 측정표

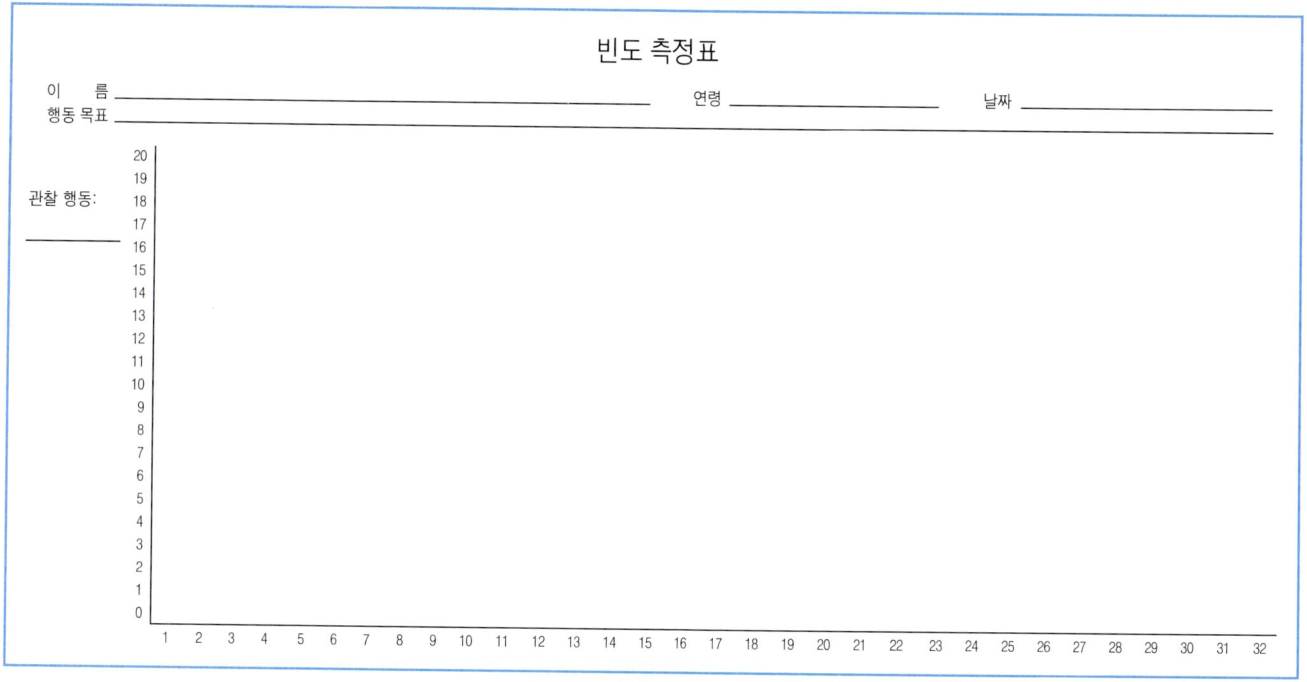

❖ 제한된 빈도 측정표

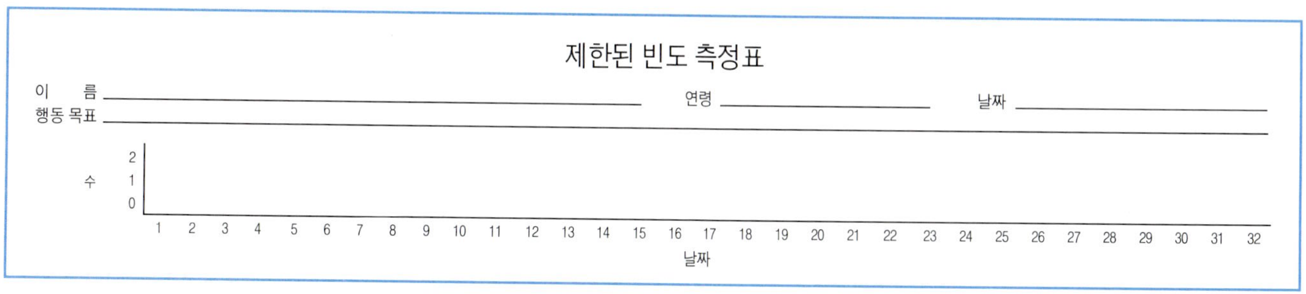

❖ 지속 시간 측정표

지속 시간 측정표

유아 이름 ______________________ 연령 ____________ 날짜 ____________

행동 목표 ____

관찰 행동: ____________

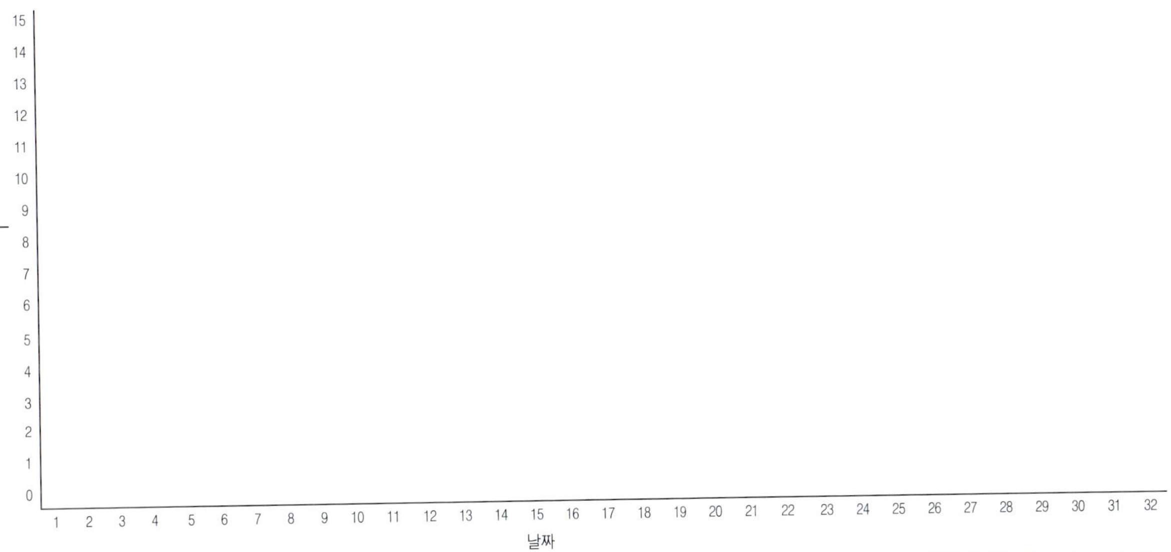

❖ 백분율 측정표

백분율 측정표

이　　름 ____________________ 연령 ____________ 날짜 ____________

행동 목표 ____

관찰 행동: ____________

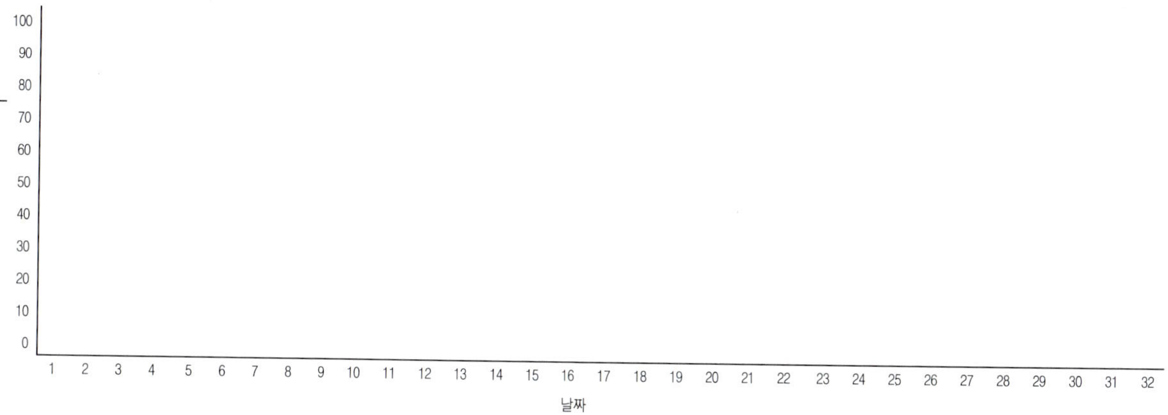

부록 4

행동 지도 전략의 적용

:: 적용을 위한 사례 _ 1

다음은 우리가 지금까지 행동 지도를 위해 토론한 행동 중 장난감을 망가뜨리는 행동을 지도하도록 돕는 활동 사례이다. 해결책을 찾기 위해 앞 장들에서 요약한 단계들을 적용하라.

조디Jodie의 이야기

조디는 6개월이 되었을 때부터 험프티 덤프티 유아교육기관Humpty Dumpty Child Care에 다니는 똑똑하고 쾌활한 4세아이다. 지난 2개월 이상 조디는 암암리에 파괴적인 행동에 개입하곤 했다. 그녀는 아무도 바라보지 않음을 확인한 후 유아교육기관 교재 교구를 부수고, 찢고, 손상시킨다. 그녀는 이미 여러 번 그랬던 것처럼 행동하다가 들켰을 경우에도 자신이 한 행동을 항상 부인한다. 이 날도 조디는 극놀이 영역에서 여러 명의 친구들과 놀고 있었다. 다른 친구들은 엄마, 아빠, 아기 역할을 하는 동안 조디는 강아지 역할을 맡았다. 유아들은 이 놀이를 약 15분간 지속하였다. 네 발로 기며 짖어대는 조디는 교실 주위를 배회한다. 미술 영역에서 여러 가지 콜라주 자료가 있는 교구장을 지나 몇 개의 가위를 집어 자신의 청바지 주머니에 넣었다. 조디는 강아지 역할을 맡아 기어다니며 짖는다. 그녀는 극놀이 영역에 있는 집으로 돌아와 담요 아래 여러 인형들이 누워 있는 인형 침대에 머문다. 자신의 등을 교사 쪽으로 향하고 가위를 꺼내 인형의 머리에서 머리카락을 자른다. 그리고는 인형 침대에 가위를 남겨 둔 채 기어다니면서 짖는 행위를 계속한다. 그날 오후, 교사는 잘린 인형의 머리를 발견하고 즉시 조디를 생각했다. 교사는 인형을 집어들고 "조디, 네가 이발소 놀이를 하면서 이 인형의 머리카락을 잘랐니?"라고 물었다. 조디는 "제가 하지 않았어요."라고 재빠르게 대답하고 사라져 버린다.

행동 진술

문제의 본질을 언급하는 짤막한 설명을 기록하라.

행동 관찰

행동이 발생할 만한 환경을 언제, 어디서, 개입된 인물, 포함된 사물, 전후 맥락을 포함하여 기록하라.

가족과의 협의

가족으로부터 어떤 정보를 얻기 원하는가? 가족과 어떤 정보를 나누기 원하는가? 유아가 교실에서 좀 더 긍정적이고 생산적인 구성원이 되도록 돕기 위해서 어떻게 가족과 협력하려고 하는가?

적용점 찾기

만약 중재가 시행되지 않는다면 이러한 행동으로 말미암은 장기적 결과는 무엇인가?

대안 찾기

때로는 유아의 행동을 유발하는 사람, 물리적 환경, 행동의 뿌리에 위치한 삶의 환경을 포함하는 외부적인 원인들이 있다. 이러한 원인이 될 만한 사항들을 생각해 보라.

목표 설정

목표는 다음과 같다.

절차

행동을 변화시키기 위한 전략에 포함될 구체적이고 명확히 진술된 단계를 적으라.

출발점

행동 변화를 측정하기 위해 프로그램을 시작하기 전의 유아 행동에 대한 정보를 어떻게 얻을 것인가?

행동 지도 전략

위의 절차에서 개요한 각각의 단계들을 상세히 설명하라.

변화 유지

유아가 최근 습득한 행동이 지속될 것이라는 것을 어떻게 확인할 것인가?

:: 적용을 위한 사례 _ 2

다음은 사회적 상호작용 그리고 유아교육기관에서의 활동 참여와 관련된 행동을 살펴보는 활동이다. 해결책을 찾기 위해 이미 제시된 단계들을 적용하도록 하라.

로즈 앤Rose Anne의 이야기

세 살배기 로즈 앤은 유아교육기관에 4개월 동안 다니고 있다. 유아교육기관에 다니기 시작한 이래로 로즈Rose는 다른 유아들과의 접촉을 피해 왔으며 활동에 참여한다고 해도 책상에 조용히 앉아서 브리슬Bristle 블록을 조립한다. 교사들은 인내심을 갖고 여러 활동들을 하도록 부추기려 한다. 예를 들어 다음과 같이 말한다. “로즈야, 저 점토의 예쁜 색깔들 좀 봐. 한번 해 보고 싶지 않니?” 또는 “로즈야, 사리타Sarita하고 랄프Ralph가 블록을 가지고 커다란 탑을 쌓고 있구나. 친구들을 도와주고 싶지 않니?” 또는 “레스터Lester와 로니Ronnie와 나는 『배고픈 애벌레』 책을 읽으려고 하는데 와서 같이 읽자.” 하지만 그러한 시도들은 거부당한다. 왜냐하면 로즈는 교실 활동에 참여하는 것과 놀이하고 있는 다른 유아들과 함께 노는 것을 원치 않기 때문이다. 유아는 머리를 좌우로 흔들며 “싫어요.”라고 교사들에게 말한다. 교사들은 로즈가 명석하고 말을 잘하는 것을 알기 때문에 염려가 된다. 학기가 시작되기 전 교사들은 가정방문을 통해 로즈를 관찰 할 수 있었는데 그때 로즈는 거실에 있는 많은 장난감을 가지고 놀았다. 교사들은 난처하다. 로즈에게 많은 관심을 주고 흥미로운 활동들도 계획해 보지만 유아는 그들의 제안에 전혀 반응이 없다.

행동 진술

문제의 본질을 언급하는 짤막한 설명을 기록하라.

행동 관찰

행동이 발생할 만한 환경을 언제, 어디서, 누가 개입했고, 어떤 사물이 포함되었고, 전후 맥락을 포함하여 기록하라.

가족과의 협의

가족으로부터 어떤 정보를 얻기 원하는가? 가족과 어떤 정보를 나누기 원하는가? 유아가 교실에서 좀 더 긍정적이고 생산적인 구성원이 되도록 돕기 위해서 어떻게 가족과 협력하려고 하는가?

적용점 찾기

만약 중재가 시행되지 않는다면 이러한 행동으로 말미암은 장기적 결과는 무엇인가?

대안 찾기

때로는 사람, 물리적 환경, 행동의 뿌리에 위치한 삶의 환경 등을 포함하는 유아의 행동을 유발하는 외부적인 원인들이 있다. 이러한 원인이 될 만한 사항들을 생각해 보라.

목표 설정

목표는 다음과 같다.

절차

유아의 행동을 수정하기 위해 적용할 단계를 구체적이고 명확하게 기록하라.

출발점

전략을 시작하기 이전에 훗날의 행동 변화를 측정할 수 있도록 하는 유아의 행동에 대한 정보를 어떻게 모을 것인가?

행동 지도 전략

위의 절차에 나온 단계들을 구체적으로 기록하라.

변화 유지

유아의 최근 습득한 행동이 지속될 것이라는 것을 어떻게 확인할 것인가?

참고문헌

■ 단행본

Allen, K. E., & Marotz, L. R. (1998). *Developmental profiles: Prebirth through eight*. Clifton Park, NY: Delmar Learning.

Allen, K. E., & Schwartz, I. S. (2000). *The exceptional child: Inclusion in early childhood education*. Clifton Park, NY: Delmar Learning.

Barnett, D. W., Bell, S. H., & Carey, K. T. (1999). *Designing preschool interventions: A practitioner's guide*. New York: Guilford Press.

Beaty, J. J. (1999). *Prosocial guidance for the preschool child*. Upper Saddle River, NJ: Merrill.

Berger E. H. (2001). *Parents as partners in education: Families and schools working together* (5th ed.). Upper Saddle River, NJ: Merrill.

Campbell, S. B. (2002). *Behavior problems in preschool children: Clinical and developmental issues* (2nd ed.). New York: Guilford Press.

Couchenor, D., & Chrisman, K. (2000). *Families, schools, and communities: Working together for children*. Clifton Park, NY: Delmar Learning.

Deiner, P. L. (1998). *Resources for educating children with diverse abilities*. Clifton Park, NY: Delmar Learning.

Fields, M. V., & Boesser, C. (2002). *Constructive guidance and discipline: Preschool and primary education* (3rd ed.). Upper Saddle River, NJ: Merrill.

Gargiolo, R., Kilgo, J. L., & Graves, S. (2000). *Young children with special needs: An introduction to early childhood special education*. Clifton Park, NY: Delmar Learning.

Gartrell, D. (1998). *A guidance approach to discipline* (2nd ed.). Clifton Park, NY: Delmar Learning.

Gestwicki, C. (2000). *Home, school, and community relations: A guide to working with families* (4th ed.). Clifton Park, NY: Delmar Learning.

Kaiser, B., & Rasmitnsky, J. (1999). *Meeting the challenge: Effective strategies for challenging behaviors in early childhood environment*. Ottawa, ON: Canadian Child Care Federation.

Klass, C. S. (1999). *The child care provider: Promoting young children's development*. Baltimore: Paul H. Brookes.

Klein, M. D., Cook, R. E., & Richardson-Gibbs, A. M. (2001). *Strategies for including children with special needs in early childhood settings*. Clifton Park, NY: Delmar Learning.

Kostelnik, M. J., Stein, L. C., Phipps, A., & Soderman, A. K. (1998). G*uiding children's social development* (3rd ed.). Clifton Park, NY: Delmar Learning.

Marion, M. (1999). *Guidance of young children* (5th ed.). Englewood Cliffs, NJ: Merrill.

Marotz, L. R., & Allen, K. E. (2000). *By the ages: Behavior and development of children prebirth through eight*. Clifton Park, NY: Delmar Learning.

Miller, D. F. (2000). *Positive child guidance* (3rd ed.). Clifton Park, NY: Delmar Learning.

Miller, R. (1996). *The developmentally appropriate inclusive classroom in early childhood education*. Clifton Park, NY: Delmar Learning.

Reynolds, E. (2001). *Guiding young children: A child-centered approach*(3rd ed.). Mountain View, CA: Mayfield.

Sandall, S., & Ostrosky, M. (Eds.). (1999). *Practical ideas for addressing challenging behaviors*. Denver: Division of Early Childhood.

Scarlett, W. G. (1998). *Trouble in the classroom: Managing the behavior problems of young children*. San Francisco: Jossey-Bass.

Seeman, H. (2000). *Preventing classroom discipline problems: A classroom management handbook*. Lanham, MD: Scarecrow Press.

Slaby, R., Roedell, W., Arezzo, D., & Hendrix, K. (1995). *Early violence prevention: Tool for teachers of young children*. Washington, DC: NAEYC.

Wolfgang, D. H., & Wolfgang, M. E. (1999). *Schools for young children: Developmentally appropriate practice* (2nd ed.). Boston: Allyn & Bacon.

■ 잡지

Betz, C. (1994). Beyond time-out: Tips from a teacher. *Young Children, 49*(3), 10-14.

Bainer, C., & Hale, L. (2000). From diapers to underpants. *Young Children, 55*(4), 80-84.

Best, M. B. (1997). What we have done about biting. *Young Children, 52*(4), 3.

Bradley, J., & Kibera, P. (2006). Closing the gap: Culture and the promotion of inclusion in child care. *Young Children, 61*(1), 34-40.

Bronson, M. B. (2000). Recognizing and supporting the development of self-regulation in young children. *Young Children, 55*(2), 27-37.

Clewett, A. (1988). Guidance and discipline: Teaching young children appropriate behavior. *Young Children, 43*(4), 26-31.

Cook, J. (2001). Create and tell a story: Help young children who have psychological difficulties. *Young Children, 56*(1), 67-70.

Crosser, S. (1992). Managing the early childhood classroom. *Young Children, 47*(2), 23-29.

Dillon, S., & Hauser, R. (1993). Practical approaches to preschool guidance. *Texas Child Care, 17*(3), 3-7.

Eaton, M. (1997). Positive discipline: Fostering the self-esteem of young children. *Young Children, 52*(6), 43-46.

Feeney, S., Caldwell, B., & Kipnis, K. (1988). Ethics case studies: The aggressive child. *Young Children, 43*(2), 48-51.

Froschl, M., & Sprung, B. (1999). On purpose: Addressing teasing and bullying in early childhood. *Young Children, 54*(2), 70-72.

Gartrell, D. (1997). Beyond discipline to guidance. *Young Children, 52*(6), 34-42.

__________(1995). Mistaken behavior or misbehavior? *Young Children, 50*(5), 27-34.

__________(1995). Why guidance works better than punishment. *Early Childhood News, 7*(5), 43-45.

__________(1987). More thoughts: Punishment or guidance? *Young Children, 42*(3), 55-61.

Gettinger, M., & Stoiber, K. C. (2006). Functional assessment, collaboration, and evidence-based treatment: Analysis of a team approach for addressing challenging behaviors in young children. *Journal of School Psychology, 44*, 231-252.

Goffin, S. G. (1987). Cooperative behaviors: They need our support. *Young Children, 42*(2), 75-81.

Greenberg, P. (1989). Ideas that work with young children: Learning self-esteem and self-discipline through play. *Young Children, 44*(2), 28-31.

Honig, A. S. (2000). Raising happy achieving children in the new millennium. *Early Child Development and Care, 163*, 79-106.

____________(1987). The shy child. *Young Children, 42*(4), 54-64.

____________(1986). Stress and coping in children (pt. 1) *Young Children, 41*(4), 50-63.

____________(1986). Stress and coping in children (pt. 2). *Young Children, 41*(5), 47-59.

____________(1985). Compliance, control, and discipline (pt. 1). *Young Children, 40*(2), 50-58.

____________(1985). Compliance, control, and discipline (pt. 2). *Young Children, 40*(3), 47-52.

Kohn, A. (1998). Beyond bribes and threats: How not to get control of the classroom. *NAMTA Journal, 23*(1), 6-61.

Larsson, J., Bergman, L. R., Earls, F., & Rydelius, P. (2004). Behavioral profiles in 4-5 year-old children: Normal and pathological variants. *Child Psychiatry and Human Development, 35*, 143-162.

Marion, M. (1998). Positive discipline: Six strategies for guiding behavior. *Texas Child Care, 22*(2), 6-11.

National Association for the Education of Young Children. (1997). Using NAEYC' s code of ethics: Who is the biter? *Young Children, 52*(2), 54-55.

____(1996). NAEYC' s code of ethical conduct: Guidelines for responsible behavior in early childhood education. *Young Children, 51*(2), 57-60.

____(1988). Ideas that work with young children: Discipline: Are tantrums normal? *Young Children, 43*(6), 35-40.

____(1988). Ideas that work with young children: Avoiding "me against you" discipline. *Young Children, 44*(1), 24-29.

____(1987). Ideas that work with young children: Child choice-Another form of preventive discipline. *Young Children, 43*(1), 48-54.

____(1987). Ideas that work with young children: Good discipline is, in large part, the result of a fantastic curriculum. *Young Children, 42*(3), 49-51.

Oberklaid F, Sanson A, Pedlow R, & Prior M. (1993). Predicting preschool behavior problems from temperament and other variables in infancy. *Pediatrics, 91*(1), 113-120.

O' Shaughnessy, M. (1998). Cultivating spontaneous selfdiscipline. *NAMTA Journal, 23*(1), 62-99.

Qi, C. H., & Kaiser, A. P. (2003). Behavior problems of preschool children from low-income families: Review of the literature. *Topics in Early Childhood Special Education, 23*, 598-613.

Reinsberg, J. (1999). Understanding young children''s behavior. *Young Children, 54*(4), 54-57.

Roopnarine, J., & Honig, S. (1985). The unpopular child. *Young Children, 40*(6), 59-64.

Saifer, S. (1996). Dealing with hitting and aggression in the classroom. *NHSA Journal, 15*(1), 37-39.

Saifer, S., & Skelding, S. (1995). Including children with challenging behavior and intense emotionalneeds. *NHSA Journal, 13*(4), 36-38.

Schreiber, M. E. (1999). Time-outs for toddlers: Is our goal punishment or education? *Young Children, 54*(4), 22-25.

Stacks, A. M. (2005). Using an ecological framework for understanding and treating externalizing behavior in early childhood. *Early Childhood Education Journal, 32*, 269-278.

Wittmer, D., & Honig, A. S. (1994). Encouraging positive social development in young children. *Young Children, 49*(5), 4-12.

Wolfson-Steinberg, L. (2000). "Teacher! He hit me! She pushed me!" Where does it start? How can it stop? *Young Children, 55*(3), 38-42.

■ 웹 사이트

American Academy of Pediatrics: Guidance for Effective Discipline: http://www.aap.org

Association for Childhood Education International: http://www.acei.org

Behavior Problems in Preschool Children: http://virginiamason.org

Center for Effective Discipline: http://www.stophitting.com

The Early Childhood Behavior Project: Environmental Arrangements:
http://www.education.umn.edu

The KID Foundation: http://www.kidfoundation.org

National Association for the Education of Young Children: http://naeyc.org

National Network for Child Care: Effective Discipline for Young Children:
http://www.nncc.org

The Parent Center: http://www.parentcenter.babycenter.com

Preschool Behavior Project: http://education.umn.edu

Responsive Discipline: http://www.ksu.edu

Spanking by Parents and Subsequent Antisocial Behavior of Children
(report on Dr. Murray Strauss''s research on the effects of spanking):
http://pubpages.unh.edu

University of Chicago Comer Children''s Hospital:
http://www.uchicagokidshospital.org

■ 장애 유아 관련 웹 사이트

American Association on Mental Retardation: http://www.aamr.org
American Epilepsy Society: http://www.aesnet.org
American Society for Deaf Children: http://www.deafchildren.org
Attention Deficit Disorder Association National Office: http://www.add.org
Autism Society of America: http://www.autism-society.org
Blind Children''s Center: http://www.blindcntr.org
Caring for Children with Special Needs: Challenging Behaviors: http://www.ces.ncsu.edu
Congenital Heart Information Network: http://www.tchin.org
Council for Children with Behavioral Disorders: http://www.ccbd.net
Council for Exceptional Children: http://www.cec.sped.org
Cystic Fibrosis Foundation: http://www.cff.org
Fetal Alcohol Syndrome Family Resource Institute: http://www.fetalalcoholsyndrome.org
Juvenile Diabetes Research Foundation: http://www.jdf.org
Learning Disabilities Association of America: http://www.ldanatl.org
March of Dimes: http://modimes.org
Maternal Substance Abuse and Child Development: http://www.psychiatry.emory.edu
Mental Health America: http://www.nmha.org
Muscular Dystrophy Association: http://www.mda.org
National Association for Down Syndrome: http://www.nads.org
National Center for Learning Disabilities: http://www.ncld.org
National Fragile X Foundation: http://www.nfxf.org
National Institute on Deafness and Other Communication Disorders: http://www.nidcd.nih.gov
Premature Baby Resource Web Sites: http://www.prematurity.org
Sensory Integration International: http://www.sensoryint.com
U.S. Cerebral Palsy Association: http://www.ucpa.org

지은이

에바 에사 Eva L. Essa는 르노Reno에 위치한 네바다 대학University of Nevada에서 35년간 학생들을 가르쳤고, 인간 발달과 가족학 연구 과정Department of Human Development and Family Studies의 교수이자 학과장이다. 에사 박사는 유아교육 프로그램인 어린이와 가족 연구소Child and Family Research Center의 책임자이다. 그녀는 「유아교육개론」*Introduction to Early Childhood Education*, 페니 로이스-로저스P. Royce-Rogers와 공저한 「유아교육 커리큘럼: 발달적 모델에서 적용까지」*An Early Childhood Curriculum: From Developmental Model to Application*의 저자이기도 하다. 에사 박사는 네바다 주의 어린이집 종사자들을 위한 주 차원의 통계조사를 수행했는데, 이 정보는 어린이집 환경 개선을 위한 정책 활용에 사용되고 있다. 에사 박사의 유아교육에 관련된 여러 연구와 글은 전문 저널과 책에 소개되어 있다.

옮긴이

정갑순 교수는 중앙대학교 유아교육과를 졸업하고, 동 대학원에서 유아교육으로 석사와 박사학위를 받았다. Australia Morling Baptist Theological College의 해외파견 연구교수로서 Children Ministry를 공부했으며, 현재 총신대학교 유아교육과 교수이다.

김현경 교수는 단국대학교 영어영문학과를 졸업하고, 총신대학교 교육대학원에서 유아교육을 전공한 후, 덕성여자대학교에서 유아교육으로 박사학위를 받았다. 현재 두원공과대학 유아교육과 교수이다.

김성원 박사는 총신대학교 유아교육과를 졸업한 후, 총신신학대학원 목회학 석사와 총신대학교 대학원 유아교육 석사학위를 취득했으며, 그 이후 Southwestern Baptist Seminary에서 기독교교육학 석사와 박사학위를 받았다. 현재 총신대학교와 나사렛대학교에 출강하고 있다.

유아 행동과 그 지도

나를 좀 도와주세요!

초판 1쇄 발행 2010년 11월 17일
초판 2쇄 발행 2017년 10월 17일

지 은 이 | Eva Essa
옮 긴 이 | 정갑순 김현경 김성원
펴 낸 이 | 김기섭
책임편집 | 태선옥
펴 낸 곳 | 창지사 www.changjisa.com
08589 서울시 금천구 가산디지털1로 83 파트너스타워 9층
전화 (02) 719-2211~3
팩스 (02) 701-9386
등 록 | 1977년 4월 28일·제1-421호

ISBN 978-89-426-1095-2 93370

값 20,000원